Fusions
Acquisitions

Évaluation • Négociation • Ingénierie

Collection FINANCE

dirigée par Yves Simon, Professeur à l'Université de Paris-Dauphine,
et Delphine Lautier, Professeur à l'Université Paris-Dauphine

Fusions Acquisitions

Évaluation • Négociation • Ingénierie

3e édition revue et augmentée

Franck Ceddaha

FINANCE

ECONOMICA
49, rue Héricart, 75015 Paris

Sommaire

DEUXIÈME PARTIE
DE LA VALEUR AU PRIX

TROISIÈME PARTIE
INGÉNIERIE ET MODALITÉS DU RAPPROCHEMENT

Avant-propos

Le vif succès rencontré par les deux éditions précédentes de l'ouvrage ainsi que les nombreuses réactions des lecteurs m'ont encouragé à poursuivre l'aventure et vous avez entre les mains la troisième édition de *Fusions Acquisitions*. Le contenu de cette nouvelle édition, directement issu d'une longue et double expérience de banquier d'affaires et d'enseignant de finance d'entreprise, reflète une profonde volonté de changement dans la continuité conceptuelle des précédentes éditions : le lecteur (re)trouvera ainsi le diagnostic stratégique et financier, les méthodes d'évaluation, le rôle des conseils et de l'équipe projet, l'importance des *due diligences*, les techniques de négociation, les principales modalités de rapprochement entre deux entités (cession, apport de titres ou d'actifs, fusion absorption, alliances...). Cependant, la crise financière de 2008, par son ampleur et ses conséquences, donne un écho particulier au contenu de l'ouvrage qui rappelle à plusieurs reprises qu'un projet de croissance externe est une opération fondamentalement risquée. Une discipline rigoureuse est nécessaire à chaque étape depuis l'analyse financière et les travaux d'évaluation jusqu'à la phase de structuration en passant par la phase de due diligence et de négociation.

Ainsi, il m'a semblé important de repenser complètement les chapitres consacrés aux travaux de valorisation (en y ajoutant les différentes décotes), aux opérations de LBO, d'intégrer les nouvelles dispositions en matière d'offres publiques, les différentes formes de scission, le développement des prises de contrôle lors des restructurations financières. En outre, les problématiques de gouvernance dans les opérations de rapprochement ont justifié la création d'un nouveau chapitre qui traite du contenu des pactes d'actionnaires, des fonds activistes et des offres non sollicitées. Les derniers développements en matière de droit de la concurrence et de droit social ont également été intégrés à la présente édition. Deux nouveaux cas inspirés d'exemples réels et récents de transactions offrent au lecteur la possibilité de mettre en pratique les outils et les concepts présentés dans les différents chapitres. L'ouvrage conserve également son caractère d'instrument de travail : un index élargi et un glossaire permettent au lecteur de retrouver la signification des principaux termes utilisés, ainsi que leur équivalent anglo-saxon, pratique qui est bien souvent la règle en cette matière. Enfin, chacun des 22 chapitres débute par un résumé de ce qu'il faut retenir et est complété par des questions et/ou des références bibliographiques ainsi que des adresses de sites Internet utiles.

Cet ouvrage est avant tout dédié, d'une part, à mes étudiants qui retrouveront l'essentiel de leur enseignement et me font progresser chaque année un peu plus par leurs questions et commentaires sur mes supports de cours et, d'autre part, à mes clients (entreprises industrielles et fonds d'investissement) qui m'offrent l'occasion d'apprendre chaque jour quelque chose de nouveau, chaque transaction étant un cas particulier. Qu'ils en soient ici remerciés et je dois avouer que certains exemples n'ont pas été choisis totalement au hasard…

Je voudrais profiter de cet avant-propos pour remercier également tous ceux qui ont contribué directement ou indirectement à cette nouvelle édition et en premier lieu le professeur Yves Simon qui m'a apporté un soutien sans faille, Bertrand Jacquillat et Daniel Beaumont qui m'ont permis d'utiliser leurs précieuses données sur la prime de risque, Sonia Bonnet-Bernard, Laurent Durieux, Renaud Gassin pour la couverture de cette édition, Mofdi Gassoumi, Jean Michel Moinade qui sait rendre simple un produit dérivé complexe, Arnaud Saint-Clair. Merci également à Thomas Devineau qui m'a apporté une aide précieuse pour le cas Soulay inspiré d'une opération récente à laquelle il a participé. Alexandre Kaufmann, qui a été bien plus que la cheville ouvrière de cette nouvelle édition, mérite une mention particulière franco-britannique, ainsi que Catherine Hersent qui l'a relu intégralement de son œil implacable. Je n'oublie pas tous ceux qui ont participé aux éditions précédentes comme Élodie Blanc, Louis Bourrousse, Mathieu Carles, Grégory Canto, Jean-Pierre Colle, Benoît de Courcelles, Bruno Delingette, Franck Godet, Arnaud Jaguin, Xavier Paper, Agnès de Pétigny, Thibault Richon, Xavier Vamparys et Pascal Werner.

J'ai une pensée particulière pour mes héroïques collègues qui, comme moi, enseignent la finance dans un monde qui aime de moins en moins la finance : Blaise Allaz, Franck Bancel, Laurent Batsch, Joël Bessis, Emmanuel Goldstein, Uli Haege, Antoine Hyafil, Philippe Kienast, Bernard Marois, Christophe Nijdam, Jacques Olivier, Philippe de Verdalle et qui ont tous répondu présent lorsque j'ai eu besoin de leur compétence. Un merci affectueux à mon épouse Véronique et nos deux enfants, source d'énergie indispensable pour mener à bien cette nouvelle édition.

Je garde à l'esprit la mémoire de Pierre Vernimmen (1946-1996) dont la rigueur intellectuelle alliée à une grande ouverture d'esprit, le charisme managérial, et l'exceptionnelle capacité à conceptualiser les questions financières m'ont profondément marqué.

Le contenu de cette nouvelle édition a vocation à évoluer en fonction des réactions de son lectorat tant sur le fond que sur la forme. N'hésitez pas à me faire part de vos commentaires sur le site Internet dont l'adresse figure ci-dessous. Vous y trouverez également les réponses aux questions posées à l'issue de chaque chapitre ainsi que du matériel pédagogique complémentaire afin d'approfondir les grands thèmes de l'ouvrage.

Bonne lecture !

Franck Ceddaha
www.fusions-acquisitions.org
Ancienville, juillet 2010

Introduction

Qu'est-ce qu'une transaction de fusion acquisition, couramment baptisée opération de M&A (*Merger and Acquisition* ou *deal* en franglais) ou croissance externe ? Il s'agit essentiellement de la mise en commun d'actifs ou d'intérêts économiques entre deux ou plusieurs entités. Le plus souvent, cette mise en commun se traduit par une opération de cession : à l'issue d'un processus itératif, souvent long et complexe, de convergence entre les parties, un acheteur achète un actif à un certain prix auquel le vendeur est d'accord pour vendre ! Mais dans certains cas, l'acheteur peut très bien payer en titres et donc être vendeur tandis que le vendeur peut recevoir des titres en échange des actifs cédés et donc être acheteur, le tout à un prix variable… Il n'existe que des cas particuliers ; néanmoins, l'objectif de ce chapitre introductif est de conceptualiser les éléments fondamentaux d'une transaction, dénominateurs communs à toute opération de fusion acquisition, avant de présenter le marché du M&A, dans le monde et en France.

1. Les principaux éléments d'une transaction de fusion acquisition

Chaque semaine, les médias annoncent de nouveaux projets de rapprochements entre deux entreprises (ou plus) en utilisant copieusement le terme ambigu de « fusion ». Ainsi « Arcelor a fusionné avec Mittal » ou « Fortis avec BNP Paribas ». Cependant, il est important de bien distinguer la fusion au sens juridique du terme de la « fusion journalistique », synonyme de rapprochement économique entre deux entités, quelles qu'en soient les modalités. En outre, deux entreprises peuvent « fusionner » économiquement sans pour autant utiliser la technique de la fusion.

L'objet de cette section est de présenter les éléments fondamentaux d'une transaction de fusion acquisition et d'établir une typologie des différentes formes de rapprochement. Nous ne traiterons pas ici des accords industriels ou commerciaux en tous genres sans conséquence au niveau capitalistique.

- *L'objet de la transaction*

La transaction porte en général sur la propriété d'une activité économique, d'un *business*, que nous appellerons l'« entreprise » ou la « cible » pour simplifier. Le transfert de propriété peut être total ou seulement partiel. On le supposera cependant suffisamment substantiel pour permettre à l'acquéreur d'exercer une influence notable sur la gestion de l'entreprise. Une transaction peut se traduire par l'acquisition de tout ou partie des titres financiers existants ou potentiels d'une entreprise (actions, obligations convertibles, options, etc.). À l'opposé, une transaction peut porter directement sur des actifs corporels (usines, terrains, machines, etc.), incorporels (droits, marques, fonds de commerce, etc.) et des éléments de besoin en fonds de roulement (stocks, clients, fournisseurs, etc.) correspondant à l'activité cédée. Le vendeur peut détenir ces actifs (et être redevable de ces passifs) soit directement, soit au travers d'une entité juridique, mais il est fréquent pour le vendeur de filialiser les actifs et passifs destinés à être cédés afin de se ramener au cas précédent puisqu'on cède alors le contrôle de la filiale à l'acheteur.

Il s'agit là de deux modalités de rapprochement extrêmement différentes, impliquant notamment un traitement fiscal distinct, mais on peut concevoir des opérations mixtes dans lesquelles il y a simultanément cession de titres financiers et d'un droit incorporel ou d'un terrain qui n'appartenait pas à la société cible.

Quelle que soit sa forme, l'objet et le périmètre de la transaction doivent être clairement définis et isolés des autres activités du vendeur. L'identification physique et comptable (on parle de « détourage » ou de *carve-out* en franglais) des actifs et passifs d'une activité peut s'avérer particulièrement ardue, notamment lorsque ceux-ci sont partagés entre plusieurs sociétés, elles-mêmes impliquées dans d'autres activités. Cet exercice est donc difficile mais il constitue un préalable indispensable à tout processus de vente. On découvre souvent en cours de route la filiale chilienne ou gabonaise de l'entreprise faisant l'objet des négociations, filiale en perte naturellement et dont on ne vous a quasiment jamais parlé !

- *Les parties prenantes*

Outre la cible, on pense prioritairement à l'acheteur, également appelé « initiateur », et au vendeur. Ces derniers peuvent être des entreprises industrielles ou commerciales (ils sont souvent qualifiés d'« investisseurs stratégiques » ou d'« acheteurs ou vendeurs industriels »), une famille, des personnes physiques, des établissements financiers, un État procédant à des privatisations ou nationalisations ou des investisseurs financiers professionnels (souvent appelés « acheteurs financiers ») comme les fonds de *private equity,* qui sont des fonds d'investissement spécialisés dans la reprise de filiales de grands groupes ou de sociétés familiales, au moyen d'opérations financées par effet de levier (dites de LBO pour *Leveraged Buy Out*) que nous verrons au chapitre 20.

Mais acheteurs et vendeurs ne sont pas les seules parties prenantes dans la transaction. De nombreux tiers peuvent en effet venir faciliter ou, à l'inverse, compliquer, voire compromettre, l'opération. Citons notamment les dirigeants et employés de l'entreprise ou de l'activité cible voire de l'acheteur et du vendeur, les clients, fournisseurs, créanciers ou concurrents, les différents conseils (avocats, banquiers, fiscalistes, comptables…) sans oublier les pouvoirs publics et leurs représentants. Animés par des objectifs souvent contradictoires et parfois protégés par la réglementation, ces tiers peuvent exercer une influence considérable sur la transaction. On ne saurait les négliger.

- *Le niveau de contrôle et la minorité de blocage*

Si la transaction permet à l'acquéreur de détenir plus de la moitié du capital ou des droits de vote de cette entreprise, on parle de prise de contrôle ou d'actionnaire majoritaire. C'est la forme la plus courante de rapprochement. Si la transaction ne permet pas à l'acquéreur de détenir le contrôle, on parle d'acquisition d'intérêt minoritaire ou de position de minoritaire. Enfin, si la transaction permet à l'acheteur d'être à parité avec un autre actionnaire, on parle de co-contrôle.

Par opposition, on peut trouver également un ou plusieurs actionnaires minoritaires (investisseurs institutionnels, personnes physiques, salariés directement ou *via* un Plan épargne entreprise), détenant une minorité de blocage. La minorité de blocage (en général 34 % des droits de vote) permet de bloquer en assemblée générale extraordinaire des décisions importantes comme une augmentation de capital, un apport d'actifs ou de titres, une réduction de capital, une scission. Sans minorité de blocage, l'actionnaire minoritaire a des pouvoirs très limités et doit généralement se contenter de dénoncer les abus de droit des majoritaires, ou au mieux convoquer un expert pour en témoigner comme nous le verrons au chapitre 18.

- *Valeur et prix : savoir faire la différence*

Acheteurs et vendeurs prennent à l'occasion de la transaction des décisions d'investissement opposées quant à la cible. Comme nous le verrons au chapitre 6, un investissement est créateur de valeur en finance s'il dégage une rentabilité supérieure à celle que les investisseurs qui le financent sont en droit d'exiger, compte tenu du risque pris. La valeur financière de cet investissement se définit alors comme la valeur actuelle des performances attendues (mesurées par les flux de trésorerie prévisionnels) actualisées au taux exigé par les investisseurs (appelé coût moyen pondéré du capital) comme nous le verrons dans le chapitre 9. Dans le cadre d'un rapprochement industriel, l'amélioration de la performance de l'entreprise et la mise en œuvre de synergies industrielles et commerciales sont les deux leviers privilégiés de la création de valeur. On appelle prime de contrôle la quote-part de la valeur actuelle de cette amélioration de la performance exigée par le vendeur pour céder le contrôle de la cible à l'acheteur afin de lui permettre de mettre en œuvre les synergies envisagées : synergies de coûts et/ou synergies de revenus.

Selon cette logique, le vendeur se désengage d'une entreprise lorsque sa rentabilité est jugée insuffisante ou, plus précisément, lorsque le prix d'achat qu'on lui propose est supérieur à la valeur qu'il pourrait raisonnablement créer en conservant l'actif, compte tenu de son risque. Symétriquement, l'acheteur consacrera des ressources à l'acquisition seulement s'il peut espérer « créer de la valeur » au regard du prix d'acquisition, c'est-à-dire obtenir une rentabilité économique supérieure au coût exigé par ses pourvoyeurs de fonds.

Valeur et prix sont donc deux concepts très différents. La valeur d'une activité dépend du projet industriel dans lequel elle s'inscrit tandis que le prix est le fruit d'une négociation entre les parties. On conçoit facilement que l'entreprise ait une valeur différente selon qu'elle reste dans le giron du vendeur ou qu'elle rejoigne le portefeuille de l'acheteur, notamment lorsque des synergies sont attendues du rapprochement ou qu'un changement de stratégie s'accompagne d'un changement d'équipe.

Pour autant, les deux concepts de valeur et de prix ne sont pas complètement indépendants. La valeur de l'entreprise, établie respectivement par l'acheteur et le vendeur, borne *a priori* l'intervalle de négociation du prix. Le vendeur n'aurait, en effet, aucun intérêt à céder l'activité à un prix inférieur à la valeur qu'il lui attribue (souvent appelée valeur *stand alone*), tandis que l'acheteur ne saurait proposer un prix revenant à concéder au vendeur toute la valeur des synergies attendues de l'opération. Ainsi se fixe le niveau de la prime de contrôle acceptable pour les parties. L'acheteur prend donc un double risque : non seulement son estimation de la valeur *stand alone* doit être pertinente, mais également celle de la valeur actuelle des synergies attendues du rapprochement, dont il a déjà restitué une partie au vendeur.

Si l'entreprise est cotée, son cours de bourse représente souvent une valeur plancher pour la négociation, le vendeur considérant qu'il ne saurait céder son actif à un prix inférieur, mettant en avant la difficulté à convaincre les actionnaires minoritaires ; en outre, il n'y a de discussions possibles que si la valeur pour l'acheteur s'avère supérieure à celle du vendeur (ou au cours de bourse)… La fixation du prix dans cet intervalle (et parfois en dehors) dépend, d'une part, des objectifs particuliers des parties et, d'autre part, de l'environnement et des contraintes pesant sur l'opération. Là encore, la notion de prime de contrôle est capitale, d'autant plus qu'elle dépend fortement de la structure de l'opération.

- *Les modalités et la structure de l'opération : cash ou titres ?*

Il s'agit principalement des différentes modalités techniques retenues par l'acheteur et le vendeur pour mettre en œuvre le rapprochement : cession, apport de titres ou d'actifs, fusion absorption, offre publique, etc. que notre lecteur retrouvera dans la troisième partie de cet ouvrage. Le débat essentiel porte sur la nature du paiement proposé au vendeur par l'acheteur : ce dernier peut, en guise de paiement, remettre au vendeur soit du cash, soit ses propres titres.

Dans le cas général, l'acheteur prend le contrôle d'une entreprise en payant en numéraire les titres achetés. On parle alors d'acquisition ou de cession de titres ou d'actifs. Pour les sociétés cotées et notamment compte tenu du nombre important d'actionnaires existants, cette opération prend la forme d'une offre publique d'achat (ou OPA). Le paiement en numéraire peut se faire sur la trésorerie disponible de l'entreprise, faire l'objet d'un crédit bancaire ou d'un appel au marché (émission de titres de créances par exemple) destiné à financer l'acquisition. Enfin, le paiement en numéraire peut également être refinancé ultérieurement par l'entreprise sous la forme d'une augmentation de capital destinée à faire entrer de nouveaux actionnaires croyant au projet de rapprochement. En tout état de cause et en dehors des liens contractuels résiduels à l'issue de la transaction, le vendeur est désintéressé de l'avenir de la cible.

Pour éviter de sortir des liquidités, l'acheteur peut également proposer de payer en titres qu'il détient déjà (sous forme d'autocontrôle ou d'autodétention) ou en titres à émettre à l'issue d'une assemblée générale extraordinaire ayant approuvé l'opération. Dans ce cas, tout se passe comme si le vendeur avait immédiatement réinvesti le fruit de la cession en titres de l'acheteur et devient donc… acheteur lui-même : s'il s'agit de titres financiers, il a apporté des titres de l'entreprise cédée et reçu en échange des titres de l'acquéreur : on parle d'apport de titres. Plus qu'une valeur absolue, il convient donc d'établir une valeur relative ou poids relatif entre les deux entités. Ramené à un rapport entre valeur par action de la cible et valeur par action de l'acquéreur, on parle de parité d'échange. C'est notamment le cas lorsque les fondateurs d'une entreprise apportent le contrôle de celle-ci à une autre société plus grosse (opération souvent qualifiée d'adossement). Pour les sociétés cotées, et compte tenu du nombre important d'actionnaires existants, cette opération peut prendre la forme d'une offre publique d'échange (ou OPE). Dans un tel schéma, le vendeur n'est pas désintéressé de l'avenir du nouvel ensemble issu du rapprochement et il compte bien profiter du déploiement des synergies et participer à la création de valeur. La fusion absorption au sens juridique du terme constitue une forme particulière d'opération en titres, dans laquelle la société cible ou absorbée disparaît à l'issue de l'opération, son patrimoine ne formant plus qu'un avec l'initiateur de la fusion appelé société absorbante, comme nous le verrons au chapitre 15.

L'acheteur peut remettre également au vendeur des titres d'une autre entité qu'il détient ou d'autres actifs (corporels ou incorporels). Dans ce cas, il s'agit d'une opération de troc ou de *swap* d'actifs, qui consiste à échanger un actif pour un autre jugé plus intéressant, comme les *swaps* de stations-service entre les grandes compagnies pétrolières cherchant à compléter leur maillage d'un territoire donné…

On peut également concevoir des opérations dans lesquelles il y a paiement en titres et en cash simultanément ou de façon différée (d'abord des titres puis du cash ou l'inverse, ce qui est cependant plus rare) ou une transaction portant sur les propres titres de l'entreprise. Ainsi, une entreprise peut procéder à l'acquisition de ses propres titres en payant avec des titres qu'elle détient en portefeuille ou du cash ou les deux. Dans la pratique, droit et fiscalité sont souvent des paramètres déterminants lors de la définition des modalités de la transaction : l'entreprise peut présenter un report fiscal déficitaire, le vendeur peut souhaiter être payé en titres pour reporter son éventuelle plus-value, l'acheteur peut préférer acheter des actifs afin d'éviter de reprendre la responsabilité ou même d'être exposé à des contentieux importants.

Le tableau 1 entend présenter les différentes formes d'opération selon l'objet de la transaction et le moyen de paiement utilisé par l'acheteur.

Tableau 1. – *Récapitulatif des différentes formes de rapprochements*

		Objet de la transaction	
		Actif	Titres
Moyen de paiement	Cash	Acquisition (ou cession) d'actifs	Acquisition (ou cession) de titres
	Titres	Apport partiel d'actifs	Apport de titres ou fusion absorption

- *Les due diligences*

On appelle *due diligence* le diagnostic approfondi que réalise l'acquéreur et ses éventuels conseils sur la cible, pour permettre l'exploitation systématique et pluridisciplinaire de toutes les informations disponibles sur cette entreprise, afin d'apprécier les risques et opportunités de celle-ci. On distingue trois types de *due diligences :* les *due diligences* stratégiques ou opérationnelles, les *due diligences* comptables et financières et les *due diligences* techniques (organisationnelle, juridique, fiscale, sociale, environnementale…). Ce travail doit permettre d'identifier les principales zones de risques et d'aboutir à une quantification préliminaire de leur matérialisation éventuelle.

Nous y reviendrons en détail au chapitre 13.

- *Le contexte de la transaction*

L'analyse des différentes caractéristiques de la transaction permet donc de faire émerger une fourchette de prix, mais le prix final résulte de la confrontation des objectifs de l'acheteur et du vendeur, dans le cadre d'un climat de négociation toujours particulier (offre amicale ou hostile par exemple). Nous reviendrons sur ces objectifs dans la deuxième partie, mais nous pouvons dès à présent citer les objectifs industriels, de pouvoir ou de calendrier par exemple. La négociation subit par ailleurs des contraintes extérieures qui ont une influence directe sur le prix proposé. On peut penser au contexte macroéconomique, à la situation des marchés financiers ou aux diverses contraintes réglementaires – droit social, droit boursier, droit de la concurrence, contraintes environnementales. Nous reviendrons plus précisément sur ces contraintes au chapitre 11.

Le prix et les modalités d'une transaction résultent donc d'un compromis entre la vision de la valeur selon chacune des parties, le résultat des *due diligences* et les différents objectifs mentionnés précédemment. Le schéma 1 résume les différentes interactions aboutissant au prix et aux modalités du rapprochement proposés par l'acheteur au vendeur.

Schéma 1. – *Les déterminants du prix et des modalités de rapprochement lors d'une transaction*

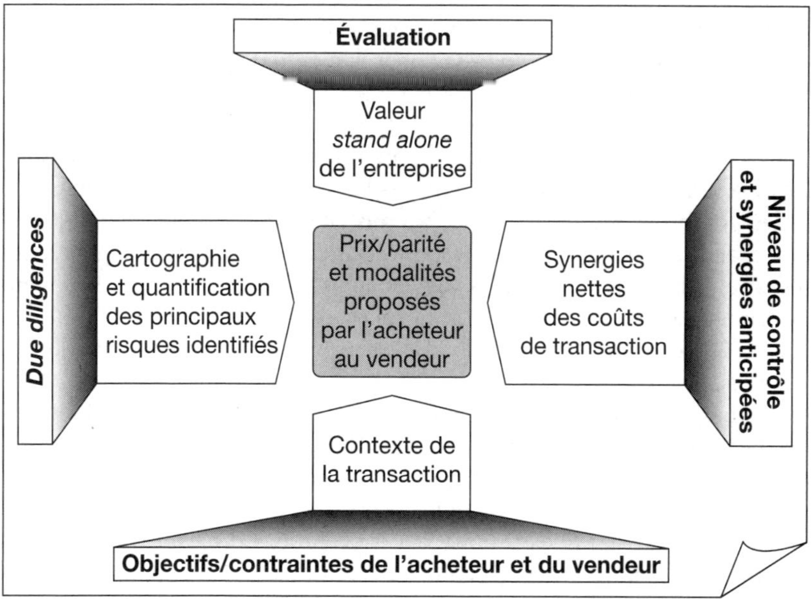

Avant d'en venir au panorama et à l'historique du marché des fusions acquisitions, nous ne saurions trop insister sur l'importance, pour chacune des parties, de définir clairement ses priorités et de bien analyser et comprendre les objectifs des autres. Ainsi s'élabore une tactique efficace permettant de mener à bien une transaction au mieux de ses intérêts.

2. Le marché des fusions acquisitions

Bien que les opérations de fusion acquisition aient été pratiquées intensément depuis le 19e siècle, le phénomène a pris une dimension nouvelle depuis une vingtaine d'années. De seulement 4 000 en 1991, le nombre de deals conclus à travers le monde est passé à près de 20 000 en 2008. Le niveau d'activité très élevé sur ce marché en 2006 et 2007 mis en regard avec la morosité des années 2002 et 2009 met en évidence sa forte cyclicité. En 2009, le niveau en valeur des fusions et acquisitions internationales a ainsi diminué de moitié par rapport à 2008, baisse la plus importante d'une année sur l'autre depuis 1995.

2.1. Les cycles du marché

Bien que mettant en jeu des sommes extrêmement élevées, le marché du M&A n'en est pas moins particulièrement cyclique. D'où l'alternance de vagues de fusions acquisitions et de périodes moins fastes. Si ces cycles ne sont ni réguliers ni prévisibles, on peut néanmoins avec le recul mettre en évidence les conditions favorisant ces vagues de rapprochements. Ces grands phénomènes de consolidation accélérée ont toujours été caractérisés non seulement par des environnements économiques et techniques en forte mutation, mais aussi par des phases d'activité soutenues : euphorie boursière, taux d'intérêt bas, prime de risque faible des marchés d'actions ont historiquement eu un impact très favorable sur le nombre de transactions. Il est par ailleurs admis que le haut du cycle M&A est atteint lorsque les taux d'intérêt remontent mais après l'apogée du marché des actions.

De nombreuses études ont très tôt mis en évidence le fait que le caractère cyclique de ce marché est accentué par un phénomène d'engouement sectoriel. En effet, chacune des vagues de fusions acquisitions s'est essentiellement concentrée sur quelques secteurs dont la consolidation a été accélérée ou facilitée du fait de bouleversements technologiques, juridiques ou stratégiques.

Le marché américain représentant environ la moitié du marché mondial des opérations de fusion acquisition, différents auteurs ont étudié son caractère cyclique. Comme le montre le graphique 1, on compte sept vagues de rapprochements depuis la fin du 19e siècle, chacune ayant des motifs et caractéristiques propres à son époque. Ainsi, outre les facteurs spécifiques à chaque entreprise ou à son actionnariat, les principaux points communs sont :

– des facteurs politiques et réglementaires,

– des facteurs macroéconomiques, les périodes de croissance économique étant plus favorables aux concentrations,

– des facteurs industriels et sectoriels.

Graphique 1. – *Les sept vagues de fusions acquisitions aux États-Unis en nombre d'opérations*

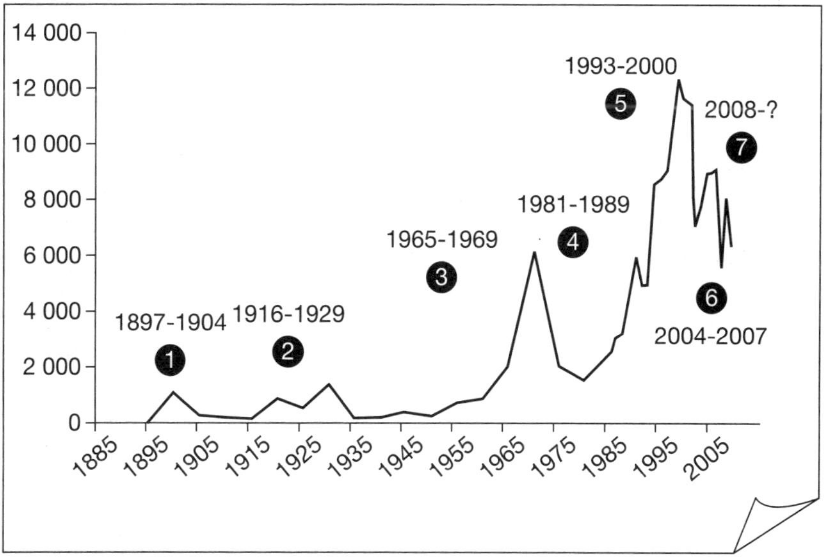

Source : d'après Jansen (2003) et Thomson.

• *Petit historique : les quatre premières vagues*

La toute première vague de rapprochements se déroula de 1897 à 1904 et concerna exclusivement les États-Unis. Ce phénomène nouveau toucha en particulier les industries lourdes et permit la formation de véritables empires tels General Electric, DuPont ou la Standard Oil de Rockefeller. D'où l'apparition de lois anti-trust, qui allaient modifier les règles du jeu lors de la seconde vague. Celle-ci fut avant tout le reflet de la prospérité américaine des années 1920, à laquelle le krach de 1929 mit un terme brutal. Cette vague eut néanmoins le temps de contribuer à la formation d'importants oligopoles dans des secteurs comme l'alimentation, la chimie ou les mines. Pour la première fois, le phénomène se développait hors du continent américain et touchait ainsi l'économie britannique.

Il fallut attendre la seconde moitié des années 1960 pour voir surgir la troisième vague. Aux États-Unis, celle-ci fut paradoxalement la conséquence du développement des lois anti-trust, qui incita les grands groupes à se diversifier. C'est pourquoi on parle de vague conglomérale, dont l'illustration la plus flagrante demeure la firme ITT, présente dans des secteurs aussi divers que la restauration, la banque, la location de voiture et l'électronique. Parallèlement, l'Europe et la France connurent leur première véritable vague de rapprochements. Ces opérations furent surtout motivées par la volonté des groupes industriels d'atteindre une taille dite critique pour affronter le tout nouveau marché commun ; malgré cela, seules 12 % des opérations impliquèrent une entreprise étrangère. Ainsi de 1966 à 1972, les pouvoirs publics promurent activement la formation de fleurons industriels nationaux (Saint-Gobain/Pont-à-Mousson, Usinor/Sacilor, Péchiney/Ugine/Kuhlman), dont – ironie du sort – beaucoup disparaîtront quelques décennies plus tard lors de vagues ultérieures ! Le premier choc pétrolier et la crise économique mirent fin à cette troisième vague.

Passé de mode dans les années 1970, le marché des fusions acquisitions n'en connut pas moins quelques épisodes décisifs aux États-Unis. En 1974 a lieu la première opération hostile : lancée avec succès par l'International Nickel Company sur son concurrent ESB. Bien que financièrement peu concluante, l'initiative ouvrit la voie à un nouveau type de rapprochement, qui n'allait pas tarder à faire ses preuves avant que la quatrième vague ne se déploie.

Cette dernière, amorcée au début des années 1980, fut donc particulièrement marquée par la multiplication des offres hostiles ou tout du moins non sollicitées. Héritière des nouvelles pratiques des années 1970, elle fut aussi le contre coup de la vague précédente en privilégiant la formation de *pure players*, sociétés dont le périmètre d'activité se réduit à un seul métier, mettant ainsi en miettes les conglomérats. Contrairement aux autres vagues de rapprochements, celle-ci ne se caractérise pas tant par le nombre d'opérations que par la taille et les modalités de celles-ci. Il s'agit ainsi de la première vague de méga fusions, à l'origine de la consolidation accélérée de certaines industries, telles celle du pétrole entre 1981 et 1985 ou celle de la pharmacie dans la seconde moitié des années 1980. Cette vague est aussi marquée par la modernisation et la sophistication des instruments financiers, d'où une complexité croissante des stratégies d'acquisition, de cession, voire de défense contre les offres hostiles. Le phénomène a été favorisé par l'utilisation de l'effet de levier utilisé par des investisseurs financiers spécialisés dans l'acquisition d'entreprises mal gérées. Cette vague s'inscrit aussi dans un contexte de mondialisation croissante. Ainsi en France, 42 % des opérations conclues entre 1986 et 1992 furent transfrontalières. Cependant, la chute du marché obligataire, associée à la guerre du Golfe dans un contexte économique moins favorable, a mis fin à cette vague.

- *Les années 1990 : le raz de marée*

Après une courte pause, le marché des fusions acquisitions n'a cessé de monter en puissance tout au long des années 1990 pour atteindre un sommet historique en 2001. Il s'agit de la première vague véritablement mondiale : aussi bien en Amérique qu'en Europe ou en Asie, celle-ci présente les mêmes attributs et résulte des mêmes causes. Outre un contexte macroéconomique particulièrement favorable, trois forces ont principalement contribué à créer cette euphorie : la mondialisation, les dérégulations de toutes sortes (énergie, banque, télécommunication, transport aérien) et surtout les bouleversements technologiques ayant affecté de nombreux secteurs.

Ainsi, de façon plus évidente encore s'est manifesté le phénomène d'engouement sectoriel avec des rapprochements en cascade dans les secteurs de la banque, puis des télécoms ou encore des médias. De même, plus encore que sa devancière, cette vague de fusions acquisitions s'est particulièrement distinguée par le gigantisme des opérations ; d'où un phénomène inédit : la part grandissante et finalement majoritaire en valeur des rapprochements payés en titres plutôt qu'en liquidités. Enfin, cette dernière vague a aussi été logiquement caractérisée par la forte proportion d'opérations transfrontalières : entre 1998 et 2001, environ la moitié des rapprochements concernant des entreprises françaises étaient de ce type.

Ainsi en 2002, la valeur de l'ensemble des opérations conclues s'est élevée à 1 024 milliards d'euros, un montant cinq fois supérieur à celui de 1992, alors que l'économie mondiale n'a crû que de 80 % dans le même temps. Cependant, l'éclatement de la bulle des valeurs technologiques conjugué à la remontée des taux d'intérêt ont brusquement mis fin à cette vague en 2001 et 2002.

- *2004-2007 : la bulle du crédit : LBO et gros deals*

Le marché des fusions acquisitions a retrouvé une forte dynamique à partir de 2004, suite à trois années de relative morosité. Sans atteindre les sommets de 2000, il a été porté par des opérations de LBO très ambitieuses, conséquence du fort appétit des fonds d'investissement dans un contexte d'abondance du crédit. Les fonds d'investissement ont représenté jusqu'à 20 % du marché mondial des fusions acquisitions avec des jumbo deals comme la prise de contrôle du distributeur Boots par le fonds KKR.

L'environnement financier plus favorable a poussé certains acteurs à accélérer leur développement international en ayant recours massivement à l'endettement comme l'acquisition du constructeur américain d'onduleurs APC par Schneider Electric pour 6 milliards de dollars (2006) ou encore le rapprochement entre Alcatel et Lucent en 2006 (13,5 milliards de dollars) sans parler du rachat par Lafarge du cimentier égyptien Orascom pour près de 9 milliards d'euros (2007).

Parallèlement, les contraintes réglementaires, boursières, comptables et financières ont rendu l'exécution des transactions plus longue et plus coûteuse.

- *Depuis 2008 : lendemain de fête avec quelques opportunités ?*

La crise financière de 2008 a eu un double effet : la fermeture du robinet du crédit a mis un sérieux coup de frein aux opérations de croissance externe et notamment aux LBO, tandis que certaines sociétés (et notamment les groupes bancaires) se trouvaient dans l'impossibilité d'honorer leur échéance ou en crise de liquidité les obligeant ainsi à vendre des actifs en urgence voire à se vendre. La cession fin 2008 des activités internationales de Lehman Brothers à Nomura (ou de Fortis à BNP Paribas en Europe) constitue un bon exemple. Après la gestion de la crise, l'ensemble des acteurs ont donné la priorité à la croissance organique, à la gestion de leur liquidité ou de leur endettement existant. Ainsi en 2009, le montant total des transactions annoncées de fusions et acquisitions était le plus faible depuis 2003, avec un retour des opérations de taille plus modeste. La fragilité de l'économie mondiale – qui concerne même les pays émergents –, la contraction du crédit et surtout l'absence de visibilité économique rendent les acteurs très prudents et il n'est pas rare de voir des processus d'enchères ne pas aboutir, faute d'acheteurs à un prix acceptable par le vendeur. Dans ce contexte, les investisseurs industriels devraient dominer le marché et servir de locomotive à des opérations plus stratégiques que financières, avec notamment comme objectif la poursuite de la consolidation stratégique des marchés émergents, comme l'acquisition en 2010 du groupe russe Unimilk par Danone.

- *Dynamique des cycles*

Comme le montre le graphique 2, une bulle met en général une dizaine d'années à se former mais beaucoup moins pour se dégonfler. On assiste cependant en observant les vagues les plus récentes à une accélération et à une réduction de la durée des cycles.

Graphique 2. – *Cycles de vie des différentes vagues*

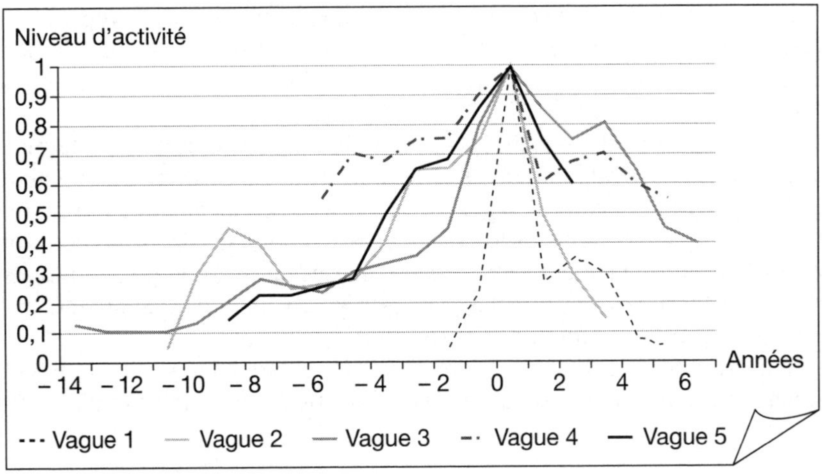

Source : Morosini & Steger (2004).

2.2. *Méthode de paiement*

Les opérations de rapprochement payées en titres, bien que toujours minoritaires en nombre, se sont beaucoup développées dans les années 1990. En effet, payer en titres permet d'éluder le problème du financement. Or, cette question du financement devient beaucoup plus épineuse dès lors que les valeurs atteignent des niveaux élevés, comme c'était justement le cas dans la seconde moitié des années 1990. C'est pourquoi le pourcentage des transactions payées en titres dans le monde a culminé à 41 % en 1999, alors qu'il n'était que de 12 % en 1990, comme le montre le graphique 3. Depuis, le marché est revenu à une proportion plus habituelle d'environ 70 % des transactions payées en cash tandis que le solde se partage entre opérations payées en titres et opérations mixtes. Il faut néanmoins noter que la part des transactions payées en titres est moins importante en Europe qu'aux États-Unis, où près d'une opération sur deux est payée en titres. La crise financière de 2008 a eu pour conséquence une baisse de valeurs boursières rendant le paiement en titres quasi impossible.

Graphique 3. – *Répartition en valeur des transactions européennes selon le moyen de paiement de 1990 à 2009*

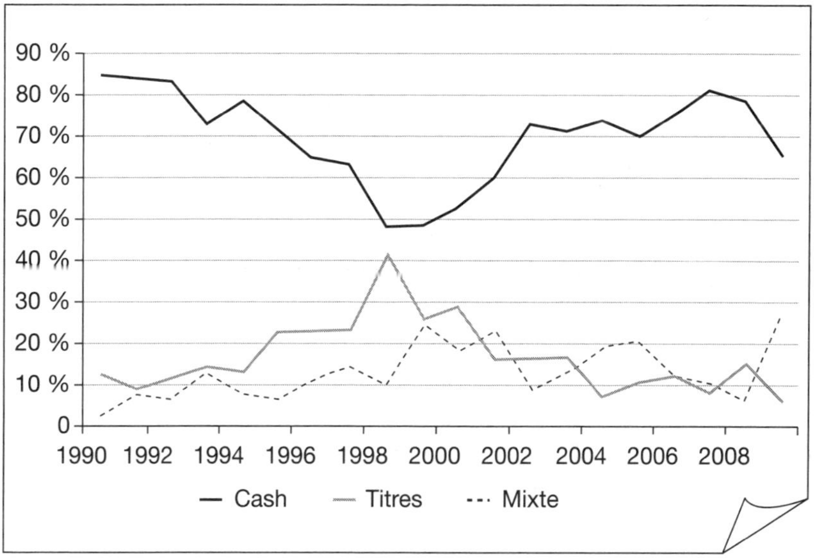

Source : Tiré de Thomson et Morgan Stanley.

2.3. *Le marché français des fusions acquisitions*

Tant en volume qu'en valeur, environ la moitié des opérations de fusion acquisition ont longtemps impliqué des entreprises américaines, tandis que l'Europe faisait figure de deuxième pôle majeur. Les pays émergents et notamment l'Asie rattrapent leur retard et talonnent, voire dépassent occasionnellement l'Europe et les États-Unis. En terme de volume, les États-Unis, l'Europe et l'Asie représentaient 60 %, 30 % et 10 % des opérations mondiales en 2000 contre respectivement 40 %, 40 % et 20 % en 2008. La part des opérations transfrontalières a augmenté de 23 % en 2000 à 41 % en 2007, avant de redescendre à 35 % en 2008. À noter qu'en 2008 l'Inde et la Chine représentaient à elles seules 12 % des opérations transfrontalières.

En 2009, le marché français représentait environ 90 milliards d'euros. À titre de comparaison, une telle somme correspond à environ 5 % du PIB national.

Le marché français n'a pas été en reste depuis le milieu des années 1990. Il a représenté près de 10 % du produit intérieur brut en 2006 avec un sommet à 20 % du produit intérieur brut en 1999, ce qui fait de la France un des marchés européens les plus actifs après le Royaume-Uni. Le graphique 4 présente l'évolution en valeur et en volume du marché français.

Si le nombre de transactions n'a pas augmenté de façon spectaculaire au cours des années 1990, leur valeur a été multipliée par plus de 12 entre 1993 et 2000. Le graphique 4 reflète bien la volatilité de l'évolution des volumes et du nombre de transactions par trimestre depuis 2003. Les transactions les plus significatives sont présentées au tableau 2, qui révèle que le marché français est assez concentré. En effet, depuis le milieu des années 1990, chaque année, les dix transactions les plus importantes ont représenté entre 40 % et 60 % de la valeur totale du marché.

La France suit la même tendance que le marché européen en termes d'évolution de la répartition entre cash, titres et mixtes, avec cependant une proportion plus importante d'offres mixtes. Le graphique 5 présente l'évolution de cette répartition mise en regard avec l'évolution de l'indice boursier français de référence, le CAC 40. On remarque que les périodes d'euphorie boursière incitent les acheteurs à privilégier des transactions en titres ou mixtes, les valorisations boursières étant alors trop élevées pour envisager une offre intégralement en cash.

Graphique 4. – *Évolution en valeur et en volume du marché français*

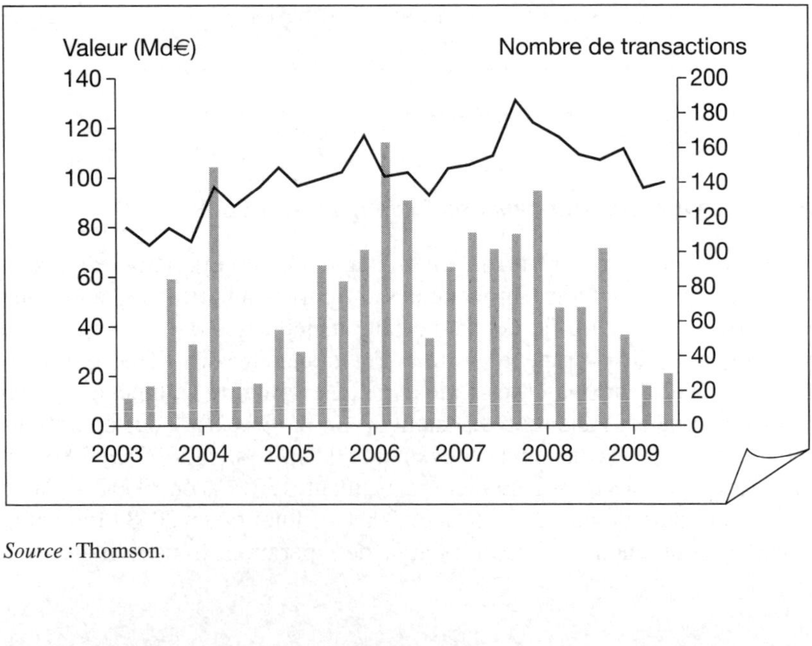

Source : Thomson.

Tableau 2. – *Les transactions françaises les plus significatives année par année depuis 1990*

Année	Initiateur	Cible	Secteur	Valeur (en Mds€)
1990	Rhône-Poulenc	Rorer Group	Chimie	2,9
1991	Altus Finance	Executive Life Insurance Junk Bonds	Assurance	2,7
1992	Alcatel Alsthom CGE	Alcatel NV	Énergie	3,1
1993	Vendome group	Cartier Monde, Dunhill	Luxe	3,1
1994	Southwestern Bell Cellular	SFR	Télécommunication	2,1
1995	Crown Cork & Seal	Carnaud Metalbox	Emballage	3,9
1996	Axa	UAP	Assurance	8,2
1997	Lyonnaise des Eaux-Dumez	Compagnie de Suez	Utilities	6,6
1998	Total	Petrofina	Pétrole	11,2
1999	Totalfina	Elf Aquitaine	Pétrole	48,3
2000	France Telecom	Orange	Télécommunication	50,8
2001	Vivendi	USA Networks	Média	12,0
2002	Bayer	Aventis Cropsciences	Chimie	7,3
2003	Crédit Agricole	Crédit Lyonnais	Banque	16,5
2004	Sanofi-Synthelabo	Aventis	Pharmacie	50,0
2005	Suez	Electrabel	Énergie	11,2
2006	Mittal Steel	Arcelor	Utilities	25,6
2007	Unibail	Rodamco	Immobilier	18,5
2008	GDF	Suez	Énergie	62,4
2009	EDF	British Energy	Énergie	14

Source : Thomson.

Graphique 5. – *Évolution comparée de la répartition des transactions françaises selon le moyen de paiement et de l'indice CAC 40*

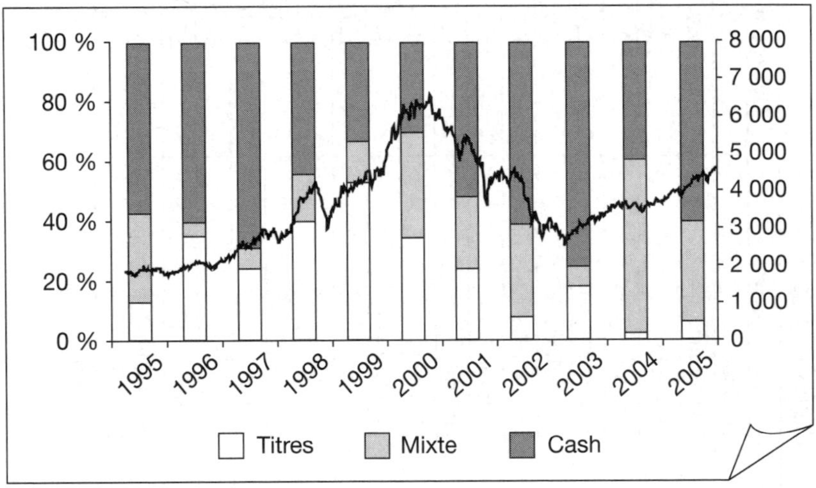

Source : Badaro & Capelle (2006).

Le marché français était pleinement intégré à la vague du private equity, porté par des opérations de LBO très ambitieuses, tant sur des sociétés cotées que non cotées, avec par exemple le rachat de Pages Jaunes par le fonds d'investissement KKR en 2006 pour un montant supérieur à 6 milliards d'euros. Ainsi, la part du *private equity* a représenté près de 20 % du marché français du M&A en 2007 avant de chuter brutalement à 6 % en 2008 après la crise financière. L'acquisition de l'opérateur téléphonique brésilien GVT par Vivendi en 2010 pour 2,8 milliards d'euros s'inscrit bien dans la dernière vague de fusions acquisitions, fondée sur la recherche de positions stratégiques dans les pays émergents.

Le but poursuivi par un acheteur est de faire une bonne affaire, autrement dit d'acheter une entreprise à un prix inférieur à son potentiel de création de valeur compte tenu des risques identifiés. Cet ouvrage vise à optimiser la gestion d'une opération de fusion acquisition en se concentrant sur les trois grandes étapes de celle-ci : le diagnostic de la cible, la gestion du processus de rapprochement et la structuration de la transaction.

– La première partie vise à prévenir le risque opérationnel, généralement fondé sur un diagnostic erroné de l'entreprise cible, menant à une surestimation du potentiel de marché ou à une insuffisance en termes de création de valeur. Seront traités successivement le diagnostic stratégique de l'entreprise, les différentes étapes de son diagnostic financier et de l'appréciation de sa performance opérationnelle, ainsi que l'étude de son plan d'affaires ; l'aboutissement du diagnostic est la mise en œuvre des principales méthodes d'évaluation, préalable indispensable à toute négociation aussi bien pour l'acheteur que pour le vendeur.

– La deuxième partie consacrée à la négociation a pour objectif de minimiser le risque lié au processus de rapprochement, notamment une mauvaise exploitation des données importantes ou une négociation mal préparée. Seront donc examinées successivement la préparation de l'opération et ses différents intervenants, la phase de *due diligence* et les techniques de mise en vente, destinées à entretenir une rivalité entre acheteurs potentiels en alternant échanges d'informations et phases de négociation, jusqu'à ce que celle-ci devienne exclusive ; seront ainsi abordés plus particulièrement la phase de négociation exclusive et les choix tactiques qu'elle suppose.

– La troisième partie est consacrée à la structuration de l'opération et a pour but d'optimiser le schéma de rapprochement en fonction du degré d'intégration (fusion acquisition ou alliance), du moyen de paiement retenu (cash ou titres), des contraintes juridiques et fiscales des différentes parties. Les opérations boursières, le cas plus particulier des opérations de LBO, les alliances capitalistiques, les rapprochements transnationaux, la problématique des sociétés familiales, ainsi que les principales contraintes de gouvernance seront également abordés, sans oublier les aspects réglementaires.

PREMIÈRE PARTIE

Du diagnostic à l'évaluation

Une transaction réussie est avant tout une transaction bien préparée par l'ensemble des parties prenantes. La plupart des études académiques sur les rapprochements d'entreprises aboutissent à la conclusion que plus de la moitié des rapprochements entre entreprises ne créent pas la valeur anticipée de bonne foi par l'acheteur et le vendeur, alors qu'il s'agit de processus lourds, difficilement réversibles et souvent encadrés par des conseils chèrement payés. Au-delà du fait qu'il est toujours difficile de prévoir l'avenir, les raisons invoquées le plus couramment vont de la surestimation des synergies liées au rapprochement à la sous-estimation du temps et des coûts pour les mettre en œuvre, en passant bien sûr par les problèmes de management, les salariés étant en général plus préoccupés par leur avenir que par le développement des synergies. Le prix payé était donc trop élevé ! C'est pourquoi il est essentiel de bien préparer une transaction de fusion acquisition afin d'éviter de se retrouver du mauvais côté de la barrière.

La phase préparatoire d'une opération de fusion acquisition peut se décomposer en trois volets :

– un volet d'analyse stratégique,
– un volet d'analyse financière,
– un volet d'évaluation financière.

Il convient de suivre les trois démarches : nous n'avons que trop vu ces acheteurs affamés, se jetant sur les chiffres en quête d'une valorisation sans même avoir compris la stratégie de l'entreprise ou simplement pris le temps de calculer son besoin en fonds de roulement ! En outre, il est enrichissant de confronter les résultats de ces différentes analyses et notamment d'étudier la cohérence des analyses financière et stratégique. Si, par exemple, une entreprise a procédé il y a deux ans au choix stratégique d'investir massivement en vue du lancement d'un nouveau produit ou service, les états financiers historiques refléteront essentiellement le poids de ces investissements, alors que le plan d'affaires privilégiera le développement des revenus correspondants.

Ce diagnostic n'est pas indépendant de la position de celui qui le réalise : l'acheteur aura un œil critique, voire cynique sur l'entreprise, tandis que le vendeur mettra en avant son potentiel de développement et sa capacité à créer de la valeur. De même, un acheteur industriel privilégiera l'analyse des synergies issues du rapprochement, tandis que l'acheteur financier donnera la priorité à la capacité de remboursement de la dette qu'il envisage de lever pour acheter l'entreprise. Chacun voit donc « midi à sa porte » et de la confrontation des points de vue naîtra un début de dialogue, préambule à toute négociation. On ne discute pas d'un actif sans l'avoir considéré au préalable, même si celui-ci apparaît comme bon marché ! Si cet actif n'est pas cher, il doit bien y avoir des raisons !

On peut résumer la finalité de ce diagnostic en indiquant qu'il cherche à établir un état des lieux objectif des points forts et des faiblesses de l'objet de la transaction, aussi bien à un niveau stratégique que financier. Il permet aussi de mettre en évidence la pertinence économique et financière de la transaction envisagée. Son aboutissement est l'évaluation de l'entreprise qui permet de « quantifier » ces forces et faiblesses, de mettre un chiffre ou plutôt une fourchette de valeur qui résume la perception de la situation de l'entreprise par les différentes parties. Il s'agit donc d'une étape essentielle sur laquelle il ne faut pas craindre de s'appesantir. Plus on aura consacré de temps à cette étape, plus la négociation sera efficace.

Enfin, les cas Soulay et Turbo Vista présentés au chapitre 22 sont consacrés à la mise en œuvre d'un diagnostic stratégique, d'une analyse financière et d'une évaluation sur la base d'un exemple concret.

Chapitre 1

La dynamique stratégique d'un rapprochement

Ce chapitre traite...

- **Des objectifs du diagnostic stratégique préalable à un rapprochement**

– L'objectif principal du diagnostic stratégique est de bien comprendre l'activité de l'entreprise et ses perspectives de croissance en cherchant à identifier les déterminants de sa valeur.

– Le diagnostic permet également de mieux préparer la phase de *due diligence* et pour le vendeur de mieux jauger l'intérêt industriel des interlocuteurs dans la transaction et leur capacité à la mener à bien.

- **Des principales questions à se poser lors du diagnostic stratégique**

– La capacité de l'entreprise à créer de la valeur doit être appréhendée *via* l'étude de sa chaîne de valeur, le *benchmarking* et l'identification des facteurs clés de succès de son activité.

– Le diagnostic stratégique repose sur quelques questions simples et de bon sens qu'il faut se poser pour chacun des domaines d'activité de l'entreprise.

– Il s'agit de s'interroger sur le passé de l'entreprise, son marché et sa position sur celui-ci, ses clients et l'accès à ceux-ci, son processus de production, ses valeurs, etc.

- **Des caractéristiques stratégiques d'un rapprochement**

– Un rapprochement entre deux entreprises industrielles ou commerciales peut aussi bien s'inscrire dans une logique stratégique que dans une logique purement financière.

– Selon leurs motivations stratégiques, les fusions acquisitions sont classées en quatre catégories : les opérations horizontales, les opérations verticales, les opérations de diversification et les opérations conglomérales.

– Pour l'acheteur, le diagnostic stratégique doit permettre de quantifier les principales synergies attendues ; celles-ci peuvent être de deux ordres : synergies de revenus ou de coûts. Sans oublier les coûts et le temps pour les mettre en œuvre.

– D'autres explications dépassent les motifs traditionnels de réduction des coûts de transaction, sélection darwinienne, *management hubris*, etc.

- **De l'analyse théorique et empirique des fusions et acquisitions**

– Les analyses théoriques tentent d'expliquer en quoi une opération de rapprochement peut créer de la valeur ou en détruire.

– D'après différentes études empiriques, plus de la moitié des opérations de rapprochement sont des échecs dans la mesure où elles ne créent pas la valeur anticipée lors du diagnostic stratégique.

L'analyse stratégique constitue la première phase du diagnostic préalable à une opération de fusion acquisition. Elle sera relayée par les *due diligences* opérationnelles approfondies décrites au chapitre 13. Seront donc analysés dans ce chapitre les objectifs de ce diagnostic, les principales questions à se poser, ainsi que la dynamique stratégique du rapprochement. Enfin seront présentés les principales théories explicatives liées aux opérations de fusion acquisition et les résultats des recherches empiriques quant au succès ou non de ces opérations.

1. Les objectifs du diagnostic stratégique

L'objectif premier du diagnostic stratégique est de bien comprendre l'activité de l'entreprise et ses perspectives de croissance en cherchant à identifier les déterminants de sa valeur. N'oublions pas non plus que la vente est un signal négatif : si le vendeur a décidé de céder cet actif, c'est également à l'issue d'une analyse stratégique ! Se sépare-t-il de l'activité parce qu'elle est périphérique, ou parce qu'il la juge insuffisamment créatrice de valeur ?

Il faut donc également tenter d'identifier la place de l'activité dans le portefeuille du vendeur et comprendre les motivations de la cession ainsi que ses implications. De son côté, ledit vendeur mettra à profit cet exercice pour préparer son argumentaire de cession en mettant en avant les forces de l'entreprise et en cherchant à cerner l'intérêt stratégique des différents acheteurs qu'il aura pu identifier. Pour mener à bien cet exercice, il convient de disposer des principales études sectorielles récentes et pertinentes quant au domaine d'activité de l'entreprise, de l'information publique sur les principaux concurrents, clients et fournisseurs de l'entreprise (base de données des associations professionnelles, rapports de recherche et notamment notes d'analystes financiers sur les concurrents cotés), de revues de presse à jour sur l'entreprise, ses concurrents et son secteur ; bref, il est nécessaire de s'armer d'un véritable dossier permettant de réaliser un *benchmarking* efficace, c'est-à-dire de comparer la situation de l'entreprise avec celle de ses concurrents.

Le cœur de compétence d'une entreprise donnée, qu'elle soit industrielle ou commerciale, est de savoir créer de la valeur, c'est-à-dire obtenir une rentabilité économique supérieure à son coût moyen pondéré du capital ; et ceci en optimisant la coordination et l'exploitation de trois grands types de ressources :

– des *ressources managériales* : il s'agit du savoir-faire de l'ensemble des salariés et de l'équipe dirigeante, son expérience, sa formation, son réseau relationnel… ;

– des *ressources matérielles*, parmi lesquelles des actifs corporels comme des équipements, des usines, ainsi que des actifs incorporels tels que des technologies, des marques ou des programmes de recherche-développement ;

– des *ressources organisationnelles* qui permettent d'optimiser les processus de communication et de circulation d'information, de *reporting*, de contrôle des coûts et qui font qu'une entreprise est plus ou moins « bien gérée ».

Il ne faut pas se méprendre sur la nature de l'exercice. Il ne s'agit pas de faire un travail de consultant avec des matrices en trois dimensions pour qualifier la stratégie de l'entreprise, définir son segment stratégique ou son domaine d'activité ; mais de centrer l'analyse sur les déterminants de la valeur de l'entreprise considérée (ses *value drivers* en franglais) qui permettent d'obtenir une rentabilité économique satisfaisante, et de comprendre pourquoi celle-ci est meilleure ou moins bonne que celle de ses concurrents. Ce travail s'effectue en général à partir d'une analyse des différents composants de ce qu'il est convenu d'appeler la chaîne de valeur afin d'en isoler les facteurs clés de succès qui sont essentiels dans le succès de l'entreprise (ou qui lui manquent cruellement !).

On appelle chaîne de la valeur les différentes étapes de l'élaboration d'un produit ou d'un service. Les maillons usuels de cette chaîne sont principalement la conception, la technologie, la fabrication, le marketing, la distribution et le service. Au sein de cette chaîne, l'entreprise peut avoir des compétences de plusieurs types : elle peut à la fois maîtriser un maillon (logistique par exemple) et développer un savoir-faire particulier pour renforcer le lien entre plusieurs maillons (le service des commandes et le suivi logistique par exemple). La maîtrise d'un maillon peut faire appel à des compétences industrielles ou commerciales (maîtrise de délais de fabrication, optimisation de la localisation des capacités de production, bon positionnement du marketing mix, efficacité du réseau de distribution...), des compétences managériales (systèmes de communication ou de contrôle performant, bonne gestion du besoin en fonds de roulement) ou relationnelles (bonne connaissance des besoins des clients, relation étroite et très intégrée avec les fournisseurs et les sous-traitants...). Il faut donc savoir identifier ces facteurs, déterminer leur poids relatif et leur tendance et surtout évaluer leur niveau de maîtrise par l'entreprise et leur pérennité, notamment par rapport aux concurrents car un avantage compétitif doit être suffisamment durable et maîtrisé pour être créateur de valeur. La décision de vente d'un actif est souvent liée à des évolutions probables dans la maîtrise d'un ou de plusieurs facteurs clés de succès qui nécessiteraient de remettre en cause le *business model* de l'entreprise, ce que son détenteur actuel ne souhaite pas ou ne peut pas faire, faute de ressources suffisantes par exemple.

En un mot, il s'agit de comprendre où, pourquoi et comment la mayonnaise des différentes ressources à la disposition de l'entreprise arrive à prendre et permet d'aboutir à un métier à la fois unique et efficace ! Cette analyse doit également permettre de discerner et mesurer le niveau de risque opérationnel de l'activité de l'entreprise, recouvrant le risque de marché, le risque de fabrication, le risque technologique, etc. Le risque économique du métier choisi par l'entreprise (risque de marge, risque devises, cyclicité…) et le risque financier lié à la structure financière seront le propre du diagnostic financier. Les risques juridiques, fiscaux, sociaux et environnementaux feront l'objet de *due diligences* spécifiques (*cf.* chapitre 13).

Les résultats de ces observations sont multiples. On y recueille d'abord des éléments utiles lors de l'analyse financière à venir puisque la nature de l'activité et les conditions du marché ne sont pas sans effet sur l'intensité capitalistique, le niveau de marge, etc. Ensuite, d'une manière plus globale, cette analyse met en avant les contraintes du marché et les barrières potentielles à la transaction envisagée. Ces limites peuvent être de plusieurs ordres, notamment financiers et réglementaires. Identifier où se crée la valeur dans un marché donné, c'est aussi identifier ce que voudront acheter les investisseurs stratégiques ou financiers. Le but est donc à la fois de comprendre l'entreprise et son activité, et de repérer ce qui intéressera les acheteurs potentiels. Enfin, cette analyse permet de repérer les sociétés les plus complémentaires avec l'activité vendue. Cette phase préparatoire permet donc de mieux cibler les efforts réalisés par la suite en jaugeant l'intérêt des interlocuteurs dans la transaction et leur capacité à la mener à bien.

2. Les principales questions à se poser

Le diagnostic stratégique repose sur quelques questions simples et de bon sens qu'il faut se poser pour chacun des domaines d'activité de l'entreprise.

Quel est l'héritage de l'entreprise ? Quand et comment a-t-elle été créée ? Quelles ont été les principales étapes de son développement ? Quel est son historique de croissance externe et quelles ont été notamment les opérations importantes intervenues au cours des cinq dernières années ?

Comment fonctionne(nt) le (ou les) marché(s) de l'entreprise ? Quels sont sa taille, ses opportunités de croissance, sa dimension géographique et son degré de maturité ? Sont-ils cycliques ou sujets à de fortes variations saisonnières ? Quel est son environnement réglementaire (notamment au regard des traités de commerce international) ? Quels sont ses principaux risques ? Quel est l'impact des changements de parité entre les principales devises (dollar, euro et yen) sur la compétitivité des entreprises du secteur, leurs chiffres d'affaires et coûts de production ?

Que vend l'entreprise et quelle est sa position sur son ou ses marché(s) ? L'entreprise occupe-t-elle une position de leader ? Quelles sont sa part de marché et l'évolution récente de celle-ci en valeur et en volume ? Pourquoi ? Quels sont le nombre de produits ou services vendus, leur nature, leur degré de dépendance ? Quelle est la durée de leur cycle de vie ? Quel est le niveau de technicité de ces produits ou services ? Quelle est l'importance de la pression concurrentielle ? Comment fonctionne la concurrence ? Par une stratégie de prix ou de différenciation du produit ?

Existe-t-il des produits de substitution ? Des nouveaux entrants ? Des sortants ? Des faillites ? Des barrières à l'entrée ? Qui sont les concurrents et combien sont-ils ? Appartiennent-ils à des groupes industriels plus intégrés ? À des financiers ? Les concurrents sont-ils sur les mêmes segments de marché ?

Qui sont les clients de l'entreprise ? Qui sont les fournisseurs ? Quelle est la position de l'entreprise dans la filière ? L'activité est-elle celle d'un équipementier ? D'un sous-traitant ? D'un opérateur de contrats de maintenance ? Qui sont les donneurs d'ordres ? Pourquoi ont-ils besoin de l'entreprise ? Quels sont le nombre de clients et leur poids relatif ? Quels sont le nombre de fournisseurs et leur poids relatif ? Quelle est leur taille par rapport à celle de l'entreprise ? Où se réalise l'essentiel du chiffre d'affaires ? De la marge ?

Comment se fait l'accès au client ? L'entreprise a-t-elle accès au client final ? Le produit ou service est-il distribué directement au client final ou par des intermédiaires exclusifs ou non (grossistes, distributeurs spécialisés, franchisés) ? Quelle est la part des principaux intermédiaires dans le chiffre d'affaires ? Qui sont les commerciaux et combien sont-ils ? Comment sont-ils organisés ? Quelle est la politique de stockage ? Quels sont les délais de livraison ? Existe-il un service après-vente ? Comment l'entreprise est-elle informée des évolutions des attentes des clients ?

Comment fonctionne le processus de production de bien(s) ou de service(s) ? Est-ce une production de masse ou du sur-mesure ? Le processus de production présente-t-il une forte intensité capitalistique ? Quelle est sa durée ? Quelles sont les technologies utilisées : de base, spécifiques, voire émergentes ? Quels sont les principaux fournisseurs ? Quel est le rapport de force avec ces derniers ? L'entreprise a-t-elle recours à des sous-traitants ? Quels sont ses principaux sous-traitants ? Quelle est leur taille par rapport à celle de l'entreprise ? Quel niveau de risque opérationnel présente le processus de production ? Quels sont les outils et les effectifs affectés à la production ?

Comment fonctionne l'entreprise et quelle est sa culture ? Quelles sont ses valeurs ? Quels sont ses rites collectifs ? Comment est-elle organisée : en divisions opérationnelles avec des fonctions support ? Quelles sont ces fonctions ? En *business units* ? Avec une matrice produits/pays/clients ? Le pouvoir est-il très concentré ou décentralisé dans les filiales ou divisions ? Quelles sont les relations de l'entreprise aussi bien en interne qu'en externe ? Avec les pouvoirs publics ? Quelle est l'importance accordée au bien-être du corps social ? Au développement durable ?

Dans ce tour d'horizon destiné à comprendre le fonctionnement de l'entreprise, il ne faut pas oublier d'autres éléments qui ne relèvent pas directement de l'analyse stratégique mais qui permettent de conforter le diagnostic sur l'entreprise, telles les analyses des systèmes d'information, de l'organigramme juridique et fonctionnel ou des grandes fonctions (achats, finances, ressources humaines…), qui sont en général pratiquées dans la phase ultérieure de *due diligence*.

3. Les caractéristiques stratégiques du rapprochement

La mise en commun d'intérêts économiques entre deux entreprises industrielles ou commerciales s'inscrit fréquemment dans une logique stratégique commune pouvant prendre des formes variées et souvent analysée en profondeur par les autorités en charge de la concurrence, qui devront approuver l'opération. Il existe cependant des cas où la logique de l'opération est essentiellement financière (ou opportuniste), sans synergies : les opérations de LBO en sont un bon exemple. Ainsi, l'acquisition en 2010 du contrôle de la société Sebia par le fonds Cinven, qui n était pas présent en France dans le secteur de l'électrophorèse, traduit la volonté de l'acquéreur de créer de la valeur essentiellement par l'amélioration de la gestion de la cible et l'extension de son périmètre et non par la mise en œuvre de synergies issues d'un rapprochement. Ceci ne signifie pas qu'aucune analyse stratégique n'ait été faite, au contraire.

3.1. Les différents types de rapprochement

La littérature stratégique classe habituellement les opérations de fusions acquisitions selon leurs motivations stratégiques.

– On appelle fusion horizontale le rapprochement d'entreprises concurrentes ou potentiellement concurrentes. Son but est d'augmenter le pouvoir de marché du nouvel ensemble et de réaliser des économies d'échelle. Le marché pertinent peut être domestique, européen, voire mondial selon la nature des entreprises concernées. L'acquisition en 2008 de Yves Saint Laurent Beauté par le groupe L'Oréal ou celle du groupe suédois V&S (détenant notamment la vodka Absolut) par le groupe Pernod Ricard également réalisée en 2008 viennent immédiatement à l'esprit.

– Une fusion verticale est définie comme le rapprochement d'entreprises d'une même filière qui n'étaient pas directement concurrentes. Ces opérations s'accompagnent fréquemment de l'internalisation d'une activité qui pouvait se situer en aval (prescripteur ou distributeur voire client) ou en amont (fournisseur) de la chaîne de valeur d'une entreprise donnée. L'entrée de LVMH dans la distribution spécialisée (parfumeries Séphora ou duty-free shops DFS) ou l'acquisition par L'Oréal du groupe de distribution spécialisée The Body Shop constituent de bons exemples. L'acquisition en 2009 de la filiale Transmission et Distribution du groupe Areva par le tandem constitué par les groupes Schneider Electric et Alstom entre également dans cette catégorie. L'achat en 2009 par le groupe de volaille LDC des produits surgelés Marie a permis au premier de remonter dans la chaîne de valeur.

– Les opérations dites de diversification liée regroupent des entreprises susceptibles de partager des compétences communes dans la maîtrise des maillons de la chaîne de la valeur. Ainsi l'acquisition en 2007 de Puma par le groupe Pinault Printemps Redoute (PPR) illustre la convergence entre le monde de la mode et du luxe et celui du *sportswear*. Dans la même logique, la Compagnie des Alpes a constitué par acquisitions successives un pôle Parc de Loisirs qui regroupe le musée Grévin, le parc Astérix et les parcs Walibi au motif que la gestion de remontées mécaniques et de parcs de loisirs nécessite des compétences communes (modèle d'organisation, contraintes de saisonnalité, commercialisation…).

– Les fusions conglomérales sont issues de rapprochements d'entreprises dans des secteurs qui ne présentent aucun point commun. On pense à l'entrée du groupe Dassault dans la presse quotidienne par le rachat du Figaro en 2004. Leur logique se veut essentiellement financière ou patrimoniale. La montée progressive de Bouygues au capital d'Alstom depuis 2006 relève pour une part de cette logique.

Comme souvent, la réalité est beaucoup plus complexe qu'une simple typologie ne veut bien le faire paraître : une même opération peut relever de plusieurs logiques. Ainsi on peut analyser le rapprochement de BNP Paribas avec Fortis comme une opération horizontale dans certains métiers (la consolidation des deux groupes bancaires européens dans la banque de détail au sein de la zone euro) et de diversification liée (développement des activités d'assurance de BNP Paribas en Belgique) sans oublier l'élimination par BNP Paribas d'un concurrent en France.

Les spécialistes parlent également d'opération offensive lorsqu'une entreprise fait le choix de la croissance externe pour développer son pouvoir de marché ou pénétrer un nouveau segment de ce marché (achat d'une clientèle à fort patrimoine dans la gestion privée par exemple), prendre possession d'un savoir-faire, d'une technologie ou d'un actif spécifique… *A contrario*, une opération est défensive lorsque l'entreprise achète un concurrent gênant (car plus performant) pour le neutraliser ou empêcher un autre acteur du secteur de l'acheter à sa place, consolide une position fragilisée dans un secteur à faibles opportunités de croissance ou fait l'acquisition d'une entreprise pour protéger le contrôle d'une ressource essentielle dans la chaîne de valeur.

Le graphique 1 de la page suivante présente l'évolution des motivations des principales opérations de fusions et acquisitions dans le secteur de la grande consommation. Depuis 2004, ce marché est entré dans une logique d'acquisitions davantage défensive, où le renforcement des positions existantes de l'entreprise est prioritaire à la pénétration et au renforcement de certaines géographies.

3.2. *Les différents types de synergies et leur évaluation*

Le diagnostic stratégique doit intégrer l'ensemble des paramètres précédents et permettre d'isoler et de quantifier les principales synergies.

On appelle synergies de coûts les économies qui pourraient être réalisées par le nouveau groupe. Ce sont essentiellement des économies d'échelle liées au rapprochement et au partage de certaines ressources existantes : rationalisation des capacités de production, de l'effort de

Graphique 1. – *Motivations et évolution du montant des principales acquisitions réalisées par les 50 principaux groupes de grande consommation (en milliards d'euros)*

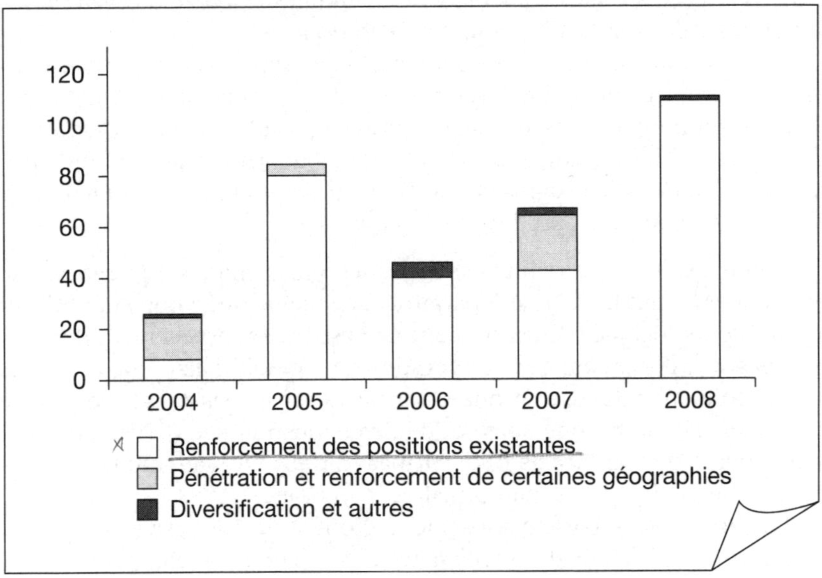

Source : OC & C Strategy Consultants, 2009.

recherche et développement, des fonctions commerciales (réseaux de distribution, forces de vente…) ou administratives (rationalisation des fonctions ou des services). L'évaluation de ces synergies requiert la mise en œuvre de la méthode suivante : il convient d'abord d'isoler les différents postes de coûts spécifiques au secteur d'activité considéré. Ensuite, il faut estimer le coût de ces différents postes pour l'acquéreur et pour le vendeur séparément, comme si les deux entités étaient indépendantes. Enfin, il revient d'estimer les synergies potentielles pour chaque poste, et d'agréger ces synergies sur le nouvel ensemble. Il faut cependant toujours comparer ces résultats avec le *benchmark* sectoriel dont on dispose pour valider la pertinence de ces estimations !

On appelle synergies de revenus ou synergies commerciales l'augmentation du chiffre d'affaires liée à l'amélioration du pouvoir de marché de l'ensemble combiné, grâce à un pouvoir commercial supérieur qui peut par exemple permettre de lancer un produit innovant plus rapidement, ou d'accroître la part de marché d'un produit. Il faut toutefois être très prudent dans le cadre de l'évaluation de telles synergies. En effet, elles sont plus hypothétiques que les synergies de coûts dans la mesure où elles doivent surmonter les effets négatifs du rapprochement, comme le départ de certains cadres du nouveau groupe à la concurrence ou la perte de certains clients qui en résulte. On parle souvent de synergies négatives.

Mais ces synergies ne se mettent pas en place d'elles-mêmes et sont toujours associées à des coûts de restructuration. Ces coûts peuvent représenter l'équivalent d'une année de synergies, voire plus. Enfin, il ne faut pas négliger la durée de vie de certaines synergies dont la probabilité de succès est considérablement réduite si elles ne sont pas réalisées rapidement.

Ainsi, lors de la présentation du rapprochement entre Axalto et Gemplus en 2006, la nouvelle entité, Gemalto, anticipait à l'horizon de 3 ans des synergies de coûts de l'ordre de 85 millions d'euros en année pleine, soit 70 % du résultat d'exploitation *pro forma* du nouvel ensemble. Ces synergies devaient notamment résulter d'effets de volume sur les achats, de gains de productivité et de l'optimisation de la production à l'échelle mondiale. Des coûts de restructuration à hauteur de 43 millions d'euros étaient nécessaires pour atteindre les synergies attendues. Le graphique 2 présente l'échéancier prévisionnel des synergies de coûts anticipées.

Graphique 2. – *Échéancier des synergies de coûts attendues par Gemalto en 2006 (en millions d'euros)*

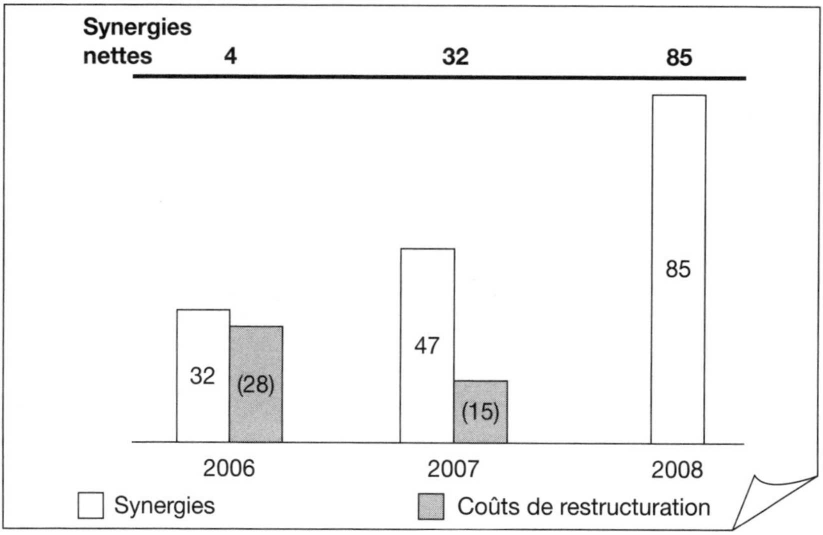

Source : Gemalto.

À ces synergies de coûts devaient s'ajouter, toujours à horizon 2009, des synergies de revenus estimées à environ 10 % du chiffre d'affaires *pro forma* 2005 de la nouvelle entité (1,7 milliard d'euros). En réalité, en raison d'une forte pression sur les prix dans la téléphonie mobile et d'une baisse des marges dans le segment des transactions sécurisées, les performances de la première année de Gemalto ont été très en deçà de ces attentes : avec un chiffre d'affaires 2006 stable, le résultat d'exploitation a été divisé par deux : 60 millions d'euros soit 3,5 % du chiffre d'affaires contre 7,4 % des ventes *pro forma* en 2005, alors que le montant de synergies nettes attendu en première année était positif, de l'ordre de 4 millions d'euros… Il a fallu attendre 2008 pour que le résultat d'exploitation dépasse 150 millions d'euros pour un chiffre d'affaires stable à 1,6 milliard d'euros.

Cet exemple n'est pas unique et de nombreux rapprochements ne créent pas la valeur anticipée. Le schéma 1 présente les différents types de synergies, ainsi que le degré de difficulté quant à leur mise en œuvre : il apparaît ainsi que les synergies de coûts tendent à être plus faciles et plus rapides à mettre en œuvre. Au contraire, les synergies de revenus (dites commerciales) nécessitent plus de temps et ont moins de chances de réussir, en particulier parce que le marché et la pression concurrentielle continuent à évoluer, notamment à la suite du rapprochement. Une étude menée par McKinsey en 2002 sur 90 transactions met en évidence ce dernier constat : sur le panel étudié, 88 % des transactions ont concrétisé au moins 70 % des synergies de coûts estimées, alors que seulement la moitié des transactions ont réalisé au moins 70 % des synergies de revenus prévues.

Schéma 1. – *Les différents types de synergies*

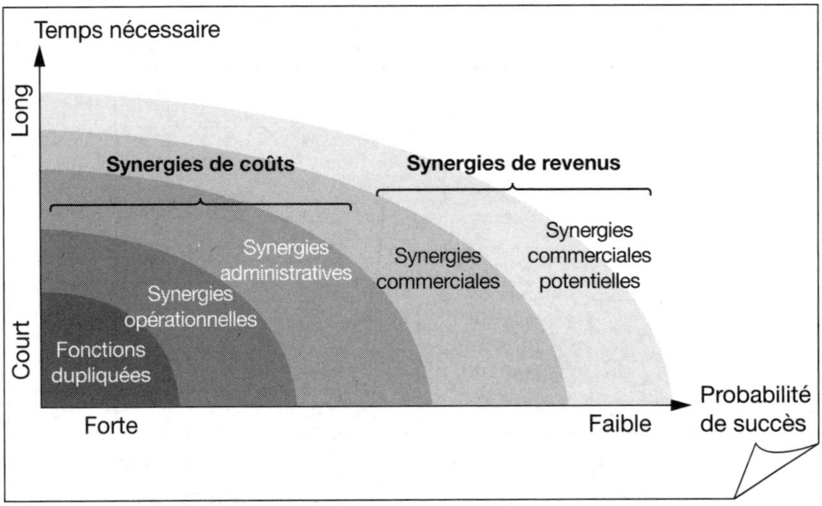

La probabilité de succès de mise en œuvre des synergies augmente lorsqu'un véritable plan d'intégration est prévu qui couvre les enjeux stratégiques, commerciaux et sociaux assorti d'un calendrier serré et d'une transparence vis-à-vis des salariés de la cible. L'idéal est de responsabiliser une équipe d'intégration interne qui peut s'appuyer sur des consultants externes. Cependant, le marché continue à évoluer après le rapprochement et le management de la cible doit souvent faire face à un changement de culture d'entreprise.

L'industriel qui se lance dans une opération de fusion acquisition doit donc analyser son projet de rapprochement à la lumière de ces différents critères et aboutir à la quantification des synergies et des coûts, sans oublier d'évaluer les délais nécessaires pour y parvenir. L'industriel devra analyser en profondeur l'adéquation entre les caractéristiques de la cible et ses motifs stratégiques, et notamment les possibilités géographiques combinées, le degré de complémentarité, le positionnement de la cible au sein de la filière. La cible lui paraîtra d'autant plus attractive qu'elle offre un potentiel de croissance important, de bonnes marges, une bonne réputation et un bon management. Dans cette perspective, il est possible d'élaborer une matrice des opportunités afin de mesurer le « *business fit* ».

Le bon raisonnement en termes financiers consiste à comparer la prime de contrôle payée lors du rapprochement (en général comprise entre 15 et 20 % sur le marché français) à la valeur actuelle des synergies nettes anticipées (de coût et de revenus) à laquelle il convient de déduire les coûts de la transaction et ce qu'il est convenu d'appeler pudiquement les coûts de distraction, qui représentent le manque à gagner lié au fait que le management de la société acquéreuse consacre du temps à l'intégration, à la mise en œuvre des synergies… bref à tout sauf à continuer à développer l'entreprise. En outre, il ne faut pas oublier que la valeur *stand alone* de la cible, c'est-à-dire avant prime de contrôle, est incluse dans le prix payé et qu'elle doit être matérialisée en réalisant le plan d'affaires initialement prévu par l'acheteur avant toute mise en œuvre des synergies ! Le graphique 3 montre l'évolution historique des primes de contrôle sur la période 1997-2009 et l'on constate que le niveau des primes de contrôle dépend de l'état général des marchés financiers : plus les investisseurs sont confiants, plus les managers sont incités à payer cher le contrôle d'une entreprise.

Graphique 3. – *Volume des opérations de fusions et acquisitions et prime de contrôle en Europe occidentale (en milliards d'euros)*

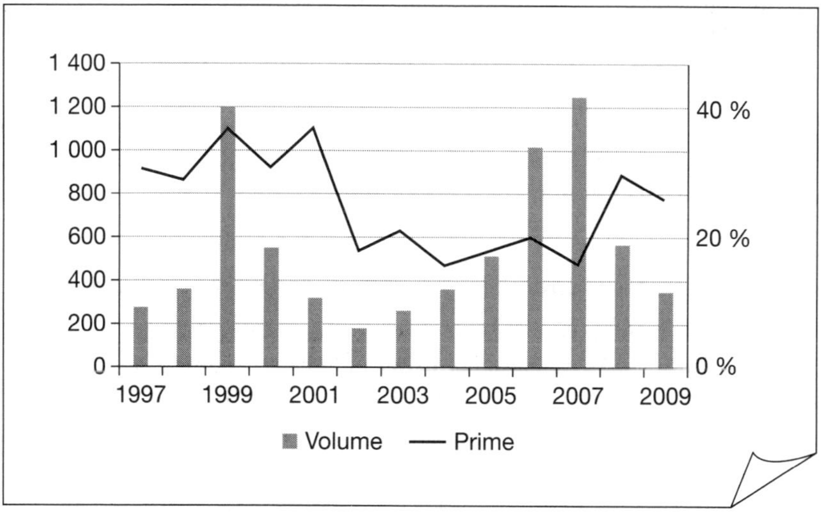

Source : Thomson.

À titre d'exemple, le tableau 1 présente le bilan de la création de valeur dans une opération de fusion acquisition.

Tableau 1. – *Bilan de la création de valeur anticipée lors d'un rapprochement*

Prix payé en millions d'euros pour la cible		**Valeur en millions d'euros**	
Valeur d'entreprise avant le rapprochement	500	Valeur d'entreprise de la cible sur la base d'un plan d'affaires jugé raisonnable par l'acquéreur lors de la transaction	600
Prime de contrôle payée	125	Valeur actuelle des synergies nettes	250
Total	625	**Création de valeur attendue**	**225**

On voit bien que si la valeur d'entreprise estimée lors du rapprochement se révèle inférieure à 600 millions d'euros, une partie de la valeur actuelle des synergies sera utilisée pour « éponger » l'écart avec le prix payé. Et si les synergies ont elles-mêmes été surestimées, la création de valeur attendue peut vite se transformer en cauchemar de destruction de valeur, sans parler des coûts de transaction induits par le rapprochement !

La motivation principale d'un rapprochement industriel est le gain de temps que permet la croissance externe par rapport à la croissance interne dans l'optique d'accéder à des marchés difficiles où les barrières réglementaires, financières, culturelles, géographiques ou technologiques sont importantes. Certes ! Mais la croissance externe est un processus dynamique qui est toujours source de dysfonctionnements, de déstabilisations qui prennent du temps à se résorber et qui présentent un coût réel et d'opportunité pour un acquéreur potentiel, bref des risques ! Il n'est pas rare de voir un acheteur revendre tout ou partie des activités acquises dans certains zones géographiques pour éviter de disperser son effort d'intégration et se concentrer sur les pays où la mise en œuvre des synergies présente des risques d'exécution moins élevés.

4. Approche théorique et empirique des fusions acquisitions

Au-delà des discours stratégiques usuels justifiant tel ou tel rapprochement (économies d'échelle, pouvoir de marché…), de nombreuses théories tentent d'expliquer le pourquoi des fusions acquisitions.

4.1. *Théories des fusions acquisitions*

On peut distinguer deux types de théories quant à l'explication des fusions acquisitions : celles qui font des rapprochements une source de création de valeur (optimisation des coûts de transaction, discipline managériale) et celles qui considèrent les fusions acquisitions comme destructrices ou neutres vis-à-vis de la valeur (cash abondant, *management hubris* ou *management entrenchement*).

Avancée dès 1937 par l'Américain Ronald Coase, la théorie des coûts de transaction soutient que l'organisation et le périmètre d'activité de l'entreprise dépendent d'arbitrages liés aux coûts du recours à des prestataires extérieurs et à ceux correspondant à la réalisation de la même opération en interne. L'équilibre qui résulte de tels choix étant en permanence susceptible d'être affecté par l'environnement dans lequel évolue l'entreprise, le rapprochement ou l'acquisition est parfois une solution adéquate quant à la réduction de ces coûts de transaction et donc de l'optimisation du périmètre du groupe.

Une autre explication liée à des motifs de discipline managériale voudrait que les acteurs les plus performants d'une industrie s'emparent des moins performants ; autrement dit comme l'ont montré Manne (1965), Alchian et Demsetz (1972), que les fusions acquisitions facilitent la compétition entre les différents managements. Elle s'applique particulièrement au cas des opérations horizontales, lors desquelles il serait plus facile d'identifier les améliorations potentielles. Une variante dépasse aussi le cadre des opérations horizontales et s'applique aux cas dans lesquels le management de la société visée est si mauvais que virtuellement n'importe qui pourrait faire mieux. Par extension, on peut aussi en rapprocher les cas de sous-évaluation, où la valeur de marché ne reflète pas la valeur intrinsèque ou surtout potentielle d'un groupe.

Certaines théories affirment en revanche que les fusions acquisitions sont neutres, voire ont un impact négatif sur la croissance. C'est le cas des thèses expliquant les fusions par l'existence d'une trésorerie abondante. En effet, dans cette hypothèse, l'entreprise détentrice d'une trésorerie aurait tendance à ne pas l'utiliser à bon escient : notamment en acquisitions payées trop chères.

La théorie dite du *management hubris* ou *managerialism*, avancée par Richard Roll en 1986, tente de mettre en évidence le fait que ces opérations n'ont pas nécessairement des motivations économiques. Les prétentions et l'orgueil du management auraient ainsi un pouvoir explicatif important quant à la multiplication des fusions. Non seulement celles-ci refléteraient, *via* des primes d'acquisition généreuses, la trop grande confiance des dirigeants mais seraient aussi la manifestation ultime de leurs *ego*. Cette thèse a des vertus explicatives quant aux motivations et quant au déroulement du processus de négociation.

On peut aussi y ajouter le modèle du *management entrenchment* proposé par Shleifer et Vishny en 1989 : le manager se préoccupe davantage de l'image qu'il renvoie aux actionnaires que de la valeur créée pour le compte de ceux-ci. Réticent à verser des dividendes, il préfère réaliser des investissements, notamment des acquisitions souvent payées trop cher, mais ayant du point de vue du manager le mérite de conforter sa position, de retarder son départ en retraite, etc.

Bien d'autres explications, qu'elles soient fiscales, psychologiques ou boursières, ont été avancées. Les motifs de rapprochements sont donc légion ! Hélas, comme le montrent les études empiriques que nous allons aborder à présent, nulle motivation n'a jamais garanti le succès.

4.2. Analyse empirique des rapprochements

Le graphique 4 présente les résultats des principales études empiriques récentes : entre 50 et 90 % des opérations de rapprochement sont des échecs, puisqu'elles ne créent pas la valeur anticipée lors du diagnostic stratégique.

Graphique 4. – *Pourcentage d'échecs observés selon différentes études empiriques*

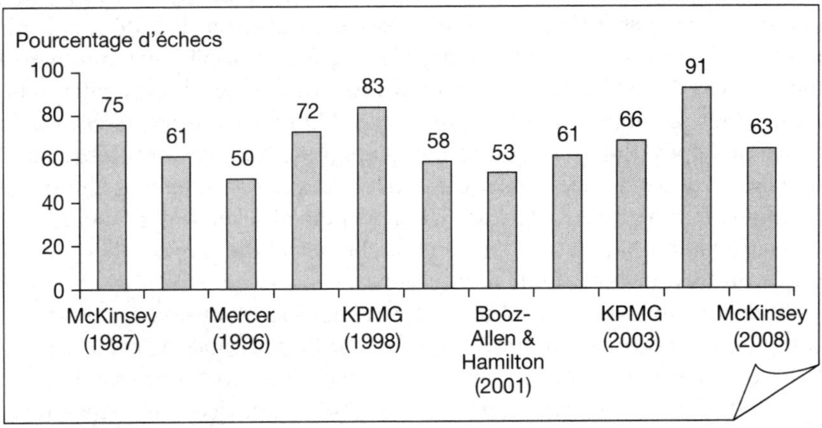

Source : d'après Jansen (2002), Pautler (2003), McKinsey Quarterly.

Une autre façon de juger du succès ou non d'un rapprochement est le cas échéant de mesurer les taux de rentabilité anormaux des sociétés concernées, c'est-à-dire la part non systématique dans la performance de leurs titres respectifs. Pratiquement, un taux de rentabilité anormal se mesure comme la différence entre la performance boursière d'un titre – en général dans la période comprise entre 40 jours avant l'opération à 40 après – et la performance théorique qui aurait été constatée si l'opération n'avait pas eu lieu, en se fondant sur la performance globale du marché sur cette période. Il apparaît d'emblée que seuls les actionnaires de la cible profitent de la création de valeur *via* la prime de contrôle comprise généralement entre 25 et 35 %, tandis que la performance des actions de l'entreprise initiatrice à la suite du rapprochement se situe généralement aux alentours de 0 %, voire légèrement négative, comme le montre le tableau 2 pour le marché américain. Ceci paraît finalement assez logique, puisque sur un marché à l'équilibre les actifs sont théoriquement payés à leur juste

Tableau 2. – *Taux de rentabilité anormaux moyens observés sur le marché américain*

	1973-1979	**1980-1989**	**1990-98**
Cible	16 %	16 %	15,9 %
Initiatrice	0,3 %	– 0,4 %	– 1,0 %
Cible + Initiatrice	1,5 %	2,6 %	1,4 %

Source : Andrade, Mitchell & Stafford (2001).

prix. Une étude menée en 2006 par Campa et Hernando sur la période 1998-2002 et concernant 244 transactions réalisées sur le marché européen aboutit à des résultats concordants quoique plus nuancés. Ces résultats doivent dans tous les cas être maniés avec la plus grande prudence, tant la définition de l'échantillon d'étude et les méthodes d'analyse peuvent influer sur le résultat.

Questions

1. Quelles peuvent être les justifications stratégiques d'une cession d'actif ?
2. Quels peuvent être les obstacles potentiels à une transaction ?
3. Quelle est la plus courante des motivations d'un rapprochement industriel ?
4. Quelles sont les deux grandes catégories de synergies dégagées lors d'un rapprochement ? Quelles sont les synergies les plus faciles à mettre en œuvre ?
5. Citez trois exemples de rapprochements récents et analysez la dynamique stratégique de ceux-ci.
6. À quelle autre étape de l'opération l'accumulation d'information réalisée lors du diagnostic stratégique se révèle-t-elle précieuse ?
7. Qu'est-ce que le benchmarking ?
8. Une opération verticale crée-t-elle davantage de valeur qu'une opération horizontale ?
9. Comment quantifie-t-on les synergies de coût ? À quels types de coûts doivent-elles être adossées ?
10. La prime de contrôle payée lors d'un rapprochement doit-elle être inférieure à la valeur actuelle des synergies ?
11. Pourquoi plus de la majorité des opérations de M&A ne créent-elles pas la valeur attendue ?
12. Qui sont les bénéficiaires de l'opération de rapprochement : les actionnaires de la cible ou ceux de l'initiateur ?

Bibliographie

Bancel Franck et Duval Hamel Bruno, *Fusions d'entreprises : comment les gérer, comment les vivre*, Eyrolles, Paris, 2008.

Delecourt Philippe et Fine Michèle, *Négocier une entreprise : comment réussir ses fusions & acquisitions*, Gualino, 2008.

Garette Bernard, Dussauge Pierre et Durand Rodolphe, *Stratégor : toute la stratégie d'entreprise*, 5e édition, Dunod, Paris, 2009.

Magakian Jean-Louis et Payaud Marielle-Audrey, *100 fiches pour comprendre la stratégie d'entreprise*, 2e édition, Bréal Éditions, Paris, 2007.

Meier Olivier et Schier Guillaume, *Fusions, acquisitions : Stratégie, finance, management*, 3e édition, Dunod, Paris, 2009.

Porter Michael, « The five competitive forces that shapes strategy », Harvard Business Review, janvier 2008.

Chapitre 2

Déchiffrer la comptabilité en partie trouble

Ce chapitre traite…

- **De la lecture de l'information comptable**

– Avant de se lancer dans l'analyse des chiffres, l'analyse des principes comptables doit permettre de comprendre les choix qui ont été réalisés, les changements intervenus au cours des dernières années et leurs causes.

– La compréhension économique doit primer sur l'analyse comptable. Il convient de comprendre l'ampleur des phénomènes en jeu, leur caractère récurrent ou non et leur impact sur la rentabilité économique de l'entreprise.

- **Du périmètre et des méthodes de consolidation**

– Un groupe est susceptible d'utiliser trois méthodes de consolidation en vue d'optimiser la présentation de sa performance financière : l'intégration globale, la mise en équivalence et l'intégration proportionnelle.

– La faculté de nommer les dirigeants ou d'assumer la direction opérationnelle peut suffire à être dans l'obligation de consolider complètement une filiale.

– Le principal avantage de la mise en équivalence est qu'elle évite de faire remonter les dettes de l'entité dans les comptes consolidés de la maison-mère.

- **Des autres zones sensibles à analyser**

– Les écarts d'acquisition ainsi que les éléments incorporels non amortissables doivent faire l'objet de tests de validité annuels, consistant à comparer la valeur recouvrable de l'actif concerné et la valeur comptable de ces actifs, tels qu'ils figurent au bilan.

– La reconnaissance du revenu, objet d'interprétations diverses, notamment dans le cas des contrats à long terme.

– Les actifs disponibles à la vente, à valoriser de manière distincte du reste de l'entreprise, sans perdre de vue que ces actifs ne sont que disponibles et pas encore vendus…

– Dans les comptes consolidés, les impositions différées résultent des décalages temporaires entre les résultats comptables et fiscaux et de l'existence des reports fiscaux déficitaires. Il s'agit de quantifier leur impact sur la valeur.

– Le hors bilan recouvre des éléments de nature diverse, dont le total atteint souvent des sommes importantes : paiements futurs certains, engagements d'achat, garanties et cautions…

Le point de départ d'une bonne analyse de la performance financière d'une entreprise est l'obtention d'un jeu complet d'états financiers consolidés (bilan, compte de résultat, tableau de flux et annexes) sur une durée minimale de trois années, de façon à disposer d'une vision dynamique de l'entreprise. Avant de se lancer dans l'analyse des chiffres eux-mêmes, l'analyse des principes comptables doit permettre de comprendre les choix qui ont été réalisés, les changements intervenus au cours des dernières années, ainsi que leurs causes. La qualité de l'information comptable est de plus en plus complexe et le développement des normes internationales (dites IFRS pour *International Financial Reporting Standards*) établies par l'*International Accounting Standards Board* (IASB) se traduit par des changements significatifs dans la perception des états financiers des entreprises. Ces normes sont obligatoires pour toutes les sociétés cotées au sein de l'Union européenne.

De nombreux exemples récents démontrent que réalité économique et traduction comptable ne sont pas toujours synonymes et que l'optimisation systématique de la présentation comptable de la performance de l'entreprise peut conduire à des débâcles économiques, le plus souvent liées à des passifs volontairement ignorés ou sous-estimés, ou à une insuffisance grave de rentabilité économique qui avait été occultée. Ainsi, en janvier 2009, le fondateur et président de Satyam, géant indien de l'informatique, a adressé un courrier aux 53 000 actionnaires de la société où il reconnaissait avoir falsifié le bilan de l'entreprise à hauteur de plus d'1 milliard de dollars et artificiellement gonflé les bénéfices sur plusieurs exercices. Le cash n'existait donc pas ! Selon le président du groupe, tenter de corriger ce fossé comptable revenait à chevaucher un tigre sans savoir comment en descendre sans être dévoré…

L'analyste financier externe qui prépare une opération de fusion acquisition doit donc se faire un peu comptable et comprendre les choix qui ont été faits et leur impact sur les états financiers de l'entreprise. Il est possible que la transaction porte sur une division d'un grand groupe qui ne fasse pas l'objet d'états comptables spécifiques ; dans ce cas, il convient d'obtenir à tout le moins les états financiers analytiques de la division tout en exigeant un jeu d'états financiers *pro forma* relatant sur les trois derniers exercices la performance autonome de la division en tenant compte de l'ensemble des flux d'échange qu'elle entretient avec le reste du groupe. La comptabilité analytique est souvent mauvaise conseillère compte tenu de l'arbitraire des prix de transfert, des refacturations internes et de son manque d'exhaustivité.

Chaque cas étant singulier, il nous a semblé utile d'inviter notre lecteur à s'intéresser aux « zones sensibles », c'est-à-dire à certaines méthodes ou certains postes des états financiers souvent délicats à analyser. Le rapport des commissaires aux comptes est toujours riche d'enseignements à cet égard et ce d'autant plus que depuis 2004, la réglementation française impose aux commissaires aux comptes de qualifier leur opinion quant à la sincérité et l'image fidèle que donnent les états financiers.

1. Le périmètre et les méthodes de consolidation

Au cours des dix dernières années, la pratique des états consolidés s'est considérablement développée, si bien que même les entreprises de taille modeste ont recours à la consolidation pour permettre à leurs dirigeants ou actionnaires de disposer d'informations sur le poids économique du groupe. En outre, la lecture des comptes sociaux est de plus en plus fréquemment polluée par les flux intragroupe ou la gestion de trésorerie centralisée sans parler des redevances de toute nature qui transitent dans les états financiers d'une filiale d'un groupe. Selon la norme IAS 27, la délimitation du périmètre de consolidation relève en théorie d'une logique simple : les entités dans lesquelles la société mère du groupe détient ou exerce un contrôle exclusif, conjoint ou une influence notable doivent faire partie du périmètre de consolidation et être consolidées. Trois méthodes de consolidation existent à cet effet.

– La méthode dite par intégration globale s'applique dès que la société-mère détient directement ou indirectement le contrôle d'une autre entité, c'est-à-dire plus de 50 % des droits de vote de la filiale. Elle consiste à substituer la valeur nette comptable des titres de cette entité au bilan par l'intégralité de ses actifs et passifs, ainsi qu'à intégrer au compte de résultat de la maison mère l'ensemble des charges et des produits de cette entité. Contrôler ne signifie pas forcément être seul au capital et les intérêts des actionnaires minoritaires dans cette entité doivent être isolés aussi bien dans le compte de résultat que dans le bilan au sein de rubriques représentant respectivement la quote-part du résultat net et celle des capitaux propres revenant à ces actionnaires minoritaires.

– La consolidation par mise en équivalence est utilisée pour refléter une influence notable de la société-mère sur la gestion de sa filiale. On la présume lorsque la maison-mère détient plus de 20 % des droits de vote au sein d'une entité. Cette méthode revient à remplacer la valeur comptable des titres de participation dans la filiale par la part des capitaux propres à laquelle ils correspondent, ainsi qu'à appréhender dans le compte de résultat la quote-part de résultat net émanant de cette entité sous une rubrique appelée « quote-part du résultat mis en équivalence ».

– La méthode par intégration proportionnelle n'est pas reconnue en normes IFRS et devrait être progressivement abandonnée. Elle est utilisée lorsque la société-mère exerce un contrôle conjoint d'une entité donnée avec un ou plusieurs autres actionnaires. On remplace alors dans le bilan la valeur des titres de participation par la proportion d'actifs et de passifs auxquels cette participation donne droit. De la même façon, ne s'ajouteront au compte de résultat que les produits et charges au *pro rata* de la participation.

Pour chaque entité du périmètre de consolidation, l'entreprise détermine :

– le pourcentage de contrôle, qui traduit le niveau des droits de vote exercé directement ou indirectement par la maison mère sur cette entité et par conséquent déterminera la méthode de consolidation ;

– le pourcentage d'intérêt qui exprime la quote-part des capitaux propres de l'entité détenue directement ou indirectement par la maison-mère. Ce pourcentage d'intérêt permet d'en déduire la quote-part des intérêts minoritaires au bilan et dans le compte de résultat lors de l'intégration globale, la quote-part des capitaux propres et du résultat net lors de la mise en équivalence, la quote-part des différents éléments du bilan et du compte de résultat à consolider lors de l'intégration proportionnelle.

En outre, l'ensemble des transactions entre les composantes du groupe (cession à des filiales, prêts intragroupes...) sont éliminées lors de l'établissement des comptes consolidés et plusieurs postes sont retraités de façon à donner une vision économique plus pertinente de l'ensemble du groupe, comme la durée d'amortissement des immobilisations par exemple.

Concrètement, la notion de contrôle ne se limite pas à la détention de plus de 50 % des droits de vote d'une entité donnée. La faculté de nommer les dirigeants, d'assumer la direction des politiques financière et opérationnelle en vertu d'un contrat ou de clauses statutaires constitue également des critères de présomption de contrôle, notamment si l'entité consolidante détient plus de 40 % des droits de vote pendant deux exercices consécutifs. Ainsi, le groupe PPR a longtemps consolidé par intégration globale sa filiale italo-néerlandaise Gucci, alors qu'il en détenait moins de 50 % du capital mais disposait statutairement de la majorité au Comité des Nominations du groupe. De même, le groupe Bouygues ne détient que 43 % du capital et des droits de vote de TF1, mais la consolide par intégration globale puisqu'il désigne les dirigeants de la chaîne de télévision.

De surcroît, la méthode de l'intégration globale a pour conséquence de faire remonter dans les états financiers de la maison-mère les bonnes et mauvaises nouvelles de la filiale : si cette dernière a beaucoup de dettes financières, elles viendront s'ajouter à l'endettement net de la maison-mère tandis que la présence d'un excès de cash dans la filiale vient réduire cet endettement net. Il en est de même en compte de résultat : l'opérateur de téléphonie mobile SFR a ainsi dégagé en 2009 un résultat d'exploitation légèrement supérieur à 2,4 milliards d'euros, qui remonte intégralement dans les comptes consolidés de Vivendi et représente 72 % du résultat d'exploitation consolidé, alors que cette filiale n'est détenue qu'à 55,8 % par Vivendi, le solde étant détenu par Vodafone.

De façon générale, l'existence d'intérêts minoritaires est une pratique assez développée en France. Au contraire, dans le monde anglo-saxon, les entreprises aiment détenir leurs filiales à 100 %. Un groupe comme Danone a 54 millions d'euros d'intérêts minoritaires au bilan 2009, ces derniers représentant plus de 10 % du résultat net 2009. Dans la phase d'évaluation, il conviendra de rendre à César ce qui appartient à César et ainsi d'établir la quote-part de valeur qui revient aux minoritaires des principales filiales.

Le principal avantage de la mise en équivalence réside dans le fait qu'elle évite de consolider les dettes de l'entité. Un groupe sera donc tenté de ne consolider que par équivalence des sociétés endettées en expliquant que son degré de contrôle ne se limite qu'à une influence notable, bien qu'étant un actionnaire important... Ainsi, France Télécom a longtemps consolidé l'opérateur allemand de téléphonie mobile Mobilcom par mise en équivalence pour éviter de faire remonter la dette importante de cette entreprise dans les comptes de la maison-mère. Le groupe automobile japonais Nissan, bien que détenu à 44,3 % par Renault et ayant noué des accords commerciaux et industriels étroits avec ce dernier, est aussi consolidé par mise en équivalence dans les comptes de Renault. Il en va de même pour EADS qui détient pourtant 46,3 % du capital de Dassault Aviation mais qui consolide cette participation par équivalence.

Mais attention ! Le périmètre de consolidation d'un groupe évolue de façon continue au rythme des acquisitions, des cessions ou des créations de *joint-ventures* (consolidées généralement par intégration proportionnelle), voire même des modifications du niveau de contrôle du groupe sur certaines de ses filiales existantes (entrée ou sortie de minoritaires par exemple) permettant de passer d'un contrôle conjoint à un contrôle exclusif ou d'une intégration globale à une mise en équivalence. Il est donc essentiel de disposer de l'impact quantifié de ces principaux changements sur le compte de résultat et le bilan de l'entreprise : c'est l'objet des comptes *pro forma*, états financiers réalisés à périmètre constant sur au moins deux exercices, afin de pouvoir comparer ce qui est comparable ! Ces comptes *pro forma* sont soumis à la réglementation européenne CE n° 809/2004, qui rend leur publication obligatoire lorsqu'une variation de plus de 25 % d'un indicateur de l'activité de la société est enregistrée. En réalité ces comptes sont difficiles à établir, car ils cherchent à rendre compte d'une situation hypothétique : quel aurait été l'impact de l'acquisition sur les comptes d'une entreprise si elle avait eu lieu un an plus tôt ?

Certains groupes peuvent même être tentés de ne pas consolider du tout une entité pour éviter d'avoir à faire remonter des pertes ou des dettes ! De nombreuses entités *ad hoc* (ou SPV pour *Special Purpose Vehicle* en anglais) ont ainsi été conçues par les groupes pour porter des actifs et des dettes financières ou opérationnelles sans avoir à les consolider, car le contrôle ou le pouvoir était facialement détenu par un tiers plus ou moins en totalité, notamment dans le cadre d'opérations de titrisation.

Pour cette raison, l'IASB (SIC 12) suivi en cela par le normalisateur français a précisé la notion de contrôle ; si deux des critères parmi les trois suivants sont remplis, alors l'entité devra être consolidée :

– en substance, les activités de l'entité ad hoc sont menées pour le compte de l'entité selon ses besoins opérationnels spécifiques de façon à ce que l'entité obtienne des avantages de l'activité de l'entité ad hoc ;

– en substance, l'entité a les pouvoirs de décision pour obtenir la majorité des avantages des activités de l'entité *ad hoc* ou, en mettant en place un mécanisme de « pilotage automatique », l'entité a délégué ces pouvoirs de décision ;

– en substance, l'entité a le droit d'obtenir la majorité des avantages de l'entité *ad hoc* et par conséquent peut être exposée aux risques liés aux activités de l'entité *ad hoc* ;

– en substance, l'entité conserve la majorité des risques résiduels ou inhérents à la propriété relatifs à l'entité *ad hoc* ou à ses actifs afin d'obtenir des avantages de ses activités.

Bref, le fait de ne plus être actionnaire ne signifie pas qu'on pourra déconsolider ! L'analyse du périmètre de consolidation est donc essentielle car il permet de comprendre la géographie d'un groupe.

Ainsi, en 2009, le fondateur du groupe Paprec a acheté une coquille cotée Duc Lamothe Participations qu'il a ensuite fusionnée avec une foncière dont il avait le contrôle et qui détient la propriété des sites exploités par Paprec. De ce fait, les actifs et passifs de la foncière cotée ne seront plus consolidés dans les comptes de Paprec, permettant ainsi d'alléger le bilan du groupe.

- *Les principales questions à se poser sont les suivantes :*

Quelles sont les filiales consolidées par mise en équivalence ? Par intégration proportionnelle ? Pourquoi ? Quels sont les minoritaires dans les filiales intégrées globalement ? Qui sont-ils ? Des partenaires industriels ? Financiers ? Locaux ? Existe-t-il d'autres liens avec ces minoritaires ? Les filiales avec intérêts minoritaires sont-elles rentables ? Quelle est l'estimation de leur contribution au résultat d'exploitation consolidé ? Ont-elles du cash ? Quels ont été les principaux changements affectant le périmètre de consolidation au cours des derniers exercices ? Quelles sont les entreprises achetées ou cédées au cours de cette période ? Dans quelles conditions ? À quelle date d'effet ? Existe-t-il des comptes *pro forma* reflétant ces évolutions ? Existe-t-il des entités *ad hoc* ? Quel est leur rôle ? Ont-elles été déconsolidées ? Pourquoi ?

2. La reconnaissance du revenu

Le revenu, outil fondamental de la communication financière et de la mesure des performances des entreprises, reste un indicateur comptable pouvant être sujet à diverses interprétations. On pense spontanément au chiffre d'affaires, somme des facturations de l'exercice mais qu'en est-il des contrats à long terme dont la durée peut s'inscrire sur plusieurs exercices de l'entreprise ?

Pendant longtemps, les normes comptables (IAS 11 et IAS 18) imposaient le principe qu'aucun actif ou passif contractuel ne doit être comptabilisé tant que le contrat n'a pas été exécuté. Pour les contrats à long terme, la reconnaissance de jalons contractuels prévus par les parties permettait à l'entreprise de comptabiliser des produits au fur et à mesure de l'avancement du contrat, l'activité est reconnue en produits des activités ordinaires à mesure qu'elle survient.

Depuis 2008, l'IASB tente d'imposer l'approche *contract based* qui analyse le contrat comme un échange de promesses entre une entreprise et son client : l'entreprise a des droits (paiement du prix par le client) et des devoirs (obligation de transférer des actifs sous forme de biens et services au client). Si les droits sont supérieurs aux obligations, un actif net positif résultera du contrat et un passif net dans le cas contraire. En cas d'augmentation de l'actif au titre du contrat ou de diminution du passif, l'entreprise pourra alors comptabiliser un produit, notamment lorsqu'elle a satisfait à une obligation de performance, soit parce que l'actif est transféré au client (livraison physique par exemple) soit parce que la date était prévue contractuellement.

Tout le débat réside alors dans l'évaluation initiale respective de ces droits et obligations : dans le modèle *allocation*, les actifs et passifs correspondant aux droits et obligations du contrat sont comptabilisés au moment de sa signature et à leur coût historique avec, le cas échéant, prise en compte d'un facteur d'actualisation et des éléments contingents dans l'échéancier de paiement. À l'inverse, selon le modèle *measurement*, actifs et passifs sont comptabilisés à la juste valeur de revente, d'où l'éventuelle observation d'un *day one profit* si le contrat a été conclu à des conditions avantageuses comparées à celles du marché puis d'ajustement de cette valeur dans le temps. Ces approches posent des problèmes d'application pratique, notamment en l'absence de marché actif, mais ont l'avantage de comptabiliser les droits et obligations résultant de la signature d'un contrat, lesquels n'ont aujourd'hui pas de traduction dans les comptes.

Il est donc essentiel d'analyser la lecture économique et comptable des contrats réalisée par l'entreprise pour bien comprendre la signification du revenu dégagé.

- *Les principales questions à se poser sont les suivantes :*

L'entreprise bénéficie-t-elle de contrats à long terme ? Comment ont-ils été comptabilisés ? Les actifs correspondants ont-ils été transférés ?

3. Les actifs incorporels et la survaleur

Le développement de la croissance externe au cours des dernières années a abouti à une accumulation d'actifs incorporels dans le bilan des entreprises. Ce poste est donc un élément important du diagnostic financier, notamment au regard de la mesure de l'actif économique et de sa rentabilité.

La norme IFRS 3 a profondément modifié la comptabilisation des acquisitions et leur suivi dans le temps par les groupes. En simplifiant, lors d'une acquisition, l'entreprise doit établir la juste valeur des actifs et passifs identifiables à la date de l'acquisition, le cas échéant constater l'existence d'actifs incorporels à durée de vie déterminée (et donc amortissables) comme des frais de développement ou des logiciels, et d'actifs incorporels à durée de vie non définie comme des emplacements commerciaux ou des marques, qui ne sont donc pas amortissables. Ensuite, le solde entre le prix payé et la juste valeur des actifs et passifs acquis permet le cas échéant de constater un écart d'acquisition (appelé *goodwill* ou survaleur), actif incorporel non amortissable affecté à une ou plusieurs unités génératrices de trésorerie (UGT). Une UGT est définie (IAS 36) comme « le plus petit groupe identifiable d'actifs qui génère des entrées de trésorerie indépendantes des entrées de trésorerie générées par les autres actifs du groupe » ; autrement dit, il s'agit d'une *business unit* cohérente au sein du groupe. Cette définition présente l'inconvénient de mélanger le *goodwill* acquis et le *goodwill* créé dans la mesure où une même UGT peut inclure simultanément des actifs acquis et des actifs existants. Le *goodwill* ainsi que les éléments incorporels non amortissables devront faire l'objet de tests de validité annuels appelés *impairment tests* en franglais, consistant à comparer la valeur recouvrable de l'UGT (définie comme la valeur actuelle de ses flux de trésorerie disponibles ou sa valeur de revente lors d'une transaction) et la valeur comptable de ces actifs, tels qu'ils figurent au bilan. Un actif ou une UGT s'est déprécié lorsque sa valeur comptable excède sa valeur recouvrable.

Par exemple, le groupe PSA Peugeot Citroën définit ses UGT en fonction des divisions opérationnelles : au sein de la division automobile, une UGT correspond à un modèle de véhicule, la banque PSA Finance constitue une UGT indépendante et la division équipement automobile est subdivisée en UGT par programme d'équipement. Les actifs immobilisés ainsi que les écarts d'acquisition sont attribués individuellement à chaque UGT.

Depuis le 1er janvier 2010, la norme IFRS 3 révisée a précisé le traitement comptable des éléments suivants.

– Les coûts liés à l'acquisition ne viennent plus majorer le goodwill mais doivent être traités en charges l'année de l'acquisition.

– Dès la prise de contrôle, on appréhende 100 % de la valeur de la cible, de manière définitive : les intérêts minoritaires ou préalablement détenus sont donc également valorisés à la juste valeur (*full goodwill*).

– La juste valeur des compléments de prix (de type *earn-out)* doit être incluse dès le départ dans le coût d'acquisition et à la date d'acquisition ; le traitement des prises de contrôle par acquisitions successives est donc modifié car les compléments de prix n'ajustent plus le goodwill au fur et à mesure de leur mise en œuvre.

– L'impact potentiel d'une acquisition sur le chiffre d'affaires et le résultat est appréhendé en année pleine, comme si l'acquisition avait été réalisée au début de l'exercice.

La mise en œuvre de cette norme a conduit les entreprises à recourir au PPA (*purchase price allocation* en franglais) qui n'est rien d'autre qu'un exercice d'allocation du prix d'acquisition permettant de justifier le goodwill payé lors d'une acquisition en l'allouant à différents actifs corporels mais le plus souvent incorporels (marque, technologie, relations avec les clients...), offrant ainsi une visibilité accrue sur le prix payé et sur les risques potentiels de dépréciation du goodwill. Il concerne les actifs corporels, les actifs incorporels non comptabilisés à l'origine chez la cible et le goodwill, comme le montre le graphique 1.

Graphique 1. – *Allocation des cash-flows dans un PPA*

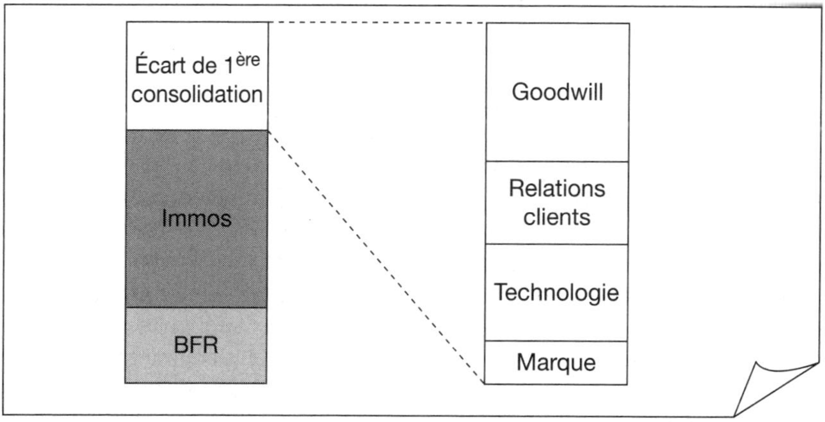

Source : D'après N. Binet, *Option Finance*, décembre 2008.

En théorie, le PPA est un exercice d'évaluation qui permet de hiérarchiser les actifs en fonction de leur importance, et d'identifier dans quelle mesure la création de valeur prévue est fonction d'actifs existants ou d'actifs futurs. Le prix payé est doublement décomposé : par actif et suivant une composante actifs existants/actifs futurs. Ainsi, la question est moins de choisir tel actif et de lui attribuer telle valeur, mais plutôt de déterminer quels actifs sont le plus propice à la création de valeur et si cette création de valeur est plus due à des actifs existants ou à des actifs futurs. Ce découpage selon les pointillés peut faire parfois oublier que l'entreprise est un tout et qu'il est toujours arbitraire d'attribuer sa capacité à créer de la valeur à tel ou tel actif incorporel.

À titre d'exemple, l'acquisition mi 2008 du groupe suédois de spiritueux V&S par Pernod Ricard a été payée 5,4 milliards d'euros pour une juste valeur des actifs et passifs acquis de 3,8 milliards d'euros, générant ainsi un goodwill de près de 1,6 milliard d'euros. Avant l'acquisition, les capitaux propres de V&S étaient un peu inférieurs à 700 millions d'euros. Les principaux postes de réévaluation du bilan sont les marques historiques de V&S (dont la marque de vodka Absolut) qui ont été valorisées à plus de 4 milliards d'euros (contre 400 millions d'euros avant l'acquisition) avec la constatation d'un impôt différé de 20 millions d'euros, et une indemnité de rupture des accords de distribution conduisant à une augmentation du passif d'environ 500 millions d'euros.

Au total, la comptabilisation des écarts d'acquisition permet aux entreprises de conserver une part importante du prix payé pour acquérir une entreprise composée essentiellement d'actifs incorporels « suspendus dans le vide », c'est-à-dire non amortis et maintenus en vie grâce au test de validité annuel, dont le résultat dépendra des prévisions forcément subjectives retenues par l'entreprise ou du taux d'actualisation, comme nous le verrons au chapitre 9 consacré à l'évaluation par les flux.

L'analyste externe doit donc comprendre l'origine de ces actifs et leur mode d'évaluation afin d'établir la pertinence des montants immobilisés.

- *Les principales questions à se poser sont les suivantes :*

Quelle est la nature des immobilisations incorporelles figurant à l'actif du bilan ? Quelles sont celles qui sont amortissables ? Sur quelle durée ? Quelles sont celles qui ne sont pas amortissables ? Quelle est leur origine ? Quels sont les actifs et passifs acquis correspondants ? Quelles sont les UGT auxquelles ils sont rattachés ? Est-ce cohérent avec l'analyse stratégique du portefeuille d'activité de l'entreprise ? Quelles sont les principales hypothèses du test de validité ? Sont-elles en ligne avec les informations de marché disponibles sur le secteur (marge normalisée du secteur, croissance à long terme, taux d'actualisation…) ? L'entreprise a-t-elle récemment procédé à des PPA ? Quelles ont été les principales hypothèses utilisées ? À quels actifs incorporels existants ou futurs a-t-on attribué le goodwill payé ?

4. Actifs disponibles à la vente, *available for sale*

Lorsqu'une société annonce son intention de céder une de ses activités, l'ensemble des actifs et passifs relatifs à l'activité sort des comptes consolidés de l'entreprise pour s'inscrire dans une nouvelle ligne, intitulée « actifs disponibles à la vente » (*available for sale* en franglais), en application de la norme IFRS 5 « Actifs non courants détenus en vue de la vente et activités abandonnées ». L'analyste doit accorder une attention spéciale à ce poste particulier et à sa signification concrète.

Par exemple, en octobre 2007, le semencier Vilmorin a annoncé le projet de cession de ses activités produit de jardin grand public. Les actifs et passifs correspondants furent alors déconsolidés du bilan et du compte de résultat de l'exercice 2007/2008 pour être placés en « actifs disponibles à la vente ». Cette activité était elle-même composée de plusieurs divisions : française, allemande et britannique. Or, le processus de cession s'étant révélé décevant pour la division française, celle-ci fut alors réintégrée aux comptes de la société-mère sur l'exercice 2008/2009. Ainsi, bien que déconsolidés, les actifs disponibles à la vente appartiennent encore à la société-mère et il n'est pas absolument certain que cette dernière parviendra à les céder. L'analyste ne doit pas les considérer comme des actifs « fantôme » et ne pas les oublier dans le cadre de ses travaux d'évaluation.

Différentes approches peuvent être employées pour évaluer ces actifs qui n'ont plus de répercussion sur les flux de l'entreprise, mais n'ont pas encore été cédés :

– leur situation nette comptable ;

– l'approche intrinsèque (voir chapitre 9) ou analogique (multiples boursiers et de transaction, voir chapitre 8), à condition d'avoir accès à un minimum d'informations financières (principaux soldes intermédiaires de gestion, BFR, endettement financier net...) ; en pratique, l'application d'un PER normatif aux agrégats du compte de résultat associés aux activités abandonnées est la méthode la plus simple pour extérioriser une valeur des capitaux propres de l'activité.

D'autre part, lorsqu'un actif est placé en « *available for sale* », cela signifie qu'il est en cours de cession et donc que le groupe propriétaire a certainement une idée assez précise de la valorisation potentielle de cette activité ; il est ainsi fréquent que le groupe ait communiqué une fourchette de valorisation au marché ou que les analystes couvrant le titre se prononcent sur la valeur attendue de la vente de l'activité. Ces dernières informations constituent une référence de valorisation utile.

Quelle que soit la méthode de valorisation retenue, il importe avant toute chose de bien s'interroger sur la signification stratégique de ces cessions et sur leur probabilité de succès.

• *Les principales questions à se poser sont les suivantes :*

Quelle est la nature de ces actifs disponibles à la vente ? À quelle date ont-ils été déconsolidés pour être placés en *available for sale* ? Quels étaient les objectifs annoncés au moment de l'annonce de leur déconsolidation ? Quelle est la probabilité de succès du processus de cession ? A-t-on accès aux principaux agrégats financiers de ces actifs ? Le groupe a-t-il communiqué une fourchette de valorisation ?

5. Les impositions différées

Dans les comptes consolidés, les impositions différées résultent principalement :

– des décalages temporaires existant entre les résultats comptables et fiscaux (certaines provisions non déductibles comme les provisions pour retraites ou pour risques environnementaux par exemple...) ou générés par les retraitements de consolidation (provisions sur filiales, retraitement des amortissements, etc.) ;

– de l'existence de reports fiscaux déficitaires dont la récupération sur les exercices ultérieurs est probable ;

– de la réévaluation d'actifs après une acquisition : à la revente, plus-value fiscale et comptables seront différentes, tout comme la base d'amortissement qui entraîne donc des impôts différés.

Selon les cas, l'entreprise constate des impôts différés actifs (donc une créance d'impôt) ou passifs (donc une dette fiscale) et isole en compte de résultat la quote-part de l'imposition différée (charges et produits) par rapport à l'impôt exigible total. Cette analyse évolue dans le temps, notamment en fonction de l'évolution du taux d'imposition. Enfin, l'imposition réelle de l'entreprise n'est pas égale au taux d'impôt applicable à la maison mère du fait de l'existence de filiales étrangères ou de taux d'impôt réduits ou majorés. Au final, la ligne impôt distingue un impôt payé cash et un jeu de variations d'imposition différée.

L'analyste doit donc tenter d'apprécier les potentielles économies d'impôt futures du groupe et de quantifier leur impact sur la valeur, tout en sachant que le jeu des impositions différées résulte d'une pure mécanique liée aux comptes consolidés. Les impôts différés représentent un sujet épineux dans le cadre d'une analyse financière ; leur réalité économique est en effet parfois discutable, et même s'ils représentent une part non négligeable des bilans des entreprises européennes, il faut bien se garder de les assimiler à des éléments de besoin en fonds de roulement (voir chapitre 4) car ils ne sont pas la conséquence d'un décalage entre une facturation et un paiement. Il s'agit le plus souvent d'écritures comptables correspondant à un impôt déjà constaté alors qu'il s'agit d'une charge future ne disposant pas nécessairement de contrepartie économique ou en flux de trésorerie au cours de l'exercice considéré.

- *Les principales questions à se poser sont les suivantes :*

Quelle est l'origine des impôts différés actifs et passifs ? Quelle est la part des reports déficitaires activés ? Quelles sont les hypothèses de capacité bénéficiaire qui ont été utilisées pour le calcul de l'impôt différé ? Quel est le taux d'impôt effectif ? Comment se compare-t-il au taux légal ?

6. Les engagements hors bilan

Le hors-bilan (engagements donnés et reçus) constitue un élément essentiel de l'analyse des états financiers d'une entreprise. Il recouvre en effet des éléments de nature diverse, dont le total atteint souvent des sommes importantes. Les principaux engagements contractuels sont des paiements futurs certains (comme des contrats de location financière) ou des engagements fermes d'acheter soit des titres soit des actifs corporels ou incorporels, ou bien encore des paiements futurs éventuels essentiellement sous forme de garantie ou de caution. Il ne faut pas oublier les engagements commerciaux et notamment les contrats d'approvisionnement, les commandes fermes, les redevances, les garanties données aux fournisseurs ou aux douanes et les engagements d'achat d'espace publicitaire.

Par le biais de jeu d'options réciproques, un groupe comme Casino s'était ainsi engagé à acheter des participations dans Monoprix, Franprix, Vindémia ou Disco... pour plus de deux milliards d'euros. Ceci ne signifie pas que le groupe aura tout à payer en même temps ! Il faut donc regarder les conditions et la probabilité d'exercice de chacune des opérations, en comprendre la logique économique et tenter d'y attribuer une probabilité d'occurrence. De même, le groupe PPR s'est engagé en 2001 à lancer une offre publique sur Gucci entre le 22 mars 2004 et le 30 avril 2004 à 101,50 dollars par action, soit un engagement d'environ 4,7 milliards d'euros.

Si les opérations de crédit-bail sont généralement retraitées en comptes consolidés, la location financière doit notamment faire l'objet d'une étude particulière (échéancier, montant, nature de l'actif financé…) car elle constitue souvent un moyen de financer des investissements importants sans avoir à consolider une dette nouvelle mais en prenant un engagement de louer l'actif sur longue période. La réglementation comptable sur ce sujet a évolué dans un sens plus restrictif pour définir un certain nombre de critères entraînant une consolidation immédiate (transfert de propriété de l'actif au terme de la location, option d'achat à un prix inférieur à la juste valeur de l'actif, la durée du contrat de location couvre la durée de vie de l'actif…). Ainsi, l'IAS 17 prévoit que l'entreprise doit comptabiliser les contrats de location financière à l'actif et au passif de son bilan pour un montant égal à la juste valeur du bien loué, ou à la valeur actualisée des paiements de location. Le taux d'actualisation est le taux d'intérêt du contrat de location ou le taux d'emprunt. Les paiements sont ensuite comptabilisés entre charge financière et charge d'amortissement. À noter que certains analystes calculent un EBITDAR, qui est un EBITDA avant location financière.

Bien qu'ils ne se compensent pas avec les engagements donnés, les engagements reçus sont souvent issus d'obligations réciproques. Leur étude permet de conforter le diagnostic fait sur les engagements donnés.

L'analyste externe devra également étudier les engagements relatifs aux instruments financiers (swaps de taux d'intérêt, swaps de devises, achat et vente d'options de change ou sur matières premières) et aux sûretés et nantissements consentis par le groupe. Concernant le risque de taux et de change, l'entreprise détient en permanence un portefeuille d'instruments financiers destinés à gérer sa position de change ou sa position de taux d'intérêt et qui se traduisent par des engagements donnés et des engagements reçus. La valeur absolue de ces engagements (montants notionnels) ne reflète pas le risque financier réel et il convient donc d'obtenir la valeur de marché de ce portefeuille, les plus ou moins-values latentes devant compenser, dans une logique de couverture, la position de taux ou de change issue des flux commerciaux et financiers de l'entreprise. Ainsi, si l'entreprise facture ses produits en dollars et se couvre en vendant ces dollars à terme par le biais d'un portefeuille d'options, une hausse de la parité euro/dollar (et donc une baisse du dollar) se traduit par une baisse des actifs en dollars de l'entreprise compensée par une valorisation du portefeuille d'options.

L'évaluation de ces éléments financiers a un réel impact sur le compte de résultat des entreprises dans le référentiel IFRS. Ainsi le groupe Air France a comptabilisé une perte de plusieurs milliards d'euros sur ses couvertures pétrole puisqu'il avait figé par le biais de couvertures à terme un cours du brut à un niveau très supérieur au prix de marché.

- *Les principales questions à se poser sont les suivantes :*

Quels sont les principaux engagements hors bilan : location financière, engagements réciproques d'achat d'actifs, engagements commerciaux ? Quel est leur échéancier ? Quelle est leur logique économique ? Quelle est la probabilité que l'engagement donné se matérialise ? Quelle est la nature des engagements reçus ? Font-ils partie de transactions réciproques ? Comment l'entreprise gère-t-elle son risque de taux et de change ? Quelle est la part du chiffre d'affaires en devises étrangères faisant l'objet de couvertures ? Quel est le taux moyen correspondant ? Quelle est la part des achats en devises et/ou en matières premières faisant l'objet de couvertures ? La dette de l'entreprise est-elle à taux variable ou à taux fixe ? Quels sont les engagements correspondants ? Quelle est la valeur de marché du portefeuille d'instruments financiers ? Quels sont les actifs de l'entreprise qui ont été nantis ? Pourquoi ?

7. Les passifs éventuels et provisions pour risques et charges

Un passif éventuel est défini comme « une obligation potentielle de l'entreprise vis-à-vis d'un tiers, résultant d'événements dont l'existence ne sera confirmée que par la survenance ou non, d'un ou plusieurs événements futurs incertains n'étant pas totalement sous le contrôle de l'entreprise (...) », tandis qu'une provision pour risques et charges est un passif dont l'échéance ou le montant n'est pas fixé de façon précise. Les entreprises françaises se caractérisent par un niveau important de provisions pour risques et charges au passif de leur bilan résultant souvent des engagements de retraites, des restructurations, des pertes à terminaison et des litiges. L'analyste devra tenter de trouver un chemin dans cet abondant maquis en analysant notamment les provisions pour litiges, les causes des provisions pour pertes à terminaison qui concernent souvent des contrats à long terme (énergie, eau) ainsi que celles des provisions pour restructuration. À nouveau, la compréhension économique doit primer sur la mesure comptable du risque. Il est fréquent qu'une entreprise fasse l'objet de litiges, subisse des pertes à terminaison et doive engager un programme de restructurations, mais il convient de comprendre l'ampleur de ces phénomènes, leur caractère récurrent ou non et leur impact sur la rentabilité économique de l'entreprise.

Les engagements de retraites et avantages similaires sont l'objet de la norme IAS 19 transposée en droit comptable français depuis 2003 ; ils doivent faire l'objet d'une attention spécifique. Ils concernent principalement les régimes de retraite à prestations définies, les indemnités de fin de carrière et la participation de l'entreprise à la couverture médicale des salariés. Ces avantages sont en général mesurés annuellement par des actuaires indépendants en utilisant la méthode dite des « unités de crédits projetées », qui établit la valeur actuelle de l'engagement sur la base d'une estimation de durée de service futur du personnel salarié, de son niveau de rémunération et de son espérance de vie ainsi que de sa rotation.

Le taux d'actualisation, les hypothèses d'augmentation de salaires ou des frais médicaux constituent des éléments importants du calcul de l'engagement qui doit être intégralement provisionné ou, à défaut, mentionné en annexe de façon détaillée. Ainsi EDF a utilisé en 2009 un taux d'actualisation qui varie entre 5,25 % en France et 5,75 % en Allemagne. Lorsque ces prestations au personnel sont préfinancées grâce à un ou plusieurs fonds externes (souvent appelés fonds de pension), les actifs (actions, obligations, fonds d'investissement, immeubles) détenus au travers de ces fonds sont évalués en juste valeur et déduits du passif actuariel calculé précédemment afin de mesurer l'engagement net et le degré de couverture du risque. À fin 2009, EDF avait plus de 8,9 milliards d'euros d'engagement de retraites, duquel il convient de déduire la valeur de marché des actifs correspondants, soit environ 1,1 milliard d'euros, ce qui conduit à un sous-financement latent de l'ordre de plus de 7,8 milliards d'euros.

Le compte de résultat fait apparaître :

– en charge, l'augmentation des obligations liée au passage d'une année d'ancienneté supplémentaire et la charge d'intérêt traduisant la désactualisation du passif social ;

– en produit, le cas échéant, le rendement annuel attendu à long terme des actifs placés dans les fonds de pension. Dès qu'il devient significatif, l'écart entre le rendement attendu à long terme des placements et le rendement réel est amorti sur les exercices suivants.

L'analyste externe devra donc comprendre la pertinence des hypothèses utilisées pour le calcul de l'engagement, la nature des actifs financiers en représentation et l'état de sous ou sur-financement latent des régimes consentis par l'entreprise. L'évolution de la réglementation sur la protection sociale (allongement de la durée de cotisation, contribution additionnelle…) n'est pas neutre non plus sur la mesure du passif social de l'entreprise. Conceptuellement la charge d'intérêt traduisant la désactualisation du passif social doit être analysée comme une sorte de frais financiers.

• *Les principales questions à se poser sont les suivantes :*

Quelles sont les principales provisions pour risques et charges ? Quelle est leur nature économique ? Quel est l'objet des provisions pour restructuration ? Sont-elles récurrentes ? Quels sont les principaux litiges ? Quelles sont les hypothèses utilisées pour calculer la valeur actuelle des passifs sociaux ? Quels sont les principaux paramètres de sensibilité du modèle ? Quelle est la composition des placements destinés à couvrir les engagements ? Quel est le rendement attendu de ces placements ? Le régime est-il en sous ou sur-financement latent ?

Questions

1. Qu'appelle-t-on normes IFRS ?
2. Quelle est la différence essentielle entre le comptable et le financier ?
3. Quel est l'intérêt d'une mise en équivalence, par rapport à une intégration globale ?

4. Pour quelle raison les actifs incorporels ont-ils pris une place de plus en plus importante dans les bilans des entreprises au cours des années 1990 ?

5. Quel est le principe d'un test de validité ?

6. Est-il important d'analyser l'imposition différée d'une entreprise que l'on souhaite racheter ?

7. La survaleur doit-elle être amortie ?

8. Qu'appelle-t-on périmètre de consolidation ?

9. Peut-on contrôler sans détenir plus de 50 % du capital d'une société ?

10. Quels sont les principaux engagements hors bilan ?

11. Qu'est-ce qu'un passif éventuel ?

12. Qu'appelle-t-on UGT ?

13. Que nécessite l'achat d'une entreprise avec de nombreux engagements hors bilan ?

14. Quel est l'intérêt de la location financière ?

15. Vous serait-il facile de vendre une entreprise dont toutes les filiales sont mises en équivalence ?

Bibliographie

Colasse Bernard, *Introduction à la comptabilité*, 11e édition, Economica, Paris, 2010.

Colmant Bruno, Pierre Armand Michel et Hubert Tondeur, *Comptabilité financière Normes IAS-IFRS*, Pearson Education, 2008.

Comptes consolidés 2010 : règles françaises, Éditions Francis Lefebvre, Paris, 2010.

Stolowy Hervé, Lebas Michel et Langlois Georges, *Comptabilité et analyse financière : une perspective globale*, éditions De Boeck, 2006.

Site internet de l'IASB : www.iasb.org

Site internet de l'AMF : www.amf-france.org

Sur le risque de taux et de change :

Simon Yves, Lautier Delphine et Morel Christophe, *Finance internationale*, 10e édition, Economica, Paris, 2009.

Chapitre 3

Analyser les performances financières de l'entreprise

Ce chapitre traite...

• **Des principaux soldes intermédiaires de gestion**

– L'*excédent brut d'exploitation* (EBE) est une mesure de la création de richesse avant toute charge calculée entre le chiffre d'affaires d'une part et les achats de toutes natures, les frais de personnel, les impôts et taxes et les autres produits et charges d'exploitation d'autre part.

– Le *résultat d'exploitation* correspond à la mesure de la création de richesse du cycle d'exploitation, après prise en compte des charges calculées (amortissements et certaines provisions).

– Les *autres produits et charges* regroupent l'ensemble des opérations, qui n'ont pu être classées dans les rubriques précédentes. Il convient de faire le tri entre ce qui relève véritablement de l'exceptionnel et ce qui devrait être réintégré dans le résultat d'exploitation.

– L'analyse du compte de résultat doit permettre de comprendre la formation des marges et leur évolution.

• **De l'analyse de l'évolution de l'activité**

– La variation annuelle du chiffre d'affaires publié d'une entreprise résulte de la conjugaison de six effets : volume, prix, mix géographique, mix produit et évolution des devises et du périmètre.

– Les états financiers *pro forma* doivent permettre de quantifier les effets devise et périmètre, tandis que l'analyse des autres effets permet de comprendre et de mesurer la croissance organique de l'entreprise.

• **De l'analyse des marges d'exploitation**

– Avant d'analyser la performance de l'entreprise, il est nécessaire de redresser le résultat d'exploitation (ou l'EBE) d'éléments qui relèvent du cycle d'exploitation mais qui n'ont pas été comptabilisés à ce niveau dans le compte de résultat.

– L'évolution de la marge d'exploitation d'une entreprise peut résulter de la conjugaison de plusieurs facteurs économiques : l'effet ciseau, le point mort, le mix produit ou géographique, la devise et le périmètre.

Après avoir pris connaissance des choix comptables de l'entreprise, le diagnostic financier à proprement parler peut débuter. La première phase de celui-ci consiste à analyser l'activité et les marges d'exploitation de l'entreprise. C'est pourquoi seront introduits dans un premier temps les principaux soldes intermédiaires de gestion.

1. Les principaux soldes intermédiaires de gestion

L'analyse du compte de résultat a pour objectif de comprendre et de mesurer la performance d'exploitation de l'entreprise et notamment son caractère récurrent et son niveau de risque. Elle est centrée sur le chiffre d'affaires, l'excédent brut d'exploitation et le résultat d'exploitation, présentés dans le schéma 1.

Schéma 1. – *Le compte de résultat*

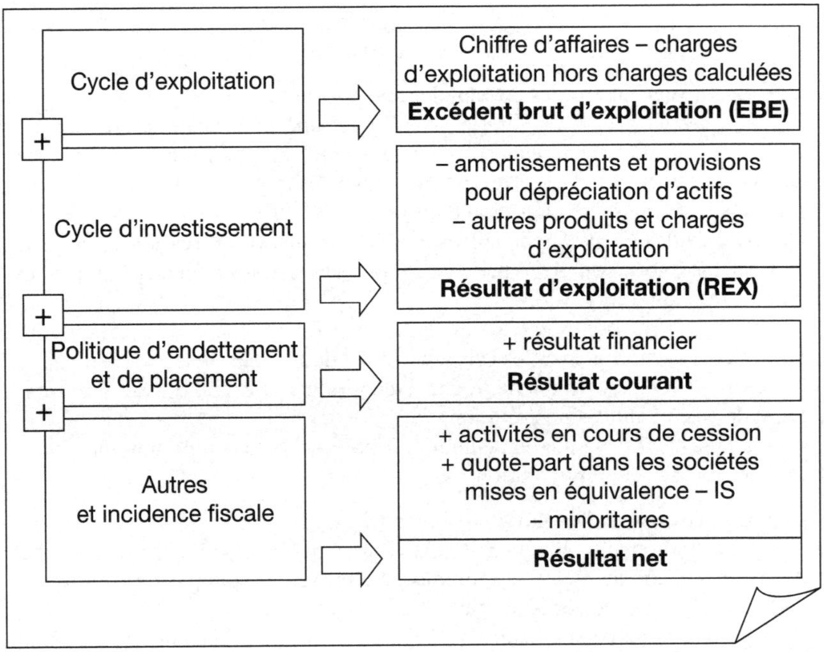

L'*excédent brut d'exploitation* (EBE) est une mesure de la création de richesse avant toute charge calculée. Il est le solde entre le chiffre d'affaires d'une part et les achats de toutes natures, les frais de personnel, les impôts et taxes et les autres produits et charges d'exploitation hors amortissement et provisions d'autre part. Il correspond peu ou prou à l'*EBITDA* anglo-saxon (*Earnings Before Interest, Tax, Depreciation and Amortization).* Les charges d'exploitation peuvent être présentées par nature comme dans une liasse fiscale (achats, salaires, charges sociales, impôts et taxes…) ou par grandes fonctions (coût des ventes, frais administratifs et commerciaux, frais de recherche et développement), ce qui est de plus en plus la norme pour les comptes consolidés des grands groupes. Dans ce dernier cas, une étude détaillée des annexes s'impose pour comprendre et recalculer ces différents soldes.

Le *résultat d'exploitation* ou *résultat opérationnel* correspond quant à lui à la mesure de la création de richesse du cycle d'exploitation, après prise en compte des charges calculées que sont les amortissements des actifs corporels et incorporels et certaines provisions pour dépréciation d'actifs immobilisés, notamment lors de la mise en œuvre d'un test de validité. Il s'agit également d'une notion très importante, qui par rapport à l'EBE a l'avantage de refléter l'intensité capitalistique de l'entreprise. Le résultat d'exploitation est très similaire à l'*EBIT (Earnings Before Interest and Tax)* ou l'operating profit anglo-saxon.

Dans le référentiel IFRS, les *autres produits et charges d'exploitation* regroupent l'ensemble des opérations qui n'ont pu être classées dans les rubriques précédentes, et constituent souvent un fourre-tout. Il convient de distinguer et d'analyser l'impact des différents éléments : les cessions d'actifs, les événements véritablement exceptionnels (comme un incendie, un problème industriel…), les charges et provisions pour restructuration qui relèvent souvent pour une large part d'une logique d'exploitation notamment dans les industries matures. Pour cette raison, les analystes ont pris l'habitude de distinguer un *résultat opérationnel courant* (avant charges d'exploitation considérées comme non récurrentes) du résultat opérationnel.

Les différentes écritures de consolidation (intérêts minoritaires, impact des changements de périmètre, quote-part du résultat net des sociétés mises en équivalence, le cas échéant profit de dilution résultant de la baisse de la participation de la maison mère dans une filiale à la suite d'une augmentation de capital faite par un tiers…) doivent également être analysées séparément des autres. Enfin, la ligne activités en cours de cession mesure l'impact en résultat net des activités du groupe dont la cession a été décidée par le conseil d'administration.

Le *résultat net*, qui est une mesure de la rémunération des capitaux propres, n'est pas un des concepts les plus riches à analyser car il s'agit d'un solde de différents résultats souvent influencé par les choix comptables, la politique financière de l'entreprise et la technique de consolidation.

Attention à la terminologie ! De nombreuses entreprises appellent résultat d'exploitation, EBIT ou résultat opérationnel un solde qui peut contenir ou non une provision pour dépréciation d'actifs, une plus ou moins-value sur des cessions d'actifs d'exploitation, la quote-part de résultat net des sociétés mises en équivalence… Il faut donc séparer le bon grain de l'ivraie afin d'arriver à un solde qui reflète réellement la performance opérationnelle de l'entreprise. Le résultat opérationnel courant permet de répondre à ce problème. Il convient également d'intégrer dans le raisonnement l'éventuelle cyclicité ou saisonnalité de l'activité afin de mesurer l'impact du choix de la date de fin d'exercice sur le diagnostic que l'on peut faire sur l'entreprise. Un exercice clos trois mois plus tôt aurait pu faire apparaître un volume de chiffre d'affaires bien moindre et des stocks importants (comme c'est le cas des entreprises de légumes surgelés ou des fabricants de skis).

Comme le montre le schéma 2, l'analyse du compte de résultat doit être verticale puisqu'elle vise à comprendre la formation des marges au sein du compte de résultat, ainsi que dynamique en tendance puisqu'il s'agit de comprendre comment elles évoluent, notamment au regard de l'historique de l'activité de l'entreprise. De même, la comparaison des performances financières de l'entreprise avec celles des sociétés cotées opérant dans le même secteur (le *benchmarking*) est essentielle pour approfondir l'analyse.

2. L'évolution de l'activité

La croissance de l'activité d'une entreprise étant l'un des moteurs de sa création de valeur, l'analyse de l'évolution récente de son chiffre d'affaires est particulièrement importante. Avant toute chose, il s'agit de comprendre comment sont comptabilisés les revenus de l'entreprise, autrement dit à quel moment le chiffre d'affaires est constaté (voir chapitre 2). Il faut notamment étudier les conditions de reprises des invendus ou d'exercice des droits de retour, la comptabilisation des remises et escomptes accordés (parfois enregistrés en frais financiers), les frais de référencement, la part du chiffre d'affaires issu de refacturations (transport et logistique par exemple) qui ne correspondent pas réellement à la prestation de l'entreprise.

La variation annuelle du chiffre d'affaires publié d'une entreprise résulte de six effets :

– un effet volume, qui reflète la hausse ou la baisse des quantités vendues,

– un effet prix traduisant la hausse ou la baisse des prix de vente de l'ensemble des produits,

– un effet mix géographique reflétant l'évolution différentielle des ventes par zone géographique,

– un effet mix produit ou mix métier qui traduit l'évolution différentielle des ventes par ligne de produits/métiers, dont le prix unitaire peut être plus ou moins élevé,

– un effet devise, conséquence de la hausse ou la baisse des devises de facturation,

– un effet de périmètre traduisant les entrées ou sorties de sociétés du périmètre de consolidation.

Les états financiers *pro forma* doivent permettre de quantifier les deux derniers effets, tandis que les quatre premiers permettent de mesurer la croissance organique de l'entreprise. À titre d'exemple, le graphique 1 présente l'évolution du chiffre d'affaires du groupe Saint-Gobain entre 2008 et 2009.

Le groupe Saint-Gobain a publié un chiffre d'affaires 2009 de 37,8 milliards d'euros, en baisse de 13,7 % sur 2008. Cette baisse est principale-

Schéma 2. – *Les analyses en tendance horizontale et verticale*

	2010	2011	2012	2013	2014
Chiffre d'affaires	100	150	200	250	300
croissance		*50,0 %*	*33,3 %*	*25,0 %*	*20,0 %*
EBE	20	25	30	35	37
croissance		*25,0 %*	*20,0 %*	*16,7 %*	*5,7 %*
Rex	10	12	14	16	18
croissance		*20,0 %*	*16,7 %*	*14,3 %*	*12,5 %*
Résultat financier	(6)	(5)	(4)	(3)	(2)
Autres éléments	(5)	10	0	3	(2)
Résultat net	(1)	17	10	16	14
croissance		–	*(41,2 %)*	*60 %*	*(12,5 %)*

	2010	2011	2012	2013	2014
Chiffre d'affaires	100	150	200	250	300
EBE	20	25	30	35	37
marge	*20,0 %*	*16,7 %*	*15,0 %*	*14,0 %*	*12,3 %*
Rex	10	12	14	16	18
marge	*10,0 %*	*8,0 %*	*7,0 %*	*6,4 %*	*6,0 %*
Résultat financier	(6)	(5)	(4)	(3)	(2)
% CA	*(6,0 %)*	*(3,0 %)*	*(2,0 %)*	*(1,2 %)*	*(0,7 %)*
Autres éléments	(5)	10	0	3	(2)
% CA	*(5,0 %)*	*6,7 %*	*0 %*	*1,2 %*	*(0,7 %)*
Résultat net	(1)	17	10	16	14
marge	*(1,0 %)*	*11,3 %*	*5,0 %*	*6,4 %*	*4,7 %*

Graphique 1. – *Évolution du chiffre d'affaires de Saint-Gobain (en milliards d'euros)*

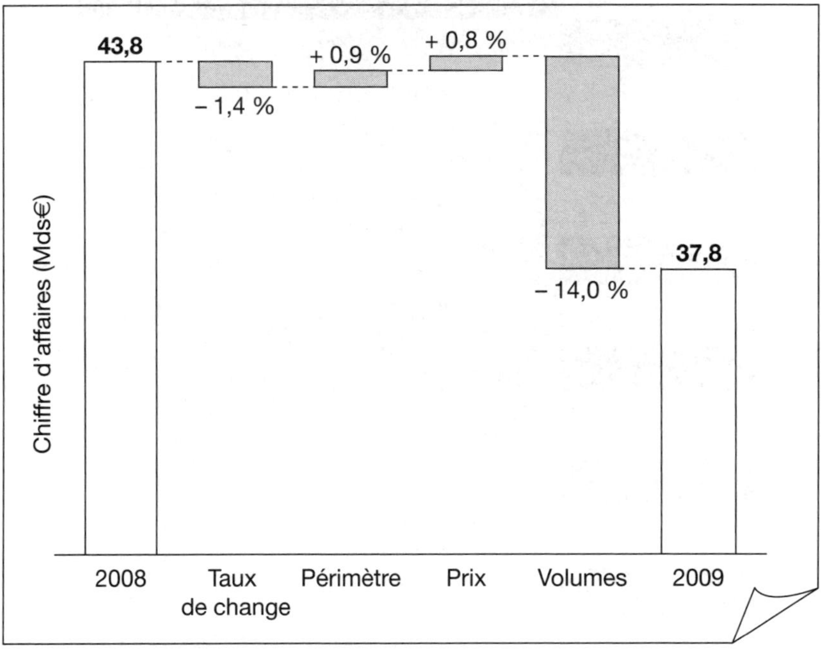

Source : Saint-Gobain.

ment imputable (à hauteur de 14 %) à l'effet volume, lié à la chute de la demande consécutive au ralentissement économique constaté durant cet exercice. L'effet prix a eu quant à lui un effet légèrement positif sur l'évolution du chiffre d'affaires, à hauteur de +0,8 %. On peut donc en déduire qu'à périmètre et taux de change constants, la baisse de l'activité a été de 13,2 %. L'effet taux de change a un impact négatif sur l'évolution du chiffre d'affaires à hauteur de – 1,4 %. L'impact négligeable de l'effet périmètre (+ 0,9 %) sur l'activité est révélateur de l'absence de croissance externe majeure durant cet exercice.

L'effet volume et l'effet prix ne sont en général pas disjoints : une baisse des tarifs de téléphonie fixe par exemple suscite en général une hausse des usages en minutes. De même, une hausse des tarifs bancaires justifiée par une prestation à plus haute valeur ajoutée se traduit par le départ de certains clients. Mais les concurrents de l'entreprise ne restent pas sans réagir : effet volume et effet prix ne sont pas indépendants de l'évolution du ou des marchés de l'entreprise. Parfois l'effet prix n'est pas sous le contrôle de l'entreprise, ce qui est le cas des groupes métallurgiques ou miniers, qui n'ont que peu ou pas d'influence sur le cours de certaines matières premières (nickel, cuivre, etc.). Il faut donc analyser l'évolution des quantités et des prix dans le secteur d'activité de l'entreprise en utilisant les principales informations publiques sur le secteur.

En reprenant l'exemple précédent de Saint-Gobain et si l'on s'intéresse à l'effet mix produit ou à l'effet mix géographique, la répartition du chiffre d'affaires par zone géographique ou par secteur permet de mieux comprendre la formation du chiffre d'affaires. Ainsi, le graphique 2 présente l'évolution de la croissance du chiffre d'affaires de Saint-Gobain dans ses grands métiers et permet de mieux comprendre d'où provient la baisse organique du chiffre d'affaires du groupe de 13,2 % en 2009.

On constate que la chute de l'activité a été plus importante dans les matériaux de haute performance (– 21,1 %) tandis que le conditionnement (– 3,8 %) résistait mieux à la détérioration du climat économique. Le graphique 3 permet de mesurer l'évolution de l'activité du groupe par zone géographique.

Comme le montre le graphique 3, la baisse du chiffre d'affaires a été moindre en Asie et dans les pays émergents (– 11,4 %). *A contrario*, la chute a été plus accentuée en Amérique du Nord (– 14,5 %) et en Europe occidentale France exceptée (– 15,6 %). Au total, on constate qu'en période de crise, les produits de construction, le vitrage et les matériaux haute performance sont plus sensibles à la conjoncture, notamment dans les pays développés, tandis que les pays émergents et le conditionnement résistent mieux.

Graphique 2. – *Répartition par métier de la variation du chiffre d'affaires de Saint-Gobain à structure et taux de change comparables entre 2008 et 2009*

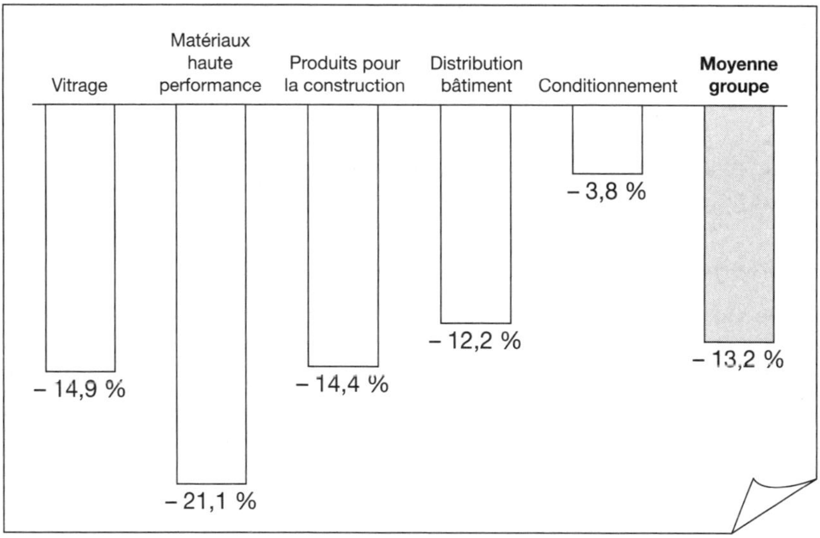

Source : Saint-Gobain.

Graphique 3. – *Variation du chiffre d'affaires de Saint-Gobain par zone géographique*

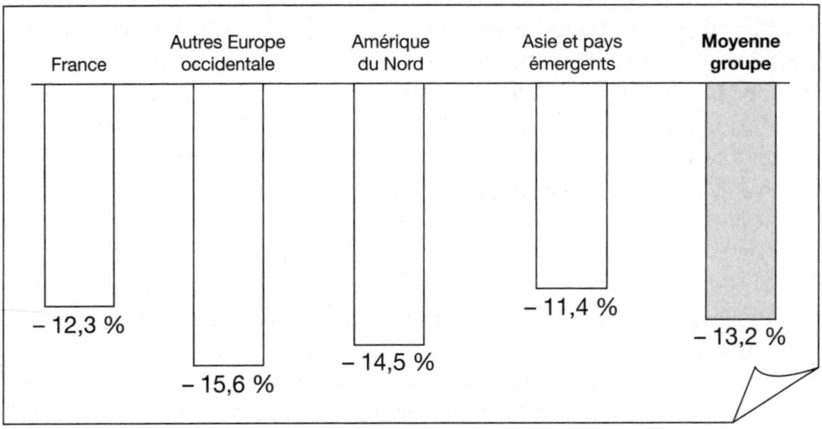

Source : Saint-Gobain.

Enfin, certaines industries comme l'aéronautique ou la défense ont la chance d'avoir un carnet de commandes « *backlog* » qui représente l'en-cours des commandes fermes à une certaine date. On appelle « *book to bill ratio* » le rapport du carnet de commandes au chiffre d'affaires du dernier exercice. Ainsi, fin 2010, Dassault Aviation présente un carnet de commandes de plus de 10 milliards d'euros, principalement porté par le succès du programme Falcon 7X, ce qui représente plus de 3 fois le chiffre d'affaires consolidé 2009 de la société ; ceci permet de se faire une idée du volume d'activité d'ores et déjà engrangé par l'entreprise pour les exercices suivants.

L'analyste doit donc tenter de comprendre la dynamique de croissance de l'entreprise en isolant et en quantifiant ces différents effets et aboutir à une conviction sur l'ampleur et les raisons de la croissance organique de l'entreprise.

• *Les principales questions à se poser sont les suivantes :*

Quel est le mode de comptabilisation du chiffre d'affaires de l'entreprise ? Quel est l'impact des changements de périmètre sur la période ? Quelle est l'évolution des principales devises de facturation ? Quelles sont les évolutions du ou des marchés de l'entreprise en termes de volume et de prix ? Y a-t-il un effet mix produit, mix métier ou un effet géographique ? Comment s'analyse la performance de l'entreprise au regard des principales sociétés cotées du secteur ? Quelle est la croissance organique de l'entreprise sur les trois derniers exercices ? Existe-t-il un carnet de commandes ? Quel est le *book to bill ratio* ?

3. L'évolution des marges d'exploitation

Avant de se lancer dans l'analyse de la performance de l'entreprise, il est nécessaire de redresser le résultat d'exploitation (ou l'EBE) d'éléments qui relèvent du cycle d'exploitation mais qui auraient pu ne pas être comptabilisés à ce niveau dans le compte de résultat. Citons pêle-mêle la participation des salariés qu'il convient de reclasser en frais de personnel, les frais de restructuration à caractère récurrent (fréquent dans les industries matures et souvent comptabilisés en charges exceptionnelles), les remises ou escomptes accordées parfois comptabilisées en frais financiers. *A contrario*, certains éléments comptabilisés en résultat d'exploitation peuvent ne pas être pertinents pour l'analyse, notamment en raison de leur caractère non récurrent (comme le règlement d'un litige ou une provision sur stocks liée à un incendie par exemple) ou du fait qu'ils sont en réalité des quotes-parts de résultat net de sociétés mises en équivalence.

Ensuite, il s'agit de rapporter les différents soldes (EBE ou résultat d'exploitation) au chiffre d'affaires (le cas échéant à la production de l'exercice pour les industries à cycle long où le jeu de la production stockée est important) pour établir ce que l'on appelle la marge d'EBE (ou marge d'*EBITDA* en franglais) et la marge d'*EBIT*, plus généralement baptisée marge opérationnelle ou d'exploitation. Il faut enfin faire une estimation de la quote-part des intérêts minoritaires dans le résultat d'exploitation. L'évolution de la marge d'exploitation d'une entreprise peut résulter de la conjugaison de plusieurs facteurs économiques :

– un effet de ciseau reflétant un différentiel de croissance entre les produits et les charges : l'entreprise est dans un cycle vertueux si elle maîtrise la croissance de ses charges par rapport à celle de son activité ;

– un effet point mort qui traduit l'écart avec le volume de chiffres d'affaires nécessaire pour absorber les coûts fixes ;

– un effet mix/produit ou géographique qui s'explique par le différentiel de marge entre certains produits ou zones géographiques ;

– un effet de périmètre, conséquence de l'entrée ou de la sortie d'activités plus ou moins rentables du périmètre de consolidation ;

– un effet devises qui reflète l'évolution de la parité entre la ou les devises de facturation et la devise de référence de la principale base de coûts de l'entreprise. Ainsi, par exemple, si une entreprise vend en dollar alors que sa base de coûts est en euro, la parité euro/dollar sera très importante dans l'analyse de la formation de ses marges d'exploitation.

Les états financiers *pro forma* doivent permettre de quantifier les deux derniers effets, tandis que les effets ciseau et point mort doivent être appréhendés par l'analyse détaillée de l'évolution des principales charges de l'entreprise rapportées au chiffre d'affaires, notamment le coût des biens et services vendus, les frais administratifs et commerciaux ainsi que les frais de recherche-développement en détaillant l'analyse des frais de personnel et des autres achats et charges externes. De fortes variations d'un exercice à l'autre dans la construction des marges de l'entreprise révèlent le plus souvent une proximité du chiffre d'affaires avec le point mort, ou bien le fait qu'un facteur de production ne soit pas maîtrisé par l'entreprise (cours d'une matière première par exemple). L'étude de l'information par ligne de métiers ou par zone géographique permet de compléter l'analyse, notamment au regard de l'effet mix/produit ou géographique. Au final, l'analyste doit se faire une idée des principaux risques opérationnels qui pèsent sur la rentabilité de l'entreprise (risque de change, risque de prix sur les matières premières, risque de passer sous le point mort…). Il faut enfin comparer le discours et les objectifs affichés par le management (« gains de productivité », « programme de restructurations », etc.) sur la période d'analyse avec les résultats effectivement obtenus.

Ainsi, comme le montrent les graphiques 4 et 5, le résultat d'exploitation du groupe Saint-Gobain est passé de 3,6 à 2,2 milliards d'euros en 2009, soit de 8,3 % à 5,9 % du chiffre d'affaires.

Graphique 4. – *Évolution du résultat d'exploitation de Saint-Gobain par activité (en millions d'euros et en pourcentage du chiffre d'affaires consolidé)*

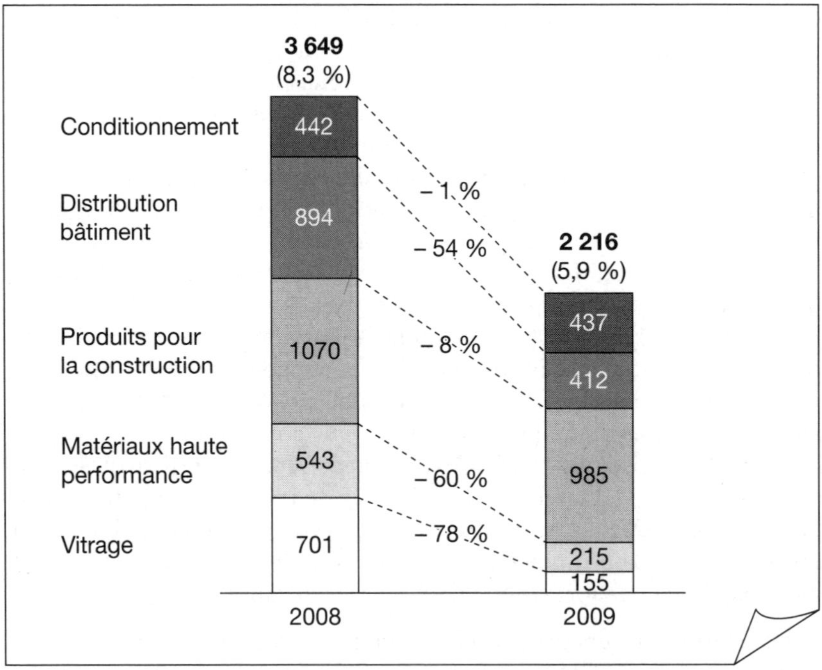

Source : Saint-Gobain.

Les impacts périmètre et change étant négligeables sur l'exercice, on constate que la baisse de la marge d'exploitation est principalement imputable aux matériaux innovants (vitrage et matériaux haute performance)

Graphique 5. – *Évolution du résultat d'exploitation de Saint-Gobain par zone géographique (en millions d'euros et en pourcentage du chiffre d'affaires consolidé)*

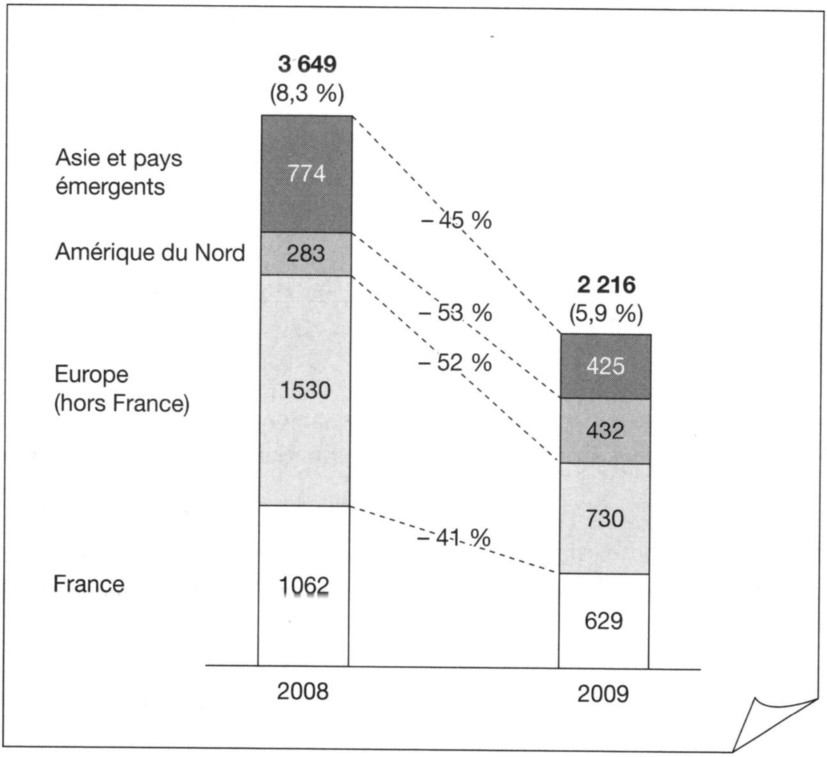

Source : Saint-Gobain.

et à la distribution bâtiment dont la contribution au résultat d'exploitation passe respectivement de 1,2 milliard d'euros à 370 millions d'euros et de près de 900 millions d'euros à 412 millions d'euros, traduisant ainsi une sorte d'effet de ciseau à l'envers puisque la baisse des charges d'exploitation n'a pas été aussi rapide que celle de l'activité au cours de cet exercice de forte récession. En ce qui concerne le mix géographique, la baisse du niveau de marge d'exploitation se constate de façon homogène sur tous les grands marchés du groupe, de – 45 % en Asie et dans les pays émergents, – 52 % en Europe occidentale hors France.

• *Les principales questions à se poser sont les suivantes :*

Quel est le niveau des marges d'EBE et d'exploitation ? Quelle est leur évolution récente ? Comment se situe la performance de l'entreprise par rapport aux principales sociétés cotées du secteur ? Quel est l'impact de la variation des devises et du périmètre sur la marge d'exploitation ? Comment évoluent les charges par rapport aux produits ou services vendus ?

Quels sont les principaux postes de charges d'exploitation ? Quelle est l'évolution du coût des produits vendus ? Quelle est l'évolution des prix d'achat des différentes matières premières et divers approvisionnements ? Des frais administratifs et commerciaux ? Des frais de recherche et développement ? Des frais de personnel ? Des amortissements ? Existe-t-il un effet mix produit ou un effet géographique sur l'évolution des marges ?

Questions

1. Quel solde comptable privilégiez-vous pour mesurer la marge d'une entreprise ?
2. Lors du diagnostic stratégique préalable à une opération de fusion acquisition, est-il plus pertinent d'utiliser les états financiers pro forma ou les comptes publiés ?
3. Comment distinguer l'effet structurel (abaissement du point mort) de l'effet conjoncturel (climat économique défavorable) ?
4. Les frais de restructuration ont-ils toujours un caractère exceptionnel ?
5. Que pensez-vous, en tant qu'acheteur, d'une entreprise dont le résultat net est composé principalement d'éléments non récurrents ?
6. Le résultat net mesure-t-il avec fiabilité la performance de l'entreprise ?
7. Quels sont les effets à l'origine de la variation annuelle du chiffre d'affaires d'une entreprise ?
8. Effet prix et effet volume sont-ils toujours indépendants ?

Bibliographie

Batsch Laurent, *Le diagnostic financier*, Economica, Paris, 2000.
Cohen Élie, *Analyse financière*, 6e édition, Economica, Paris, 2006.
Parienté Simon, *Analyse financière et évaluation d'entreprises*, Pearson Education France, Paris, 2009.
Vernimmen Pierre, *Finance d'entreprise 2010*, 8e édition, Dalloz, Paris, 2009.

Site internet de la Société Française des Analystes Financiers : www.sfaf.com

Chapitre 4

Comprendre l'actif économique

Ce chapitre traite…

- **Du calcul de l'actif économique**

– Il représente l'ensemble des actifs utilisés dans le cycle d'exploitation ; il se compose de l'actif immobilisé et du besoin en fonds de roulement.

- **De l'analyse dynamique de l'actif économique**

– L'étude de l'actif économique est surtout intéressante dans une perspective dynamique afin de comprendre les investissements réalisés et la gestion du cycle d'exploitation, notamment au regard de la croissance de l'activité.

– L'évolution de l'actif économique peut résulter de divers effets : investissement et désinvestissement, variation du BFR, effet devise et effet périmètre, les deux derniers devant être quantifiés grâce aux comptes *pro forma*.

- **Du financement de l'actif économique**

– L'actif économique est financé par un ensemble de ressources financières appelé « capitaux investis dans l'exploitation ». On y trouve les capitaux propres venant des actionnaires, les provisions pour risques et charges et l'endettement financier net.

– L'analyse porte essentiellement sur l'évolution dynamique de ce financement qui résulte de quatre effets : un effet résultant de la capacité de l'entreprise à créer des flux de trésorerie, un effet résultant des choix de financement, un effet devise et un effet périmètre.

– Les états financiers *pro forma* permettent de quantifier les effets devise et périmètre, tandis que l'analyse du tableau de flux de l'entreprise permet de mieux comprendre comment l'entreprise a financé sa croissance, et notamment ses investissements.

- **Du calcul et de l'analyse de la rentabilité de l'actif économique**

– Le concept de rentabilité économique (ou *Return On Capital Employed*, *ROCE* en franglais) permet de confronter le résultat d'exploitation (fiscalisé de façon normative) à l'actif économique, qui a été mobilisé pour l'obtenir.

– Il n'y a pas de création de valeur sans une rentabilité économique existante ou anticipée suffisante pour couvrir le coût de financement exigé par les créanciers et les actionnaires de l'entreprise.

La création de richesse qui apparaît dans le compte de résultat doit être confrontée à l'actif économique investi. On appelle actif économique l'ensemble des actifs utilisés dans le cycle d'exploitation. Seront ainsi traités le calcul de l'actif économique, son analyse dynamique et son financement. Enfin, l'analyse de la rentabilité économique marquera l'aboutissement du diagnostic financier.

1. Le calcul de l'actif économique

Comme le montre le schéma 1, l'actif économique se décompose en deux éléments : les actifs immobilisés (incorporels, corporels et financiers) et le besoin en fonds de roulement (BFR ou *working capital* pour les Anglo-Saxons) qui représente l'encours d'argent gelé dans le cycle d'exploitation.

Schéma 1. – *Décomposition de l'actif économique*

Actif économique (AE) = Actif immobilisé + BFR

Actif Immobilisé	Immobilisations corporelles + Immobilisations incorporelles + Immobilisations financières
Besoin en fonds de roulement	Stocks + Créances clients + Autres actifs circulants *(hors disponibilités)* – Dettes fournisseurs – Autres passifs circulants *(hors concours bancaires)*

En comptes consolidés, les immobilisations incorporelles sont souvent importantes et résultent de la croissance externe de l'entreprise. Comme nous l'avons vu précédemment, il convient d'analyser la nature de ces actifs et les principales hypothèses qui ont été utilisées lors des tests de validité. Les immobilisations financières doivent aussi être analysées avant d'être intégrées dans le calcul de l'actif économique ; en comptes consolidés en effet, il s'agit soit de titres mis en équivalence qui devront être évalués séparément, soit de participations financières non consolidées ne contribuant pas directement au résultat d'exploitation et devant donc faire l'objet d'une analyse spécifique pour comprendre leur origine et l'intérêt qu'a l'entreprise à détenir ces participations minoritaires au capital de différentes sociétés. Quant aux immobilisations corporelles, elles sont pour la plupart au bilan des comptes consolidés (y compris celles financées en location financière). Toute modification des durées d'amortissement devra être isolée et analysée pour en comprendre les raisons et les effets.

Le calcul du besoin en fonds de roulement résulte de la différence entre les principaux éléments de l'actif circulant (emplois d'exploitation hors actifs monétaires et financiers à court terme) et du passif circulant (ressources d'exploitation hors dettes financières). En comptes consolidés, les mobilisations de créances clients sont réintégrées au poste client, contrairement à ce qui se pratique en comptes sociaux. L'analyse du BFR doit être complétée par le calcul des principaux *ratios* de rotation du BFR (BFR en jours de chiffre d'affaires, encours de stocks et encours de clients en jours de chiffre d'affaires, encours de fournisseurs en jours d'achat ou jours de chiffre d'affaires) qui permettent de mieux comprendre la gestion du cycle d'exploitation par l'entreprise et notamment sa position dans le financement interentreprises. Ainsi, le graphique 1 montre l'évolution du besoin en fonds de roulement d'exploitation du groupe Saint-Gobain pour les cinq derniers exercices.

La réduction du BFR d'environ 20 jours de chiffre d'affaires entre 2002 et 2008, alors que le groupe connaissait un développement soutenu de son activité, représentait une bonne performance permise par une amélioration de la gestion. La baisse du BFR de 7 jours de chiffre d'affaires entre 2008 et 2009 est considérable et doit être rapprochée de la forte baisse de l'activité (– 13,2 % à taux de change et périmètre constants) durant l'exercice 2009. De 2008 à 2009, le BFR aura ainsi diminué de près de 1,4 milliard d'euros contribuant à une forte génération de flux de trésorerie provenant de l'exploitation.

Graphique 1. – *BFR d'exploitation du groupe Saint-Gobain (en millions d'euros et en nombre de jours de chiffre d'affaires)*

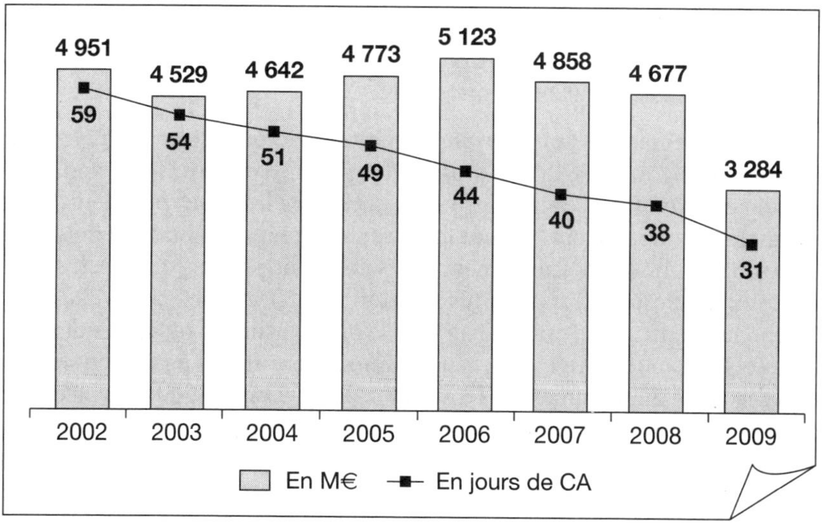

Source : Saint-Gobain.

Il ne faut pas oublier d'intégrer à l'analyse l'éventuelle saisonnalité du BFR dans certains secteurs. Enfin, une partie de l'actif et/ou du passif circulant ne relève pas à proprement parler du cycle d'exploitation et doit être isolée dans ce qu'il est convenu d'appeler le BFR hors exploitation. On parle ici des écarts de conversion, des dettes sur immobilisations, ou encore de postes pudiquement intitulés « autres dettes » ou « autres créances » et dont on ignore tout du contenu réel !

L'actif économique présente de fortes similarités sectorielles (notamment sur la durée du cycle d'exploitation) et dépend directement du niveau d'activité de l'entreprise (en particulier pour le BFR).

2. L'analyse dynamique de l'actif économique

L'étude de l'actif économique est surtout intéressante dans une perspective dynamique afin de comprendre les investissements réalisés et la gestion du cycle d'exploitation, notamment au regard de la croissance de l'activité. En effet, les évolutions de la marge d'exploitation sont étroitement liées aux efforts d'investissements qui ont été consentis. L'évolution de l'actif économique d'une entreprise résulte de différents effets :

– un effet provenant des investissements ou des désinvestissements de l'entreprise qui ont eu ou auront un impact sur la rentabilité d'exploitation ;

– l'effet de la variation du BFR, résultant de la croissance de l'activité et de la gestion du cycle d'exploitation par l'entreprise ;

– un effet devise, qui reflète les variations de change sur la conversion des actifs et passifs libellés en monnaies étrangères, souvent comptabilisées dans les écarts de conversion ;

– un effet de périmètre qui traduit les entrées et sorties de sociétés du périmètre de consolidation, et concerne notamment la comptabilisation des survaleurs liées aux acquisitions.

Les états financiers *pro forma* permettent de quantifier les deux derniers effets et l'analyse de l'évolution des principaux postes de l'actif économique permet de comprendre et de mesurer les deux premiers. Dans certains cas, une entreprise peut entamer une phase d'investissements de croissance importants (lancement d'un nouveau produit ou construction d'une nouvelle usine) qui vient s'ajouter aux efforts de renouvellement. Parfois, une entreprise est aussi amenée à désinvestir lorsqu'elle veut sortir d'un secteur ou réduire la base d'actif immobilisé. Il faut également tâcher de saisir dans quel segment d'activité (ou zone géographique) l'entreprise concentre ses investissements ainsi que les motivations correspondantes. Le BFR a vocation à être stable en termes relatifs mais, en pratique, aussi bien la croissance organique que la croissance externe ont souvent des effets induits défavorables au BFR consolidé d'une entreprise, aboutissant à des variations significatives.

• *Les principales questions à se poser sont les suivantes :*

Comment se décompose l'actif économique ? Quel est l'impact des variations de périmètre ? Des variations de change ? Quel a été l'effort d'investissement de l'entreprise au cours des trois derniers exercices ? Dans quelle ligne de métiers a-t-il été le plus soutenu ? Pourquoi ? Dans quelle zone géographique ? Pourquoi ? Comment a évolué le BFR d'exploitation en termes absolus ? En termes relatifs ? Est-il négatif ? Comment se situe le BFR de l'entreprise par rapport à ceux des principales entreprises cotées comparables ?

3. Le financement de l'actif économique

Comme le montre le schéma 2, l'actif économique est financé par un ensemble de ressources financières appelé « capitaux investis dans l'exploitation ».

Les grandes masses sont les capitaux propres qui représentent l'argent investi ou réinvesti sous forme d'autofinancement par les actionnaires (en distinguant bien ce qui revient aux intérêts minoritaires), les provisions pour risques et charges dont nous avons déjà parlé précédemment et l'endettement net qui mesure le solde de tout ce qui porte intérêt moins ce qui est susceptible de rapporter un intérêt. On n'oubliera pas qu'une partie de la dette nette résulte des filiales consolidées dans lesquelles des minoritaires peuvent être présents. Enfin, les sociétés mises en équivalence peuvent aussi être endettées mais leur dette n'apparaît pas au bilan. Ainsi à fin 2009, le groupe Air Liquide estimait à environ 18,9 millions d'euros la quote-part de dette portée par des sociétés mises en équivalence.

La structure financière n'a qu'un faible intérêt en analyse statique et, à nouveau, l'intérêt de l'analyse réside surtout dans l'évolution dynamique

Schéma 2. – *Décomposition du financement de l'actif économique*

Capitaux investis = Financement de l'actif économique

Capitaux propres
Int. minoritaires

Capital social
+ Prime d'émission
+ Réserves

PRC

Provisions pour risques et charges
(restructurations, litiges, retraites)

Endettement financier net

Dettes long terme (à plus d'un an)
+ Dettes court terme (à moins d'un an)
– Disponibilités
– Valeurs mobilières de placement (VMP)

de ce financement. L'évolution du financement de l'actif économique d'une entreprise résulte de différents effets :

– un effet issu de la génération des flux par l'entreprise : une entreprise générant d'importants excédents de trésorerie diminuera rapidement son endettement net et *vice versa* ;

– un effet issu des choix de financement de l'entreprise qui se traduit le cas échéant par de nouveaux emprunts (ou remboursements) ou une augmentation (ou une réduction) des capitaux propres par appel aux actionnaires ou mise en réserve de résultats non distribués lors des exercices précédents modifiant ainsi le rapport endettement net/capitaux propres (ou *gearing* en anglais) ;

– un effet devise qui traduit les variations de change sur la conversion des passifs libellés en monnaie étrangère, souvent comptabilisées dans les écarts de conversion ;

– un effet de périmètre qui traduit les entrées et sorties de sociétés du périmètre de consolidation, notamment la comptabilisation des capitaux propres et dettes des sociétés acquises ou vendues.

Les états financiers *pro forma* permettent de quantifier les deux derniers effets, tandis que l'analyse du tableau de flux de l'entreprise, ou tableau de *cash flow*, permet de mieux comprendre comment l'entreprise a financé sa croissance, et notamment ses investissements. Selon la théorie dite du *pecking order*, le management aura tendance à privilégier l'autofinancement, c'est-à-dire les flux de trésorerie issus de l'exploitation, puis aura recours à la dette, qui élève le point mort avant d'aller taper dans la poche des actionnaires (toujours plus exigeants !) sous forme d'augmentation de capital. L'analyste devra donc apprécier l'évolution respective des flux de trésorerie issus de l'exploitation, des flux de trésorerie issus des opérations d'investissement (acquisition d'immobilisations ou croissance externe) et des flux de trésorerie issus des opérations de financement (augmentation ou remboursement des dettes, augmentation ou réduction de capital, dividendes distribués).

Il faut enfin tenter d'apprécier le niveau de risque lié à la structure financière et notamment la capacité de remboursement de la dette actuelle par l'entreprise mesurée fréquemment par le rapport endettement net/EBE du dernier exercice (ou endettement net/résultat d'exploitation) ou endettement net/flux de trésorerie provenant de l'exploitation du dernier exercice, qui constituent des indicateurs plus fréquemment utilisés que le *ratio* endettement net/fonds propres. Le *ratio* endettement net/EBE serait jugé élevé au-delà de 2,5 ; ceci serait d'autant plus vrai dans les industries matures à faibles marges. Le *ratio* EBE/charge d'intérêt permet de mesurer le niveau de couverture des frais financiers par l'EBE. Ces ratios nous paraissent limités et rien ne doit remplacer à nos yeux l'analyse dynamique du tableau de flux de l'entreprise sur plusieurs exercices.

On n'oubliera pas enfin d'examiner l'évolution des provisions pour risques et charges sur la période et notamment les évolutions des principaux postes (retraites, restructurations, litiges…) pris individuellement.

Ainsi comme le montre le tableau 1, le groupe Compagnie des Alpes spécialisé dans l'exploitation de domaines skiables et de parcs de loisirs a généré plus de 140 millions d'euros de flux de trésorerie provenant de l'exploitation entre 2008 et 2009, et a investi 70 millions d'euros sur la même période. La forte diminution des investissements, qui représentent à peine 26 % de ceux réalisés en 2008, s'expliquent par l'arrêt de la croissance externe et une plus grande sélectivité dans le programme d'investissements du groupe. La société n'a pas contracté de nouveaux emprunts en 2009, alors qu'elle avait levé 65 millions d'euros de dette l'année précédente. Ainsi, le rapport dette nette/capitaux propres était de 78 % fin 2009 (contre 100 % en 2008), et la dette nette représente 2,8 années d'EBE, en diminution par rapport au ratio de 3,25 atteint fin 2008.

Tableau 1. – *Tableau de flux de trésorerie du groupe Compagnie des Alpes*

En millions d'euros	2008	2009
Résultat net	**39,7**	**43,2**
Dotation aux amortissements et provisions	82,6	85,2
Quote-part dans le résultat des sociétés mises en équivalence	(2,3)	(0,3)
Dividendes reçus	2,1	(0,3)
Autres	(1,1)	1,5
Coût de l'endettement net	26,1	18,0
Charge d'impôts	22,4	23,4
Variation du BFR	12,5	(10,4)
Autres éléments de trésorerie	3,7	3,2
Impôt versé	(15,2)	(17,2)
Flux liés à l'activité	**171,0**	**148,6**
Acquisition d'immobilisations incorporelles et corporelles	(107,6)	(80,4)
Cession d'immobilisations incorporelles et corporelles	6,7	6,5
Acquisition d'immobilisations financières	(176,5)	(1,1)
Cession d'immobilisations financières	0,4	3,0
Flux liés aux investissements	**(276,9)**	**(72,1)**
Augmentation de capital	58,5	–
Dividendes à payer	35,0	23,0
Remboursement emprunts	0,0	(21,6)
Nouveaux emprunts	65,2	–
Intérêts financiers bruts versés	(26,2)	(17,6)
Variation des créances et dettes financières diverses	(0,8)	7,6
Flux liés au financement	**81,6**	**(38,2)**
Incidence des activités abandonnées	2,2	13,0
Variation de trésorerie	**(30,1)**	**(51,3)**
Dette nette fin de période	563,3	461,9

Source : Compagnie des Alpes.

- *Les principales questions à se poser sont les suivantes :*

Quelle est l'évolution des flux de trésorerie provenant de l'exploitation sur la période considérée ? Sont-ils positifs et en croissance ? Quelle est l'évolution des flux d'investissement ? Sont-ils en croissance ? Quelle est l'évolution des flux de financement ? L'entreprise a-t-elle récemment fait appel à ses actionnaires ? Pourquoi ? Quelle a été la part des résultats distribués ? L'entreprise a-t-elle récemment fait appel à ses créanciers ? Pourquoi ? Quelle est la structure financière en résultant ? Quel est son niveau de risque ? Quelle est l'évolution des intérêts minoritaires ? Quelle est l'évolution des provisions pour risques et charges ?

4. Le calcul et l'analyse de la rentabilité de l'actif économique

Le concept de rentabilité économique (ou *Return On Capital Employed*, *ROCE* en franglais) permet de confronter le résultat d'exploitation (fiscalisé de façon normative) et l'actif économique, qui a été mobilisé pour l'obtenir. Il se calcule de la façon suivante :

$$\text{ROCE} = \frac{\text{Rex}(1 - \text{IS})}{\text{Actif économique}}$$

avec Rex = Résultat d'exploitation
IS = Taux d'imposition sur les sociétés

Il n'y a pas de création de valeur sans une rentabilité économique existante ou anticipée suffisante pour couvrir le coût de financement exigé par les créanciers et les actionnaires de l'entreprise ! Il est vain de rêver à une croissance démentielle de l'activité et des effectifs si celle-ci ne s'accompagne pas d'une rentabilité économique suffisante. La rentabilité économique constitue donc un concept central dans le diagnostic financier d'une entreprise partie prenante à une transaction de fusion acquisition. La rentabilité économique peut se décomposer en deux *ratios* qui caractérisent le mode de fonctionnement de l'entreprise :

$$\text{ROCE} = \underbrace{\frac{\text{Résultat d'exploitation (1 – IS)}}{\text{Chiffre d'affaires}}}_{\textbf{Marge d'exploitation} \text{ (après IS)}} \times \underbrace{\frac{\text{Chiffre d'affaires}}{\text{Actif économique}}}_{\textbf{Rotation de l'actif économique}}$$

Le premier *ratio* composant la rentabilité économique est le taux de marge d'exploitation (après impôt normatif) dégagée par l'activité. Nous renvoyons notre lecteur sur l'analyse de la formation de la marge d'exploitation et son évolution. Le second indique le volume de chiffre d'affaires facturé pour un euro d'actif économique immobilisé. Il reflète l'intensité capitalistique de l'entreprise. Ces deux *ratios* composant la rentabilité économique sont très liés au type d'activité industrielle de l'entreprise. Deux entreprises très différentes peuvent ainsi avoir des niveaux de rentabilité économique voisins, l'une ayant une très faible marge d'exploitation mais un taux de rotation de l'actif économique élevé (grande distribution ou travail temporaire), alors que l'autre peut compter sur une forte marge d'exploitation mais dispose d'un taux de rotation de l'actif économique faible (vins et spiritueux, télécoms).

Le tableau 2 détaille les calculs du ROCE 2009 de la société Compagnie des Alpes. Le ROCE de 5,7 % est atteint grâce à une marge d'exploitation après impôt normatif de 9,2 %, multiplié par une rotation de l'actif économique de 0,62.

Tableau 2. – *ROCE de la société Compagnie des Alpes pour l'exercice 2009*

Résultat d'exploitation	83,0
Taux d'IS	36,0 %
Résultat d'exploitation après IS	53,12
Chiffre d'affaires	576,0
Marge d'exploitation après IS	**9,2 %**
Actif économique	927,0
Rotation de l'AE	**0,62**
ROCE	**5,7 %**

Source : Rapport annuel 2009.

Le tableau 3 présente la décomposition de la rentabilité de quelques grands groupes français : on constate que bien qu'ayant de loin le plus fort taux de rotation de son actif économique, Valeo ne présente pas la plus forte rentabilité économique compte tenu de sa faible marge d'exploitation dégagée en 2009. En revanche, la maison de champagne Vranken présente une marge d'exploitation élevée mais est pénalisée par la faible rotation de son actif économique inhérente à son activité.

Tableau 3. – *Décomposition de la rentabilité économique après impôt de quelques grands groupes français pour l'exercice 2009*

	Taux de marge d'exploitation (après IS normatif de 34 %)	**Rotation de l'AE**	**ROCE**
Vranken	10,3 %	0,33	3,4 %
Danone	11,1 %	0,49	5,4 %
Lafarge	9,3 %	0,50	4,6 %
Vilmorin	7,1 %	0,81	5,6 %
Saint Gobain	2,2 %	1,26	2,7 %
Valeo	0,7 %	3,58	2,6 %

Source : Rapports annuels 2009.

La rentabilité des capitaux propres, qui se définit par le rapport entre le résultat net et les capitaux propres, est d'un faible intérêt du point de vue du diagnostic financier d'une entreprise industrielle ou commerciale, tant elle dépend d'une analyse statique de la structure financière de l'entreprise. En effet, la rentabilité des capitaux propres est la somme de la rentabilité économique et de l'effet de levier résultant de l'écart entre rentabilité économique et coût comptable après impôt de la dette de l'entreprise. Plus l'entreprise emprunte à un taux d'intérêt inférieur à sa rentabilité économique, plus les actionnaires bénéficient d'un surcroît de rentabilité par rapport à la seule rentabilité de l'actif économique. On voit bien que cette martingale ne prend pas en compte un détail important : le risque ! C'est l'objet des travaux d'évaluation auxquels nous allons nous atteler maintenant.

Questions

1. Qu'appelle-t-on actif économique ?
2. Que permet l'analyse du BFR de l'entreprise ?
3. Que vous inspirerait une société dont l'actif économique est essentiellement composé d'immobilisations financières ?
4. Disposer d'un BFR négatif rend-il un projet de cession plus difficile ?
5. Est-il intéressant d'acheter une entreprise qui augmente son ratio de rotation de l'actif économique ?
6. Une forte rentabilité des capitaux propres implique-t-elle une forte création de valeur ?
7. De quoi résulte l'évolution de l'actif économique d'une entreprise ?
8. Comment se décompose le financement de l'actif économique ?
9. Qu'appelle-t-on la théorie du pecking order ?
10. Comment le ROCE se décompose-t-il ?
11. Qu'appelle-t-on rotation de l'actif économique ?
12. Quel est le lien entre intensité capitalistique et niveau de marge ?
13. Qu'appelle-t-on le ROE ?
14. En tant qu'acheteur, accordez-vous davantage d'importance au ROCE ou au ROE de l'entreprise ?

Bibliographie

Batsch Laurent, *Le diagnostic financier*, Economica, Paris, 2000.

Cohen Élie, *Analyse financière*, 6e édition, Economica, Paris, 2006.

Parienté Simon, *Analyse financière et évaluation d'entreprises*, Pearson Education France, Paris, 2009.

Vernimmen Pierre, *Finance d'entreprise 2010*, 8e édition, Dalloz, Paris, 2009.

Site internet de la Société Française des Analystes Financiers : www.sfaf.com

Chapitre 5

L'importance du plan d'affaires

Ce chapitre traite...

• **Des options stratégiques sous-jacentes au plan d'affaires et leur traduction financière**

– Dans le prolongement du diagnostic stratégique précédemment établi, il convient de comprendre les hypothèses stratégiques sous-jacentes au plan d'affaires.

– Les principales questions à se poser concernent les moteurs de la croissance prévisionnelle de l'activité, les moyens permettant de maintenir ou de développer la marge d'exploitation, la politique d'investissement et les améliorations prévues dans le cycle d'exploitation.

– L'analyse doit permettre de porter un jugement sur la faisabilité des principales options stratégiques prévues sur l'horizon du plan d'affaires et sur la quantification de leur impact sur les grands paramètres de la rentabilité économique.

• **Des principales caractéristiques du plan d'affaires**

– Un certain nombre d'hypothèses importantes président à l'établissement de tout plan d'affaires : des hypothèses macro-économiques comme la croissance des économies de référence, le niveau d'inflation, le prix des matières premières et en outre l'hypothèse de *stand alone*, selon laquelle la création de valeur ne résulte que des actifs existants.

– La durée d'un plan d'affaires doit être adaptée à la visibilité industrielle de l'entreprise. Mais d'une manière générale, il vaut mieux un plan d'affaires court et bien construit qu'une extrapolation longue et souvent bâclée d'un budget prévisionnel.

• **De l'élaboration de scénarios alternatifs**

– Un plan d'affaires étant rarement pessimiste, l'analyste externe est souvent conduit à adopter une attitude plus conservatrice qui passe par l'élaboration d'un ou de plusieurs scénarios alternatifs.

– Un raisonnement par variantes ou sensibilités est également nécessaire.

Après un diagnostic financier essentiellement basé sur l'information comptable vient la phase d'évaluation, qui correspond au contraire à une réflexion dynamique sur les perspectives d'activité de l'entreprise. On ne conduit pas une voiture en regardant uniquement dans le rétroviseur ! Avant de s'attaquer aux travaux d'évaluation, il faut consacrer un temps suffisant à l'analyse des perspectives de l'entreprise, prenant souvent la forme d'un plan d'affaires. Nous commencerons donc notre voyage au cœur des fusions acquisitions en étudiant ce plan d'affaires, qui sert souvent de base à la négociation voire au financement de la transaction ; ensuite les différentes méthodes d'évaluation seront passées en revue.

Un plan d'affaires (ou plus communément *business plan*) n'est que la traduction financière d'un certain nombre de choix stratégiques et de leurs conséquences sur les états financiers des prochaines années. Avant de se lancer dans l'analyse des données financières, il convient de décrypter qui a réalisé ce plan et dans quelle optique, de comprendre et d'analyser ses principaux objectifs stratégiques sous-jacents afin de les mettre en perspective avec le volet financier du plan. L'objectif est bien sûr de se faire une opinion sur celui-ci et le cas échéant de construire un (ou plusieurs) scénario(s) alternatif(s).

1. Qui, comment et pourquoi ?

Un *business plan* ne se fait pas tout seul ! Il peut être élaboré par le management de l'entreprise dans le cadre d'un exercice annuel, puis revu à la hausse ou à la baisse par ses actionnaires et/ou leur(s) conseil(s). Il peut également avoir été fait uniquement pour servir de base à la négociation et à la transaction et sera donc déformé par cette perspective avec un excès de pessimisme ou d'optimisme selon les intérêts des actionnaires, des créanciers ou du management. Il y a souvent deux plans d'affaires : un plan interne se réduisant en général à un budget prévisionnel pour l'exercice en cours et un plan externe destiné à être communiqué à des tiers ! À l'exception des groupes bien établis, il est en effet assez rare qu'une entreprise procède régulièrement à l'élaboration d'un plan d'affaires sur un horizon supérieur à trois ans, alors que la pratique du budget annuel est assez répandue. Le budget sert donc souvent de point de départ au plan d'affaires qui, dans certains cas, n'en est qu'une extrapolation.

De façon générale, il vaut mieux un plan d'affaires court mais bien construit qu'une extrapolation longue et souvent bâclée d'un budget prévisionnel. En outre, la durée d'un plan d'affaires doit être adaptée à la visibilité industrielle de l'entreprise. Alors qu'une durée longue s'impose dans certains secteurs (au moins dix ans pour les concessions de service public ou l'exploitation minière), la prudence incite à privilégier des horizons inférieurs à cinq ans dans les secteurs caractérisés par de fortes évolutions technologiques (marché des écrans plats par exemple). Il convient également de s'interroger sur l'historique de l'entreprise en matière de prévisions : l'entreprise a-t-elle l'habitude de ce genre d'exercice ?

Le plan d'affaires est souvent fondé sur une hypothèse importante : le *stand alone.* Selon cette hypothèse, l'entreprise est considérée comme une entité économique autonome sur les plans commercial, économique, juridique ou financier, poursuivant sa croissance organique. Autrement dit, la contribution à la création de valeur susceptible de résulter de la croissance externe est considérée comme nulle. Il paraît en effet sage (certains diront optimiste !) de considérer que la société achètera différentes entreprises à un prix correspondant à la valeur actuelle d'un plan d'affaires raisonnable qu'elle sera en mesure de délivrer, si bien que la valeur actuelle nette de la croissance externe est nulle. En outre, un certain nombre de macro-hypothèses importantes président à l'établissement de tout plan d'affaires et ne sont malheureusement pas toujours clairement explicitées par leurs auteurs : citons le niveau du taux de croissance en volume des économies de référence de l'entreprise, les hypothèses de parité des principales devises utilisées par l'entreprise (euro/dollar ou euro/yen par exemple), le prix d'achat des principales matières premières (pétrole ou nickel par exemple), le niveau de taux d'inflation intégré dans le plan d'affaires, de taux d'impôt, etc.

- *Les principales questions à se poser sont les suivantes :*

Qui a réalisé le plan d'affaires ? Dans quelle optique ? De quand date-t-il ? Fait-il partie d'un exercice habituel de l'entreprise ? Existe-t-il un budget annuel ? Quelle était la prévision de l'année dernière par rapport à ce qui s'est effectivement passé ? Quel est le taux de croissance des économies de référence de l'entreprise ? Le taux d'inflation ? Les principaux taux de change ? Le cours des principales matières premières ? Le plan d'affaires est-il en *stand alone* ?

2. Quelles sont les principales options stratégiques sous-jacentes au plan d'affaires ?

Avant d'analyser les chiffres en détail, il convient de comprendre les hypothèses stratégiques sous-jacentes au plan d'affaires. Ces hypothèses doivent s'inscrire dans le prolongement du diagnostic stratégique établi précédemment. Un business plan prévoit en général une croissance de l'activité accompagnée d'une croissance ou d'un maintien des marges d'exploitation et/ou de la rentabilité de l'actif économique. Trop de *business plans* sont excessivement enthousiastes et prévoient des croissances très fortes sur les premières années sans tenir compte, ni du contexte économique, ni des particularités de certains marchés, ni de la structure des prix et de l'offre au sein de ces marchés. Il n'est ainsi pas rare que des entreprises prévoient de doubler leur chiffre d'affaires en Allemagne, sous prétexte qu'elles ont vendu directement quelques unités d'un nouveau produit à des clients allemands, omettant qu'elles ne disposent, ni d'une force commerciale sur place, ni d'un réseau crédible de distributeurs ! Et tout ceci sans même tenir compte de la réaction des concurrents déjà présents sur place.

N'oublions pas non plus qu'il est fréquent qu'une prévision de croissance soutenue de l'activité ne soit accompagnée d'aucun effort d'investissement supplémentaire ! Il faut donc comprendre quelles sont les actions stratégiques soutenant ces prévisions.

- *Les principales questions à se poser sont les suivantes :*

Quels sont les moteurs de la croissance prévisionnelle de l'activité ?

Quels sont les objectifs de part de marché ? En valeur ? En volume ? Est-ce cohérent avec le diagnostic actuel et raisonnable au regard de la concurrence existante ? La croissance prévisionnelle de l'activité est-elle issue d'une croissance en valeur ? Sur quel(s) produit(s) se fait la croissance ? Dans quelle(s) zone(s) géographique(s) ? Pourquoi ? Le lancement d'un nouveau produit ou d'une nouvelle gamme de services est-il prévu ? Quelle est la concurrence ? Quelle est l'action commerciale correspondante ?

La croissance est-elle liée à un effet prix ? Quelle est la part de l'effet change ? Des hausses de prix sont-elles prévues ? Sont-elles justifiées ? Quelle sera la réaction de la concurrence ? A-t-on tenu compte du caractère cyclique de l'activité ? Quelle est la durée du cycle ? Quand se situe le haut de cycle ? Comment se situe-t-il en comparaison avec les précédents hauts de cycle ?

Quelles sont les options stratégiques permettant de maintenir ou de développer la marge d'exploitation ?

Des gains de productivité sont-ils prévus ? Quelle est leur origine ? Quelle part de ces gains devra être restituée aux clients sous forme de baisse de prix de vente ? Quelle est la politique d'achat ? De recherche-développement ? De rémunération du personnel sur l'horizon anticipée ? Quelles sont les embauches prévues ? Dans quels secteurs ? Pour quelles fonctions ? Des restructurations industrielles sont-elles à l'étude ? Des fermetures ou des regroupements de sites ? Un plan de licenciement ? Quelle est la nature des coûts correspondants ? Un effet mix/produit ou géographique est-il anticipé et intégré dans l'évolution des marges d'exploitation ?

Quelle est la politique d'investissement prévue ?

L'entreprise a-t-elle prévu un lourd programme d'investissement ? Pourquoi ? Que se passerait-il en cas de non-réalisation de celui-ci ? Quelle est la rentabilité anticipée de ce programme ? S'agit-il de matériel d'exploitation ? D'un nouveau siège social ? D'un nouveau système d'exploitation permettant de gérer l'ensemble du processus de vente depuis la commande jusqu'au bon de livraison ? D'une nouvelle plateforme logistique ?

Quelles sont les améliorations prévues dans le cycle d'exploitation ?

Quelles sont les politiques prévues en matière de gestion des stocks, des clients et des fournisseurs ? Une action spécifique est-elle prévue pour raccourcir la durée du cycle de production ? Un nouveau système de logistique est-il prévu ? Est-il de nature à perturber l'activité ?

3. La traduction financière et l'importance de la rentabilité économique anticipée

À partir des données chiffrées, souvent limitées aux grands agrégats d'exploitation, il convient tout d'abord d'établir les marges d'EBE et de résultat d'exploitation, l'actif économique (somme des immobilisations et du BFR), puis les ratios de rotation du BFR année par année comme nous l'avons vu lors du diagnostic financier. Attention à l'extrapolation d'éléments non récurrents (subvention d'exploitation, avances remboursables, reprise de provisions…) qui peuvent avoir un impact positif sur la marge d'exploitation des exercices servant de base aux prévisions !

Il est également utile d'aller « jusqu'au bout » des états financiers prévisionnels, c'est-à-dire d'établir un compte de résultat complet et un bilan complet – notamment afin de vérifier la cohérence des investissements par rapport aux amortissements – ainsi que le bouclage du compte de résultat et du bilan par un tableau de flux. À la suite de quoi on peut observer l'évolution des grandes masses de l'entreprise. On s'aperçoit ainsi fréquemment que les prévisions aboutissent à un désendettement très rapide de l'entreprise, voire même à l'accumulation de cash en dépit d'une augmentation du taux de distribution des dividendes.

L'étude de l'évolution de la rentabilité économique anticipée doit être l'aboutissement de l'analyse du plan d'affaires. Nous verrons que la valeur d'une entreprise ne résulte que de la confrontation de cette rentabilité anticipée et du coût de financement exigé par les principaux pourvoyeurs de fonds de l'entreprise. Le volet financier d'un plan d'affaires se caractérise souvent par une hausse soutenue de l'activité s'accompagnant d'une progression de la marge d'exploitation et d'une croissance très modérée des investissements et du BFR (voire une baisse de ce dernier en termes relatifs). Si bien qu'il en résulte une augmentation sensible de la rentabilité économique issue non seulement d'une amélioration de la marge d'exploitation mais également d'une hausse du ratio de rotation de l'actif économique ! Or, comme on l'a vu précédemment, la rotation de l'actif économique est un ratio fortement corrélé au secteur d'activité de l'entreprise, d'où une relative stabilité dans le temps. Une forte hausse de ce ratio traduit en général un sous-investissement ou une baisse excessive du BFR qu'il faudra irrémédiablement rattraper par la suite. Il est donc vivement conseillé de calculer la rentabilité économique année par année, avant de procéder à sa décomposition pour chacune de celles-ci, comme le montre le tableau 1.

Tableau 1. – *Exemple d'analyse de la rentabilité économique anticipée de Cible SA*

En millions d'euros	2010	2011e	2012e	2013e	2014e	2015e	2016e	2017e
Compte de résultat								
Chiffre d'affaires	550	578	607	637	669	702	737	774
Croissance	5 %	5 %	5 %	5 %	5 %	5 %	5 %	5 %
EBE	77	87	97	108	120	133	147	163
% du chiffre d'affaires	14 %	15 %	16 %	17 %	18 %	19 %	20 %	22 %
Amortissements	25	26	27	27	28	28	29	30
Résultat d'exploitation	52	61	70	81	92	105	118	133
IS à 34 %	– 18	– 21	– 24	– 28	– 31	– 36	– 40	– 45
Rex (1 – IS)/CA	**6,2 %**	**7,0 %**	**7,6 %**	**8,4 %**	**9,1 %**	**9,9 %**	**10,6 %**	**11,3 %**
Bilan								
Immobilisations	263	266	271	277	284	292	301	311
Besoin en fonds de roulement	55	58	61	64	67	70	74	77
% du chiffre d'affaires	10 %	10 %	10 %	10 %	10 %	10 %	10 %	10 %
Actif économique	318	324	332	341	351	362	375	388
CA/AE	1,73	1,78	1,83	1,87	1,91	1,94	1,97	1,99
Roce	**10,8 %**	**12,4 %**	**13,9 %**	**15,7 %**	**17,3 %**	**19,1 %**	**20,8 %**	**22,6 %**

Les comptes prévisionnels apparaissant dans le tableau 1 constituent l'exemple typique du business plan trop beau pour être crédible : on constate que l'entreprise n'a pas prévu d'investir significativement au cours des prochaines années et son BFR devrait progresser au même rythme que le chiffre d'affaires, lequel devrait connaître un taux de croissance annuel régulier de 5 % ; d'où une augmentation de la rotation de l'actif économique. Dans le même temps, l'entreprise entend faire passer son taux de marge d'exploitation après impôt de 6,2 % à 11,3 %, comme si elle était seule sur son marché ! Le calcul de sa rentabilité économique anticipée parle de lui-même : celle-ci double sur la période donnée. Ce plan d'affaires n'est pas crédible, sauf à penser que l'entreprise ait trouvé une martingale. Confronté à un business plan de ce type, l'analyste devra faire preuve d'un sens critique tout en nuance. La croissance du chiffre d'affaires doit être analysée et certainement relativisée : l'entreprise croît, mais peut-être sur un nouveau marché aux marges différentes. Il convient donc de nourrir les hypothèses sous-jacentes à ces prévisions en identifiant les points de sensibilité du plan d'affaires (situation concurrentielle, prix des matières premières…). *In fine*, le dialogue avec le management permet de comprendre si un tel business plan est crédible ou s'il relève d'un effet de modèle.

L'évolution globale de la rentabilité économique est une chose, mais elle résulte souvent d'une série d'options stratégiques micro-économiques précisément identifiées et qui trouveront une traduction financière dans les prévisions de l'entreprise. La difficulté principale de l'analyse est souvent de passer du micro au macro, c'est-à-dire de quantifier et de suivre dans le temps la contribution de l'impact de ces options stratégiques sur la marge d'exploitation ou sur l'évolution de l'actif économique. Ceci est l'objet de l'analyse par raccordement dite en *bridge* en franglais, présentée dans le graphique 1. Ainsi, si le plan d'affaires prévoit par exemple une restructuration importante de l'outil industriel destinée à améliorer la marge d'exploitation d'une ligne de produit donnée, l'analyse montrera année par année ou en cumulé sur l'horizon du plan d'affaires, les coûts associés à ce projet ainsi que les gains de marge attendus sur cette ligne de produit donnée et donc la contribution nette de cette option stratégique à la hausse de la rentabilité prévue par l'entreprise.

Dans l'exemple, on constate que la croissance du résultat d'exploitation est due à hauteur de 44 % à un effet prix et à hauteur de 26 % à un effet

Graphique 1. – *Exemple d'analyse en bridge au niveau du résultat d'exploitation (en millions d'euros)*

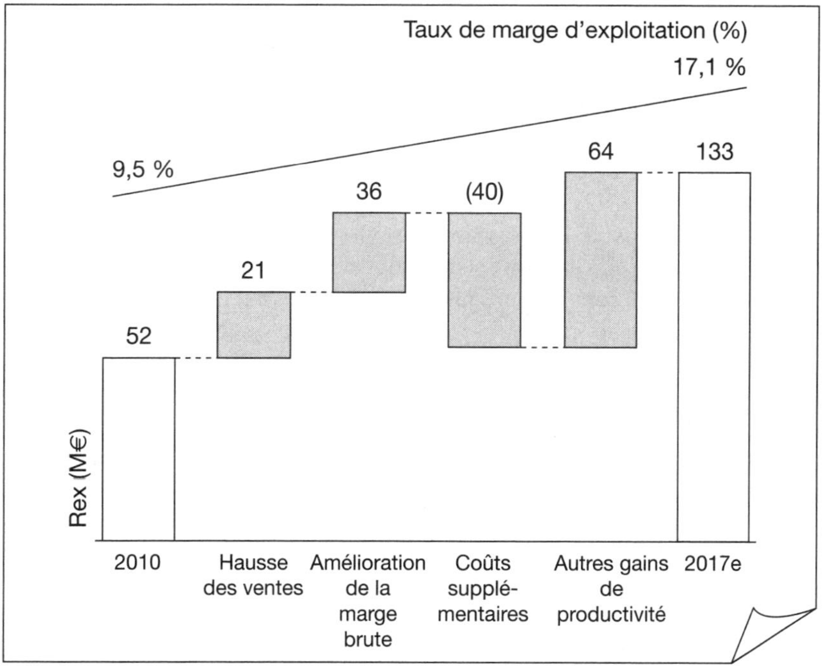

volume. Un tel objectif signifie que l'entreprise contrôle l'effet prix et l'effet volume, puisqu'elle cherche à accroître le prix de vente de ses produits tout en augmentant le volume de ses ventes. Ici, l'analyste devra impérativement étudier le positionnement concurrentiel de l'entreprise et le rapport de force qu'elle entretient avec ses clients. Sera-t-elle capable de vendre plus et plus cher ?

En général, les plans d'affaires optimistes utilisent quelques-uns des artifices suivants :

– les ventes de produits aux distributeurs pour recharger leurs stocks, qui ne constituent pas des ventes récurrentes ;

– le traitement de certaines dépenses comme non récurrentes, afin de maximiser la marge d'exploitation, alors qu'il s'agit de charges d'exploitation ;

– la surestimation de la rentabilité de certains investissements, notamment technologiques ;

– l'éclatement de certains coûts entre *business units* ou fonctions de façon à perturber une analyse globale et compliquer les comparaisons.

Au final, l'analyse doit permettre de porter un jugement sur la faisabilité des principales options stratégiques prévues sur l'horizon du plan d'affaires et sur la quantification de leur impact sur les grands paramètres de la rentabilité économique.

4. Quel scénario alternatif ?

Les plans d'affaires pessimistes sont rares ! On a souvent l'impression que le futur de l'entreprise est un paradis où tout se conjugue pour créer de la valeur *via* une progression constante de la rentabilité économique. Du coup, l'analyste externe est conduit à adopter une attitude conservatrice et doit élaborer, en liaison avec ses conseils, un ou plusieurs scénarios alternatifs. Ces derniers peuvent être fondés sur une hypothèse de décalage dans le temps de la croissance prévue ou d'importante révision à la baisse du résultat des options stratégiques destinées à améliorer la rentabilité, tout en maintenant voire même en augmentant les coûts et les investissements prévus pour atteindre ces objectifs. Cette sévère coupe de cheveux (*haircut* pour les Anglo-Saxons), résultant de l'asymétrie d'information entre les différentes parties, conduit souvent à un excès inverse de pessimisme.

Comme souvent, la vérité est plus complexe et se situe entre les deux : il y a bien sûr un effet d'inertie, trop souvent ignoré dans les prévisions. L'effet d'un investissement n'est jamais concomitant à sa réalisation. Il y a un décalage dans le temps et l'amélioration des performances doit toujours intervenir après l'investissement qui la rend possible. Parallèlement, le marché de l'entreprise et ses concurrents ne cessent d'évoluer, obligeant l'entreprise à restituer au client la quasi-totalité des gains de productivité issus des principales options stratégiques du plan d'affaires ou à poursuivre un effort d'investissement qu'elle pensait temporaire. *A contrario*, des objectifs de ventes très ambitieux peuvent pourtant se réaliser, voire être largement dépassés. Cependant, cette activité soutenue s'accompagne généralement d'une dégradation du niveau de marge par rapport à celle prévue initialement tant la concurrence est rude sur les segments en forte croissance. Ainsi, à la fin des années 1990, les opérateurs de téléphonie mobile ont rapidement dépassé leurs objectifs en termes de couverture géographique et de nombre d'abonnés, mais ces performances se sont en général faites au détriment des niveaux de marge d'exploitation, affectés par la course à la part de marché.

Restons modestes ! Plus qu'un scénario alternatif complet situé à l'opposé de celui proposé par l'entreprise, il convient de privilégier un raisonnement par variantes ou sensibilités, basé sur l'identification des principaux risques d'exécution des options stratégiques prévues dans le plan ; puis sur la quantification de la sensibilité des grands paramètres financiers de l'entreprise à une matérialisation de ces risques (et notamment leur impact sur le chiffre d'affaires, la marge d'exploitation, les investissements et le BFR). Tout n'est jamais complètement mauvais au même moment !

Le cas présenté au chapitre 22 propose une application des concepts présentés dans ce chapitre, avec notamment l'analyse critique d'un *business plan* fourni par le management de la société et l'élaboration d'un scénario alternatif afin d'obtenir un schéma plus réaliste.

Questions

1. Les plans d'affaires des vendeurs sont-ils plus souvent optimistes ou pessimistes ?
2. Un plan d'affaires préparé par le vendeur est-il fiable ?
3. Que signifie l'hypothèse de *stand alone* ?
4. Un plan d'affaires prévoit de décupler les ventes en Russie sur les cinq prochaines années. Quelles sont les principales questions à vous poser ?
5. Pour quelle raison privilégier un raisonnement par variantes plutôt qu'un scénario alternatif complet ?
6. Sur quelles sensibilités l'acheteur doit-il raisonner lors de l'analyse critique du plan d'affaires ?
7. Une forte hausse du ratio de rotation de l'actif économique de la cible doit-elle encourager l'acheteur à acquérir l'entreprise ?
8. Qu'appelle-t-on analyse en *bridge* ?
9. Que vous inspire un plan d'affaires où la croissance de l'activité est surtout liée à une hausse des volumes vendus ?
10. Que vous inspire un plan d'affaires annonçant une forte croissance de l'activité sans investissement significatif ?

Bibliographie

Kalousis Georges et Leger-Jarniou Catherine, *Construire son business plan*, 2e édition, Dunod, Paris, 2010.

Moschetto Bruno-Laurent, *Le business plan*, 3e édition, Economica, Paris, 2005.

Stutely Richard, *Business Plan : Concevoir un Business Plan efficace*, 2e édition, Pearson, 2008.

www.business-plan.com

Chapitre 6

Les fondements de la valeur d'une entreprise

Ce chapitre traite...

- **Des déterminants de la valeur d'une entreprise**

– On appelle valeur d'entreprise (VE) la valeur de marché de l'actif économique. En fonction de la structure financière, la valeur d'entreprise se partage entre les deux collèges de pourvoyeurs de fonds : les actionnaires (V_{CP}) et les créanciers (V_D).

– La valeur d'entreprise dépend de trois paramètres : l'anticipation de rentabilité économique, la croissance attendue et le niveau de risque opérationnel.

– Ces trois paramètres sont intrinsèquement liés : une activité prévisionnelle en forte croissance associée à une rentabilité économique élevée (impact positif sur la VE) a souvent comme contrepartie un niveau de risque élevé (impact négatif sur la VE).

- **Du coût moyen pondéré du capital**

– On appelle coût moyen pondéré du capital (wacc en franglais) la rentabilité moyenne attendue par les pourvoyeurs de fonds de l'entreprise. Le wacc se calcule comme la moyenne pondérée en valeur du coût des capitaux propres (K_{CP}) et du coût de la dette (K_D).

– La rémunération exigée par les créanciers de l'entreprise est appelée coût de la dette (K_D) et représente le coût d'opportunité de refinancer l'ensemble de la dette.

– La rémunération exigée *ex ante* par les actionnaires est appelée coût des capitaux propres (K_{CP}) ; elle se décompose entre un taux sans risque, qui représente la rémunération du temps et une prime de risque.

- **De la création de valeur**

– Une entreprise ne crée de la valeur que si sa rentabilité économique anticipée est supérieure à son coût moyen pondéré du capital. L'écart entre la rentabilité économique anticipée et le wacc est appelé rente.

– Lorsqu'une entreprise crée de la valeur, sa valeur d'entreprise devient supérieure à la valeur comptable de son actif économique.

Avant d'aborder les grandes méthodes d'évaluation, il est nécessaire de dépasser la simple comptabilité et de faire le point sur les fondements de la valeur de l'entreprise, c'est-à-dire ce qui fait qu'une entreprise crée de la valeur ou non. Seront donc traités dans ce chapitre les principaux concepts liés à la valeur, notamment la rentabilité économique anticipée et le coût moyen pondéré du capital.

1. Les déterminants de la valeur d'entreprise

On désigne par valeur d'entreprise (*Firm Value* ou *Enterprise Value* en franglais) la valeur de marché de l'actif économique (VE). En fonction de la structure financière, elle se partage entre les deux collèges de pourvoyeurs de fonds de l'entreprise : les créanciers, qui détiennent la valeur de la dette, et les actionnaires, qui détiennent la valeur des capitaux propres, comme le montre le schéma 1.

Schéma 1. – *Les déterminants de la valeur d'entreprise*

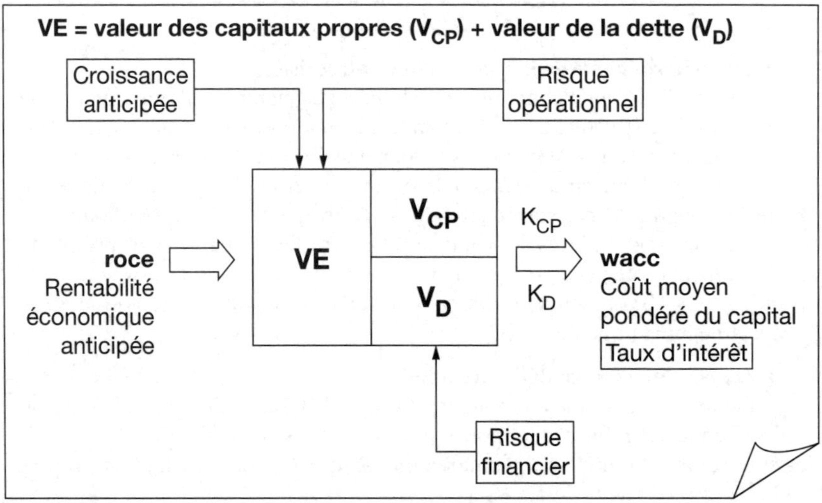

La valeur d'entreprise est donc à l'origine de la valeur des actions et de la valeur des créances sachant que les créanciers seront servis avant les actionnaires ! La valeur de l'entreprise dépend fondamentalement de trois paramètres :

– l'anticipation de rentabilité économique (que nous noterons « roce » par opposition au ROCE comptable),

– le niveau de croissance anticipée de l'activité (que nous noterons « g »),

– le risque opérationnel de l'activité.

Ces trois paramètres sont intrinsèquement liés : une activité prévisionnelle en forte croissance dotée d'une anticipation de rentabilité économique élevée est bien souvent associée à un niveau de risque élevé, comme la bulle Internet a pu en témoigner : risque concurrentiel, risque d'évolution rapide de la demande, risque technologique, risque de point mort... Il n'y pas de rentabilité sans risque !

Plus le niveau de risque anticipé est élevé, plus la valeur sera faible. De même, toute anticipation de croissance significative a deux effets contraires sur la valeur de l'entreprise : d'un côté, la croissance contribue à la création de valeur (à rentabilité économique anticipée donnée, plus la croissance anticipée est forte, plus la valeur sera forte), mais d'un autre côté, la croissance se traduit en général par des besoins supplémentaires (investissements industriels d'extension, de capacité ou variation du BFR), qui pèsent sur la création de valeur de l'entreprise. Mais ce n'est pas tout ! L'actif économique nécessaire pour dégager la rentabilité économique anticipée n'est pas gratuit ! Les pourvoyeurs de fonds de l'entreprise ont en effet investi dans cet actif économique dans la perspective de bénéficier d'une rémunération, qui représente un coût financier pour l'entreprise.

2. Le coût moyen pondéré du capital

On appelle coût des capitaux propres (noté K_{CP}) la rémunération exigée *ex ante* par les actionnaires de l'entreprise compte tenu du risque qu'ils prennent en investissant dans celle-ci. Cette exigence de rémunération se décompose conceptuellement en deux parties :

– un taux sans risque qui représente la rémunération du temps,

– une prime de risque qui représente le fait qu'investir dans une action est plus risqué qu'un investissement dans des obligations ou dans de l'immobilier.

Cette rémunération prendra concrètement la forme de dividendes et/ou d'une plus-value lors de la revente de l'action. Toutefois, il ne faut pas confondre l'exigence de rémunération, qui est permanente, avec la rentabilité financière *ex post* de l'action, qui est par essence tributaire de la politique de distribution ou de la cession de l'action par son détenteur.

On appelle coût de la dette (noté K_D) le coût financier exigé par les créanciers de l'entreprise. Il représente le coût de refinancement de la totalité de l'endettement net de l'entreprise dans les conditions de marché du moment. Il se calcule souvent par référence au taux des emprunts d'État auquel on ajoute une marge sur crédit (le *spread* en franglais) matérialisant le fait que prêter à une entreprise donnée revient à accepter un certain niveau de risque, à la fois opérationnel et financier. La notation financière (ou *rating*) vise à quantifier et qualifier ce niveau de risque par l'intermédiaire d'une note. Ce *rating* vise à évaluer le risque de non-remboursement total ou partiel couru par le créancier, aussi bien instrument par instrument que pour l'entreprise dans sa globalité.

Le risque du créancier étant inférieur à celui de l'actionnaire, le coût de la dette est plus faible que celui des capitaux propres. La valeur des capitaux propres (V_{CP}) dépend donc du coût des capitaux propres (K_{CP}). De même, la valeur de la dette (V_D) dépend du coût de la dette (K_D). Plus le coût exigé (K) est élevé, plus la valeur (V) sera faible.

On appelle coût moyen pondéré du capital (wacc en franglais) la rentabilité moyenne attendue par les pourvoyeurs de fonds de l'entreprise. Il se calcule de la façon suivante :

$$\text{wacc} = \frac{V_{CP}}{V_{CP} + V_D} \times K_{CP} + \frac{V_D}{V_{CP} + V_D} \times K_D (1 - IS)$$

Le wacc se présente comme la moyenne pondérée en valeur des coûts financiers des différentes ressources de l'entreprise. En réalité, il préexiste à l'entreprise, car il n'est que le reflet de la perception par ses pourvoyeurs de fonds du risque opérationnel et financier inhérent à l'entreprise.

3. La création de valeur

Une entreprise ne crée de la valeur que si sa rentabilité économique anticipée est supérieure à son coût moyen pondéré du capital. Dans cette hypothèse, la valeur de l'entreprise (VE) sera supérieure à la valeur comptable de l'actif économique (AE). C'est par exemple le cas d'une entreprise comme M6, dont la valeur d'entreprise (boursière) dépassait les 2,4 milliards d'euros à mi-2010 en raison d'une anticipation de rentabilité économique élevée (plus de 30 % avant impôt !), alors que la valeur comptable de son actif économique était d'environ 550 millions d'euros à fin 2009. L'écart entre la rentabilité économique anticipée et le wacc est appelé rente.

Dans l'hypothèse où la rentabilité économique anticipée s'établit à un niveau proche du wacc, il n'y a pas de rente : la valeur d'entreprise est proche de la valeur comptable de l'actif économique. Ainsi, le marché financier valorisait à mi-2010 l'équipementier automobile Plastic Omnium à environ 800 millions d'euros en valeur d'entreprise, proche de l'actif économique du groupe à fin 2009, ce qui est cohérent avec une anticipation de rentabilité économique de 10 % avant impôt, c'est-à-dire voisine du wacc.

Enfin, si la rentabilité économique anticipée est inférieure au wacc, la valeur d'entreprise est inférieure à la valeur comptable de l'actif économique, ce qui signifie qu'il est plus intéressant de vendre l'actif économique afin de placer le produit sur les marchés financiers. Ainsi, le groupe Club Med était valorisé par le marché à mi-2010 environ 480 millions d'euros pour un actif économique à fin octobre 2009 d'environ 750 millions d'euros, traduisant le faible attrait pour les investisseurs d'une rentabilité économique attendue de l'ordre de 2 % avant impôt.

Comme le montre le schéma 2, on appelle création de valeur la différence VE – AE.

Schéma 2. – *Création et destruction de valeur*

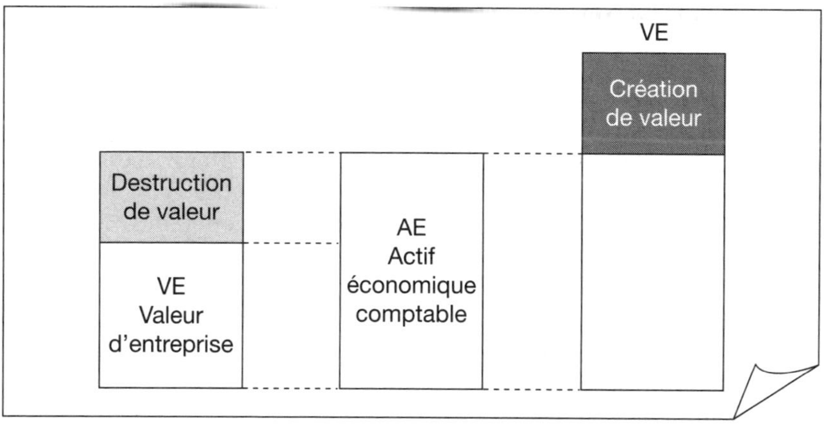

La création de valeur trouve son origine dans l'existence d'une rente, c'est-à-dire dans la capacité de l'entreprise à dégager une rentabilité économique supérieure au coût exigé par les pourvoyeurs de fonds de celle-ci. L'écart entre la valeur de l'entreprise et son actif économique (la création de valeur) provient :

– du niveau de la rente anticipée (roce – wacc) ;
– du taux de croissance anticipé de l'activité (g).

En effet la croissance va jouer le rôle d'amplificateur du point de vue de la création de valeur ; une entreprise qui a un niveau de rente proche de zéro ne créera pas de valeur, quelle que soit sa croissance. En revanche, une entreprise qui présente une rente positive créera d'autant plus de valeur qu'elle croît rapidement, *a contrario* une entreprise avec un niveau de rente négatif détruira d'autant plus de valeur qu'elle a une croissance élevée. Ceci est illustré par le schéma 3.

Schéma 3. – *Influence de la croissance sur la création de valeur*

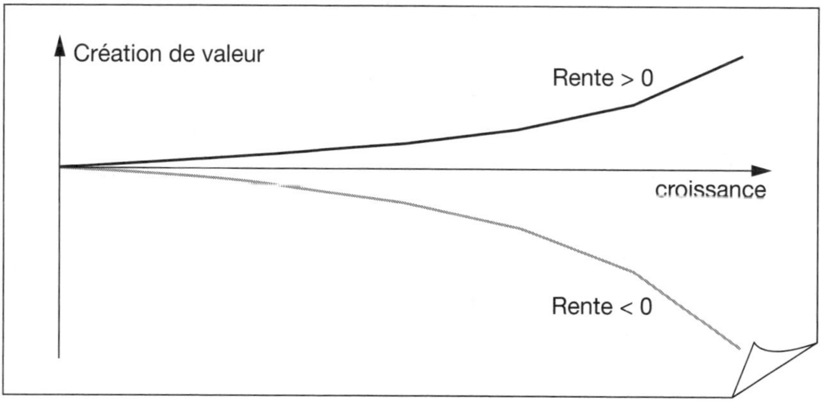

4. Présentation des grandes méthodes d'évaluation d'entreprise

Toute rente est évolutive et limitée dans le temps : la concurrence et les évolutions technologiques viennent sans cesse la remettre en cause. Ceci est particulièrement évident pour les secteurs dynamiques, tel celui de la téléphonie mobile au sein duquel les opérateurs doivent sans cesse s'adapter aux nouvelles normes : du GSM au GPRS, de l'UMTS au 3G puis au EDGE. Selon les secteurs, la création de valeur provient plutôt de la rente ou plutôt de la croissance de l'activité : une faible croissance peut être compensée par l'existence d'une rente importante et une faible rente peut inversement être compensée par une croissance forte. L'analyse de l'évolution de la rentabilité économique anticipée et la croissance prévues dans le plan d'affaires sont donc au cœur de la capacité de l'entreprise à créer de la valeur.

Comme le montre le schéma 4, il existe conceptuellement trois grandes approches de l'évaluation d'entreprise :

– une approche patrimoniale, basée sur la réévaluation du bilan comptable ;

– une approche analogique qui consiste à transposer (grâce à l'utilisation de ratios appelés multiples) la valorisation boursière d'une entreprise cotée sur un marché boursier à l'entreprise que l'on souhaite évaluer. Une variante de cette méthode consiste à appliquer à l'entreprise que l'on souhaite évaluer les valorisations constatées lors de transactions récentes. Cette approche est souvent appelée méthode des multiples ou méthode des comparables ;

– une approche intrinsèque qui consiste à calculer la valeur actuelle des flux de trésorerie futurs de l'entreprise actualisée à un taux représentant

Schéma 4. – *Panorama des différentes méthodes d'évaluation*

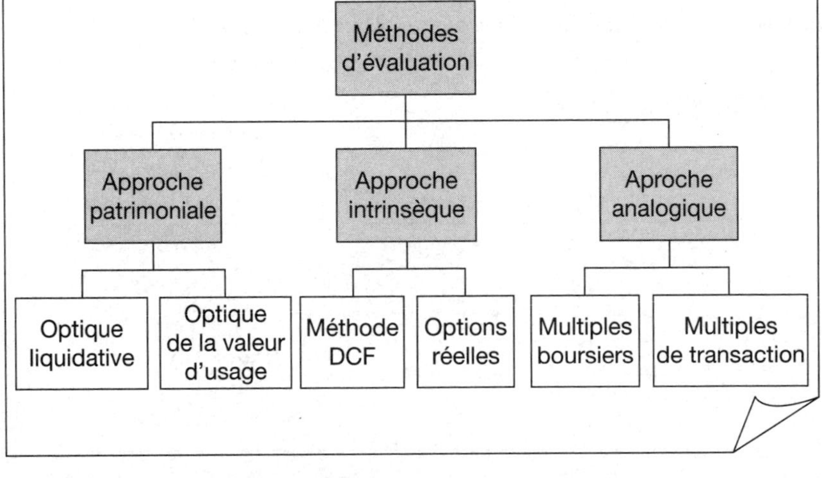

l'exigence moyenne de rémunération des pourvoyeurs de fonds de l'entreprise compte tenu de son risque. Cette approche est souvent appelée méthode des flux ou méthode des DCF du franglais *Discounted Cash Flow*. Cette méthode peut également être complétée par une approche optionnelle qui consiste à considérer le futur de l'entreprise comme une série d'options dites réelles qui reflètent la diversité des choix stratégiques, qui s'offre à l'équipe de direction.

Questions

1. Quels paramètres influent sur la valeur d'entreprise ?
2. Que se passe-t-il si la rentabilité d'une entreprise est inférieure à son coût moyen pondéré du capital ?
3. Une entreprise en faible croissance peut-elle être fortement créatrice de valeur ?
4. Comment l'actionnaire calcule-t-il la rémunération exigée pour son capital ?
5. Qu'appelle-t-on coût moyen pondéré du capital (wacc) ?
6. Pourquoi le wacc joue-t-il un rôle central dans l'évaluation de la création de valeur par l'entreprise ?
7. Qu'appelle-t-on une rente ?
8. Achèteriez-vous une entreprise en croissance ?
9. Achèteriez-vous une entreprise à rente nulle ?
10. À quoi correspond le coût de la dette ?
11. Que représente le taux sans risque ?
12. Que représente la prime de risque ?
13. Le coût de la dette est-il toujours inférieur au coût des capitaux propres ?
14. Une rente peut-elle être durable ?
15. Faut-il acheter cher la technologie Polaroïd ?

Bibliographie

Damodaran Aswath, *Finance d'entreprise : théorie et pratique*, 2e édition (traduction G. Hirigoyen), De Boeck, 2006.

Jacquillat Bertrand, *Les 100 mots de la finance*, collection Que sais-je ?, 4e édition, PUF, Paris, 2009.

Koller Tim, Goedhart Marc et Wessels David, *Valuation : Measuring and Managing the Value of Companies*, 5e édition, Wiley, New York, 2010.

Site internet de Aswath Damodaran : www.damodaran.com

Chapitre 7

La méthode patrimoniale

Ce chapitre traite...

- **Des principes de la méthode patrimoniale**

– La méthode patrimoniale consiste à évaluer à leur valeur de marché les actifs et passifs de la société et donc à réévaluer les capitaux propres comptables des plus et moins-values identifiées.

– Ce travail peut être effectué selon deux optiques : une optique liquidative et une optique de la valeur d'usage. Le traitement de la fiscalité diffère en fonction de l'approche adoptée.

– Le travail de l'évaluateur consiste, en partant du bilan, à s'interroger poste après poste sur la valeur des actifs et des passifs.

– La difficulté d'évaluer les actifs incorporels d'une entreprise rend cette méthode difficilement applicable en pratique.

- **De la *« sum of the parts »***

– Dans cette approche utilisée pour évaluer un groupe avec différents métiers, la valorisation des activités est établie selon l'approche analogique ou intrinsèque, puis la valeur du groupe s'obtient en sommant ces différentes valeurs d'activité, de quoi on déduit la valeur actuelle des frais de siège et la valeur de la dette.

Avant de se lancer dans l'étude des approches analogique et intrinsèque, il convient de commencer (ou de finir) tout travail d'évaluation par une approche patrimoniale essentiellement fondée sur la réévaluation du bilan comptable de l'entreprise ou la sommation de valeurs des différentes activités établies par les deux approches précédentes.

1. Les principes de la méthode patrimoniale

La méthode patrimoniale, souvent appelée méthode de l'actif net réévalué (ANR), consiste à réévaluer à leur valeur de marché les actifs et passifs de la société et donc à corriger les capitaux propres comptables des plus et moins-values identifiées. Cette méthode d'essence comptable part du bilan (souvent social) de l'entreprise et a pendant longtemps été adaptée aux entreprises d'Europe continentale dont le bilan paraissait sous-évalué, notamment en raison de l'importance de la pression fiscale conduisant à un amortissement accéléré des actifs.

Avant tout, il convient de savoir dans quelle optique se situe le travail d'évaluation :

– l'optique liquidative, qui consiste à valoriser tous les actifs comme s'ils allaient être vendus séparément ; l'entreprise est en quelque sorte valorisée à la casse ;

– l'optique de la valeur d'usage, selon laquelle les actifs sont valorisés dans le cadre de l'exploitation et donc essentiellement à leur valeur d'usage.

Le traitement de la fiscalité n'est pas le même selon l'optique retenue. Dans une optique liquidative, il convient de retirer l'impôt théorique sur toute plus-value latente. Dans une optique de continuité, la valeur d'usage des biens, souvent supérieure à leur valeur comptable, pourrait donner lieu à un supplément d'amortissement et donc à une économie d'impôt. Cette absence d'économie d'impôt, induite par le rachat des biens amortissables à une valeur supérieure à la valeur comptable, est souvent négligée.

Dans tous les cas, le travail de l'évaluateur consiste, en partant du bilan, à s'interroger poste après poste sur la valeur des actifs et des passifs. Éliminons d'emblée le cas des actifs corporels hors exploitation comme un terrain, un immeuble ou de la trésorerie placée, actifs pour lesquels la valeur de marché ne sera pas difficile à trouver, soit par expertise, soit par référence à des informations récentes. Plus difficile est le cas des actifs corporels d'exploitation. Comment valoriser une usine, par exemple ?

Dans une optique liquidative, on retiendra le prix à la casse de l'ensemble des composants de l'usine des chaînes de montage au fauteuil du directeur de l'usine. Dans une optique de continuité, comment établir la valeur d'usage d'une usine ? Elle s'établit essentiellement à partir de l'actualisation des flux de trésorerie de l'usine, qui reflètent la création de valeur liée à la fabrication d'un produit ou d'un service à partir de l'achat de différentes matières premières ou composants. Ceci revient alors à appliquer la méthode des flux à la seule usine, alors que l'évaluateur sera généralement amené à le faire sur l'ensemble de l'entreprise.

La problématique se complique avec les actifs incorporels, notamment en comptes consolidés et qui ont le plus souvent fait l'objet d'un test de validité dans le cadre d'une évaluation à la juste valeur et consistant justement à établir la valeur actuelle par les flux de trésorerie de l'unité correspondante. Le plan d'affaires d'une simple unité n'est souvent pas disponible isolément et son articulation avec le plan d'affaires de l'ensemble de l'entreprise n'est pas évidente.

Comme nous l'avons vu au chapitre 2, certains actifs comme les marques font toutefois l'objet d'une valorisation spécifique, notamment lors de la mise en œuvre d'un *PPA* pour comptabiliser une acquisition. Il existe plusieurs approches pour évaluer une marque :

– la méthode des super-profits qui consiste à établir la valeur actuelle de la marge additionnelle que procure la marque, notamment en comparaison avec un produit sans marque ; cette marge additionnelle est issue d'un prix de vente supplémentaire minoré des coûts de production, frais de distribution ou frais administratifs supplémentaires ;

– la valeur actuelle des *royalties* et des différents droits liés à la marque ;

– le coût de reconstitution d'une notoriété identique (dépenses publicitaires).

L'approche fondée sur les coûts publicitaires a l'avantage de la simplicité mais se révèle souvent inexacte, dans la mesure où il n'y a pas nécessairement de corrélation automatique entre les dépenses de communication et la création de valeur. Tout le monde connaît la marque Polaroïd mais est-il rationnel de l'associer à l'existence d'une rente à l'heure de la photo numérique ? La méthode des royalties, basée sur le niveau de royalties qu'un tiers serait prêt à payer pour utiliser une marque donnée est conceptuellement plus intéressante mais la difficulté principale réside dans la détermination d'un taux de redevance pertinent, défini aussi bien qualitativement que quantitativement à l'aide des marges opérationnelles, de contrats liant des marques comparables et de l'étude des critères d'achat des consommateurs. Enfin, l'approche des super-profits est une alternative intéressante mais suppose de pouvoir trouver un produit sans marque, ce qui est plus facile dans le yaourt que dans l'équipement automobile !

De façon générale, certains évaluateurs estiment la valeur de l'ensemble des actifs incorporels en calculant la valeur actuelle de la rente définie comme l'écart entre la rentabilité économique prévisionnelle et le coût moyen pondéré du capital sur une certaine période (*cf.* chapitre 6).

Il est donc en pratique difficile de réévaluer la totalité de l'actif d'une entreprise et l'approche patrimoniale se limite dans la plupart des cas à réévaluer les capitaux propres comptables en utilisant la valeur de marché d'un immeuble, d'un terrain ou de la trésorerie de l'entreprise. Pour cette raison, cette méthode est particulièrement adaptée aux *holdings* financiers comme Wendel ou Eurazéo, dont chacune des participations est évaluée spécifiquement ; ou encore aux sociétés foncières comme Mercyalis, dont les actifs immobiliers sont évalués en utilisant des valeurs d'expertise.

Ainsi, Wendel Investissement présente un actif net réévalué de 53 euros par action à fin 2009, calculé comme la somme des valeurs des participations dans les sociétés en portefeuille (avec notamment Bureau Véritas, Matéris, Legrand et Saint-Gobain) minorée de la dette nette du groupe, pour une valeur comptable des capitaux propres par action au 31/12/2009 de 23 euros et un cours de bourse proche de 43 euros.

Les éléments à prendre en compte au niveau du passif du bilan sont essentiellement : la valeur de la dette, les intérêts minoritaires, l'adéquation des provisions pour risques et charges, les autres éléments que nous avons étudiés lors de l'analyse du bilan comptable, sans oublier le hors bilan, la location financière, le risque d'environnement ainsi que les produits dérivés liés à la gestion des risques de taux et de change.

Concrètement, dans un environnement IFRS, la plupart des actifs sont déjà estimés en juste valeur, à quelques exceptions près comme les terrains bâtis. Le travail de réévaluation trouve donc rapidement ses limites.

2. La *sum of the parts* ou l'approche par parties

La méthode patrimoniale est également utilisée par les analystes financiers pour établir la *« sum of the parts »*. Face aux difficultés de mise en œuvre de la méthode patrimoniale, les analystes spécialisés dans l'évaluation d'un groupe ont eu tendance à substituer à la valeur des actifs la valeur de ses différentes activités, notamment dans les groupes à caractère diversifié. Dans cette approche, la valorisation des activités est établie selon l'approche analogique ou intrinsèque, puis la valeur du groupe s'obtient en sommant ces différentes valeurs d'activité, de quoi on déduit la valeur actuelle des frais de siège (ou des frais non pris en compte dans l'analyse des différentes activités) et la valeur de la dette. Ceci est illustré par le schéma 1.

Ainsi à mi-2010, le groupe Accor est valorisé par le marché comme la somme de la valeur d'entreprise des différentes activités comme le montre le tableau 1.

Cette approche appelle d'autres questions :

– le problème des flux intragroupe, qui créent des transferts de valeur entre les différentes activités, surtout si celles-ci ont été évaluées par différentes méthodes ;

– l'exploitation de données issues de la comptabilité analytique par activité, qui ne reflète pas nécessairement la réalité économique des activités concernées, certains coûts n'étant pas à leur valeur de marché.

Schéma 1. – *Évaluation des capitaux propres selon la* sum of the parts

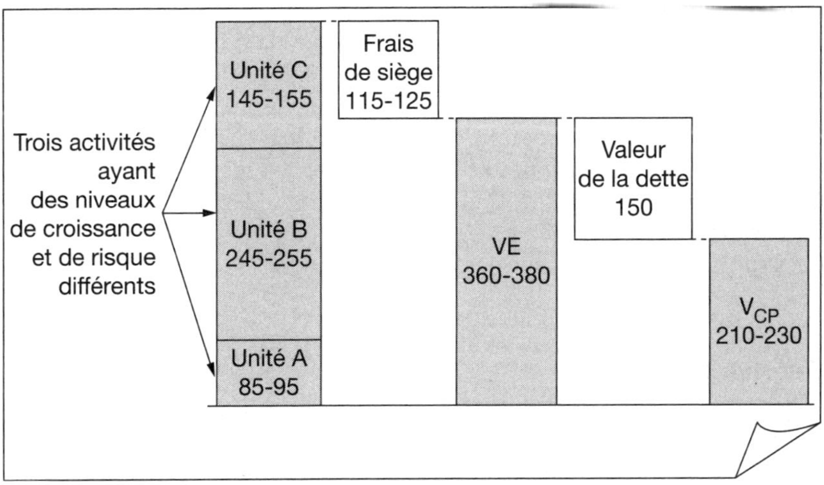

Tableau 1. – *Valorisation « sum of the parts » de la société Accor*

Ligne de métier	VE (m€)	Méthode de valorisation
Hôtels de catégorie supérieure	2 992	Multiple de 12 × l'EBITDA
Hôtels low-cost hors États-Unis	3 258	Multiple de 10 × l'EBITDA
Hôtels low-cost aux États -Unis	452	Multiple de 8 × l'EBITDA
Services prépayés	4 232	Approche par les flux avec un taux de croissance de l'EBIT de 8 % de 2012 à 2019, un taux de croissance perpétuelle de 2 % et un coût du capital de 8,7 %
Services ferroviaires	70	Multiple de 7 × l'EBITDA
Casinos	234	Multiple de 7 × l'EBITDA
Restaurants	21	Multiple de 7 × l'EBITDA
Filiales et actifs financiers immobilisés	244	Valeur nette comptable affectée de 25 % de décote
Minoritaires	(480)	PER de 20 appliqué aux intérêts minoritaires dans le compte de résultat
Dette	(1 318)	Dette nette à fin 2010e
Valeur des capitaux propres	9 705	
Nombre d'actions (millions)	222	
Valeur par action (€)	44	

Source : Brokers.

• *Les principales questions à se poser sur la méthode patrimoniale sont les suivantes :*

Dans quelle optique se place-t-on : optique de continuité ou optique liquidative ? Quels sont les principaux actifs corporels ou financiers figurant à l'actif du bilan ? Leur valeur de marché est-elle sensiblement différente de leur valeur comptable ? Pourquoi ? Quel est l'impact fiscal de la réévaluation ? Existe-t-il des actifs incorporels ? Quelle est leur nature ? Comment ont-ils été évalués ? Quelle est la nature des principaux passifs ? Des engagements hors bilan ? Les provisions pour risques et charges sont-elles suffisantes pour couvrir les principaux risques identifiés ?

Questions

1. En quoi la méthode patrimoniale peut-elle être définie comme une forme d'approche analogique ?
2. Pourquoi la méthode patrimoniale a-t-elle longtemps été adaptée aux sociétés d'Europe continentale ?
3. Quand le vendeur va-t-il privilégier la méthode patrimoniale ?
4. Quelles difficultés l'évaluateur désirant utiliser la méthode de l'actif net réévalué rencontre-t-il ?
5. Qu'appelle-t-on valeur d'usage ?
6. Qu'appelle-t-on optique liquidative ?
7. Comment valoriser une marque ?
8. Dans quelle situation privilégie-t-on une évaluation *sum of the parts* ?
9. Le travail de réévaluation est-il plus important depuis la mise en place des normes IFRS ?

Bibliographie

Cruchant Jean Baptiste, *A study on the perception of continental Europe's conglomerates by financial analysts : understanding the discount rationale*, Les études du Club Finance n° 78, HEC Paris, 2009.

Fustec Alan et Marois Bernard, *Valoriser le capital immatériel de l'entreprise*, Éditions d'organisation, Paris, 2006.

Thauvron Arnaud, *Évaluation d'entreprise*, 3e édition, Economica, Paris, 2009.

Chapitre 8

L'approche analogique ou méthode des multiples

Ce chapitre traite...

- **Des principes de la méthode analogique**

– Elle consiste à appliquer aux principaux soldes comptables historiques ou anticipés de l'entreprise à évaluer, des multiples calculés à partir d'un échantillon d'entreprises cotées comparables.

– L'approche par les multiples est fondée sur l'hypothèse forte d'efficience des marchés : le cours d'une action est le reflet à tout moment des anticipations de création de valeur de l'entreprise par les investisseurs et ce niveau de valorisation peut être transposé d'une entreprise à une autre.

– Quatre facteurs sont susceptibles d'influer sur le niveau des multiples : les perspectives de croissance des soldes considérés, les risques opérationnel et financier et le niveau général des taux d'intérêt.

- **Des multiples boursiers en pratique**

– Il s'agit d'abord de sélectionner un échantillon d'entreprises cotées comparables, puis de calculer leurs multiples.

– Ces multiples sont de deux types : les multiples qui se calculent ou permettent d'obtenir la valeur de l'entreprise et les multiples qui se calculent ou permettent d'obtenir la valeur des capitaux propres.

- **Des multiples de transaction en pratique**

– Cette méthode consiste à déduire d'après les prix payés lors de transactions récentes une référence de valorisation pour une transaction dans le même secteur.

– La démarche à mener est identique à celle des multiples boursiers : choisir et analyser un échantillon de transactions, calculer les multiples issus de prix payés, puis appliquer ses multiples aux soldes de l'entreprise cible.

– Les multiples de transaction sont moins riches que les multiples boursiers dans la mesure où ils ont tendance à mélanger prix payé et valeur d'entreprise. Les résultats obtenus sont souvent hétérogènes.

L'approche analogique ou méthode des multiples est une des deux grandes méthodes d'évaluation avec la méthode des flux. Sa simplicité apparente et la rapidité avec laquelle il est possible de la mettre en œuvre en font un outil apprécié. Cette méthode n'en recèle pas moins quelques pièges, qu'il s'agit de prévenir grâce à la lecture de ce chapitre. Après les principes généraux de la méthode, seront présentés les différents types de multiples boursiers et leur application pratique, avant de découvrir les multiples de transaction.

1. Les principes de la méthode analogique

Cette méthode analogique permet de passer de la comptabilité à la valeur. Elle repose sur l'application aux principaux soldes comptables historiques ou anticipés de l'entreprise à évaluer, de multiples calculés à partir d'un échantillon d'entreprises cotées comparables.

Valeur = (multiple) × (solde comptable historique ou anticipé)

Le plus connu des multiples est certainement le PER, qui permet d'établir la valeur des capitaux propres d'une entreprise à partir de son résultat net historique ou estimé. On dira ainsi que telle entreprise vaut 18 fois son résultat net 2010. Cette approche a le mérite de la simplicité et du pragmatisme pour établir la valeur *stand alone* d'une entreprise : faire comme si elle était cotée. On dit parfois qu'il s'agit d'une méthode de minoritaire car la référence boursière exclut toute prime de contrôle relative à une acquisition.

Quels sont les quatre principaux facteurs susceptibles d'influer sur les multiples ?

– Les perspectives de croissance des soldes considérés influencent directement le niveau des multiples. En effet, une forte croissance donnera des multiples élevés tandis qu'une croissance modeste aura plutôt tendance à être associée à des multiples faibles. Ainsi, sur longue période, le PER évolue en fonction des anticipations de résultats du groupe, comme le montre le graphique 1 qui présente l'évolution à long terme du cours de Saint-Gobain et le PER historique correspondant. On constate que, dans les périodes d'euphorie boursière, le PER du groupe a atteint 16 × le résultat attendu de l'exercice tandis qu'il est descendu à 6 × au plus bas.

– Le risque opérationnel et le risque financier constituent deux autres facteurs importants. À un risque fort correspondent des multiples faibles ; inversement, à un risque faible correspondent des multiples élevés. Mais il faut dissocier le risque opérationnel lié à l'activité de l'entreprise du risque financier, issu de l'adéquation de la structure financière aux perspectives d'activité de l'entreprise. Ainsi une entreprise de travail temporaire présente un risque opérationnel facilement perceptible : sensibilité à la conjoncture, à l'évolution du droit social ou au degré de qualification du personnel. En

Graphique 1. – *Cours de bourse et PER de Saint-Gobain depuis 1994*

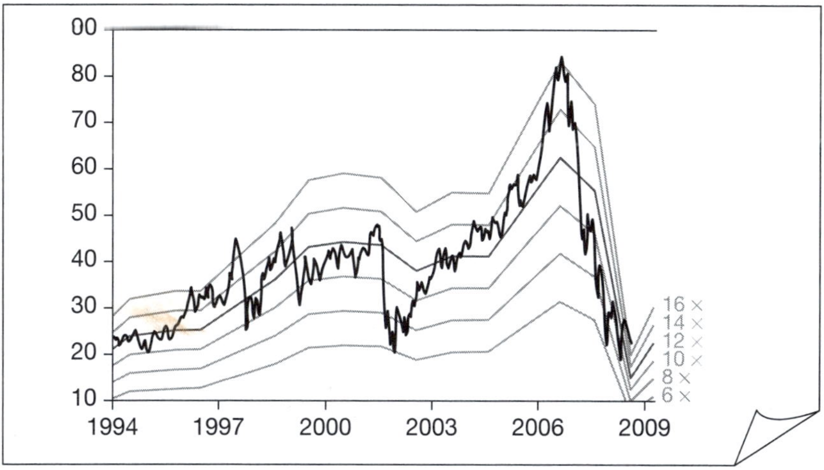

Source : Oddo Securities, C.-E. Boissy.

outre, si cette même entreprise est endettée, son point mort sera d'autant plus élevé et ses résultats seront plus sensibles aux changements de conjoncture, d'où un risque supplémentaire. La structure financière agit donc comme un amplificateur du risque opérationnel de l'entreprise.

– Le niveau général des taux d'intérêt. À des taux d'intérêt élevés correspondent des multiples faibles, tandis qu'à des taux d'intérêt faibles correspondent des multiples élevés. Il existe un lien permanent entre le niveau des taux et l'évolution du marché des actions. L'évolution des taux donne la tendance sur le long terme des marchés d'actions. Pratiquement, il y a donc une forte corrélation entre la fluctuation des taux et la fluctuation des PER, comme on peut l'observer sur le graphique 2 de la page suivante.

N'oublions pas que les anticipations de taux de change (et notamment la parité EUR/USD) influent sur les cours boursiers, en fonction notamment de la position de l'entreprise face au risque de change, et ce d'autant plus que son volume d'importations et d'exportations est important. En théorie, toutes choses étant égales par ailleurs, une appréciation de l'euro face au dollar devrait provoquer une hausse de la valeur des entreprises importatrices de marchandises en dollars (pétrole par exemple) et une baisse de la valeur des entreprises exportatrices dont les coûts de production sont localisés dans la zone euro. De plus, la réactivité des banquiers centraux à l'évolution des marchés boursiers renforce davantage cette interaction entre taux de change et cours boursier.

L'approche par les multiples est fondée sur l'hypothèse forte d'efficience des marchés : le cours d'une action serait le reflet à tout moment des anticipations de création de valeur de l'entreprise par les investisseurs et ce niveau de valorisation peut être transposé d'une entreprise à une autre.

Graphique 2. – *PER et inverse des taux d'intérêt depuis 1994*

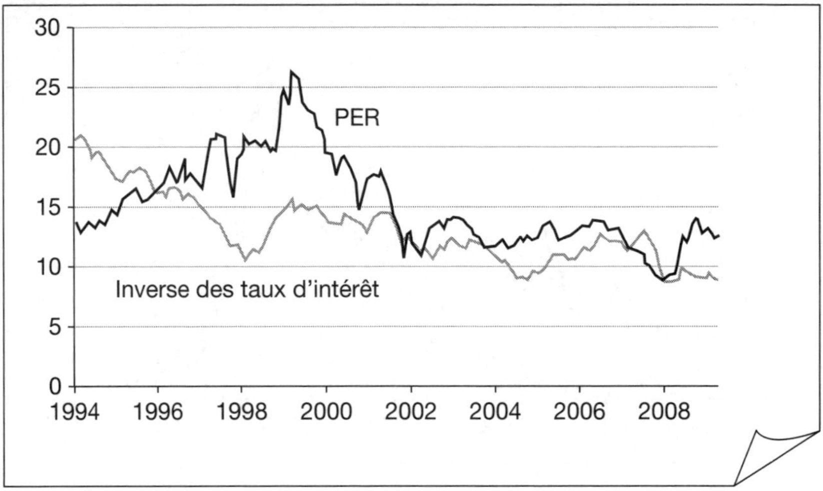

Source : Datastream.

En pratique, un cours de bourse est souvent affecté par des problèmes d'illiquidité, des phénomènes spéculatifs voire des phénomènes de mode (comme lors de la bulle Internet ou celle des énergies renouvelables) qui limitent la pertinence de cette approche. Les cours de bourse sont également affectés par la gestion du risque crédit. Lorsque la situation financière d'une entreprise se détériore, le prêteur cherche à couvrir son risque de crédit et peut vendre à découvert des actions, actif plus liquide que la dette. De cette manière, les pertes sur le crédit sont contrebalancées par les gains obtenus grâce à la vente à découvert des actions. La valeur de marché de l'entreprise baisse, ce qui déprécie encore son crédit. Le mécanisme est amplifié jusqu'à devenir auto-réalisateur lorsque les arbitragistes vendent eux aussi leurs actions. L'effet spéculatif entre crédit et *equity*, accru par les arbitragistes, influence donc le cours de bourse.

Rappelons enfin que tout « l'art » de cette méthode (assez pauvre sur le plan conceptuel) réside dans la difficulté à trouver un échantillon d'entreprises véritablement comparables, notamment en Europe continentale où le nombre de sociétés cotées est faible relativement au nombre d'entreprises ; et dans le fait que le multiple résume en un seul chiffre plusieurs facteurs pouvant avoir des influences contradictoires.

Au total, derrière ce chiffre magique qu'est le multiple, se cachent nombre d'hypothèses et d'approximations, qui doivent rendre humble tout travail d'évaluation selon cette méthode.

2. Les multiples boursiers en pratique

La méthode se déroule en trois étapes comme le montre le schéma 1.

Schéma 1. – *Les trois étapes de la méthode des multiples*

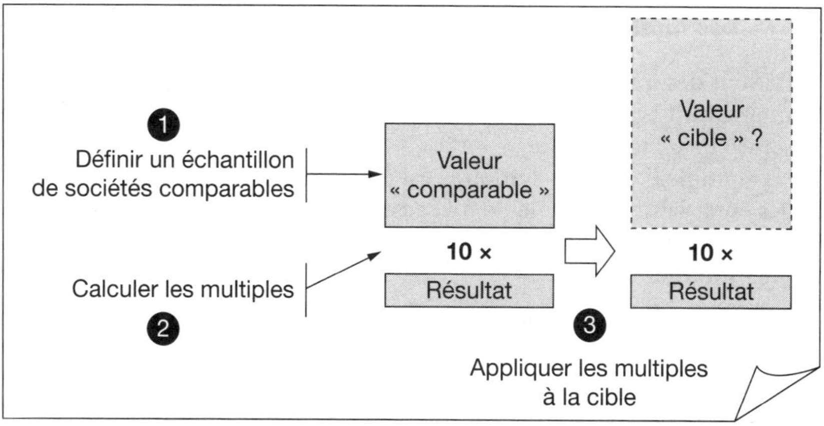

La première étape consiste à sélectionner un échantillon d'entreprises cotées comparables. Comparables ne signifie seulement qu'elles appartiennent au même secteur d'activité : les entreprises doivent présenter une dynamique de création de valeur comparable en termes de perspectives de croissance et de rentabilité économique. Il faut donc faire une analyse financière des sociétés de l'échantillon selon la démarche que nous avons vue au chapitre 3.

La comparaison des marges d'EBE, de résultat d'exploitation, du ratio de rotation de l'actif économique et de la rentabilité économique et du niveau de croissance attendue de l'activité est très utile pour positionner l'entreprise à évaluer par rapport aux sociétés de l'échantillon. Les titres financiers des sociétés de l'échantillon doivent être suffisamment liquides pour faire du cours de bourse un indicateur significatif. Au-delà des critères du flottant (part de l'actionnariat non stable par opposition à un ou plusieurs actionnaires pérennes) et du volume moyen quotidien de titres échangés sur le marché, les valeurs de l'échantillon doivent être suivies par au moins deux ou trois analystes financiers publiant régulièrement des prévisions d'activité. Il vaut mieux se limiter à un échantillon restreint mais fiable plutôt que d'avoir quinze sociétés aux caractéristiques disparates et dont la création de valeur diffère trop de la société à évaluer.

La deuxième étape est le calcul des multiples des entreprises de l'échantillon. Celui-ci est effectué pour au moins trois exercices : les soldes comptables du dernier exercice disponible (2010 par exemple), les données estimées pour l'exercice en cours (2011e) et les prévisions pour l'exercice suivant (2012e). Il existe deux familles de multiples : les multiples qui permettent d'obtenir ou se calculent à partir de la valeur de l'entreprise et les multiples permettant d'obtenir ou se calculant à partir de la valeur des capitaux propres.

La troisième étape est l'application des multiples aux principaux agrégats de la cible.

2.1. Les multiples de la valeur d'entreprise

Ce sont des multiples qui se calculent à partir des soldes du compte de résultat avant frais financiers, c'est-à-dire avant prise en compte de la structure financière.

Le multiple de chiffre d'affaires est dangereux car il considère que toutes les entreprises ont le même niveau de rentabilité. On le retient généralement pour valoriser les sociétés dont les autres soldes sont négatifs (*cf.* valeurs Internet !).

$$\text{Multiple de chiffre d'affaires} = \frac{VE}{CA}$$

Le multiple de l'EBE est très utilisé car tous les groupes n'ont pas la même politique d'amortissement ; il permet donc de raisonner avant impact des charges calculées. Il a toutefois le grave défaut de normaliser l'intensité capitalistique de l'entreprise sur celle de l'échantillon.

$$\text{Multiple de l'EBE} = \frac{VE}{EBE}$$

Le multiple de résultat d'exploitation est le plus juste conceptuellement. Il prend en compte l'intensité capitalistique et donne une image complète de la performance de l'exploitation de l'entreprise. Il devrait en théorie être calculé après impôt. Il a cependant le défaut d'être affecté par les provisions pour dépréciation d'actifs liées aux tests de validité.

$$\text{Multiple de résultat d'exploitation} = \frac{VE}{Rex}$$

Le multiple de croissance des bénéfices ou *price earnings growth* (PEG en franglais) permet un raffinement supplémentaire : l'échantillon de comparables retenu peut inclure des sociétés du secteur à différents stades de leur cycle de croissance.

$$\text{PEG (multiple de croissance des bénéfices)} = 100 \times \frac{VE / Rex}{\text{Croissance du Rex}}$$

L'application de multiple sous-entend toutefois qu'une société qui n'est pas en croissance a une valeur d'entreprise nulle, il faut donc l'appliquer avec prudence.

La valeur d'entreprise des sociétés de l'échantillon est calculée à partir de ses deux composantes de la façon suivante :

$$VE = \text{capitalisation boursière} + \text{valeur de la dette}$$

soit

$$VE = (\text{dernier cours de bourse} \times \text{nombre d'actions en circulation}) + \text{valeur de la dette}$$

La capitalisation boursière, ou *market capitalisation* en franglais, et la valeur de la dette utilisées sont les mêmes pour le calcul des trois années de multiples. L'idée est qu'un cours de bourse donné reflète un certain niveau de croissance (et de risque) traduisant des multiples en hausse (ou non) sur les trois années considérées : ainsi tel comparable sur la base de son cours actuel est valorisé dix fois le résultat d'exploitation 2010, neuf fois le résultat d'exploitation 2011e et huit fois le résultat d'exploitation 2012e. Les multiples sont donc décroissants, par construction.

Afin d'intégrer les informations les plus récentes, le calcul de la capitalisation boursière s'effectue sur la base du dernier cours de clôture à la date de l'évaluation et non pas en utilisant le cours moyen de l'action sur une certaine période. Tous les titres donnant accès au capital doivent être intégrés à l'analyse : les actions issues d'obligations convertibles qui sont « dans la monnaie » (c'est-à-dire dont la conversion se traduit par un gain immédiat) doivent être ajoutées au nombre d'actions en circulation, de même que les actions issues d'obligations remboursables en actions qui seront mécaniquement converties à l'échéance. Les actions issues de l'exercice des bons ou d'options de souscription de titres nouveaux ne sont ajoutées au nombre d'actions en circulation que si ces options sont dans la monnaie. Dans ce cas, les sommes issues de l'exercice des bons viennent en diminution de la dette nette. Il convient le cas échéant de corriger le bénéfice de cette dilution : suppression des frais financiers sur les obligations convertibles ou placement des fonds issus de l'exercice des bons, notamment en rachetant des titres à leur cours de bourse (méthode du rachat de titres). Le cas échéant, il convient de ne pas oublier la valeur des intérêts minoritaires.

En théorie, la valeur de la dette résulte de l'actualisation de son échéancier au taux K_D. En pratique, il est rare de disposer d'un échéancier complet de la dette, et l'évaluateur utilise la valeur comptable de la dette nette (négligeant ainsi l'impact des variations de taux d'intérêt) ou la valeur de la dette publiée par certaines sociétés de l'échantillon. Les estimations de la dette nette faites par les analystes étant souvent peu fiables, la dette nette utilisée doit simplement être la dernière dette publiée par l'entreprise à la date de l'évaluation. Nous renvoyons notre lecteur au chapitre 2 pour le calcul de la dette nette (et notamment la prise en compte des participations non consolidées) et la problématique de la dette hors bilan.

Attention ! Ce raisonnement n'est pas valable dans les situations de fort endettement, tels ceux affectant Atari (ex Infogrames), Belvédère ou Théolia, où l'importance du niveau de risque de l'entreprise se traduit par une baisse de la valeur de la dette, cette dernière pouvant s'établir à un niveau correspondant à une décote de 30 à 50 % sur la valeur comptable de la dette.

Il est également souhaitable d'intégrer au calcul de la valeur de l'entreprise la valeur des intérêts minoritaires. Dans l'hypothèse où les minoritaires sont logés dans une filiale cotée, il convient de rajouter leur quote-part en valeur au calcul de la valeur d'entreprise.

2.2. Les multiples de capitaux propres

Ces multiples permettent d'obtenir et se calculent à partir de la valeur des capitaux propres, d'où leur tendance à normaliser la structure financière des entreprises composant l'échantillon de comparables.

$$\text{PER (multiple de résultat net)} = \frac{V_{CP}}{RN} = \frac{\text{Cours de l'action}}{\text{Bénéfice par action}}$$

RN est le résultat net récurrent, part du groupe, après fiscalité normative. V_{CP} est ici la capitalisation boursière telle que nous l'avons calculée précédemment. Le PER est le multiple le plus utilisé car il est simple et le plus dangereux puisqu'il normalise la structure financière de la société à évaluer sur la moyenne de celle des sociétés de l'échantillon et peut conduire selon les cas (en fonction du niveau du coût de la dette après impôt notamment) à survaloriser ou sous-valoriser les capitaux propres de l'entreprise à évaluer. Le PER a toutefois le mérite d'intégrer la contribution des sociétés mises en équivalence, les intérêts minoritaires et la situation fiscale de la cible, ce qui est plus difficile avec les multiples de la valeur d'entreprise.

$$\text{PCF (multiple de cash flow)} = \frac{V_{CP}}{\text{Cash-flow}} = \frac{\text{Cours de l'action}}{\text{Cash-flow par action}}$$

Le multiple de cash-flow au sens de la capacité d'autofinancement est assez peu utilisé sauf dans certaines industries lourdes comme l'industrie pétrolière.

$$\text{PBR (multiple de capitaux propres)} = \frac{V_{CP}}{CP} = \frac{\text{Cours de l'action}}{\text{Capitaux propres par action}}$$

Le multiple des capitaux propres (*Price to book ratio* en franglais) étant très dépendant de la structure financière, il est rarement utilisé sauf dans le cas des établissements financiers et des compagnies d'assurance, où la notion de valeur d'entreprise est inexistante.

Pour cette raison, il faut privilégier les multiples de valeur d'entreprise et notamment le multiple de résultat d'exploitation qui est indépendant de la structure financière et reflète l'intensité capitalistique de l'entreprise grâce à la prise en compte des amortissements.

Comme l'indique le graphique 3, la valeur boursière des entreprises du CAC 40 rapportée à leurs capitaux propres serait ainsi revenue au niveau de 2006, soit proche de 2,5 ×. Ce ratio est en moyenne plus élevé dans le secteur énergétique, et proche de 1 dans les banques et assurances, comme illustré dans le graphique 4.

Graphique 3. – *Moyenne des PBR des sociétés du CAC 40*

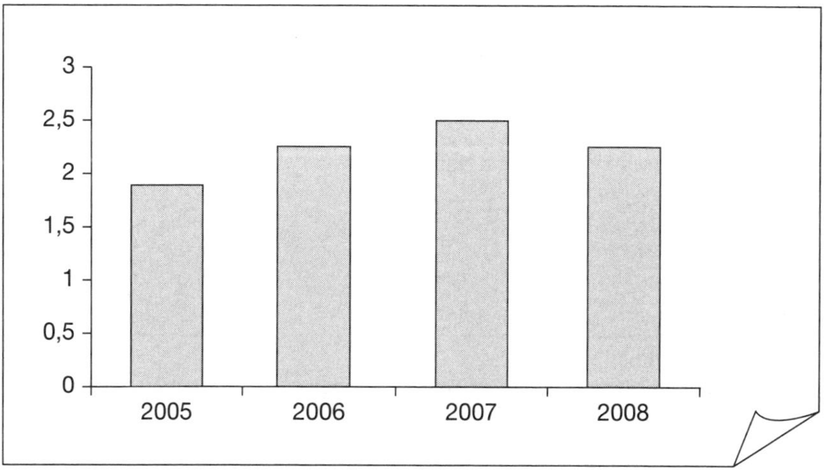

Source : Ricol, Lasteyrie & Associés (2008).

Graphique 4. – *Moyenne des PBR des sociétés du CAC 40 par secteur – 2007*

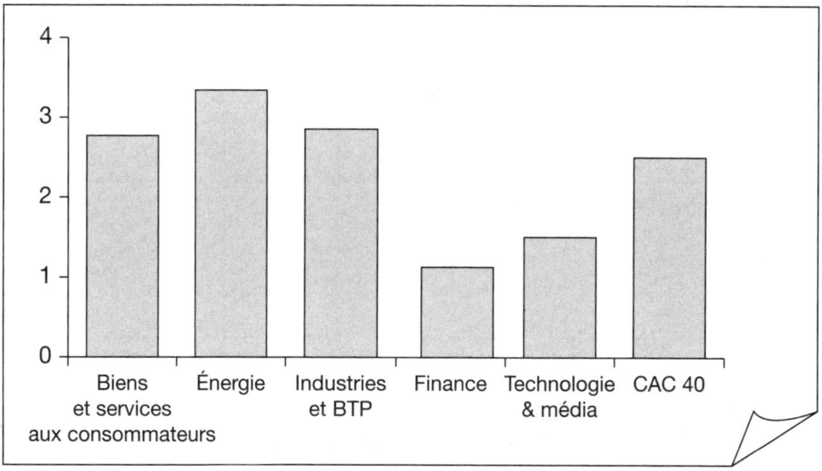

Source : Ricol, Lasteyrie & Associés (2008).

2.3. Exemple de calculs de multiples

Les tableaux suivants présentent des exemples de calculs de multiples appliqués à une entreprise appelée Cible SA. Il convient tout d'abord de calculer les multiples boursiers de Comp SA selon les formules précédentes puis de les appliquer à Cible SA, comme le montre le tableau 1.

On constate que selon l'agrégat retenu la valeur des capitaux propres de Cible SA s'échelonne entre 226 millions d'euros et près de 1,5 milliard

Tableau 1. – *Exemple de tableau de multiples calculés à partir de l'entreprise Comp SA et appliqués à la société Cible SA*

M€	Comp SA		Cible SA	
	2010	2011e	2010	2011e
Capitalisation boursière	580			
Bilan				
Capitaux propres	450		118	
Intérêts minoritaires	10		–	
Endettement net	50		200	
Actif économique	500		318	
Compte de résultat				
Chiffre d'affaires	210	220	550	578
Amortissements	– 15	– 15	– 25	– 26
Résultat d'exploitation	78	90	52	61
Résultat financier	– 3	– 3	– 10	– 9
Résultat net part du groupe (IS : 34 %)	49	56	28	34

M€		Multiple	Cible SA	Ve	Vcp
CA	2010	3,05 ×	550	1 678	1 478
	2011e	2,91 ×	578	1 682	1 482
EBE	2010	6,9 ×	77	531	331
	2011e	6,1 ×	87	531	331
Résultat d'exploitation	2010	8,2 ×	52	426	226
	2011e	7,1 ×	61	433	233
PER	2010	11,8	28	–	327
	2011e	10,4	34	–	357

d'euros ! Plutôt que de faire des moyennes qui ne veulent rien dire essayons de comprendre l'origine de tels écarts.

Dans cet exemple, les marges de Cible SA sont bien plus faibles que celles de Comp SA ; le multiple du chiffre d'affaires ne peut donc être retenu car il surévalue Cible SA. De même, le rythme d'amortissement de Cible SA étant plus élevé (méthode comptable ou intensité capitalistique différente ?), le multiple d'EBE n'est pas approprié. Il convient par ailleurs de s'interroger sur la valeur de la dette de Cible SA. Quelle est son échéance, à court ou à long terme ? Quelle est sa valeur de marché ? Ces informations sont ici absentes, mais on constate que Cible SA est nettement plus endetté que Comp SA (200 millions d'euros contre 50 millions d'euros pour respectivement 52 millions d'euros et 78 millions d'euros de

Résultat d'exploitation en 2010). Le multiple du PER, qui normalise la structure financière des sociétés, n'est donc pas adéquat et l'on constate qu'il surévalue la valeur des capitaux propres de Cible SA. Par conséquence, on retiendra de préférence la valeur des capitaux propres issue du multiple du résultat d'exploitation, c'est-à-dire une valeur des capitaux propres de Cible SA comprise entre 220 et 230 millions d'euros.

Les multiples boursiers sont de préférence calculés sur la base d'un échantillon de plusieurs entreprises comparables. Chacun des multiples est déterminé à la date courante : on ne fait pas de moyenne des résultats sur plusieurs années, ni de moyenne des cours boursiers. Cependant, il est possible de faire la moyenne du même type de multiples de plusieurs sociétés sur la même année. Ainsi on peut calculer la moyenne des multiples de résultat d'exploitation 2010 des sociétés de l'échantillon. À l'issue de ce travail, on obtient en général un beau tableau de trois à quatre multiples sur deux années pour chaque société de l'échantillon, tel le tableau 2.

Tableau 2. – *Exemple de tableau de multiples calculés à partir d'un échantillon de sociétés comparables (en millions d'euros)*

Multiple	Comp SA	Small Comp	Big Comp	Chinese Comp	moyenne
Ve/Rex 2010	8,2 ×	12,0 ×	13,3 ×	~~50,0 ×~~ ?	20,9 × (!)
Ve/Rex 2011	7,1 ×	9,2 ×	12,7 ×	9,6 ×	9,7 ×
Moyenne	~~7,7 ×~~				

À nouveau, plutôt que de faire des moyennes ou des médianes pour cacher des écarts importants, il faut d'abord éliminer les chiffres mathématiquement justes mais financièrement aberrants (PER négatif ou supérieur à 50 ou multiple de résultat d'exploitation supérieur à 25) et comprendre pourquoi certaines sociétés de l'échantillon semblent mieux ou moins bien valorisées, comme c'est le cas de Big Comp et Small Comp dans le tableau 2. Ce n'est qu'à l'issue de ce travail d'analyse que l'on peut appliquer les multiples issus de l'échantillon à la société dont on cherche la valeur, afin d'en déduire une première fourchette d'évaluation.

Un raffinement souvent utilisé consiste à établir une régression linéaire entre certains multiples (EBE ou résultat d'exploitation) et la croissance ou la rentabilité économique anticipée pour permettre de positionner l'entreprise par rapport à l'échantillon et en déduire par interpolation les multiples à lui appliquer.

- *Les principales questions à se poser lors de la mise en œuvre de la méthode des multiples boursiers sont les suivantes :*

Quelles sont les entreprises cotées comparables à l'entreprise à évaluer ? En quoi leur cours de bourse est-il suffisamment significatif ? En quoi leurs perspectives de croissance et de rentabilité d'exploitation sont-elles comparables à celles de l'entreprise à évaluer ? En quoi leur structure financière est-elle ou non comparable à celle de l'entreprise à évaluer ? Quelles sont les dernières informations financières publiées ? Quels sont les contenus et tendances des notes d'analystes financiers suivant ces valeurs ? Quelles sont les prévisions disponibles sur l'année en cours et l'année prochaine ? Quels sont les multiples pertinents dans le secteur ? Quelle est la valeur des intérêts minoritaires des entreprises cotées comparables ? Existe-t-il des éléments de hors bilan qui s'apparentent à de la dette financière latente ? Quelles sociétés de l'échantillon semblent bien valorisées par les investisseurs ? Pourquoi ? Quel multiple faut-il privilégier dans l'analyse des données obtenues ? Pourquoi ? Quelle fourchette de valorisation finale faut-il retenir ?

3. Les multiples de transaction

Contrairement aux multiples boursiers, les multiples de transaction sont calculés lorsqu'il y a un changement de contrôle. On parle ainsi de méthode majoritaire (primes de contrôle et de synergies comprises) qui consiste à essayer, d'après les prix payés, de déduire une référence de valorisation pour une transaction dans le même secteur. La démarche à mener est identique à celle des multiples boursiers :

– choisir et analyser un échantillon de transactions récentes dans le même secteur ;

– calculer selon les formules précédentes les multiples issus des prix payés par les acquéreurs, principalement sur l'année au cours de laquelle l'opération de changement de contrôle est intervenue ;

– puis en déduire des moyennes par multiple afin de les appliquer aux soldes correspondants de l'année en cours de l'entreprise cible.

Les praticiens peuvent également utiliser des références d'évaluation spécifiques qui varient selon les secteurs. Le tableau 3 présente quelques exemples de telles références.

Tableau 3. – *Références d'évaluation sectorielles*

Industrie/Activité	Référence d'évaluation
Agences de publicité	Multiple de la marge brute
Téléphonie mobile et câble	Prix par abonné
Asset managers	Multiple des fonds gérés
Hôtels	Prix à la chambre
Cabinets d'experts-comptables	Multiple des revenus d'honoraires
Journaux	Prix au lecteur
Compagnies minières	Valeur des réserves du minerai

Dans l'exemple suivant, trois opérations de prise de contrôle ont été identifiées lors de l'analyse des transactions sectorielles comparables à Cible SA. Le tableau 4 présente les caractéristiques de chacune des transactions et se pose la question de valoriser Cible SA sur la base de cet échantillon.

Tableau 4. – *Tableau de multiples de transactions (en millions d'euros)*

M€	Transaction 1	Transaction 2	Transaction 3
Année de transaction	2000	2008	2010
Valeur des capitaux propres de la Cible lors de de transaction	600	11	4 700
Résultat d'exploitation de la cible l'année de la transaction	39 (?)	2,3	260
Endettement net de la cible lors de la transaction	50 (?)	10	300
Multiple de Rex	**16,7 x**	**9,1 x**	**19,2 x**

Les résultats obtenus présentent d'importants contrastes. On sait peu de choses de la transaction 1 sauf qu'elle est vieille de 10 ans (!) tandis que la transaction 2 fait apparaître un multiple du résultat d'exploitation plus faible qui peut s'expliquer par le fort endettement de la société : l'entreprise de faible taille a en effet été acquise en 2008, en pleine crise du crédit, alors que sa dette nette équivalait à 4,3 fois sont résultat d'exploitation… À l'inverse, la transaction 3 est récente mais fait ressortir un multiple relativement élevé. L'étude du contexte montre qu'il s'agit de la prise de contrôle contestée d'un important groupe asiatique par un opérateur européen à l'issue d'une bataille homérique avec son concurrent américain ! Faut-il reprendre cette course à l'échalote à son compte et valoriser Cible SA 18,1x le résultat d'exploitation ?

Le lecteur l'aura compris : nous ne croyons pas beaucoup à la pertinence de cette méthode, qui donne des résultats souvent hétérogènes et qui mélange prix payé avec valeur d'entreprise. Parce que chaque transaction est particulière, le prix payé reflète aussi bien une anticipation de synergies, un processus de vente et/ou un compromis de négociation sans rapport avec les problématiques de valorisation. Ce prix n'est donc qu'un écho lointain de la valeur *stand alone* de l'entreprise ; les multiples implicites aboutissent en général à des chiffres élevés, souvent favorables aux intérêts de vendeurs, forcément enclins à en faire usage lors des négociations, un peu comme les agents immobiliers qui invoquent les prix au mètre carré atteint dans un quartier donné d'une zone résidentielle ! Enfin, la totalité de l'information sur la transaction est rarement disponible, ce qui conduit à des chiffres partiels voire erronés.

Questions

1. Sur quelle hypothèse est fondée la méthode des multiples ?
2. Quels facteurs influencent le niveau des multiples ?
3. Combien d'étapes comporte une valorisation par la méthode des multiples ?
4. Le PER est-il un outil fiable ?
5. Comment déterminez-vous si deux sociétés sont comparables ?
6. Pourquoi les vendeurs mettent-ils en avant les multiples de transaction lors des négociations ?
7. Est-ce forcément une bonne affaire de s'intéresser aux entreprises dont les multiples sont faibles ?
8. Faire des moyennes de multiples a-t-il du sens ?
9. Privilégiez-vous les années historiques ou prévisionnelles lors du calcul des multiples ?
10. Pourquoi le multiple boursier d'une société est-il en général décroissant avec le temps ?
11. Lors d'une prise de participation minoritaire, choisissez-vous les multiples boursiers ou de transaction ?
12. Quelle est la principale difficulté de la méthode des multiples ?
13. Dans quelle situation privilégiez-vous le multiple de chiffre d'affaires ?
14. Quel type d'entreprise est évalué par le multiple des capitaux propres (Price to book ratio) ?
15. Pourquoi le multiple de résultat d'exploitation est-il le plus juste conceptuellement ?

Bibliographie

Camblain Édouard, *Les pièges de l'évaluation d'entreprise*, Vuibert, Paris, 2009.
Gup Benton et Rawley Thomas, *The Valuation Handbook*, Wiley, New York, 2010.
Koller Tim, Goedhart Marc et Wessels David, *Valuation : Measuring and Managing the Value of Companies*, 5e édition, Wiley, New York, 2010.

Site internet de Aswath Damodaran : www.damodaran.com

Chapitre 9

L'approche intrinsèque ou méthode des DCF

Ce chapitre traite…

- **Du principe de la méthode des DCF**

– Elle se décompose en trois grandes étapes : l'élaboration des flux de trésorerie sur un horizon explicite, le choix d'une valeur finale et l'actualisation des flux et de la valeur finale.

- **Des différents flux de trésorerie et du choix d'un horizon**

– Il existe trois grands types de flux de trésorerie : le *Free Cash Flow to Firm*, le *Free Cash Flow to Equity* et le dividende.

– Le *Free Cash Flow to Firm* paraît le plus adéquat et permet d'obtenir la valeur d'entreprise.

- **De l'estimation de la valeur finale**

– La valeur finale représente souvent une part importante de la valeur obtenue par la méthode des DCF.

– Le calcul d'une valeur finale explicite peut se faire à partir d'un multiple auquel l'évaluateur pense pouvoir sortir à l'issue de l'horizon explicite.

– La valeur finale implicite se calcule à partir d'un flux de trésorerie normatif qui est censé représenter la capacité de l'entreprise sur le long terme à créer de la valeur, après prise en compte de ses perspectives de croissance.

- **Du calcul du taux d'actualisation**

– Le taux d'actualisation des *Free Cash Flows to Firm* est le coût moyen pondéré du capital.

– Le MEDAF (modèle d'équilibre des actifs financiers) permet de différencier le risque intrinsèque propre à chaque entreprise du risque systémique affectant l'ensemble du marché.

– La prime de risque représente l'écart entre la rentabilité moyenne du portefeuille de marché (Rm) et le taux sans risque (Rf). Elle peut varier significativement au cours du temps.

– Le coût de la dette correspond au taux sans risque auquel on ajoute une marge de *spread* reflétant le risque. Il dépend donc de la notation financière.

– Le choix de la pondération dans le wacc ne doit pas conduire à acheter la structure financière de l'entreprise, sous prétexte que le coût de la dette est inférieur au coût des fonds propres.

- **De l'importance des tests de sensibilité**

– Les tests de sensibilité permettent d'établir un intervalle de confiance raisonnable sur la valeur de l'entreprise.

L'approche intrinsèque est la méthode reine de l'évaluation financière. Si son principe est simple, son application est assez complexe. C'est pourquoi ce chapitre traitera des différentes étapes de la méthode des *discounted cash flows* dite DCF depuis l'établissement des flux de trésorerie jusqu'au calcul du taux d'actualisation en passant par l'estimation de la valeur finale.

1. Principe de la méthode des DCF ou méthode des flux

Cette méthode très utilisée est fondée sur l'actualisation des flux de trésorerie prévisionnels à un taux d'intérêt reflétant l'exigence moyenne de rémunération des pourvoyeurs de fonds de l'entreprise, compte tenu du risque. Conceptuellement, cette méthode fait de la valeur d'une entreprise la résultante d'un rapport entre un flux de trésorerie et un taux d'intérêt.

$$V = \sum_{i=1}^{\infty} \frac{\text{Flux de trésorerie de l'année i}}{(1+k)^i}$$

Comme le montre le schéma 1, la méthode paraît simple dans son principe et se décompose en quatre grandes étapes :

– construire un *business plan,*

– établir les flux de trésorerie disponibles sur un horizon de prévision (appelé horizon explicite),

– choisir une valeur finale à l'issue de l'horizon explicite,

– actualiser les flux et la valeur finale à un taux tenant compte du risque.

Schéma 1. – *Les quatre étapes de la méthode des flux*

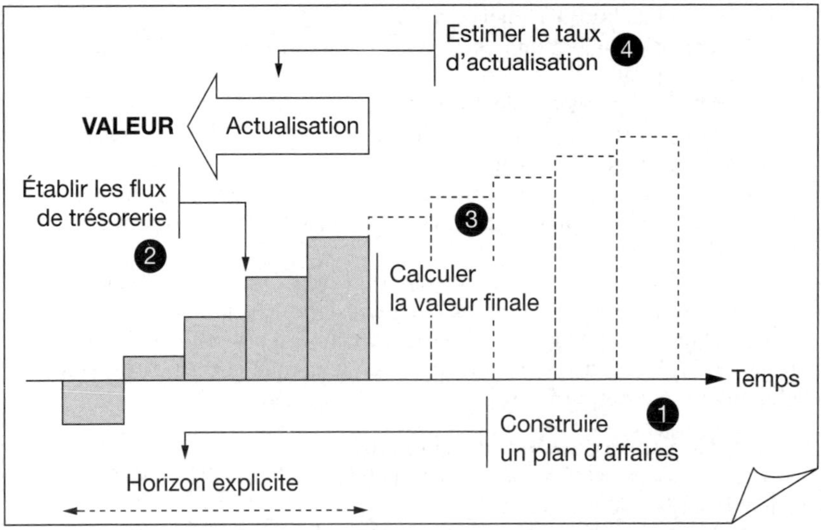

La valeur ainsi obtenue est la valeur de l'entreprise. En réalité, la mise en œuvre de chacune de ces étapes est problématique : la durée et la fiabilité des flux de l'horizon explicite, la détermination de la valeur finale et du taux d'actualisation constituent les principales difficultés auxquelles l'évaluateur est confronté. Nous ne reviendrons pas sur l'importance de l'analyse et de l'étude du plan d'affaires que nous avons abordées au chapitre 5 et qui est indispensable avant d'aborder le calcul des flux de trésorerie.

2. Définir les flux de trésorerie et choisir un horizon explicite

Il existe trois grands types de flux de trésorerie que l'on distingue en fonction de leur finalité ; en effet, certains sont disponibles pour les actionnaires tandis que d'autres le sont aussi pour les créanciers de l'entreprise :

– le flux de trésorerie disponible après impôt mais avant frais financiers et remboursement de la dette qui est destiné à l'ensemble des pourvoyeurs de fonds, actionnaires et créanciers de l'entreprise. On l'appelle FCFF du franglais *Free Cash Flow to Firm*. Année par année, il se calcule de la façon suivante :

Résultat d'exploitation
+ amortissements
= EBE
– impôt normatif sur le résultat d'exploitation
– variation de BFR
– investissements
= FCFF

– le flux de trésorerie disponible après impôt mais après frais financiers et remboursement de la dette qui est disponible pour les actionnaires de l'entreprise. On l'appelle FCFE du franglais *Free Cash Flow to Equity*. Année par année, il se calcule de la façon suivante :

Résultat d'exploitation
+ amortissements
= EBE
– frais financiers nets des produits financiers
– impôt normatif sur le résultat courant
– remboursement des dettes financières
+ augmentation des dettes financières
– variation de BFR
– investissements
= FCFE

– le flux de dividendes versé par l'entreprise à ses actionnaires, appelé *dividend discount model* en franglais.

Le tableau 1 résume les principales caractéristiques de ces flux.

Tableau 1. – *Les différents types de flux de trésorerie*

Type de flux	**FCFF** (*Free Cash Flow to Firm*) Flux de trésorerie après impôt mais **avant** frais financiers et remboursement de la dette	**FCFE** (*Free Cash Flow to Equity*) Flux de trésorerie après impôt et **après** frais financiers et remboursement de la dette	**Dividendes**
Rémunèrent...	Actionnaires et créanciers	Actionnaires	Actionnaires
Taux	wacc	K_{CP}	K_{CP}
Permettent d'obtenir...	VE	V_{CP}	V_{CP}

2.1. Quel flux choisir ?

Les flux de dividendes valorisent implicitement la politique de distribution de l'entreprise et ne sont qu'un lointain reflet de la capacité de l'entreprise à créer de la valeur. Les FCFE sont surtout utilisés dans le cadre des LBO, où le recours à un fort endettement justifie l'analyse détaillée de ce qu'il reste à l'actionnaire une fois les frais financiers payés et après avoir honoré l'annuité de remboursement de dette. Du point de vue de l'évaluation, le FCFE mélange joyeusement la création de valeur liée à la rentabilité économique et l'effet de levier lié à la structure financière, si bien que la valeur des capitaux propres ainsi obtenue est peu intéressante. Pour cette raison, le FCFE n'est que très rarement utilisé dans une perspective d'évaluation. Le schéma 2 synthétise la bonne utilisation qui doit être faite des flux de trésorerie.

Le FCFF apparaît donc comme étant l'outil le mieux adapté aux travaux d'évaluation par la méthode des flux puisqu'il privilégie le cash directement issu de l'actif économique et permet d'obtenir la valeur de l'entreprise.

2.2. Quel doit être l'horizon explicite de prévision des flux ?

L'évaluateur doit éviter deux écueils : un horizon trop court, c'est-à-dire inférieur à cinq ans, serait de nature à donner une importance relative excessive à la valeur finale et donc à remettre en cause la méthode des DCF ; un horizon trop long, c'est-à-dire supérieur à dix ou quinze ans, conduit à établir des prévisions lointaines dans le temps, qui ont toutes les chances de ne rester que théoriques. À ceci s'ajoutent des contraintes sectorielles propres à l'activité de l'entreprise : un horizon lointain de prévision des flux est envisageable dans les secteurs à forte visibilité industrielle (comme la distribution d'eau ou les concessions autoroutières), tandis que

Schéma 2. – *L'utilisation des flux de trésorerie*

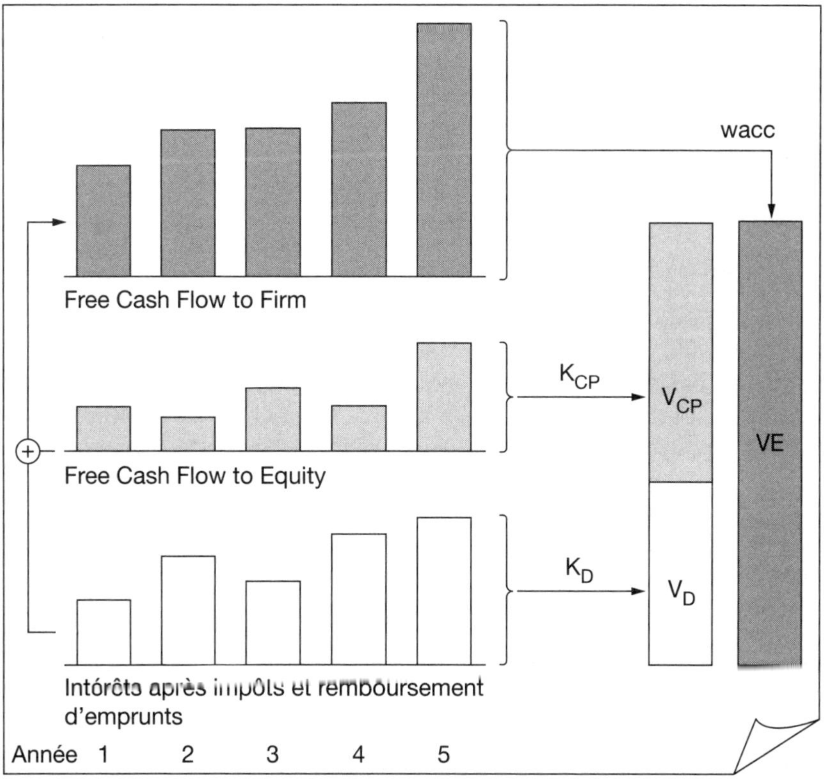

la prudence est de mise pour les entreprises évoluant dans le domaine des technologies de l'information ou des télécommunications.

Une durée moyenne de sept ans de prévisions paraît souhaitable : elle est souvent le fruit de deux à cinq ans de plan d'affaires de l'entreprise

Tableau 2. – *Tableau des flux de trésorerie de l'entreprise Cible SA au 1/01/2011 (en M€)*

	2011e	**2012e**	**2013e**	**2014e**	**2015e**	**2016e**	**2017e**
R. Exploitation	61	70	81	92	105	118	133
– IS (34%)	– 21	– 24	– 28	– 31	– 36	– 40	– 45
+ Amortissement	26	27	27	28	28	29	30
– Investissement	– 30	– 32	– 33	– 35	– 37	– 38	– 40
– Var. BFR	– 3	– 3	– 3	– 3	– 3	– 4	– 4
FCFF	33	39	44	51	58	65	74
Valeur actuelle à 9% des FCFF au 1/01/2011	30	33	34	36	38	39	40
Somme des valeurs actuelles des FCFF au 1/01/2011						250	

(revisité) et d'un horizon de transition au cours duquel les marges et les investissements de l'entreprise se stabilisent avant d'atteindre l'année normative, fondement de la valeur finale. Reprenons le plan d'affaires de Cible SA analysé au chapitre 5 pour réaliser le calcul de la valeur actuelle des flux de trésorerie de la société sur l'horizon explicite 2011-2017.

Sur la base d'un taux d'actualisation de 9 %, on obtient alors une valeur actuelle des flux de 250 millions d'euros.

3. L'estimation de la valeur finale

L'estimation de la valeur finale est fréquemment au cœur des débats car elle représente souvent une part importante de la valeur obtenue par la méthode des DCF, en particulier lorsque l'horizon explicite est court. Cette méthode est vidée de son sens si la valeur finale actualisée représente nettement plus des deux tiers de la valeur obtenue par cette méthode : dans ce cas, autant choisir directement la valeur finale et oublier l'horizon explicite ! Il existe deux façons d'estimer la valeur finale :

– choisir une valeur finale à partir d'un multiple ou de l'actif économique en fin de période,

– calculer une valeur finale implicite à partir du dernier flux.

3.1. Choisir une valeur finale explicite

Dans cette approche, l'évaluateur choisit un multiple auquel il pense pouvoir « sortir » à l'issue de l'horizon explicite soit en revendant l'entreprise soit en l'introduisant en bourse, par croissance à l'infini. On peut retenir un multiple de l'EBE ou encore un multiple du résultat d'exploitation, voire un multiple de chiffre d'affaires.

Le PER ne peut être utilisé car le résultat net est un solde après frais financiers, ce qui n'est pas homogène au FCFF utilisé dans la méthode des DCF. Comme nous l'avons vu au chapitre 8, choisir un niveau de multiple revient à faire une hypothèse implicite sur la croissance à l'infini de l'activité, son niveau de risque et le niveau des taux d'intérêt. La plupart des praticiens s'inspirent des multiples actuels des sociétés comparables pour choisir un multiple de sortie. Ainsi, dans le chapitre 8, nous avons vu que le principal comparable de Cible SA (Comp SA) était valorisé 7,1x le résultat 2011e. Retenir 7x le résultat d'exploitation 2017e comme dans le tableau 3 revient à faire l'hypothèse que les anticipations de croissance, de taux d'intérêt et de risque sont les mêmes pour 2011 et pour 2017 ! Pour cette raison, l'évaluateur préférera choisir ces différents paramètres individuellement en calculant une valeur finale.

Tableau 3 – *Valeur finale explicite de l'entreprise Cible SA calculée à partir d'un multiple (en M€)*

Multiple de Rex 2011 Comp SA	Rex de Cible SA en 2017e	Valeur finale 2017
7x	133	931

$$VF_{2017\ \text{actualisée}} = 931/(1 + 9\ \%)^7 = 509 \text{ (en prenant un Wacc de 9 \%)}$$

$$VE = 250 + 509 = 759$$

On peut aussi retenir une valeur de sortie fondée sur l'actif économique (réévalué ou non) de l'entreprise en dernière année de l'horizon. C'est une méthode très utilisée dans le secteur des mines ou des concessions, car une fois qu'une mine est exploitée ou une concession terminée, les actifs sont cédés. La valeur comptable de l'actif économique peut également être réévaluée et souvent décotée pour aboutir à une estimation de la valeur de marché de l'actif économique à cette date.

En choisissant comme valeur de sortie la valeur comptable de l'actif économique, on fait implicitement l'hypothèse que la rentabilité de l'entreprise à l'issue de l'horizon explicite est égale au coût moyen pondéré du capital. Autrement dit, on suppose que la création de valeur cesse d'un coup en fin d'horizon explicite, comme dans le graphique 1. Dans l'exemple de Cible SA, ceci revient à retenir une valeur d'entreprise à fin 2017 égale à l'actif économique à cette date, soit 388 millions d'euros. La valeur actuelle à 9 % au 1/01/2011 ressort à 212 millions d'euros.

Graphique 1. – *Hypothèse de création de valeur en cas de valeur de sortie comptable*

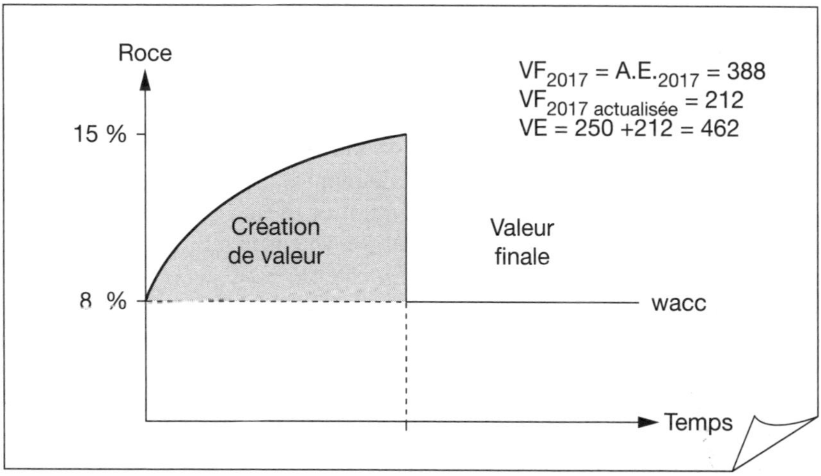

3.2. La valeur finale implicite

Elle se calcule à partir d'un flux de trésorerie normatif qui est censé représenter la capacité de l'entreprise sur le long terme à créer de la valeur. Ce flux de trésorerie normatif ne doit pas être égal au dernier flux de l'horizon explicite. En général, l'entreprise crée de la valeur pendant l'horizon explicite par une augmentation de la rentabilité économique. Le dernier flux de cet horizon est souvent le flux le plus élevé jamais atteint et ne doit pas servir de référence au calcul du flux normatif. Un tel raisonnement reviendrait en effet à maintenir (voire faire croître) à l'infini un niveau élevé de rente. Or l'expérience montre que nulle rente ne peut être maintenue à l'infini : elle finit toujours par atteindre un palier avant de décroître progressivement pour se stabiliser à un niveau correspondant à la maturité de l'entreprise. L'écart entre la rentabilité économique après impôt retenue pour l'horizon infini de la valeur finale et le coût moyen pondéré du capital ne doit donc pas être supérieur à trois ou quatre points sauf à penser que l'entreprise n'aura jamais de concurrents, ni à subir d'évolution technologique remettant en cause sa rente, ce qui est peu probable. Il faut donc réfléchir à la maturité de l'entreprise et se poser la question des marges normatives et de la rentabilité économique normative pour établir le flux de trésorerie qui servira de base au calcul de la valeur finale. L'étude des sociétés cotées comparables, qui sont à un stade de maturité plus avancé, est souvent intéressante à cet égard. Deux approches sont fréquemment utilisées.

– Soit on utilise un flux de trésorerie constant à l'infini que l'on divise par le wacc pour établir sa valeur actuelle. Implicitement, on suppose que la croissance est nulle en fin de période, c'est-à-dire que l'entreprise décroît en termes réels car l'économie va continuer à croître. Ce flux de croissance se caractérise en général par une marge stabilisée, un niveau d'investissements proche de la dotation annuelle aux amortissements et une variation du BFR nulle.

– Or l'économie continue à croître : on peut donc supposer que l'entreprise continue à se développer à un taux de croissance « g » supposé constant à l'infini, qui représente la croissance en volume à long terme auquel il convient d'ajouter une anticipation d'inflation à long terme si les flux sont en euros courants. On ne peut en revanche utiliser le même flux normatif que précédemment : en effet, le maintien d'une telle croissance à l'infini nécessite un effort d'investissement et se traduit par une augmentation du besoin en fonds de roulement qui va peser sur le flux de trésorerie normatif : il faut en quelque sorte financer la croissance prévisionnelle. Il y a donc là un paradoxe intéressant : la croissance crée de la valeur mais elle nécessite des investissements, qui pèsent sur le flux normatif et donc sur la valeur. Mais attention ! Il s'agit d'une croissance à l'infini : si g est supérieur au taux de croissance à long terme de l'économie de référence, l'entreprise va croître, à l'infini, plus vite que ses concurrents et que les autres entreprises et finira par être seul !

La valeur finale est alors la valeur d'un flux croissant à l'infini d'un taux g, c'est-à-dire le rapport :

$$\text{Valeur finale} = \frac{\text{FCFF (année normative)}}{\text{wacc} - g}$$

Dans ces deux approches, la création de valeur liée à la valeur finale peut être très grande et une certaine prudence s'impose. En choisissant un taux de croissance à l'infini trop élevé ou un flux normatif excessif, on décrédibilise la méthode. En pratique, il est souvent utile de ménager un horizon de transition entre la valeur finale et la dernière année de l'horizon explicite (souvent caractérisé par une rentabilité économique élevée) au cours duquel croissance et marge convergent progressivement vers le niveau retenu pour le flux normatif.

Dans notre exemple d'application à Cible SA, pour le calcul du flux normatif 2018, il paraît légitime de retenir les hypothèses suivantes :

– un chiffre d'affaires normatif de 750 millions d'euros avec une marge d'EBE ramenée à 19 % ;

– un niveau normatif d'investissement de 38, soit 1,2x l'amortissement en horizon explicite, compte tenu de la croissance à l'infini retenue ;

– un BFR normatif de 10 % du chiffre d'affaires, qui augmente avec le taux de croissance à l'infini de 2 %.

Tableau 4. – *Calcul de la valeur finale implicite de l'entreprise Cible SA (en M€)*

	Flux normatif (2018)
CA	750
EBE	143
% du CA	19 %
Rex	111
– IS (34 %)	– 38
+ Amortissement	32
– Investissements	– 38
– Var. BFR	– 2
FCFF	65
Calcul de la valeur finale	
Taux de croissance infini	2 %
Wacc	9 %
Valeur finale au 31/12/2017	929
Valeur finale au 1/01/2011	**508**

On obtient ainsi un $FCFF_{2018}$ de 65 millions d'euros et donc une valeur finale au 31/12/2017 de 929 millions d'euros. On constate que choisir un multiple de sortie de 7x le résultat d'exploitation 2017 revient implicitement à maintenir une marge d'EBE de 19 % avec une croissance de 2 % à l'infini.

La valeur d'entreprise retenue est donc VE = 250 + 508 = 758 millions d'euros.

Un conseil de praticien pour finir : la valeur du flux normatif 2018 divisé par le taux d'actualisation moins la croissance à l'infini permet d'établir la valeur finale à fin 2017. Il faut donc l'actualiser sur sept ans pour la ramener au 1/1/2011.

3.3. *Le lien entre croissance et rentabilité économique dans la valeur finale*

En partant de l'exemple précédent, on peut généraliser le lien entre croissance et rentabilité dans la valeur finale. Comme nous l'avons vu dans le chapitre 6, la croissance a un effet amplificateur sur la création ou la destruction de valeur, si bien qu'il pourrait paraître difficile de déterminer le lien explicite entre croissance et rentabilité économique à première vue. Considérons à présent l'expression suivante des *Free Cash Flows to Firm* :

$$\text{FCFF} = \text{Rex}(1 - \text{IS}) - \Delta\text{BFR} - \text{Investissements} + \text{Amortissements}$$

$$\text{FCFF} = \text{Rex}(1 - \text{IS}) - \Delta\text{AE}$$

avec ΔAE la variation de l'actif économique sur la période

La variation de l'actif économique peut également s'interpréter comme la part du résultat d'exploitation après impôt qui est réinvestie dans l'actif économique de la société. À marge constante, le taux de croissance de l'activité de la société (g) s'identifie au taux de croissance du résultat d'exploitation. On peut donc réinterpréter ce taux de croissance :

$$g = \frac{\Delta\text{Rex}}{\text{Rex}} = \frac{\Delta\text{Rex}(1-\text{IS})}{\Delta\text{AE}} \times \frac{\Delta\text{AE}}{\text{Rex}(1-\text{IS})} = \text{roce}_m \times \frac{\Delta\text{AE}}{\text{Rex}(1-\text{IS})}$$

Où roce_m, ou roce marginal, représente la rentabilité marginale de l'actif économique, supposée supérieure au wacc.

Finalement, on peut réinjecter ce résultat dans la formule du flux normatif :

$$\text{FCFF} = \text{Rex}(1-\text{IS}) \times \left(1 - \frac{g}{\text{roce}_m}\right)$$

En reprenant la formule d'actualisation d'un flux croissant à l'infini d'un taux g, vue précédemment, on aboutit à l'expression suivante :

$$\text{Valeur finale} = \text{Rex}(1-\text{IS}) \times \left(\frac{1 - \dfrac{g}{\text{roce}_m}}{\text{wacc} - g}\right)$$

Cette formule donne l'expression de la valeur terminale d'une entreprise qui croît à un taux g à l'infini en maintenant une rentabilité marginale de $roce_m$ sur ses nouveaux investissements. Le graphique 2 illustre l'influence des différentes hypothèses de rentabilité économique marginale et de croissance sur la valeur finale obtenue.

Comme nous l'avons vu, il n'est pas réaliste d'espérer maintenir une rente positive à l'infini. De la sorte, il est logique d'égaliser la rentabilité des nouveaux investissements ($roce_m$) avec le wacc à l'issue de l'horizon explicite de prévisions. Au final, la formule précédente se simplifie considérablement et donne :

$$\text{Valeur finale} = \frac{\text{Rex}(1 - \text{IS})}{\text{Wacc}}$$

En d'autres termes, à l'issue de l'horizon explicite, l'incrément d'actif économique ne crée plus de valeur car sa rentabilité marginale s'égalise avec le wacc. C'est l'idée du *cash flow fade* ou modèle de la rente décroissante. Partant du niveau atteint en dernière année de l'horizon explicite, l'idée est de faire décroître progressivement sur cinq, dix ou quinze ans la rentabilité économique de l'entreprise (en jouant sur la marge d'exploitation et la rotation de l'actif économique) pour atteindre un niveau de rente considéré comme représentatif de la maturité de son portefeuille de produits actuels. La décroissance est d'autant plus rapide que la rente se caractérise par de faibles barrières à l'entrée. Certains font même converger la rentabilité économique de long terme avec le wacc, aboutissant ainsi à une valeur finale de très long terme égale à l'actif économique. Notre lecteur aura compris que, dans tous les cas, la valeur retenue est très subjective et souvent discutable.

Graphique 2. – *Valeur finale implicite avec croissance*

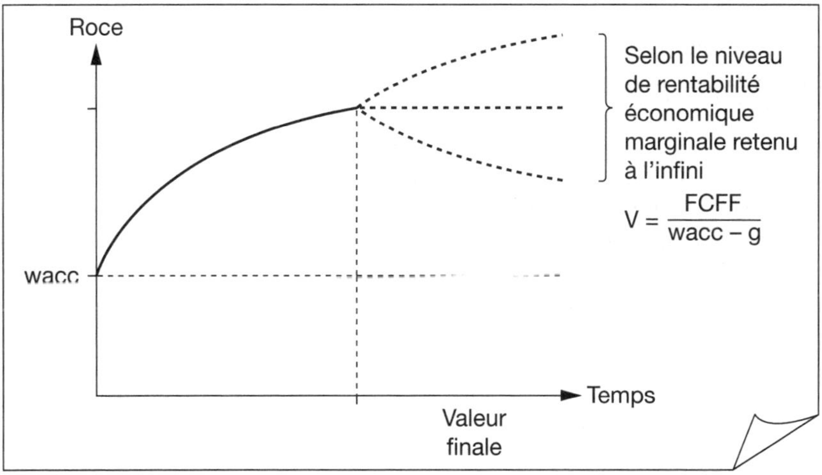

4. Le calcul du taux d'actualisation

Nous avons vu au chapitre 6 que le coût moyen pondéré du capital se calcule de la façon suivante :

$$\text{wacc} = \frac{V_{CP}}{V_{CP} + V_D} \times K_{CP} + \frac{V_D}{V_{CP} + V_D} \times K_D(1 - IS)$$

Le facteur (1 – IS) représente l'économie d'impôt liée à la dette (*tax shield* en franglais), les flux de trésorerie ayant été calculés en utilisant un taux normatif. Sous des airs simples de moyenne pondérée, le choix d'un wacc est souvent un cauchemar dans la pratique. C'est pourtant le seul paramètre de marché qui intervient dans la méthode des DCF et son calibrage revêt une importance extrême. Nous allons examiner successivement le coût des fonds propres, le coût de la dette et le choix des pondérations.

4.1. Le MEDAF et l'évaluation du coût des capitaux propres

Le coût des capitaux propres K_{CP} est le taux de rentabilité exigé par les actionnaires. On pourrait imaginer que chaque actionnaire choisit son taux en fonction de son appétit pour le projet et de la perception des risques qui y sont associés. C'est possible mais, dans ce cas, la valeur issue du DCF sera une valeur de convenance pour chaque acheteur et non pas une valeur de marché susceptible d'être échangée entre des investisseurs financiers professionnels. La théorie financière est en effet fondée sur l'hypothèse que l'actionnaire est un investisseur professionnel diversifié qui ne choisit pas un titre dans l'absolu mais un titre par rapport à un portefeuille d'actifs diversifié, dont on peut imaginer qu'il contient des actions, des obligations, des actifs immobiliers, agricoles… Il est alors confronté à deux risques : le risque intrinsèque lié à chaque type d'activité et le risque systémique qui affecte l'ensemble du marché.

Le graphique 3 montre que le niveau de risque est maximal lorsque l'investisseur ne possède qu'une seule action en portefeuille. Grâce à la diversification, ce niveau de risque peut être abaissé jusqu'à un niveau « incompressible » qui représente le risque systémique. Ce risque systémique a donc un effet transversal et affecte l'ensemble des titres du marché mais pas de la même façon. Le cours du pétrole ou d'autres matières premières, le cours du dollar, la législation fiscale ou sociale sont autant d'exemples du risque systémique. On voit bien qu'une entreprise donnée est plus ou moins sensible au cours du pétrole ou du dollar : en bourse, on les appelle souvent des valeurs dollar (LVMH ou Accor) ou des valeurs pétrole (Total).

La théorie financière prévoit que l'on ne rémunère pas l'investisseur pour la partie du risque diversifiable car il peut réduire ce risque en accroissant le nombre de titres en portefeuille, c'est-à-dire en se diversifiant ; si

Graphique 3. – *Niveau de risque selon le niveau de diversification*

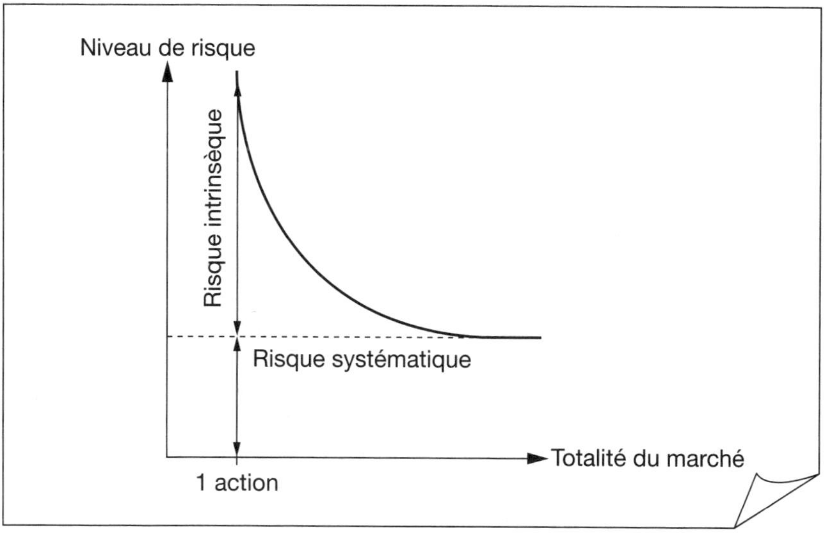

bien que seul le risque systématique est rémunéré. Le modèle d'équilibre des actifs financiers (MEDAF ou CAPM en anglais) propose un modèle simple pour établir la rémunération exigée par l'actionnaire diversifié en fonction du taux sans risque et d'une prime de risque (rémunération du temps) :

$$K_{CP} = k_f + \beta_{CP} (k_m - k_f)$$

k_f : taux sans risque
k_m : taux de rentabilité du portefeuille de marché
β_{CP} : sensibilité au risque systémique de l'action

Le coefficient β_{CP} mesure la sensibilité d'une action donnée au risque systématique. Ainsi, un titre ayant un bêta des capitaux propres inférieur à 1 est moins sensible que la moyenne du marché au risque systématique et amortit les fluctuations du marché : il varie moins que la moyenne des autres titres, c'est-à-dire à l'indice de référence. Un titre ayant un β_{CP} supérieur à 1 amplifie quant à lui les fluctuations du marché. Conceptuellement, un β est en général compris entre 0,5 et 1,5.

Dans le cadre d'une évaluation par les flux, il faut donc réfléchir aux risques systématiques, c'est-à-dire aux risques qui n'ont pas été pris en compte dans les différents scénarios élaborés pour le plan d'affaires : une variation du cours d'une matière première, un événement géopolitique, etc. et analyser la sensibilité de l'entreprise à ce type de risque. Ainsi une entreprise de télédiffusion nationale sera sensible à la conjoncture publicitaire, aux coûts des programmes, aux événements géopolitiques, mais assez peu au dollar ou au cours du pétrole… De façon générale, les principaux paramètres qui pèsent sur le β_{CP} sont la structure des coûts de l'entreprise et le degré de visibilité de ses résultats : une entreprise ayant un point mort élevé avec une faible visibilité de son activité aura naturellement un β_{CP} élevé traduisant une forte sensibilité à la conjoncture.

Mais ce n'est pas tout ! La structure financière d'une entreprise modifie sa sensibilité au risque systématique. En effet, une entreprise très endettée est plus sensible au risque systématique qu'une entreprise peu endettée. La structure financière agit donc comme une sorte d'amplificateur de la sensibilité au risque systématique. Ainsi une entreprise de travail temporaire endettée est plus sensible aux variations de la conjoncture qu'une entreprise de travail temporaire non endettée, car son point mort est plus élevé en raison de l'existence des frais financiers. Il faut donc analyser séparément la sensibilité de l'activité de l'entreprise au risque systématique à dette nulle souvent appelée β de l'actif économique et notée β_e (parfois appelée β *unlevered* ou *unleveraged* en franglais) du β qui mesure la sensibilité de l'action au risque systématique en intégrant le risque lié à la structure financière.

Cette vision correspond à celle d'un investisseur financier. Le MEDAF détermine donc un niveau d'exigence de rentabilité sur longue période pour les actionnaires. Ce taux ne doit pas être confondu avec l'objectif de rentabilité économique d'un industriel. Ce dernier est en effet supérieur au taux de rentabilité exigé par les actionnaires, car un industriel n'a pas la possibilité de se diversifier au même titre qu'un investisseur financier. Son investissement est donc plus risqué et par conséquent il exigera une rémunération supérieure. Lors d'une opération de fusion acquisition, il n'est pas rare de voir les industriels être moins disants que les investisseurs financiers pour cette raison.

Selon la théorie financière, le risque intrinsèque doit être intégré dans les flux de trésorerie grâce à l'utilisation de scénarios sur l'horizon explicite, tandis que la sensibilité au risque systématique doit être incluse dans le taux d'actualisation. L'évaluateur ne doit donc pas majorer le coût des capitaux propres d'une entreprise donnée sous prétexte qu'il juge le plan d'affaires trop ambitieux ou trop risqué. La bonne approche est de construire différents scénarios et de les actualiser au même taux qui mesure la sensibilité à des risques qui de toute façon n'auront pas été pris en compte dans le plan d'affaires.

Une autre conséquence de cette analyse est que, dans un secteur d'activité donné, il n'y aucune raison de changer de β_e puisque la sensibilité au risque systématique sera la même. Ce qui peut changer : ce sont les β_{CP} de chaque société compte tenu de la structure financière de l'entreprise.

4.2. Le bêta des capitaux propres (β_{CP}) en pratique

Comment calculer le β_{CP} de l'entreprise à évaluer ? Bien que le modèle du MEDAF soit fondé sur un β anticipé, les praticiens utilisent une estimation statistique du β des sociétés cotées comparables pour le calculer ! La méthode est fondée sur l'approche analogique puisqu'elle vise à déduire le β de l'entreprise à évaluer d'une moyenne de β_e issue d'un échantillon de sociétés comparables.

En théorie, le β_{CP} d'une action d'une société cotée se définit mathématiquement comme le rapport de la covariance de cette action par rapport à la variance du marché :

$$\beta_{CP} = \frac{\text{covariance (action, marché)}}{\text{variance (marché)}}$$

Cependant la mesure statistique du β_{CP} n'est pas fiable : elle dépend beaucoup en effet de l'indice de référence et de la durée choisis. La plupart des praticiens recommandent d'utiliser des périodes longues comme la moyenne des observations hebdomadaires sur 24 mois pour amortir les fluctuations statistiques. D'autres modèles, comme celui d'*Associés en finance*, substituent au β une note de risque subjective, qui résulte de la combinaison de plusieurs critères comme le risque de prévision (fondé notamment sur la dispersion des prévisions des analystes qui suivent la valeur), le risque financier et le risque sectoriel.

Ayant calculé un β_{CP} par société de l'échantillon, il faut alors estimer leur β_e, c'est-à-dire le β de l'actif économique, qui représente la sensibilité de l'actif économique au risque systématique indépendamment de la structure financière.

Pour ce faire, on utilise la formule suivante :

$$\beta_e = \frac{\beta_{CP}}{\left[1 + (1 - IS)\dfrac{V_D}{V_{CP}}\right]}$$

β_{CP} : sensibilité au risque systématique de l'action
β_e : sensibilité au risque systématique de l'actif économique
V_D : valeur de la dette
V_{CP} : valeur des fonds propres

Cette formule fait l'hypothèse forte que le β de la dette est nul. En effet, la formule complète que l'on peut déduire de la formule du wacc fait apparaître un β de la dette (β_D) :

$$\beta_e = \frac{\beta_{CP} + \beta_D \times (1 - IS)\dfrac{V_D}{V_{CP}}}{1 + (1 - IS)\dfrac{V_D}{V_{CP}}}$$

On constate qu'en faisant $\beta_D = 0$, on retrouve la formule précédente. Le β de la dette correspond à la sensibilité de la valeur de la dette d'une entreprise au risque systématique et l'on peut comprendre qu'il soit négligeable dans la plupart des cas : la valeur de la dette reste très proche de sa valeur comptable, notamment si elle a été levée à un taux proche du taux de marché. Dans les cas de sociétés sensiblement endettées, on ne peut valablement maintenir une telle approximation et il faut estimer le β de la dette. L'utilisation d'une échelle de notation financière est alors utile pour estimer le degré de risque associé au niveau de dette et en déduire un β de la dette. En tout état de cause, un β de la dette s'échelonne entre 0 et 0,5 au maximum !

On obtient alors une série de βe des sociétés de l'échantillon dont on peut faire la moyenne puisque les différences de structure financière ont été gommées, ce qui permet d'aboutir à une estimation du β de l'actif économique (β_e).

On peut alors en déduire le β_{CP} de l'entreprise à évaluer en injectant sa structure financière anticipée dans la formule précédente, utilisée ainsi à l'envers :

$$\beta_{CP} = \beta_e \times [1 + (1 - IS)\frac{V_D}{V_{CP}}]$$

Les calculs statistiques précédents ne dispensent pas de toute réflexion ! Ce n'est pas parce qu'on trouve mathématiquement 1,58936 pour le β de l'entreprise à évaluer que ce chiffre doit être retenu dans le calcul du wacc, même en s'arrêtant à un chiffre après la virgule. En effet, retenir un β de 1,6 revient à considérer que l'entreprise est particulièrement sensible au risque systématique et donc qu'elle a un point mort très élevé ou une très faible visibilité de son activité ou qu'elle dépend fortement du cours du dollar, du pétrole, de la conjoncture… Est-ce véritablement le cas ou est-ce une aberration mathématique ?

Tableau 5. – *Estimation du β_e de Cible SA à partir de 4 sociétés comparables (en M€)*

	Comp SA	Small Comp	Big Comp	Chinese Comp	Moyenne sans Chinese Comp
Bêta de l'action sur 180 jours (β_{cp})	1,17	1,33	1,05	3,04	
Dette nette (M€)	50	10	1 000		
Capitalisation boursière (M€)	580	14	7 000		
Bêta désendetté (β_e)	**1,11**	**0,90**	**0,96**		**0,99**

Commençons par écarter le β_{cp} de Chinese Comp qui ne veut rien dire. En faisant l'hypothèse (forte !) que la valeur de la dette de chacun des 3 comparables retenus est égale à la valeur comptable de la dette, on obtient alors un β_e moyen pour le secteur de Cible SA de 0,99 que l'on applique à Cible SA pour obtenir le β_{cp} de l'entreprise. En retenant un rapport entre valeur de la dette et valeur des capitaux propres de Cible SA de 40 % et un taux d'IS de 34 %, on obtient :

$$\beta_{CP} = 0,99 \times [1 + (1 - 0,34) \times 0,40] = 1,27$$

4.3. La prime de risque (R_m - R_f)

La prime de risque représente l'écart entre la rentabilité moyenne du portefeuille de marché (R_m) et le taux sans risque (R_f). Conceptuellement, elle reflète également la différence de rémunération d'un actionnaire par rapport à celle d'un créancier ayant investi dans l'actif sans risque. L'actionnaire ayant pris plus de risques, sa rémunération sera supérieure. Il existe deux approches pour mesurer la prime de risque.

– La mesure historique statistique (*ex post*) de la prime de risque, qui consiste à observer l'écart entre l'évolution des actions et la rémunération des actifs les moins risqués (en général des obligations d'État) sur une période d'au moins dix ans, donne des résultats extrêmement dispersés selon la période d'observation retenue et la méthode retenue (moyenne arithmétique ou géométrique) dans les calculs. En bref, l'écart type de la mesure est voisin de la mesure elle-même. Que choisir entre 3 et 7 % ? Il faut garder en tête que l'évolution dans l'absolu du taux sans risque (mais aussi de l'inflation), ainsi que le « biais du survivant », qui consiste à évaluer la prime de risque à partir d'un indice composé d'entreprises ayant survécu à toutes les crises, ne sont pas sans polluer le débat. Le tableau 6 présente le niveau historique de la prime de risque sur le marché américain.

Tableau 6. – *Prime de risque historique aux États-Unis*

	Moyenne arithmétique		Moyenne géométrique	
	Actions/Bons du Trésor US	Actions/ Obligations du Trésor US	Actions/Bons du Trésor US	Actions/ Obligations du Trésor US
1928 – 2009	7,53 %	6,03 %	6,56 %	4,29 %
1960 – 2009	5,48 %	3,78 %	4,09 %	2,74 %
2000 – 2009	– 1,59 %	– 5,47 %	– 3,68 %	– 7,22 %

Source : d'après Aswath Damodaran.

– La mesure prospective (*ex ante*) de la prime de risque résulte soit de sondages auprès des investisseurs pour mesurer leurs anticipations, soit préférentiellement de modèles : ceux-ci cherchent à identifier la valeur actuelle des flux futurs d'un échantillon d'entreprises cotées grâce à la valeur boursière de ces sociétés afin d'en déduire leur wacc et la prime de risque implicite exigée par les investisseurs financiers. C'est le cas du modèle d'*Associés en finance*, dont les données du graphique 4 sont tirées,

Graphique 4. – *Évolution de la prime de risque au sein de la zone euro depuis 1998 (en %)*

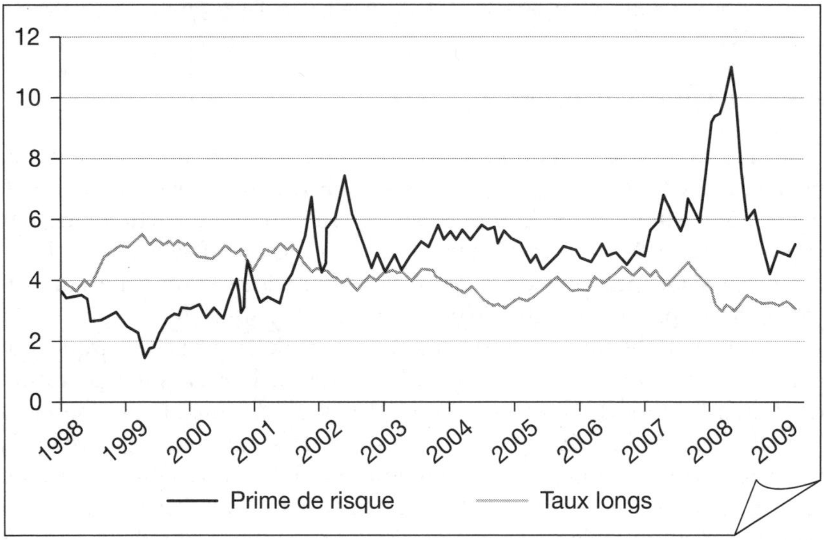

Source : Associés en Finance.

qui suit cette prime anticipée sur longue période et établit des classes de risque en fonction d'une note de risque résultant de plusieurs critères. On constate que, sur les vingt dernières années, la moyenne des primes de risque anticipées est d'environ 5 %. Cela étant, à fin 2008, en plein cœur de la crise financière, la prime de risque était à son apogée : 10,3 % !

Au total, en période de faibles taux d'intérêt (c'est-à-dire proches de 5 %), la prime de risque ne peut durablement représenter plus de 75 % du taux sans risque tandis que, dans les périodes de forts taux d'intérêt (10 % par exemple), cette prime plafonne à 50 % du taux sans risque pour tenir compte de la cohérence entre la rémunération du risque et la rémunération du temps. La prime de risque anticipée doit être privilégiée par l'évaluateur car elle reflète le moment de l'évaluation.

4.4. L'estimation du coût de la dette

Il est égal au taux sans risque auquel on ajoute une marge reflétant le risque de contrepartie. Ce coût de la dette représente le coût moyen auquel l'entreprise pourrait refinancer l'intégralité de son passif bancaire et financier compte tenu de son risque et des conditions actuelles de marché. Pour cette raison, il est dangereux de se référer exclusivement au coût comptable de la dette, qui résulte davantage du passé. Comme nous l'avons vu sur le β de la dette, ce coût de la dette dépend de la notation financière de l'entreprise considérée. Cette notation reflète la probabilité de défaut de la société, c'est-à-dire qu'elle présente un incident de paiement pour le remboursement de son endettement.

– De AAA à BBB–, ce sont les risques qualifiés d'*investment grade,* qui correspondent à des *spreads* compris entre 50 et 100 points de base (c'est-à-dire une marge de 50 à 100 points de taux ajoutés au taux sans risque) pour une note comprise entre AA et A (ce qui est le cas des grand groupes) et entre 130 et 200 points de base pour une note située entre BBB+ et BBB–.

– En dessous de BBB–, ce sont les risques qualifiés de *speculative grade* ou *high yield,* qui correspondent à des *spreads* supérieurs à 200 points de base.

Le tableau 7 donne une approche moyenne des caractéristiques financières d'entreprises en fonction de leur notation.

Tableau 7. – *Exemples d'échelle de notation financière*

	AAA	**AA**	**A**	**BBB**	**BB**	**B**
EBE/Frais financiers	38,4 ×	23,5 ×	13,3 ×	9,3 ×	7,6 ×	0,6 ×
FCFF/ Endettement net	197,3 %	45,8 %	29,3 %	16,2 %	7,6 %	2,4 %
Endettement net/ EBITDA	0,3 ×	0,9 ×	1,5 ×	2,3 ×	3,0 ×	5,3 ×
Levier	11,9 %	31,6 %	36,1 %	45,1 %	52,2 %	73,1 %

Source : Standard & Poor's, 2009.

Étant donné que les *spreads* des entreprises notées ayant émis de la dette sont souvent le reflet de leur notation, il est utile de s'interroger sur la note qui pourrait être attribuée à l'entreprise à évaluer compte tenu de sa structure financière et du niveau de sa rentabilité d'exploitation et d'en déduire le *spread* à appliquer au taux sans risque.

Les critères des agences de notation sont autant qualitatifs que quantitatifs. Ainsi l'agence Fitch considère-t-elle une entreprise comme *Investment Grade* à partir de différents paramètres tels que : la capacité du groupe à générer des économies d'échelle, sa diversification, la bonne visibilité du financement de sa croissance future ou encore l'alignement de sa *Corporate Governance* avec les « meilleures standards » (*best practice* en franglais).

4.5. Le choix de la pondération

La formule du wacc est en vérité circulaire et ambiguë : la valeur dépend des flux actualisés à un taux qui dépend de la valeur ! En outre, la structure actuelle du passif de l'entreprise est évolutive car la politique de financement de l'entreprise est souvent le fruit de compromis entre le management, les actionnaires et les créanciers. Le choix des pondérations est donc une tâche ardue. Enfin le coût de la dette étant inférieur au coût des capitaux propres, on a facialement l'impression qu'en augmentant la part de la dette dans le passif de l'entreprise, on baisse le wacc et donc on augmente la valeur ! Quelques règles simples doivent guider le choix d'une pondération.

– Tout d'abord, il faut oublier les valeurs comptables des capitaux propres et de la dette et pratiquer un raisonnement en valeur.

– Ensuite, le choix des pondérations doit être cohérent avec les prévisions des flux de trésorerie : des flux de trésorerie prévisionnels très élevés (ce qui est souvent le cas) et un niveau de dette très important dans le wacc paraissent incohérents.

– La pondération V_D/V_{CP} est déterminée par rapport à un horizon de long terme, cohérent avec un stade de maturité de l'entreprise.

– La théorie financière (et notamment l'hypothèse de Modigliani-Miller) nous apprend que, dans un univers sans fiscalité, la structure financière d'une entreprise ne crée pas de valeur. Autrement dit, rien ne sert de faire baisser artificiellement le wacc en injectant plus de dette dans la pondération car le risque augmente mécaniquement et donc les actionnaires et les créanciers ajustent leurs exigences de rémunération en conséquence, aboutissant ainsi à un wacc inchangé. Le bémol de ce raisonnement est l'absence de fiscalité, qui pourrait conduire à conclure qu'il existe un wacc optimal permettant de bénéficier à plein de l'effet fiscal lié à la dette sans pour autant être menacé par la faillite. Ceci n'est toutefois pas démontré et, en pratique, les entreprises ne s'endettent pas pour réaliser des économies d'impôt. Le graphique 5 illustre l'incidence théorique de la structure financière sur le wacc.

Graphique 5. – *Incidence de la structure financière sur le wacc*

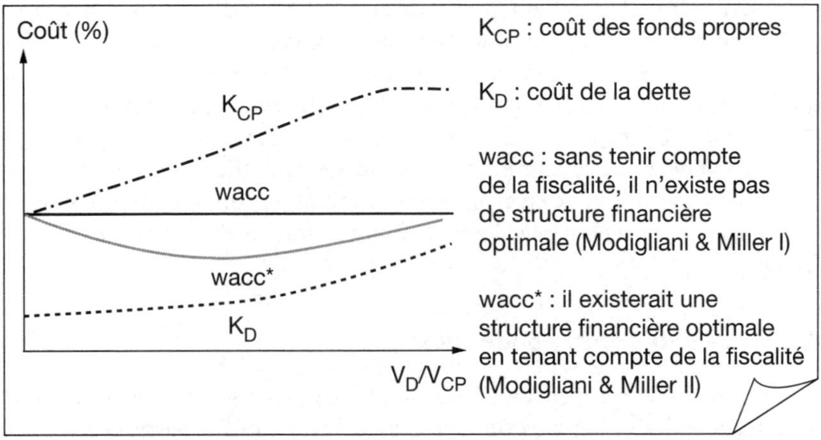

Tout ceci plaide en faveur d'une approche très prudente dans le choix des pondérations : il faut éviter de retenir une pondération favorisant à l'excès la dette car on n'achète jamais une entreprise pour sa dette ! Avec des coûts de la dette de l'ordre de 4 % et un taux d'impôt de 34 %, on a vite fait de faire baisser artificiellement le wacc et de créer de la valeur sur le papier. D'un autre côté, retenir un wacc égal au seul coût des fonds propres revient à négliger les économies d'impôts liées à la dette existante, qui sont parfois importantes.

La méthode APV (pour *Adjusted Present Value*) offre un bon compromis. Elle consiste à actualiser les flux de trésorerie prévisionnels au seul coût des capitaux propres et à valoriser séparément l'avantage fiscal de l'endettement par actualisation (également au coût des capitaux propres) des économies d'impôt correspondant à la dette existante en modélisant son remboursement en fonction des flux disponibles. Ainsi :

Valeur d'une firme endettée = valeur d'une firme non endettée + valeur de l'économie d'impôt liée à l'endettement existant

4.6. Exemple : calcul du Wacc de Cible SA

Le tableau 8 résume les différents éléments de calcul applicables à Cible SA :

Tableau 8. – *Données pour le calcul du Wacc de Cible SA*

Rf	4,5 %
Rm	9,8 %
β_{CP}	1,27
Spread	1,1 %
IS	34 %
V_{D}/V_{CP}	0,40
Wacc	9,0 %

Conclusion

La valeur actuelle de l'entreprise *in fine* est donnée par la formule suivante :

$$V_e = \sum_{i=1}^{n} \frac{FCFF_i}{(1+wacc)^i} + \frac{VF}{(1+wacc)^{n \text{ ou } n+1}}$$

Il est judicieux de faire apparaître explicitement la part de la valeur terminale dans la valeur d'entreprise qui ressort de la mise en œuvre de la méthode des DCF.

Pour obtenir finalement V_{CP}, on retranche la valeur de marché de l'endettement net actuel (V_D). La méthode des DCF fait en effet l'hypothèse que la valeur actuelle nette (actualisée au taux K_D) des modifications ultérieures de la structure financière est nulle. Pour cette raison, seule la dette financière existante à la date de l'évaluation est considérée. Le cas échéant, il ne faut pas non plus oublier de valoriser les reports déficitaires. On retranche ensuite les intérêts minoritaires et la part des provisions pour risques et charges couvrant des charges futures non prises en compte dans le calcul des flux du plan d'affaires. Enfin, il ne faut pas oublier d'ajouter la valeur des actifs hors exploitation qui n'ont pas contribué aux flux actualisés.

Ainsi en reprenant la méthode de la valeur finale implicite de Cible SA, on trouve la valorisation suivante de Cible SA (en M€) :

$$VE = 758$$
$$\text{Dette nette} = 200$$
$$V_{CP} = 758 - 200 = 558$$

Les tests de sensibilité sont indispensables pour cerner la valeur de l'actif et établir un intervalle de confiance raisonnable sur la valeur de l'entreprise. Deux grands types de sensibilité existent :

– les sensibilités opérationnelles : modification des marges, des investissements, de la croissance, notamment sur l'horizon explicite du plan d'affaires. On peut également recourir aux différents scénarios élaborés dans l'analyse du plan d'affaires (pessimistes et optimistes) pour mesurer la sensibilité du modèle aux paramètres opérationnels ;

– les sensibilités financières : croissance à l'infini, modification d'un point de taux d'actualisation, modification de la marge et des investissements retenus dans le flux normatif, voire même changement de méthode pour la valeur finale si la part de celle-ci est trop importante dans la valeur obtenue.

Le croisement de ces différentes sensibilités permet d'aboutir à la valeur de l'entreprise par la méthode des flux. Il ne faut pas tomber dans l'excès inverse et retenir un intervalle entre 0 et 1 000 tant les tests de sensibilité peuvent aboutir à des valeurs éloignées. Ainsi, le tableau 9 qui présente l'étude de l'impact de deux sensibilités financières importantes des résultats de la méthode DCF (avec une valeur finale implicite) permet d'estimer la valeur d'entreprise de Cible SA dans une fourchette entre **720** millions d'euros et **850** millions d'euros et la valeur des capitaux propres entre **520** et **650** millions d'euros (avec la méthode DCF et en utilisant une valeur finale implicite).

Tableau 9. – *Tableau de sensibilités de Cible SA*

		WACC		
		8,5 %	**9,0 %**	**9,5 %**
Croissance infinie	**1,5 %**	763	724	690
	2,0 %	802	758	719
	2,5 %	847	797	753

La méthode des flux est parfois comparée à la méthode dite des « EVA » actualisées. Rappelons que l'EVA se calcule de la façon suivante :

EVA = Actif économique initial × (roce – wacc)

ou

EVA = Rex – (wacc × Actif économique initial)

L'actualisation des EVA au wacc permet d'aboutir au même résultat que les *Discounted Cash Flows* et est souvent utilisée pour valoriser d'un coup l'ensemble des actifs incorporels de l'entreprise, y compris ceux qui ne sont pas comptabilisés au bilan.

$$VE = \sum_{i=1}^{\infty} \frac{FCFF}{(1 + wacc)} = AE + \sum_{i=1}^{\infty} EVA$$

Il importe bien entendu d'adapter les méthodes de valorisation au contexte local de l'entreprise. Si les retours sur investissement dans les sociétés travaillant dans les pays émergents sont potentiellement très élevés, leur évaluation est une opération particulièrement complexe.

Tout d'abord, il est souvent dangereux de se fier aux plans d'affaires de ces entreprises. Les pays émergents se caractérisent précisément par une forte volatilité et un état de transition (économique, politique, social...), qui rend difficile l'établissement des prévisions opérationnelles à plus de quatre-cinq ans. Ensuite, l'estimation du taux d'actualisation nécessite une grande prudence. De nombreuses sociétés ont été introduites en bourse récemment et manquent donc de véritable historique boursier permettant de déterminer avec rigueur leur sensibilité au risque de marché. La concentration des marchés financiers émergents et leur taille relative perturbent les règles du jeu. En Russie par exemple, les trois premières entreprises représentaient à fin 2009 environ 40 % de l'indice boursier local, contre 14 % dans la zone euro Dans ces conditions, un nombre restreint de sociétés disposent d'une influence déterminante sur l'ensemble du marché financier, et il est encore plus difficile de trouver des entreprises cotées comparables. En outre, le calcul du taux sans risque est délicat lorsqu'un État comme l'Ukraine s'endette à un taux plus élevé que certaines entreprises du pays.

Différentes méthodes ont été élaborées pour adapter le calcul du coût moyen pondéré du capital à la réalité des pays émergents. L'idée est d'ajuster le MEDAF en intégrant une prime de risque spécifique (Ps) reflétant le risque de défaut du pays émergent mesuré par le spread des obligations domestiques du pays considéré par rapport au pays développé de référence.

Le modèle dit du « Medaf émergent » ajoute une prime de risque spécifique au calcul du coût des fonds propres, qui devient donc :

$$K_{CP} = k_f + \beta_{CP} (k_m - k_f) + P_s$$

Toutefois, cette prime du risque pays intègre à la fois le risque politique et économique, or l'exposition au risque diffère sensiblement d'un secteur à l'autre. Le modèle de volatilité relative, dérivé du Medaf, intègre l'instabilité des cours de bourse des pays émergents en ajoutant un coefficient d'ajustement de volatilité (S) :

$$K_{CP} = k_f + S \times \frac{\sigma_e}{\sigma_{cb}} + \beta_{CP}(k_m - k_f) + P_s$$

σ_e : volatilité du marché des actions du pays émergent
σ_{cb} : volatilité du marché obligataire du pays émergent

L'évaluation n'est pas une science exacte, encore moins dans les pays émergents ! Pour mesurer la rentabilité d'investissements en pays émergents, certains réflexes sont de rigueur. Il est notamment indispensable de procéder à une analyse approfondie de certains paramètres tels que la monnaie de référence du plan d'affaires, le risque de change, l'inflation ou le risque de liquidité, sans oublier le risque politique.

En conclusion, la méthode des DCF constitue un outil de dialogue privilégié pour réfléchir aux perspectives à moyen terme d'une entreprise et à son potentiel de création de valeur. Elle offre également l'avantage de raisonner sur les flux avant impact de la structure financière, celle-ci n'intervenant que lors du choix du wacc.

Les cas présentés au chapitre 22 permettent d'appliquer les méthodes présentées dans ce chapitre de manière concrète.

Questions

1. Pourquoi la méthode des DCF est-elle appelée méthode intrinsèque ?
2. Dans quelle situation le vendeur va-t-il privilégier la méthode des DCF ?
3. Combien d'étapes composent la méthode des DCF ? Qu'appelle-t-on valeur finale ?
4. Quel doit être l'horizon explicite de prévision des flux ?
5. Quel pourcentage maximum de la valeur d'entreprise peut représenter la valeur finale ?
6. Comment la croissance impacte-t-elle la valeur finale ?
7. Que signifierait un taux de croissance à l'infini de l'entreprise supérieur au taux de croissance à long terme de l'économie de référence ?
8. Le flux normatif sans croissance peut-il être supérieur au flux normatif avec croissance ?
9. Comment un investisseur financier élimine-t-il le risque intrinsèque ? Que lui reste-t-il ?
10. Le risque systématique doit-il être intégré dans les flux ?
11. Un taux d'actualisation différent est-il nécessaire selon les scénarii ?
12. Comment l'endettement d'une entreprise impacte-t-il sa sensibilité au risque systématique ?

13. Raisonner en valeur comptable permet-il de déterminer la pondération du wacc ?
14. Qu'est-ce qu'un *Free Cash Flow to Equity* ?
15. Pour quel type d'acquisition utilise-t-on souvent les FCFE ?

Bibliographie

Camblain Édouard, *Les pièges de l'évaluation d'entreprise*, Vuibert, Paris, 2009.
Gup Benton, Rawley Thomas, *The Valuation Handbook*, Wiley, New York, 2010.
Koller Tim, Goedhart Marc et Wessels David, *Valuation : Measuring and Managing the Value of Companies*, 5e édition, Wiley, New York, 2010.

Site internet de Aswath Damodaran : www.damodaran.com

Chapitre 10

Comprendre les écarts de valorisation : décotes et options réelles

Ce chapitre traite...

- **De l'interprétation des écarts de résultat entre les méthodes d'évaluation**

– Dans un marché à l'équilibre sans fiscalité, toutes les méthodes d'évaluation devraient conduire à la même valeur. En réalité, les marchés n'étant pas pleinement efficients, on trouve des écarts entre les résultats des diverses méthodes.

– Seule la confrontation des résultats obtenus par les différentes méthodes permet d'aboutir à une bonne conclusion.

- **Des décotes**

– Pour justifier l'écart entre prix et valeur, on fait souvent appel aux décotes suivantes.

– La décote de minoritaire traduit le fait qu'un actionnaire minoritaire est dépendant du majoritaire dans son accès au rendement et à la liquidité.

– La décote d'illiquidité traduit la difficulté de ne pas pouvoir revendre à son prix un titre financier du fait de l'absence ou de l'étroitesse du marché.

– La décote de taille est issue de l'idée que les entreprises de taille modeste seraient plus risquées que leurs homologues de grande taille.

– La décote de holding et la décote de conglomérat résultent du fait que l'investisseur financier n'aime pas acheter un actif déjà diversifié.

- **Du concept des options réelles**

– Les méthodes d'évaluation classiques trouvent leurs limites lorsque les managers ont la capacité d'utiliser de nouvelles informations pour modifier les projets en cours.

– Prendre en compte cette possibilité revient donc à donner une valeur au temps. Cette valeur temps traduit l'existence d'une option, dite option réelle.

– Il existe trois grandes familles d'options réelles : attendre, croître ou réduire.

– Cette approche est toutefois rapidement limitée par la difficulté pratique de quantifier ces options réelles.

L'évaluation financière doit se terminer par une confrontation des résultats obtenus par les trois méthodes d'évaluation vues précédemment. Il sera ainsi montré comment interpréter ces écarts, avant d'enchaîner sur les options dites « réelles », concept ayant vocation à dépasser les limites des méthodes d'évaluation traditionnelles.

1. Comprendre les écarts de résultat entre les méthodes d'évaluation

Les fondements de la valeur d'une entreprise sont universels. La théorie nous apprend que, dans un marché à l'équilibre et sans fiscalité, toutes les méthodes d'évaluation doivent conduire à la même valeur : la valeur boursière d'une entreprise devrait être identique à la valeur actuelle de ses flux futurs tandis que la valeur de marché des différents éléments d'actif économique devrait être égale à la valeur boursière du tout. En effet, le lien entre la valeur issue de l'application des multiples et celle issue de la méthode des DCF peut être modélisée en reprenant la formule de la valeur finale vue au chapitre 9.

$$\frac{VE}{Rex} = (1 - IS) \times \left(\frac{1 - \frac{g}{roce}}{wacc - g} \right)$$

Le tableau 1 présente les multiples du résultat d'exploitation obtenus grâce à cette formule en prenant pour hypothèses un wacc de 8 % et un taux d'impôt sur les sociétés de 34 %.

Tableau 1. – *Multiples implicites du résultat d'exploitation*

		roce			
		10 %	**15 %**	**20 %**	**25 %**
Croissance à l'infini	1 %	8,6 ×	8,9 ×	9,1 ×	9,2 ×
	2 %	8,9 ×	9,7 ×	10,1 ×	10,3 ×
	3 %	9,4 ×	10,7 ×	11,4 ×	11,8 ×
	4 %	10,1 ×	12,3 ×	13,4 ×	14,1 ×
	5 %	11,2 ×	14,9 ×	16,8 ×	17,9 ×

On constate donc que payer par exemple une entreprise 10 fois son résultat d'exploitation équivaut à anticiper à l'infini une croissance de 4 % tout en maintenant une rentabilité économique de 10 %, ou bien une croissance de 2 % assortie d'une rentabilité économique de 20 %. Cette approche peut donner à réfléchir à certains, dans la mesure où elle permet de traduire un simple multiple en critères économiques concrets…

Dans la réalité, les marchés ne sont pas pleinement efficients, la fiscalité rôde et il existe des écarts entre les résultats obtenus par les différentes méthodes. Seule la confrontation des résultats obtenus par les différentes méthodes permet d'aboutir à une bonne conclusion. Et ce d'autant plus que chacune des méthodes présente des avantages et des inconvénients, comme le montre le tableau 2.

Tableau 2. – *Avantages et inconvénients de chaque méthode d'évaluation*

	Avantages	**Inconvénients**
Méthode patrimoniale	– Rassurante dans sa mise en œuvre – Adaptée aux petites entreprises	– Approche comptable – Calcul de la valeur d'usage – Champ d'application limité
Méthode des multiples	– Simple et populaire – Référence tangible dans un processus de négociation	– Fiabilité de l'échantillon – Degré de signification du cours de bourse
Méthode DCF	– Méthode « intrinsèque » – Réflexion sur les perspectives d'activité et de rentabilité	– Sensibilité aux hypothèses retenues – Choix de la valeur finale et du taux d'actualisation

Il faut tenter d'expliquer les écarts et surtout ne pas faire une moyenne des différentes valeurs calculées. Quelques exemples permettront à notre lecteur de s'en convaincre.

1.1. Premier cas : j'y crois !

Comme le montre le schéma 1, la méthode des flux aboutit à une valeur située entre 400 et 450 millions d'euros, tandis que l'approche analogique valorise la société largement en dessous de cette valeur. S'il n'y a pas d'erreur dans les calculs ou dans les hypothèses, cet écart résulte du fait que le potentiel de création de valeur à moyen terme de la société n'est pas pris en

Schéma 1. – *Valorisation élevée selon la méthode des flux*

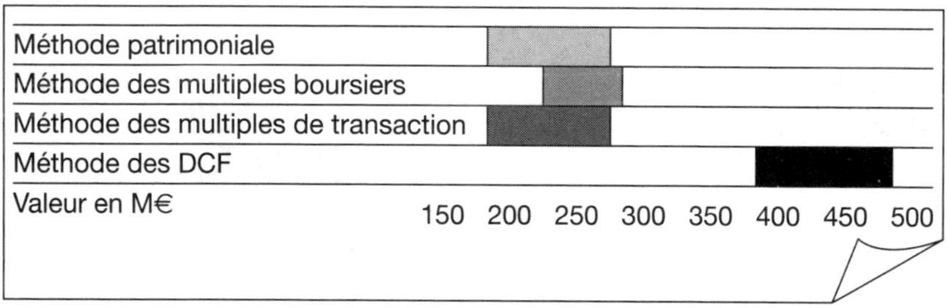

compte dans l'approche analogique, par essence concentrée sur l'année en cours et l'année suivante. En tant qu'associé de la société et si l'on croit au *business plan*, il est préférable d'attendre quelques années avant de céder ses parts (en bourse ou à un tiers) afin que l'entreprise soit mieux valorisée.

1.2. Deuxième cas : champagne !

D'après le schéma 2, la valeur patrimoniale est très supérieure aux valeurs obtenues par les autres méthodes ; l'entreprise vaut donc plus par son passé (actif net réévalué) que par ses perspectives. Il convient alors de céder les actifs sur la base de la valeur patrimoniale qui valorise l'effet rareté. C'est un exemple fréquent dans le secteur du champagne ou des grands vins.

Schéma 2. – *Valorisation élevée selon la méthode patrimoniale*

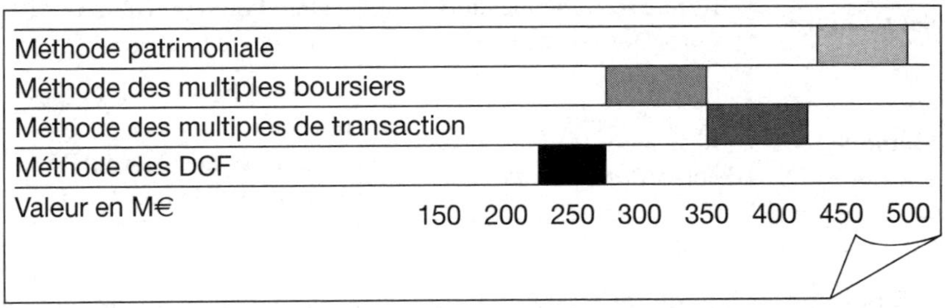

1.3. Troisième cas : la bulle.com

La valeur boursière est très supérieure aux valeurs obtenues par les autres méthodes, comme dans le schéma 3 ; ce qui signifie que le marché anticipe une création de valeur très supérieure à une prévision raisonnable reflétée dans le plan d'affaires. En tant qu'associé de cette société, la meilleure décision consiste à s'introduire en bourse pour céder tout ou partie de sa participation dans des conditions particulièrement favorables. Ce type de profil correspond aux sociétés Internet qui sont parvenues lors de la bulle à s'introduire sur le marché financier avec des valorisations très élevées.

Schéma 3. – *Valorisation élevée selon les multiples boursiers*

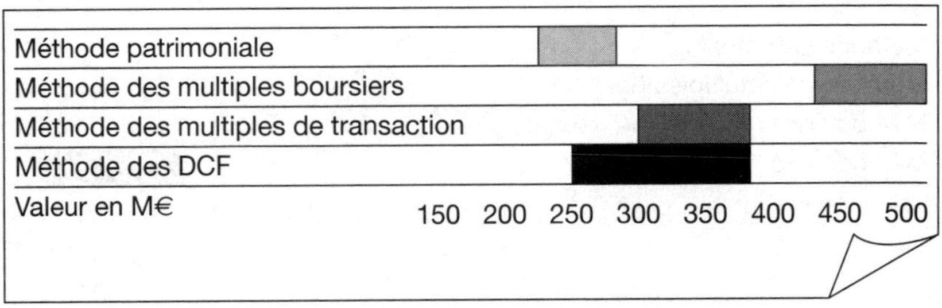

1.4. Quatrième cas : risques et opportunités

Même en ayant recours à différents scénarios, la valeur obtenue par la méthode DCF révèle, comme dans le schéma 4, un fort potentiel de création de valeur à moyen et long terme qui n'est que partiellement intégré dans la valorisation boursière de la société. Mais l'évaluateur a-t-il correctement mesuré le risque, notamment concurrentiel : avec une valeur patrimoniale très faible, on peut obtenir une rentabilité très bonne et donc des flux élevés. Cette industrie devrait attirer du monde

Schéma 4. – *Valorisation élevée selon la méthode des flux et faible valeur patrimoniale*

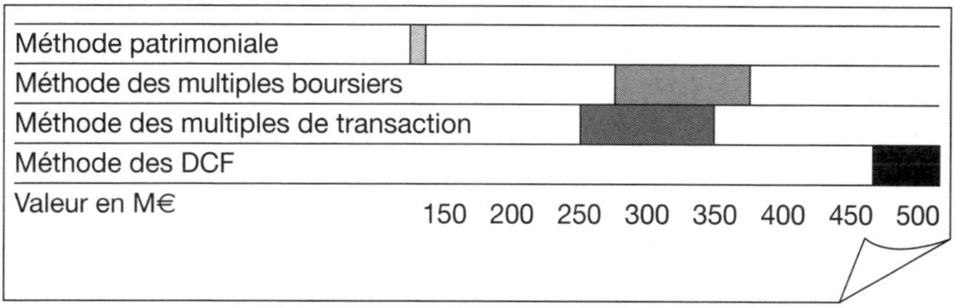

1.5. Cinquième cas : problème boursier

Dans le cas d'une société cotée, la valorisation boursière fournie par les marchés peut présenter une grande disparité avec les différentes méthodes d'évaluation, comme dans le schéma 5. Les marchés sont-ils inefficients pour autant ? Pas nécessairement, car une telle décote peut s'expliquer par un manque d'information sur la société ou une liquidité du titre très insuffisante décourageant des investisseurs institutionnels d'investir, comme nous le verrons ci-après. En outre, les investisseurs peuvent ne pas avoir l'ensemble des cartes en main si la société communique peu et si elle n'est pas ou insuffisamment suivie par des analystes financiers.

On pourrait multiplier les exemples à l'infini : de la réflexion naît l'action !

Schéma 5. – *Valorisation boursière faible*

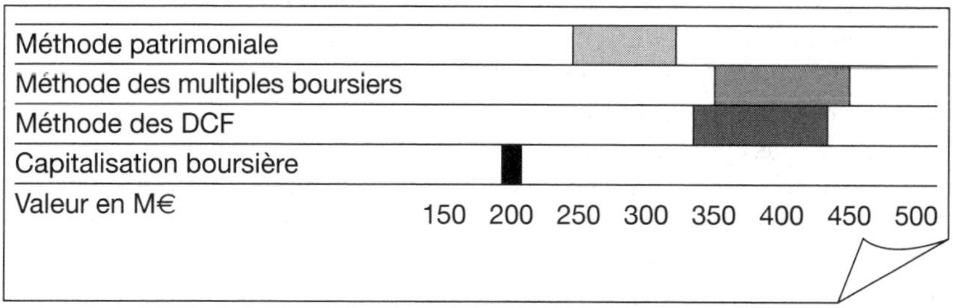

2. Des décotes

Les praticiens ont pris l'habitude d'utiliser des primes et décotes, variables d'ajustement des résultats issus des travaux d'évaluation qui contribuent à justifier la différence entre la valeur d'une entreprise et son prix de cession. N'oublions pas la prime de contrôle qui représente le prix supplémentaire qu'un investisseur est prêt à payer afin de contrôler le capital de la société et mettre en œuvre les synergies qu'il anticipe (voir chapitre 1) et concentrons-nous sur les différents types de décote.

2.1. La décote de minoritaire

Celle-ci part de l'idée que détenir le pouvoir est plus avantageux que le subir. En effet, l'actionnaire minoritaire ne peut pas peser pleinement sur le fonctionnement opérationnel de la société et sur l'utilisation de ses flux financiers, à l'inverse de l'actionnaire majoritaire (ou de contrôle dans le cas d'une société juridiquement contrôlée) qui décide la stratégie et choisit le management pour la conduire. Même si, en théorie, l'actionnaire minoritaire a droit à sa quote-part de flux financiers dans un business plan donné, il est tributaire du majoritaire pour percevoir sa matérialisation et c'est notamment en cas de changement de contrôle ou de retrait de la cote pour les sociétés cotées que le minoritaire perçoit ce qu'il lui revient. On voit même des majoritaires qui n'hésitent pas à racheter à des prix différents au même moment des minoritaires avec des participations au capital identiques ! Comme nous le verrons au chapitre 18, la négociation d'un pacte d'actionnaire sert avant tout à un minoritaire à se protéger contre cette décote de minoritaire.

Autrement dit, l'unique flux concret perçu par l'actionnaire minoritaire est le dividende décidé par le majoritaire qui décide également de sa sortie. Il convient donc de garder à l'esprit qu'appliquer la valeur issue d'un DCF à une quote-part minoritaire du capital d'une entreprise est avant tout un calcul théorique.

La bourse offre souvent aux actionnaires minoritaires une protection importante tant sur le niveau d'informations qui leur est destiné que sur les modalités des opérations financières initiées par le majoritaire : selon une étude de 2008, lorsqu'un groupe veut racheter les actions détenues par des actionnaires minoritaires dans le capital d'une de ses filiales cotées en bourse et qu'il contrôle à plus de 50 %, la prime moyenne qu'il est amené à payer est de l'ordre de 18 % en Europe. L'assureur Allianz a même payé en 2007 une prime de 28 % sur le cours moyen sur un mois des AGF pour pouvoir racheter la totalité des actions qu'il ne détenait pas encore. La décote de minoritaire est donc avant tout l'expression d'un rapport de force.

Il ne faut pas confondre la décote de minoritaire avec l'absence de droit de vote spécifique à certains titres financiers comme les actions sans droit de vote, la perte de ce droit fondamental de l'actionnaire étant compensée par une rémunération supplémentaire en général sous forme d'un rendement ou d'un taux d'intérêt majoré.

2.2. La décote d'illiquidité

S'il est souvent difficile de vendre un bloc d'actions (minoritaire) d'une société cotée, c'est surtout parce que son marché est étroit et que ces actions subissent une décote d'illiquidité. Le risque financier est la probabilité de ne pas pouvoir vendre à son prix un titre financier. Un titre coté avec une rotation du flottant suffisante est liquide, contrairement à un titre illiquide, d'où l'existence d'une décote habituellement comprise entre 20 % et 30 % par rapport à un titre parfaitement liquide. Conceptuellement, l'illiquidité constitue un coût que l'on peut rapprocher du prix d'acquisition d'une option de vente. Certains analystes majorent ainsi le wacc utilisé lors du DCF.

Décote de minoritaire et décote d'illiquidité peuvent se cumuler : mieux vaut être minoritaire de LVMH, société contrôlée mais au flottant liquide, que minoritaire d'une société contrôlée au flottant très réduit comme Dassault Aviation !

2.3. La décote de taille

À ne pas confondre avec la décote d'illiquidité vue précédemment, elle aussi souvent rattachée à la taille de l'entreprise. La décote de taille est fréquemment appliquée lors de l'utilisation de la méthode des multiples (si les sociétés comparables sont de taille beaucoup plus importante) ou lors de l'actualisation de flux de trésorerie futurs intégrant l'idée que la prime de risque de marché est fondée sur un sous-jacent plus important. Traditionnellement, on considère que les petites sociétés génèrent davantage de risque du fait de la concentration du management, de leur accès limité au financement ainsi que de leur fréquente dépendance vis-à-vis de certains gros clients ou fournisseurs. Notre expérience montre que ceci est extrêmement variable et dépend des secteurs et des cycles de fusions acquisitions. Il suffit de se rappeler que la Compagnie du Vent spécialisée dans l'énergie éolienne a été acquise en 2007 par le groupe Suez sur la base d'un multiple de 65 fois le chiffre d'affaires qui s'élevait simplement à 11,3 millions d'euros, pour un groupe employant 65 personnes !

2.4. La décote de conglomérat et la décote de holding

La décote de conglomérat est fondée sur l'idée qu'un investisseur n'aime pas payer pour acquérir un groupe diversifié avec différentes activités, comme le groupe Accor avant sa scission en 2010. Elle est justifiée par différents facteurs et notamment :

– une absence de synergies entre les activités voire une certaine opacité sur le niveau réel de leur profitabilité avec l'existence de transfert de charges, et de coûts d'opportunité importants ;

– la fiscalité latente sur les activités détenues ;

– les frais de holding.

La décote de holding s'applique aux sociétés cotées qui détiennent elles- mêmes des actifs financiers cotés ou non cotés comme Wendel : les investisseurs analysent alors la liquidité de chacune des participations, la fiscalité latente sur chaque ligne et déduisent un passif correspondant à leur estimation des frais de siège, sans oublier les autres passifs. On constate que les décotes de holdings évoluent avec la bourse : en période haussière, elles sont plus proches de 15 % tandis qu'en période baissière elles peuvent dépasser 30 % sur l'actif net réévalué.

3. La magie des options réelles ou comment le risque peut créer de la valeur

Les méthodes d'évaluation précédemment décrites sont particulièrement adaptées lorsque l'ensemble des décisions d'investissement et des revenus qui y sont associés est considéré comme irréversible. Elles trouvent donc leur limite lorsque les managers ont la capacité d'utiliser de nouvelles informations pour modifier le projet en cours d'exécution, c'est-à-dire lorsque le projet est doté d'une certaine flexibilité. C'est la notion d'option réelle que nous allons présenter maintenant.

L'industriel possède le droit mais nullement l'obligation de modifier un projet en cours de route en fonction des informations qu'il accumule sur l'état du marché. Notre lecteur sait bien que parfois il vaut mieux attendre plutôt que de prendre une décision importante dans l'instant. Le droit à cette valeur temps caractérise la détention d'une option que l'on baptise option réelle par opposition aux options sur des actifs financiers (options sur actions, sur indices…). Quelles sont les principales options réelles ? Comme le tableau 3 le fait apparaître, elles sont conceptuellement de trois familles (attendre, croître ou réduire).

Tableau 3. – *Déclinaison des options réelles*

<table>
<tr><th>Investissement/Croissance</th><th>Attente/Apprentissage</th><th>Cession/Réduction</th></tr>
<tr><td>Scale up
Développement de l'ampleur du projet</td><td rowspan="3">Attente que les conditions de la réussite du projet soient réunies</td><td>Scale down
Réduction de l'ampleur d'un projet</td></tr>
<tr><td>Switch up
Flexibilité</td><td>Switch down
Flexibilité</td></tr>
<tr><td>Scope up
Mise en œuvre de nouveaux projets</td><td>Scope down
Abandon d'un projet</td></tr>
</table>

La magie des options réelles réside dans le fait que l'existence d'incertitude et donc de risques peut être en soi créatrice de valeur, ce qui va à l'encontre des approches d'évaluation traditionnelles ! Mais attention ! Il ne faut pas pour autant voir des options partout : le niveau d'incertitude et donc de risque doit être suffisamment important pour que l'accumulation d'informations sur l'état du marché puisse modifier significativement les flux financiers dans un sens ou dans un autre. En outre, il faut véritablement disposer de la capacité de croître, de réduire ou d'attendre. Chaque matin, vous avez la possibilité de prendre votre voiture pour aller travailler (à la place des transports en commun) après avoir écouté l'état du trafic à la radio. Mais si vous exercez cette option, en quoi vos revenus seront-ils très différents de la situation précédente ? Votre conjoint n'a-t-il pas déjà pris la voiture ?

Un autre problème réside dans la durée des options réelles. Une entreprise donnée a toujours la possibilité de s'implanter en Russie par exemple. Enfin, une entreprise peut avoir vendu des options réelles sans s'en rendre compte.

La théorie financière nous apprend que la valeur de cette option est maximale lorsque la valeur actuelle nette d'un projet est proche de zéro car tout peut arriver ! En effet si l'entreprise crée déjà beaucoup de valeur, la valeur des options réelles ne sera pas telle qu'elle aboutisse à une remise en cause de son *business model*. *A contrario*, un groupe en situation financière difficile peut toujours expliquer qu'il a la possibilité de lancer de nouveaux projets, mais encore faut-il pouvoir y arriver ! Le graphique 1 illustre l'option de différer un projet pour une entreprise.

Autrement dit, lorsque l'évaluation d'une entreprise par la méthode des flux aboutit à une valeur très faible, il convient de s'interroger sur le portefeuille d'options réelles à la disposition de celui qui l'achète. Est-il possible de développer des produits dérivés de la marque, une nouvelle version d'un logiciel ou d'un produit, dont le cœur de cible est constitué par les clients de l'entreprise ? On comprend mieux que, dans certaines opérations de fusion

Graphique 1. – *Option de différer un projet*

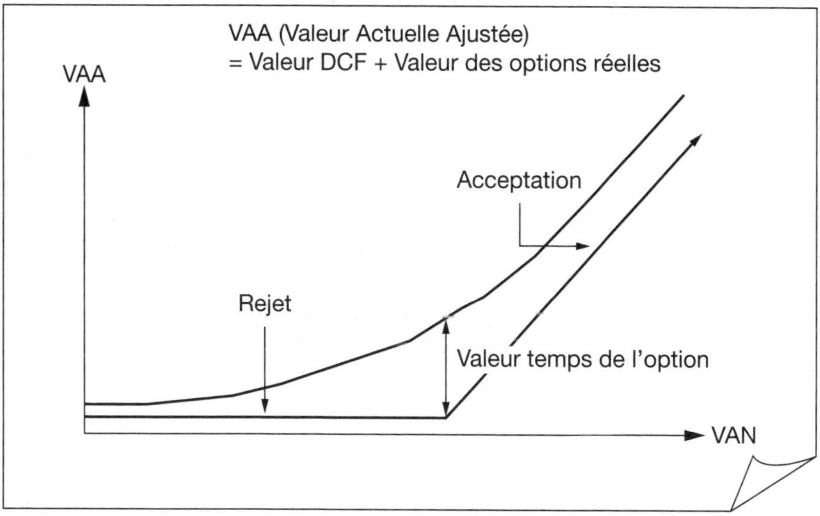

acquisition, des entreprises qui ne créent pas de valeur (instantanément) soient achetées à des prix élevés car l'acquéreur a implicitement valorisé l'option d'en faire autre chose, dont il attend une bonne rentabilité. Ainsi lorsque le groupe France Telecom a procédé à l'acquisition de Photoservice dont les performances financières étaient peu satisfaisantes, l'objectif industriel était de gagner du temps en acquérant la capacité de lancer un réseau de points de vente pour son activité de téléphonie mobile Orange. Cette méthode des options réelles est très utilisée dans les domaines de la pharmacie et de l'exploration pétrolière ou minière, dans lesquels la date de lancement est souvent cruciale compte tenu de l'état du marché.

Au-delà de raisonnements théoriques sains, cette approche est rapidement limitée par la difficulté pratique de quantifier ces options réelles ou plus précisément le portefeuille d'options réelles à la disposition d'un manager.

Plusieurs méthodes issues de la valorisation classique d'options financières peuvent être employées, mais le principal problème réside dans l'estimation du risque du projet, ou de manière équivalente du taux d'actualisation. Ce même problème rend la méthode d'actualisation des flux inopérante : en effet, la présence d'options réelles diminue le risque du projet, ce qui a une répercussion sur le taux d'actualisation. Compte tenu des difficultés que présente l'estimation d'un wacc (*cf.* chapitre 9), notre lecteur imagine la difficulté, voire l'impossibilité de déterminer le risque ajusté de la présence d'options contingentes !

La méthode de référence est le modèle binomial qui permet de quantifier les revenus liés aux différents états de la nature. Les flux issus de l'arbre décisionnel peuvent alors être actualisés au taux sans risque en utilisant l'hypothèse dite risque-neutre.

Prenons par exemple le cas simple d'un marchand de drapeaux qui souhaite s'installer sur les Champs-Élysées un 14 juillet. Son projet nécessite un investissement initial de 1 000 euros, s'il fait beau il pense réaliser un bénéfice de 1 200 euros mais s'il pleut il ne gagnera que 750 euros. Supposons qu'il y ait une chance sur deux qu'il fasse beau, le wacc de ce projet est de 8 %. La valeur actuelle nette du projet vaut :

$$\text{VAN} = 0{,}5 \times \frac{1\,200}{1 + 8\,\%} + 0{,}5 \times \frac{750}{1 + 8\,\%} - \frac{1\,000}{1 + 8\,\%} = -\,23{,}1\ €$$

Vu que l'espérance des gains est négative, le marchand ne va pas entreprendre son projet. Supposons à présent qu'il ait la possibilité de différer son projet, en se déterminant par exemple quelques jours avant le 14 juillet. Il connaîtra alors les prévisions météo, et il pourra choisir ou non de réaliser son investissement. Dans le cas où la météo est clémente, il réalisera son projet, qui lui promet un gain positif, sinon il ne fera rien, sachant qu'il réalisera une perte à coup sûr. La valeur actuelle de continuité devient alors :

$$\text{VAC} = 0{,}5 \times \frac{1\,200}{1 + 8\,\%} - \frac{1\,000}{1 + 8\,\%} + 0{,}5 \times 0 = 92{,}6\ €$$

La valeur de l'option réelle est donc dans ce cas de 115,7 euros, ce qui conduit notre marchand à réaliser son projet, qui lui promet une espérance de gain positive avec de la flexibilité. Le schéma 6 résume les étapes dans la mise en œuvre générale d'une telle méthode de valorisation.

Dans cet exemple, on constate que l'écart entre les deux approches est considérable compte tenu de l'existence d'une seule alternative avec une amplitude importante. Dans la réalité, même bien faite, la quantification aboutit souvent à des résultats décevants ou négligeables au regard de la mise en œuvre des méthodes décrites précédemment. Ceci reflète avant tout le fait que la création de valeur résulte de la constitution d'une rente, notamment grâce à des choix judicieux à un moment donné, compte tenu de l'information dont on dispose sur l'environnement et non de la capacité permanente de choisir !

En outre, les options sont souvent conditionnelles, c'est-à-dire qu'elles ne sont pas indépendantes les unes des autres : si je décide de lancer mon projet, je perds l'option d'attendre.

Le raisonnement optionnel peut se transposer à l'ensemble de l'entreprise notamment dans le cas particulier des sociétés très endettées. En effet, les capitaux propres d'une société endettée peuvent s'analyser comme une option d'achat consentie par les créanciers aux actionnaires sur l'actif économique de la société, ayant pour prix d'exercice la valeur de la dette et comme échéance celle de la dette. À l'échéance de la dette, si la valeur de l'entreprise est supérieure au montant de la dette à rembourser, les actionnaires exercent leur option d'achat sur l'actif économique et paient aux créanciers le montant de la dette due. Inversement, si la valeur de l'actif économique est inférieure au montant de la dette à rembourser,

Schéma 6. – *Les quatre étapes de la méthode des options réelles*

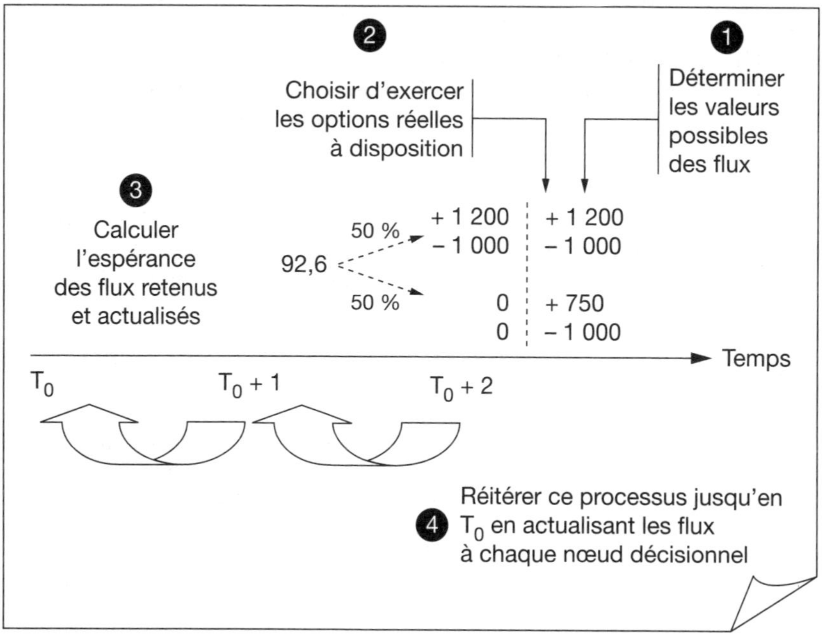

les actionnaires laissent les créanciers s'approprier définitivement l'actif économique afin de rembourser leurs créances. De la même façon, on peut démontrer que prêter à une entreprise revient pour un créancier à investir dans l'actif sans risque et à avoir vendu une option de vente à l'actionnaire à un prix d'exercice égal au montant de la dette à rembourser.

Cette approche par les options permet de décomposer la valeur des capitaux propres d'une entreprise en valeur intrinsèque et valeur temps. La valeur intrinsèque correspond à la différence entre la valeur actuelle de l'entreprise et le montant de la dette à rembourser à l'échéance. La valeur temps, quand elle existe, représente l'espoir que la valeur de l'entreprise devienne supérieure, avant l'échéance de la dette, au montant de l'endettement net à rembourser.

Questions

1. Pourquoi les résultats des travaux d'évaluation varient-ils selon les méthodes ?
2. Est-il pertinent de calculer la moyenne des résultats des différentes méthodes d'évaluation ?
3. Introduiriez-vous en bourse une entreprise dont l'évaluation par les DCF est très supérieure à l'évaluation par les multiples boursiers ?
4. Investiriez-vous dans une entreprise dont la valeur DCF est très élevée ?
5. Que faites-vous si la valeur patrimoniale de votre entreprise est supérieure aux valeurs obtenues par les autres méthodes ?
6. Comment analysez-vous une société dont la valorisation boursière est largement inférieure aux résultats obtenus avec les différentes méthodes d'évaluation ?
7. Qu'appelle-t-on une option réelle ?
8. Quelles sont les trois grandes familles d'options réelles ?
9. Quelle option détient l'actionnaire d'une société endettée ?
10. La décote de minoritaire est-elle systématique ?
11. Décote de minoritaire et décote d'illiquidité s'opposent-elles ?
12. Pourquoi considère-t-on habituellement que les petites sociétés doivent être payées moins chères que les grandes ?
13. Le marché estime-t-il qu'investir dans un conglomérat permet de diversifier le risque ?

Bibliographie

Gup Benton et Rawley Thomas, *The Valuation Handbook*, Wiley, New York, 2010.

Guthry Graham, *Real options in theory and in practice*, Oxford University Press, London, 2009.

Koller Tim, Goedhart Marc et Wessels David, *Valuation : Measuring and Managing the Value of Companies*, 5e édition, Wiley, New York, 2010.

Société Française des Évaluateurs SFEV, *Primes et décotes dans le cadre des évaluations financières*, conclusion d'un groupe de travail, Paris, 2008.

www.sfev.org

DEUXIÈME PARTIE

De la valeur au prix

Le travail de valorisation de la cible, pour essentiel qu'il soit, n'est qu'un préalable à une opération de fusion acquisition. Le prix (ou la parité d'échange) et les modalités de la transaction qui font l'objet d'un accord entre acheteur et vendeur résultent essentiellement des facteurs suivants :

– les valorisations,
– le niveau de contrôle et les synergies identifiés,
– les risques identifiés,
– l'environnement de la transaction.

Les transactions se déroulent en un certain nombre de phases plus ou moins formelles et standardisées. Le séquencement et l'organisation de ces différentes phases s'inscrit entre deux extrêmes : les enchères organisées et la négociation privée. La gestion d'une opération de fusion acquisition consiste à alterner phases d'échange d'information et phases de négociation à tous les stades de l'opération, en gardant à l'esprit qu'une décision de vente constitue un signal négatif pour tout acheteur potentiel, et ce d'autant plus qu'il existe une asymétrie d'information entre l'acheteur et le vendeur sur l'actif cédé.

Les dues diligences permettent d'identifier les risques et opportunités de l'entreprise, grâce à un diagnostic extrêmement précis et approfondi de tous les types d'informations disponibles : stratégiques et opérationnels, comptables et financières, techniques. Cette phase essentielle est traditionnellement l'objet d'âpres négociations, voire de coups de bluffs entre, d'un côté, un acheteur à la recherche du maximum d'informations pour un minimum d'engagement et, d'un autre côté, un vendeur qui attendra davantage de garanties sur les intentions d'acquisitions de l'acheteur pour lui ouvrir progressivement les portes de la *dataroom*.

Tactique et stratégie relèvent ainsi d'une importance hautement stratégique dans toutes les étapes de la négociation, d'où le rôle majeur que joue le capital humain, par la constitution de l'équipe projet et le choix des conseils appropriés. Si certaines transactions s'effectuent sans conseil, la présence d'un intermédiaire spécialisé et expérimenté facilite grandement le processus. Parvenir à rapprocher des positions plus ou moins éloignées relève ensuite de l'art de la négociation.

Chapitre 11

Les grandes étapes d'une transaction

Ce chapitre traite...

- **Du déroulement d'une transaction**

– La prise de contact avec l'univers des acheteurs se fait généralement par l'envoi à tous les acheteurs potentiels d'un *teaser*.

– Ensuite, les interlocuteurs intéressés reçoivent un *information memorandum* sur l'entreprise cible et doivent faire une offre indicative (*non binding offer*), avant qu'une sélection ne soit effectuée entre les offres reçues.

– Vient ensuite la phase de *due diligence*, au cours de laquelle les acheteurs développent leur connaissance de la cible de trois façons : l'accès à la *dataroom*, aux *management presentations* et aux visites de sites. Cette phase se termine par le dépôt des offres fermes (*binding offers*) par les acheteurs encore en lice.

– La phase suivante consiste à accorder l'exclusivité à l'acheteur qui semble à la fois le plus motivé et qui a le mieux préparé son dossier, tant au niveau de la structuration que du financement.

– La gestion de l'information occupe une place clé durant tout le processus et doit faire l'objet d'un travail préparatoire conséquent. Être en mesure de fournir rapidement l'information demandée est un moyen de maintenir la dynamique de la négociation.

- **De la valeur au prix**

– La valorisation est un préalable indispensable mais n'est pas l'unique vecteur permettant de déterminer le prix de la cible.

– L'environnement de la transaction est un paramètre essentiel : les objectifs des différentes parties (industriels, de pouvoir, de calendrier...), l'environnement financier ainsi que réglementaire influent considérablement sur la négociation.

– L'identification des principaux risques et le niveau de contrôle et les synergies anticipées sont aussi l'objet d'âpres négociations.

- **Des enchères et de la négociation privée**

– La gestion d'une opération de fusion acquisition consiste à alterner phases d'échange d'information et phases de négociation à chaque stade de l'opération.

– Le séquencement et l'organisation de ces différentes phases s'inscrivent entre deux extrêmes : les enchères organisées et la négociation privée.

– Le *dual track* est un mode d'enchères alternatif qui consiste à mener une négociation « classique » en parallèle d'un processus d'introduction en bourse afin de mettre les acheteurs potentiels sous pression.

1. Le déroulement d'une transaction

Le tableau 1 résume les différentes phases à l'œuvre dans une transaction, de la décision de la cession à la clôture de l'opération, en passant par la préparation, l'entrée en contact avec de possibles acheteurs, les due diligences et la négociation. Ce schéma, caractéristique d'une opération de vente, sert aussi de base aux acheteurs qui l'utilisent comme référent pour se positionner dans le processus.

Tableau 1. – *Phases principales d'un processus de cession*

Phase de décision de cession d'un actif

- Valorisation préliminaire
- Détermination des objectifs et des contraintes stratégiques
- Mise en place d'un calendrier

Phase de préparation

- Création d'une équipe projet et choix des conseils (financier, juridique…)
- Collecte de l'ensemble des informations nécessaires pour la transaction
- Préparation d'un *teaser* et d'un mémorandum d'information

Phase de contact avec les acheteurs potentiels

- Contact d'acheteurs potentiels, envoi du *teaser*
- Signature d'accords de confidentialité
- Envoi du mémorandum d'information et accès à un premier niveau d'information
- Réception des offres indicatives (*Letter of Intent*)
- Sélection d'une liste réduite d'acheteurs potentiels

Phase de due diligence

- *Due diligences extensives*
- *Dataroom*
- Visite de sites
- *Management presentation*

Phase de négociation

- Réception des offres fermes
- Négociations intensives et ajustements stratégiques
- Signature d'un accord d'exclusivité
- Préparation d'un contrat de cession ou signature d'un *MOU* (Memorandum of Understanding)
- Annonce publique de l'opération

Phase de *closing*

- Structuration définitive de l'opération
- Levée des conditions suspensives
- Signature du contrat de cession et de l'ensemble de la documentation juridique

1.1. La prise de contact préliminaire avec l'univers des acheteurs

Elle se fait en général par l'envoi d'un *teaser*, document de quelques pages présentant très succinctement l'objet de la transaction en le maintenant cependant anonyme. Le document est envoyé à un grand nombre d'investisseurs potentiels, industriels comme financiers. Les investisseurs intéressés doivent signer un accord de confidentialité avant de recevoir de l'information privilégiée. Un tel engagement comporte en général des clauses garantissant la confidentialité des échanges entre l'acheteur et le vendeur. Ces clauses font l'objet d'une négociation entre le vendeur et l'acheteur ou entre le conseil du vendeur et le conseil de l'acheteur (voir encadré 1).

Encadré 1

Exemple de contenu d'un accord de confidentialité

- Identité des parties engagées par l'accord de confidentialité.
- Interdiction de divulgation à des tiers.
- Interdiction de contacter la cible directement et de solliciter ses principaux cadres.
- Obligation de restitution ou de destruction de l'information échangée.
- Durée de confidentialité.
- Clause informant l'acheteur de sa responsabilité vis-à-vis des tiers (conseils) participants à la transaction, en cas de divulgation indirecte.

Bien qu'un acheteur soit en général soumis à cet engagement de confidentialité, il ne se gêne pas pour entrer en contact directement ou indirectement avec le management, avec d'autres acheteurs potentiels, voire avec des concurrents pour recueillir leur point de vue sur l'actif cédé. De telles pratiques sont évidemment critiquables mais on ne peut empêcher des gens de déjeuner ensemble et de parler du secteur d'activité de l'entreprise cédée ! Il est cependant très rare qu'un acheteur communique formellement à des tiers l'information qu'il a lui-même reçue du vendeur. Enfin notons que ce cadre juridique est particulièrement contraignant dans le cas des sociétés cotées (*cf.* chapitre 17).

1.2. L'offre « non binding » ou lettre d'intention

Pour les interlocuteurs ayant manifesté de l'intérêt, signé l'engagement de confidentialité et été sélectionnés, on procède à l'envoi de l'*Information Memorandum* (ou mémorandum d'information ou encore info-mémo). Cet opuscule, dont le contenu est présenté dans l'encadré 2, dépasse rarement 150 pages et présente les grandes caractéristiques de l'entreprise.

Au cours de cette étape, les acheteurs potentiels ont souvent le droit de poser un nombre limité de questions sur l'entreprise et l'*Information Memorandum,* les réponses à ces questions étant fréquemment communiquées à l'ensemble des acheteurs. On informe ensuite les acheteurs potentiels de la date et de l'heure avant laquelle ils devront soumettre une offre indicative (*non binding offer* en franglais). Cette offre indicative, ou *Letter of Intent* (LOI) en franglais, comporte en général les éléments présentés dans l'encadré 3.

Encadré 2

Contenu-type d'un info-mémo

- *Investment case,* ou pourquoi il est intéressant d'investir dans cet actif.
- Description du secteur : marché, acteurs, positionnement de l'entreprise.
- Description de l'entreprise : présentation générale, principaux produits, fonctions support.
- Description des principales orientations stratégiques.
- Informations financières : comptes historiques et plan d'affaires.
- Section moyens industriels, techniques ou commerciaux selon le type d'entreprise.
- Section ressources humaines.
- Section juridique et environnement.

Encadré 3

Contenu-type d'une LOI

- Identité de l'acheteur et de l'équipe projet.
- Raisons de son intérêt pour l'actif et ce qu'il compte en faire.
- Pourcentage du capital dont il souhaite faire l'acquisition.
- Valeur d'entreprise qu'il envisagerait de payer pour cet actif sur la base des informations qui lui ont été communiquées dans cette phrase.
- Informations financières : comptes historiques et plan d'affaires.
- Modalités de financement envisagées.
- Autorisations qu'il doit solliciter et obtenir pour procéder à l'acquisition, ainsi que les délais correspondants.
- Sort réservé au management et aux employés.
- Liste des points que l'acheteur souhaite approfondir dans la phase de *due diligence.*
- Calendrier envisagé pour procéder à l'acquisition.
- Identité des conseils.

Dans le cas d'une vente engageant l'État (privatisation), ou dans certaines situations particulières (si par exemple de nombreux engagements sont associés à la vente de l'actif pour des raisons sociales ou stratégiques), un cahier des charges est proposé aux partenaires potentiels. Ce dernier annonce les objectifs, les conditions de recevabilité et le contenu des offres en détail. Il va au-delà de la lettre d'intention dans la mesure où il ne concerne pas seulement la reprise d'un actif mais aussi les engagements qui lui sont liés. Par exemple, en 2005, lors de l'annonce de la cession par l'État de l'établissement public Autoroutes de France (ADF), le cahier des charges relatif à la procédure indiquait que l'État privilégierait les solutions permettant d'assurer un haut niveau de service à l'usager ainsi que confortant la politique sociale et l'emploi du groupe.

Le vendeur et ses conseils procèdent alors à une sélection parmi les offres préliminaires reçues, afin de retenir les acheteurs qui paraissent les plus motivés, qui connaissent déjà l'actif et le secteur, qui sont solvables, et qui déclarent vouloir agir rapidement. Un oral de présélection est fréquent pour les transactions de taille importante, afin de valider certains points de l'offre préliminaire. En général, il est rare d'avoir plus de sept acheteurs au second tour. À défaut, la phase de *due diligence* risque d'être très lourde à gérer. Chaque acheteur est affublé d'un nom de code et doit communiquer la liste des gens qui font partie de son équipe ainsi que ceux qui interviennent comme conseils. Toute personne entrant en contact avec le vendeur ou ses conseils devra faire partie de cette liste (*list of parties* en anglais), dont le nombre d'individus croît souvent à mesure que le processus avance !

1.3. La phase de due diligence

Une fois la sélection des acheteurs potentiels effectuée, la phase de *due diligence* s'ouvre : elle consiste à donner à chaque acheteur une information plus approfondie sur l'entreprise et un accès au management. Cette phase sera décrite en détail au chapitre 13.

Chaque acheteur a en général accès à trois types d'échanges d'informations :

– l'ouverture d'une *dataroom,* pièce à l'accès limité située en dehors des locaux de l'entreprise et contenant l'ensemble des informations juridiques, opérationnelles, comptables, fiscales, sociales, etc. sur l'entreprise. Il est fréquent de faire accepter formellement par les acheteurs potentiels un règlement de la *dataroom,* qui définit les modalités d'accès et d'usage des informations disponibles : heures d'ouverture, registre d'entrée et sortie... Sans oublier la nécessaire interdiction de sortir ou de reproduire les informations contenues dans la *dataroom*. Ainsi, aucun matériel de reproduction (scanner, photocopieur, magnétophone...) n'est en général autorisé dans les *datarooms*, ce qui n'empêche pas les différents conseils de recopier ou de saisir les informations disponibles sur un micro-ordinateur portable... Il existe également des *datarooms* en ligne sur des sites Internet sécurisés, certains documents moins sensibles pouvant être transmis par CD ou disquette. Le contenu de la *dataroom* est en général indexé, tant le volume d'informations est important.

Les acheteurs peuvent poser des questions (écrites en général) sur les documents figurant dans la *dataroom.* La nature et la quantité de documents mis à disposition varient considérablement d'une transaction à l'autre ;

– l'organisation d'une ou de plusieurs *Management Presentations* par acheteur potentiel, au cours desquelles l'équipe de direction de l'entreprise se présente, explique sa stratégie et défend le plan d'affaires présenté dans l'*Information Memorandum*. Une séance de questions-réponses est également prévue pour permettre un échange direct entre les acheteurs potentiels et le management, sous le contrôle du vendeur ou de ses conseils. Il est fréquent de demander aux acheteurs la liste des thèmes et des questions qu'ils souhaitent aborder lors de la *Management Presentation* ;

– l'organisation d'une ou de plusieurs visites de sites : l'acheteur ayant souvent envie de « voir ce qu'il pourrait acheter », il est d'usage d'organiser pour lui une visite de sites de production, de magasins, de plateformes logistiques... Ces visites sont souvent méticuleusement préparées, rien n'étant laissé au hasard : le choix du site, les personnes rencontrées, l'heure et la durée de la visite, etc.

Cet exercice est souvent un peu artificiel mais permet souvent à l'acheteur de mettre des visages sur des noms ou des lieux. Les acheteurs potentiels étant au contact direct de l'entreprise, leur visite doit être suffisamment discrète pour ne pas rompre la confidentialité nécessaire du processus et ne pas perturber le fonctionnement de l'entreprise. Pour cette raison, les acheteurs sont souvent présentés comme des journalistes ou des consultants visitant l'entreprise.

Un tel processus est organisé séparément pour chaque acheteur et est parfois lourd à gérer compte tenu de la mobilisation des équipes qu'il requiert et de la nécessité de ne pas se faire rencontrer les différents acheteurs à la sortie ou à l'entrée des différentes sessions ! À quelques détails près, l'acheteur rusé arrive à savoir si quelqu'un est passé avant lui dans la *dataroom* ou dans la *Management Presentation*. Ce processus dure en général plusieurs semaines, l'entreprise continuant à vivre entre-temps : vendre, gérer, développer... Si bien que l'acheteur peut souhaiter bénéficier en continu des états financiers analytiques ou du carnet de commandes pour alimenter son opinion sur la première année du plan d'affaires. Le chiffre d'affaires est-il en phase avec ce qui avait été prévu ? Les objectifs de marges sont-ils atteints ?

À l'issue de cette phase de *due diligence* ou d'une de ces sessions, le vendeur peut inviter chaque acheteur à renouveler formellement son intérêt pour l'entreprise et s'assurer que sa motivation reste intacte avant d'aller plus loin. Dans cette hypothèse, l'acheteur doit confirmer son intérêt, préciser sa fourchette de prix (en valeur d'entreprise car le montant de la dette nette lors du *closing* fera l'objet d'une négociation), les modalités envisagées quant au financement et la liste exhaustive des thèmes de *due diligence* complémentaires et conditions suspensives qu'il souhaite ainsi que le calendrier qu'il envisage pour ce faire. Ce découpage en deux de la phase de *due diligence* permet souvent de réduire le nombre d'acheteurs potentiels à une petite poignée.

Parallèlement, le vendeur envoie aux acheteurs les plus motivés un projet de contrat d'acquisition (SPA ou *share purchase agreement* en anglais), qui comporte les principales clauses habituelles sur les garanties d'actif et de passif et les modalités de paiement, afin de recueillir ses premiers commentaires, sous forme d'un *mark-up*.

Plus fréquemment, le vendeur demande à l'acheteur de déposer à l'issue de la phase de *due diligence* une offre dite ferme ou *binding offer*, qui comporte souvent les éléments présentés dans l'encadré 4.

Encadré 4

Contenu-type d'une offre ferme

- Confirmation du pourcentage du capital dont l'acquéreur souhaite faire l'acquisition et plus généralement définition du périmètre de l'acquisition envisagée.
- Prix définitif en valeur d'entreprise proposé pour cet actif.
- Description précise des modalités de financement envisagées et notamment en cas de recours au crédit bancaire, l'accord formel et irrévocable des banques sur les crédits sollicités avec des éventuelles conditions suspensives demandées par les banques.
- Conditions suspensives liées à l'offre et notamment : approbation des autorités chargées de la concurrence, maintien de tel ou tel dirigeant, audit complet du dernier exercice ou du dernier semestre pour vérifier la consistance du chiffre d'affaires, du résultat d'exploitation et des fonds propres, tenue d'une assemblée générale extraordinaire pour créer des titres.
- Principales caractéristiques de la garantie d'actif et de passif.
- Engagement de non-concurrence des vendeurs.
- Calendrier pour lever ces conditions et date d'acquisition envisagée.
- Exclusivité des négociations assortie, le cas échéant, du montant des *break-up fees*.

L'acheteur en profite souvent pour ajouter des conditions supplémentaires à son offre afin de la rendre la moins ferme possible : confirmation que tel ou tel risque relevé dans les *due diligences* restera à la charge du vendeur, audit ou *due diligence* approfondi sur tel ou tel point (litige, problème fiscal ou d'environnement...), obtention de l'exclusivité dans la phase de négociation ultérieure, mise à disposition des données opérationnelles les plus récentes (chiffre d'affaires, résultat d'exploitation...) afin de vérifier leur cohérence avec le plan d'affaires.

1.4. La phase d'exclusivité

À partir des offres reçues à l'issue de ce second tour, débute alors une phase délicate : l'acheteur qui a déjà dépensé beaucoup de temps et de ressources à étudier l'actif veut s'assurer qu'il sera bien seul dans la phase ultérieure et qu'il ne travaillera pas pour servir de lièvre à un autre acheteur : il exige donc l'exclusivité des négociations avant d'aller plus loin. De son côté, le vendeur sait que s'il accorde l'exclusivité à un acheteur, ce dernier changera de ton et, se sachant seul en course, prendra son temps et renégociera le prix, les conditions ou la garantie d'actif et de passif. C'est souvent à ce moment du processus que se manifestent les *dealbreakers,* qui provoquent l'échec plus ou moins discret de l'ensemble de la négociation.

Les rapports de force sont en quelque sorte inversés ; le vendeur, qui maîtrisait le rythme et l'importance des étapes depuis le début du processus des enchères, est désormais soumis aux exigences de l'acheteur, qui peut requérir autant de *due diligences* qu'il le désire et par conséquent prolonger presque indéfiniment le processus… et le faire échouer !

Il faut donc choisir l'acheteur, qui semble à la fois le plus motivé et qui a le mieux préparé son dossier, tant au niveau du montage que du financement. Et ceci afin de s'assurer qu'il tiendra bien les conditions de son offre, sauf information nouvelle et importante, qui ne lui aurait pas encore été communiquée. Une négociation s'ouvre alors dans laquelle le vendeur s'assure que l'acheteur ne reviendra pas sur certains points si l'exclusivité lui est accordée. En outre, tout accord d'exclusivité a en général une durée à l'issue de laquelle le vendeur peut reprendre sa liberté même s'il lui est difficile en théorie de revenir vers les autres acheteurs, laissés en plan au dernier tour. Le vendeur peut même exiger une augmentation du prix de la part de l'acheteur afin d'essayer de compenser *ex ante* les concessions qu'il sera amené à faire dans la phase d'exclusivité, notamment s'il sait que certains risques ont été sous-estimés par l'acheteur. De même, certains points du contrat d'acquisition (et notamment les caractéristiques de la garantie d'actif et de passif) peuvent être négociés d'avance pour éviter d'avoir à revenir dessus ultérieurement. Dans certains cas, l'accord d'exclusivité peut comporter un système de *break-up fees,* qui sont dues par le vendeur si ce dernier décide de ne pas procéder à la vente de l'actif. L'acheteur lui demande alors la prise en charge d'une partie des frais qu'il a supportés dans la phase de *due diligence*, ce qui revient à se couvrir contre le risque de rupture abusive des négociations.

La phase d'exclusivité dure rarement plus d'un mois et place chacune des parties devant ses responsabilités : un acheteur motivé et bien organisé utilisera la phase d'exclusivité pour négocier les derniers points, qui lui semblent importants tandis que le vendeur doit avoir conscience que le temps qui passe peut lui coûter cher, l'obligeant ainsi à adopter une position réaliste. Au total et contrairement à ce que l'on peut penser, l'exclusivité n'est pas forcément accordée au mieux disant lors d'un processus d'enchères. Outre le problème du prix, de la capacité de l'acquéreur potentiel à réaliser l'opération, des considérations stratégiques, les modalités d'acquisition proposées, la confiance témoignée par le management de la cible à un acquéreur potentiel entrent bien entendu en ligne de compte.

1.5. Le **signing** *et le* **closing**

Selon l'état de la négociation à l'issue de la phase d'exclusivité, on aboutit alors au *signing* qui est la matérialisation d'un accord des parties sur la chose et le prix :

– soit à la signature directe du contrat d'acquisition – lorsqu'il a été suffisamment discuté par les parties – qui reprend l'ensemble des termes présentés dans l'encadré 4 de façon beaucoup plus détaillée et exhaustive et établit les modalités de la réalisation effective de la transaction (*closing*) ;

– soit à la formalisation d'un protocole d'accord, souvent appelé MOU ou *Memorandum Of Understanding*. Après avoir rappelé le but poursuivi par les parties, cet accord comporte en général le prix, les conditions de paiement, les modalités de financement, les modalités de gestion de la cible jusqu'au *closing*, les grandes lignes de la garantie d'actif et/ou de passif et, le cas échéant, les grandes lignes d'un pacte d'actionnaire ou encore un pacte de non-concurrence pour les cédants. Ce document prévoit aussi les conditions suspensives au *closing*, dont on fixe une date butoir. L'ensemble de ces points sera repris dans un contrat d'acquisition signé ultérieurement.

Lorsque la phase d'exclusivité aboutit à un simple accord de principe, il s'écoule une période de temps, relativement courte, avant la signature effective du contrat d'acquisition, pendant laquelle l'entreprise cible doit être gérée « en bon père de famille ». En effet, il s'agit pour le vendeur de remettre à l'acheteur l'entreprise que celui-ci s'était engagé à acheter et pas une entreprise dont l'endettement a doublé ou dont certains actifs ont été cédés. Les dirigeants doivent éviter toute opération importante et se contenter d'expédier les affaires courantes.

Une garantie d'actif et de passif, ou d'actif net, est généralement assortie à un contrat d'acquisition. Cette garantie assure à l'acheteur l'exactitude et la consistance des différents actifs d'exploitation et garantit qu'il n'existe pas d'autres passifs que ceux au bilan et ceux hors bilan qui ont été portés à sa connaissance. À défaut, le vendeur accepte de prendre à sa charge pendant une certaine durée et moyennant certaines conditions, un passif qui n'aurait pas été porté à la connaissance de l'acheteur. Le contentieux autour des garanties de passif est actuellement en pleine expansion, conséquence de l'éclatement de la crise économique après une période de très forte croissance du nombre d'opérations de fusions et acquisitions. On imagine facilement que, lors de la négociation du contrat, s'engage une véritable négociation sur les modalités de cette garantie, dont les principaux éléments sont les suivants :

– *La portée de la garantie* : si tout le passif est inclus, certains éléments pourront en être explicitement exclus. Outre le passif, la garantie pourra inclure certains éléments d'actif (stocks ou clients). Le vendeur aura tendance à porter à la connaissance de l'acheteur le maximum d'informations, voire à annexer au contrat la quasi-totalité de la *dataroom* pour éviter que ce dernier puisse prétendre qu'il n'était pas informé de tel ou tel sujet, qui s'est révélé être un passif important. De son côté, l'acheteur aura une approche restrictive de la garantie de passif en se limitant à des éléments de bilan, à quelques passifs latents clairement identifiés ou provisionnés (comme des litiges en cours ou des contrôles fiscaux ainsi qu'aux principaux éléments hors bilan).

– *La durée* : le vendeur aura tendance à réclamer une durée courte entre six mois et un an, tandis que l'acheteur souhaitera être couvert le plus longtemps possible. En pratique, une garantie de passif dépasse rarement trois ans. Des durées plus longues peuvent toutefois être retenues pour certains risques, dont l'horizon de gestion est plus long (risque fiscal ou risque d'environnement notamment). Enfin, une durée longue peut parfois s'accompagner d'une diminution du montant de la garantie.

– *Le montant* : le vendeur ne souhaite pas prendre le risque que la garantie aboutisse à faire disparaître la totalité du prix de cession qu'il a perçu, en couverture de risques qui se seraient révélés très substantiels et dont il n'avait mesuré, ni la probabilité d'occurrence, ni l'importance. Pour cette raison, il souhaitera mettre un plafond (ou *cap* en franglais) à la garantie. Autrement dit, quelle que soit l'origine de l'appel en garantie sur la durée, le montant cumulé ne pourra dépasser le plafond. Ce plafond est généralement compris entre 10 et 30 % du prix de cession, comme le montre le graphique 1. Selon la qualité du vendeur, il fait souvent l'objet d'un compte sequestre (ou d'une caution bancaire) qui permet à l'acheteur de s'assurer que la garantie sera effectivement payée en cas d'exercice. Le sequestre porte en général sur 20 à 30 % du plafond. Il est également possible d'assurer tout ou partie de la garantie de passif auprès d'un tiers, ce qui permet au vendeur de ne plus être en risque résiduel sur l'entreprise. Cette technique est fréquemment utilisée par les fonds d'investissement, qui ont souvent l'obligation de restituer le produit de la cession à leurs actionnaires dès qu'ils le perçoivent sans pouvoir en garder une quote-part pour la garantie de passif.

– *Les modalités de déclenchement* : outre les modalités d'informations sur les passifs apparus, l'acquéreur souhaitera un déclenchement au premier euro de risque qui se matérialise, tandis que le vendeur aura tendance à considérer qu'on ne doit pas le déranger, s'il faut changer les ampoules d'éclairage des bureaux qui ne sont plus conformes aux normes en vigueur. Les parties négocient donc un seuil de déclenchement ou franchise, des modalités de compensation entre risques survenus et risques ou litiges qui

Graphique 1. – *Plafond des garanties de passif en France*

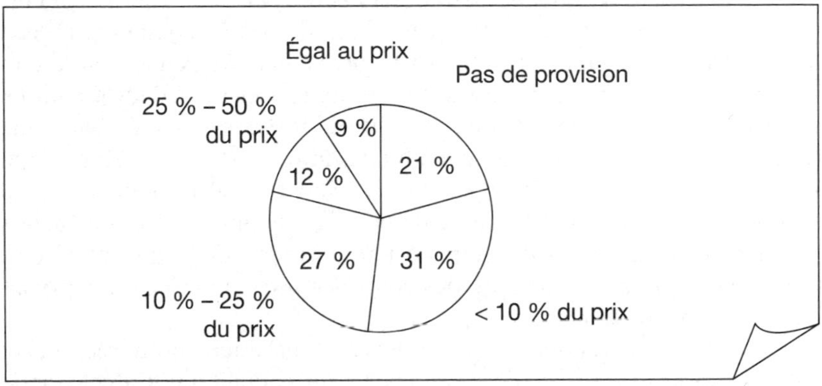

Source : CMS.

auraient été résolus à l'avantage de l'entreprise et un panier (*basket* pour les Anglo-Saxons) qui permet d'activer la garantie à partir d'un nombre suffisant de passifs unitaires identifiés.

En cas de mise en jeu de la garantie de passif ou d'actif net, l'acheteur peut réclamer la décharge ou la réduction de l'imposition établie. En pratique, la révision de l'imposition initiale conduit à une nouvelle liquidation de la plus-value initiale sur la base du prix de cession diminuée de la somme versée par le vendeur en exécution de la clause. La déduction ne peut néanmoins se faire que dans la limite de la plus-value.

Le *closing* a en général lieu dans les locaux du cabinet d'avocats de l'acquéreur ou du vendeur et donne lieu à une importante préparation pour être sûr qu'aucun document ne manque et que la séquence juridique des opérations permette de donner le plus grand degré de sécurité. Durant cette dernière phase, les parties procèdent :

– à la signature d'un contrat de cession qui reprend de façon détaillée les différents engagements prévus, la garantie d'actif et/ou de passif et les autres accords connexes (pacte d'actionnaires, engagement de non-concurrence, etc.) ;

– à la réalisation de tous les éléments mentionnés dans le contrat d'acquisition et notamment la levée des conditions suspensives ;

– à la signature des bordereaux de transfert matérialisant le transfert de propriété ;

– à la démission des représentants du vendeur dans les organes de direction de la cible ;

– au paiement du prix.

Au cours de la phase précédant le *closing*, il n'est pas rare que l'acheteur essaie de renégocier un certain nombre de points de la transaction, notamment au vu des résultats des audits d'acquisition ou des résultats de l'entreprise dans les derniers mois. La gestion de cette dernière phase peut s'avérer délicate et il n'est pas rare à ce stade de voir un acheteur trouver des prétextes à la non-conclusion du deal. Le contrat d'acquisition comporte fréquemment une clause dite de MAC (*Material Adverse Change*) qui permet à un contractant de sortir d'une opération en cas de changement significatif et défavorable de l'environnement économique. Cette clause est souvent utilisée par l'acheteur pour renégocier certains éléments de la transaction.

1.6. La gestion de l'information

En tout état de cause, il convient de préparer les contacts avec les acheteurs potentiels et de toujours garder une longueur d'avance sur ceux-ci. La communication de l'information aux acheteurs est particulièrement consommatrice en temps et en ressources pour le vendeur. Une bonne préparation permet de faire face plus sereinement aux exigences en la matière. Elle passe par deux étapes : rassembler l'information nécessaire, puis la préparer sous forme communicable. S'il cherche souvent à être vendeur, le discours de vente doit toujours être précis, exact et cohérent.

Pour être en mesure de rassembler l'information nécessaire, il faut commencer par identifier les questions probables et les points sensibles pour lesquels de la documentation ne manquera pas d'être demandée. C'est l'un des aspects pour lesquels l'aide d'un conseil peut être très utile, car il joue le rôle d'un filtre vis-à-vis de l'acheteur. Un conseil extérieur aura une large expérience des processus de transaction et sera plus rapidement apte à repérer les débats à venir au cours de la négociation et les questions que se poseront les acheteurs potentiels. En tout état de cause, cette phase de repérage permet de rassembler les éléments de réponses aux questions qui seront posées.

Il est par exemple très probable que des questions seront posées à propos du plan d'affaires. On peut donc documenter suffisamment celui-ci pour être en mesure de réagir rapidement à une demande le concernant et anticiper ces questions. Il arrive d'ailleurs que les informations disponibles dans le plan d'affaires ne suscitant pas l'enthousiasme, il faille le revoir ou le modifier. La préparation préalable de l'information est donc aussi salutaire, parce qu'elle permet de préserver la crédibilité du vendeur, qui ne communique alors que des informations crédibles, cohérentes et vérifiables.

Être en mesure de fournir rapidement l'information demandée est un moyen pour le vendeur de maintenir la dynamique de la négociation en évitant l'enlisement, que supposerait le fait de devoir attendre la collecte et la mise en forme de l'information exigée par les interlocuteurs. C'est donc aussi pour conserver un contrôle sur l'avancement du processus de négociation que cette phase préparatoire est si importante.

Une fois les questions potentielles identifiées et l'information rassemblée, le vendeur se livre à un travail de mise en forme. Un certain nombre de documents standard sont en effet utilisés au cours d'une transaction et il est recommandé de les préparer au plus tôt. Il sera toujours possible de les modifier ou de les finaliser au dernier moment si le besoin s'en faisait sentir. Outre le *business plan*, qui est d'ailleurs rarement communiqué à l'état brut, l'un des documents les plus importants et les plus longs à préparer est le mémorandum d'information (*Information Memorandum*). L'information communiquée à l'occasion de *Management Presentations* réalisées par un ou plusieurs des responsables de l'entreprise vendeuse ou de la cible elle-même, souvent avec l'aide de la banque conseil, nécessite également une bonne préparation et plusieurs répétitions, le management ayant peu l'expérience de telles présentations.

La préparation des visites de sites se limite en général à des préoccupations logistiques et de confidentialité. En revanche, la préparation de la *dataroom* est souvent longue et coûteuse car il faut faire remonter l'information dans un point unique, la recenser, la classer, parfois la remettre en forme pour permettre sa lisibilité par l'acheteur et ne rien oublier d'important, car l'acheteur pourrait mettre en jeu la garantie de passif sur un risque qui ne lui aurait pas été communiqué. Un soin extrême doit être apporté à la préparation de ces documents. Toute information contenue dans ces documents doit être au préalable vérifiée et documentée.

Enfin, il est recommandé de préparer tôt dans le processus un plan de communication en cas de fuite prévoyant les questions, qui seront posées et les réponses, qui y seront apportées. Une réponse improvisée peut avoir des conséquences fâcheuses ; c'est pourquoi il faut chercher à les éviter.

2. De la valeur au prix

Le travail de valorisation de la cible, pour essentiel qu'il soit, n'est qu'un préalable à une opération de fusion acquisition. Le prix (ou la parité d'échange) et les modalités de la transaction qui font l'objet d'un accord entre acheteur et vendeur résultent également d'autres facteurs que les seules valorisations : outre le résultat des *due diligences*, les objectifs des parties et l'environnement de la négociation pèsent sur la transaction.

Les principaux risques identifiés

La phase de *due diligence* permet d'identifier les principaux risques. L'audit d'acquisition doit ensuite être plus qu'un simple diagnostic et doit permettre à l'acheteur de proposer une première fourchette de prix. On distingue trois grands types de *due diligences* (stratégique et opérationnelle, comptable et financière et les *due diligences* techniques), que le vendeur doit faciliter par l'apport d'informations aux acheteurs.

Niveau de contrôle et synergies anticipées

La mesure des synergies et des coûts de transaction et de restructuration impactent directement la valeur de l'offre dans la mesure où ils constituent des variables clés des plans d'affaires. Ils sont donc ardemment discutés et débattus. Le niveau de contrôle est un paramètre clé, qui peut justifier une prime de contrôle dans le cas d'un contrôle majoritaire, ou une décote de minoritaire dans le cas d'une participation minoritaire.

L'environnement de la négociation

Acheteurs et vendeurs sont régulièrement amenés à défendre des objectifs dont la satisfaction (ou non) est susceptible d'affecter le prix et le climat général de la négociation (contexte amical ou hostile par exemple). Les principaux objectifs sont les suivants :

– *les objectifs industriels* : les parties peuvent avoir un intérêt stratégique plus ou moins impérieux à réaliser l'opération, dont l'intensité et/ou les synergies commandent les rapports de force dans la négociation. On pense au rapprochement entre Arcelor et Mittal ou entre Sanofi-Synthélabo et Aventis ;

– *les objectifs de pouvoir* : la plupart des managers ont pour but de s'emparer de toujours plus de pouvoir, ou du moins de le conserver le plus longtemps possible, quel qu'en soit le prix ; ceci s'applique très bien au M&A *via* la théorie du *management hubris* ;

– *les objectifs de prudence* : le vendeur est généralement invité à donner des garanties à l'acheteur sur la consistance des actifs et la nature des passifs. Il pourra cependant chercher à se dégager de telles responsabilités en contrepartie d'une réduction de prix. Ceci concerne aussi la sécurité fiscale ou juridique du montage retenu ;

– *les objectifs de calendrier* : l'acheteur et le vendeur ont souvent la possibilité d'accélérer le processus de la transaction en se montrant plus conciliants sur le prix… ;

– *les objectifs indirects ou de convenance* : la satisfaction d'objectifs de convenance des dirigeants ou du vendeur (minimisation de la pression fiscale par exemple), ou indirects comme la perspective de contreparties commerciales (accords commerciaux ou partenariats notamment) peuvent également jouer sur le prix.

L'environnement financier

Indépendamment de la performance de l'entreprise, le contexte macroéconomique et la situation des marchés financiers contribuent à créer un climat plus ou moins favorable à la transaction et constituent des contraintes importantes de température et de pression pour reprendre le langage de la physique des fluides. Des perspectives économiques moroses, la dégradation des marchés boursiers ou des tensions sur le marché du financement limiteront le nombre ou la motivation des acheteurs, au détriment des intérêts du vendeur. On comprend ainsi mieux l'existence de cycles dans les fusions acquisitions : les périodes d'embellie économique sont plus propices aux opérations de croissance externe que les phases de stagnation ou de récession, pendant lesquelles priorité est souvent donnée au contrôle des coûts et à la croissance interne.

L'environnement réglementaire

Par ailleurs, les contraintes réglementaires, notamment en matière de droit de la concurrence et/ou de droit boursier, constituent un obstacle supplémentaire, parfois infranchissable, à la conclusion de transactions, comme l'a montré l'affaire Schneider/Legrand.

Le schéma 1 ci-après présente une synthèse de ces différents facteurs qui permettent de passer de la valeur au prix. La confrontation des travaux d'évaluation, du résultat des due diligences, complétée par l'estimation des synergies et les objectifs et contraintes des parties doit permettre d'aboutir à une première fourchette de prix (ou de parité d'échange) susceptible d'être proposée au vendeur ainsi que les principales modalités de la transaction.

Cette phase délicate dans laquelle les attentes de l'acheteur et du vendeur se confrontent à la réalité d'une transaction est souvent insuffisamment préparée. Il s'agit de ce que les Anglo-Saxons appellent le *deal process*, terme générique recouvrant la mécanique d'une transaction de fusion acquisition depuis sa phase de préparation, la constitution d'une équipe jusqu'à l'organisation de *due diligences*. Cette phase de préparation est un préalable indispensable au choix d'une tactique de négociation et de communication de l'information entre acheteur et vendeur.

Ainsi, la constitution d'une équipe projet, que ce soit chez le vendeur ou chez l'acheteur, est le point de départ de ce processus. Il est aussi fort probable que les parties aient besoin de faire appel à l'expertise de plusieurs conseils : financier, juridique, fiscal, spécialisé en stratégie ou en communication. Le but est d'aborder le processus de vente et la phase de *due diligence* bien armé.

Le processus, dont le schéma 1 ci-dessous présente les principales étapes, doit permettre aux parties d'alterner phase d'information et phase de négociation. Pour cela, il existe deux formes extrêmes d'opérations de fusion acquisition : les enchères organisées et la négociation privée, également appelée de gré à gré, plus informelle. Dans tous les cas, le processus de vente se termine par la négociation exclusive, au cours de laquelle les deux parties doivent s'entendre sur le prix et les différentes modalités de la transaction.

Cette phase peut donner lieu à la mise en œuvre de différentes techniques de négociation, qu'il est important de maîtriser, même si la préparation et le contexte de la négociation peuvent aussi beaucoup jouer quant à l'issue de celle-ci.

Schéma 1. – *Déterminants de la fixation du prix ou de la parité lors d'une transaction*

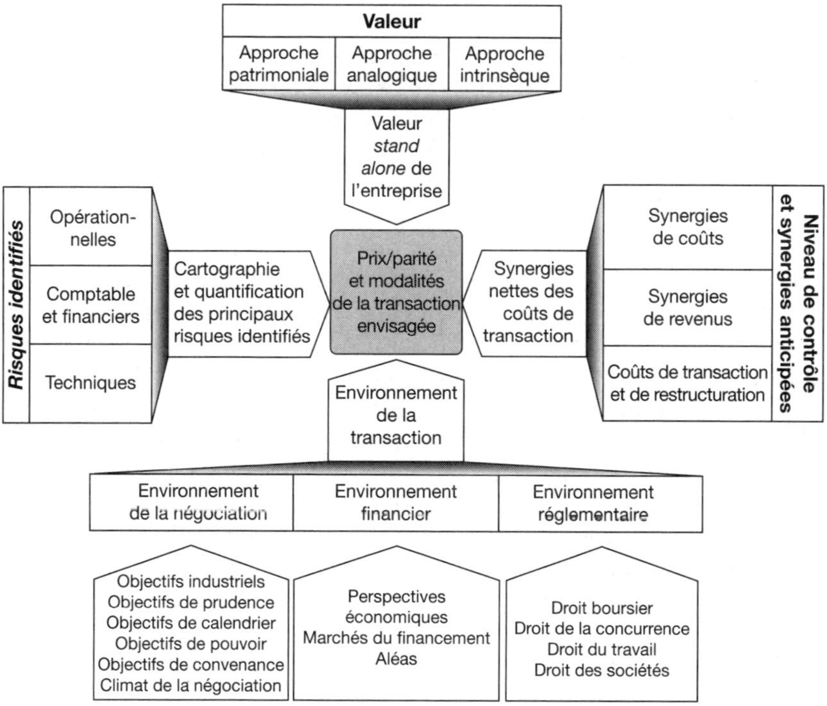

3. Enchère ou négociations privées

Le choix d'une tactique de négociation se fait en fonction d'un certain nombre d'objectifs et de critères de choix, qui permettent de diriger le processus de négociation entre les deux extrêmes que sont les enchères organisées et la négociation de gré à gré. L'avancée du processus vers son étape finale (la négociation exclusive) est le résultat d'un rapport de force entre acheteur et vendeur.

3.1. Asymétrie d'information et théorie des enchères

La décision de vendre est un signal négatif pour tout acheteur potentiel, et ce d'autant plus qu'il existe une asymétrie d'information entre acheteur et vendeur sur l'actif cédé. L'acheteur a le pouvoir d'acheter tandis que le vendeur détient l'information, qui est un élément clé pour se faire un jugement sur l'attractivité de l'actif et sa capacité à créer de la valeur.

L'asymétrie d'information

L'intérêt du vendeur est de mener le processus de manière à créer un climat propice à la négociation (*Build and keep the momentum*). Il accepte de fournir de l'information à l'acheteur en échange d'un engagement sans cesse plus grand de sa part dans le processus d'acquisition, notamment pour éviter le voyeurisme, qui consiste à analyser un actif et obtenir de l'information non publique, sans jamais avoir eu l'intention de l'acheter. L'acheteur adopte quant à lui la démarche inverse et cherche à obtenir le plus d'informations possible sur la cible en s'engageant le moins possible, pour conserver sa liberté de décision et de négociation.

Le vendeur joue donc du levier de l'information avec parcimonie : l'échange de l'information permet d'entretenir l'intérêt de l'acheteur et de le préparer à la négociation. Il faut distribuer l'information progressivement, à bon escient, pour provoquer ou récompenser une concession de l'acheteur qui accepte de s'engager davantage dans le processus d'acquisition. L'acheteur joue le jeu inverse et ne consent à s'engager que pour obtenir plus d'informations sur la cible. Mais n'oublions pas le management de l'entreprise cédée, qui est au cœur de l'information qu'il fournit en général au vendeur, avant que ce dernier ne la transmette à l'acheteur. Il connaît le mieux l'entreprise dans ses détails et sera tenté de communiquer directement avec les acheteurs potentiels, notamment pour favoriser ceux avec lesquels il se sent le plus à l'aise… et qui lui ont promis un destin agréable doublé le cas échéant d'un intéressement sympathique s'ils achetaient l'actif, notamment dans le cadre d'une opération de LBO. Pour cette raison, le vendeur est parfois amené à s'assurer de la loyauté du management de l'entreprise cédée en lui accordant une prime significative liée à la réalisation effective de la transaction, versée lors du transfert des titres de propriété.

Une telle pratique est fréquente chez les fonds d'investissement qui veulent éviter une interférence excessive des managers dans l'opération de fusion acquisition. Elle est plus rare dans les groupes industriels et commerciaux, au sein desquels la cession d'une division ou d'une filiale n'entraîne pas forcément le départ de tous les managers, certains ayant une corde de rappel au sein du groupe, garantissant ainsi leur loyauté.

La relative simplicité du principe des enchères ne doit pas pour autant masquer la complexité inhérente à toute opération, toujours affectée par les décisions et interactions stratégiques des acteurs et même d'observateurs, potentiellement acteurs. Plusieurs théories et modèles, dont certaines sont présentées dans le paragraphe suivant, ont été développés afin d'expliciter les mécanismes propres aux processus d'enchères.

Les théories des enchères

La plus célèbre d'entre elles est sans aucun doute la malédiction du vainqueur (ou *winner's curse* en anglais), qui veut que l'entreprise choisie à l'issue du processus d'enchères, souvent la plus offrante, surpaye systématiquement l'objet de la transaction. Une telle issue est non seulement à mettre au compte du principe des enchères, mais est surtout à rapprocher de l'hypothèse du *management hubris* de Roll (1986), qui impute cette malédiction à la trop grande confiance et à la fierté des dirigeants de l'entreprise procédant à l'acquisition. Ce phénomène est d'autant plus vicieux que proposer un prix plus modéré serait prendre le risque de ne pas remporter l'enchère. Toutefois, des solutions ont été proposées dans le but d'éviter cette malédiction : considérant que proposer un prix trop élevé tient avant tout d'un manque d'information sur l'entreprise en vente, Hansen (1987) propose de payer l'acquisition en titres plutôt qu'en liquidité (*cf.* chapitre 15). Ceci a pour effet d'internaliser l'asymétrie d'information entre acheteur et vendeur, car un paiement en titres fait supporter le surprix aussi bien par les actionnaires de l'acheteur que par ceux de l'entreprise cible ; pour autant qu'une telle pratique n'invite le vendeur à être moins avare d'informations…

Vient ensuite toute une littérature concernant les coûts de transaction qu'implique la participation aux enchères et, le cas échéant, l'acquisition elle-même. En effet, décider du juste prix à payer pour une acquisition a un coût pour l'acheteur : *due diligences*, rémunérations de l'équipe et surtout des différents conseils, etc. Ces coûts d'entrée sont parfois tels que, comme l'ont montré Hirshleifer et Png (1989), certains auront intérêt à faire une offre préemptive visant à casser l'enchère en proposant un prix élevé en échange d'une exclusivité.

Souvent, les *break-up fees* réclamées par l'acheteur au vendeur ont pour but de couvrir une part des coûts de transaction à l'issue de l'opération. Officer (2003) a démontré qu'une telle pratique est bénéfique à l'acheteur, mais aussi au vendeur puisqu'elle facilite les offres initiales.

Chowdry et Jegadeesh (1994) ont aussi prouvé que les coûts de transaction peuvent être significativement diminués grâce à une prise de participation minoritaire préalable à la prise de contrôle effective de l'entreprise cible. En outre, une telle prise de participation initiale a souvent pour effet de décourager la concurrence et de mieux connaître la cible.

Enfin, quelques théories s'intéressent aussi au rôle et aux effets des décisions du vendeur dans le processus de vente, en particulier sur les acheteurs. French et McCormick (1984) notamment suggèrent que l'entreprise cible préfère limiter le nombre de prétendants et donc le degré de compétition, pour éviter qu'une trop grande agressivité de la part de certains prétendants n'affecte les gains combinés résultant de la transaction. Boone et Mulherin (2007) aboutissent à la conclusion que la mise en vente par enchères ou négociation privée ne donne pas des résultats financiers fondamentalement différents.

La gestion d'une opération de fusion acquisition consiste au final à alterner phases d'échange d'informations et phases de négociation à tous les stades de l'opération, cette alternance étant influencée par le contexte et les objectifs propres à chaque partie. Le séquencement et l'organisation de ces différentes phases s'inscrivent entre deux extrêmes : les enchères organisées et la négociation privée.

3.2. La pratique des enchères

Les enchères organisées se caractérisent par un séquencement très formalisé des phases d'échange d'informations et de soumission d'offres. Elles permettent de mener en parallèle des discussions avec un nombre suffisant d'interlocuteurs et en théorie de mettre en concurrence un plus grand nombre d'acheteurs. Elle est fondée sur l'approche des commissaires priseurs lorsqu'ils mettent en vente un actif et souhaitent atteindre le nombre d'acheteurs le plus large possible.

L'expérience prouve que le processus requiert un nombre suffisant d'interlocuteurs intéressés. Pour autant, seule la qualité de l'actif est le garant d'un nombre important d'acheteurs : un actif faiblement créateur de valeur ou dans un secteur cyclique et à maturité attirera peut-être deux ou trois candidats réellement motivés… à payer le moins cher possible, et ce même après avoir contacté 80 acheteurs potentiels, dont 77 auront poliment décliné cette invitation à participer aux enchères. Le vendeur court même le risque de fixer des délais de réponse, qui ne seront tenus que par lui-même.

De même, cette procédure permet en théorie de contacter un nombre plus important d'acheteurs et de renforcer la concurrence entre eux, ainsi que de maximiser le prix final, mais en pratique les acheteurs communiquent voire se concertent entre eux et le jeu naturel des enchères s'en trouve fatalement faussé. Il arrive de voir des fonds d'investissement s'allier entre eux pour remettre une offre conjointe lors du dernier tour !

Il est rare qu'une enchère aille jusqu'au bout en ayant maintenu une confidentialité totale et absolue : des fuites plus ou moins volontaires chez l'acheteur ou ses conseils voire dans l'entreprise cédée sont fréquentes, parfois même délibérément organisées : acheteur parlant à la presse pour influer sur le processus de cession et le calendrier ou acheteur écarté souhaitant faire capoter l'opération menée par un concurrent. D'anciens cadres de l'entreprise cédée en contact avec certains acheteurs ou avec des salariés sont également une source de fuite. Il est même arrivé qu'un vendeur très avancé dans le processus annonce, pour forcer la main d'un acheteur, être entré en négociation exclusive alors que l'accord d'exclusivité était en cours de négociation.

Enfin, un risque important d'un processus d'enchères porte sur la mobilisation totale de l'équipe de direction de l'entreprise cédée, qui ne fait plus que répondre aux différentes sollicitations des acheteurs potentiels, faire des *Management Presentations* et des visites de sites (ou s'occuper de leur avenir après la transaction) et qui ne consacre plus assez de temps à gérer l'entreprise entraînant du même coup une dégradation des performances opérationnelles de l'entreprise que l'acheteur découvrira tôt ou tard.

Par ailleurs, il est plus difficile d'organiser des enchères dans un contexte de morosité économique. Du fait du resserrement du crédit, les acheteurs potentiels connaissent des difficultés (avérées ou non) de financement qui leur permettent de prendre leur temps. Le processus d'enchères est allongé, et les probabilités de collusion entre acheteurs augmentent. On pense aux enchères organisées en 2008 par la Ligue de football pour attribuer les droits de retransmission des matchs du championnat français qui n'ont pas trouvé preneur, aucune offre n'ayant atteint le prix minimum attendu. Les enchères organisées pures, traditionnelles, sont aujourd'hui de plus en plus rares. Elles se transforment la plupart du temps en processus collaboratif avec davantage d'échange, permettant de créer très vite un climat de confiance et une opération de gré à gré.

Malgré tout, les enchères organisées gardent leurs partisans ; notamment car elles permettent de dédouaner un conseil d'administration désireux de montrer qu'il a tout fait pour maximiser la valeur de l'actif en contactant un nombre suffisant d'acheteurs, qui se détestent ! En tout état de cause, le processus doit être rondement mené pour qu'il ne s'enlise pas et soit (ou soit perçu comme) équitable pour tous et relativement transparent à chaque étape. Il faut savoir être sévère avec un acheteur qui joue la montre ou ne respecte pas les règles du jeu.

3.3. La négociation privée

La négociation privée correspond à une approche plus restreinte des acheteurs, voire limitée au candidat que l'on estime le plus motivé ou qui a déjà approché le vendeur dans le passé pour acquérir l'actif.

Après la signature de l'engagement de confidentialité, la procédure est beaucoup moins formelle qu'une enchère organisée : acheteurs et vendeurs négocient et définissent ensemble les étapes d'échange d'informations et les modalités d'offre, sans oublier un calendrier global. Les points d'étape sont prévus et le processus est souvent soumis à la bonne volonté du ou des acheteurs contactés.

Les négociations privées ont du fait de leur flexibilité beaucoup d'avantages : elles peuvent être aménagées selon les préférences et les besoins des parties ; ses effets négatifs en cas d'échec sont plus limités et la confidentialité est souvent mieux préservée. Du point de vue du vendeur, la souplesse de la méthode permet d'identifier les centres d'intérêt de l'acheteur au travers des informations demandées et d'obtenir des indications sur les synergies attendues. En contrepartie, le risque d'un enlisement de la procédure est plus grand que dans le cas d'enchères organisées. De plus, le vendeur n'a aucune garantie d'avoir maximisé le prix puisque la concurrence entre acheteurs ne joue plus. En outre, l'acheteur sélectionné peut changer d'avis et le vendeur se retrouve alors seul…

La pratique se situe dans une position intermédiaire entre les deux extrêmes que sont les enchères organisées et la négociation privée. Certaines contraintes (dans le cas de sociétés cotées par exemple) ou des enjeux annexes peuvent imposer des aménagements dans ces deux formats typiques. On peut imaginer une enchère très réduite dans le temps et en nombre d'acheteurs, qui évolue rapidement en négociation privée avec deux ou trois parties jusqu'à la phase d'exclusivité. Les étapes définies ci-dessus ne sont d'ailleurs ni des passages obligés, ni des conditions à la réalisation de la transaction. Des enchères ne peuvent comporter qu'un seul tour avec outre l'*Information Memorandum* un accès d'emblée à la *dataroom*, à la *Management Presentation* ou à une *Vendor's due diligence* (*cf.* chapitre 13). Il est également possible qu'un acheteur très motivé souhaite préempter une mise aux enchères en soumettant une offre attractive au vendeur pour l'empêcher de lancer le processus tout en demandant un mois d'exclusivité : ce fut le cas en 2010 d'Axa Private Equity qui a soumis à Natixis une offre préemptive sur son pôle de private equity français en offrant 6,6 % de décote sur la valeur IFRS du portefeuille correspondant et en demandant un mois d'exclusivité pour conduire ses *due diligences.*

Il existe donc dans la pratique une variété quasiment infinie de procédures. Cependant, la phase finale de toute procédure est souvent unique : la phase de négociation exclusive de droit ou de fait ! En outre, il convient de rappeler qu'une partie qui négocie de mauvaise foi est passible de poursuites judiciaires. La rupture brutale et délibérée de pourparlers avancés peut également donner lieu à des poursuites judiciaires, comme l'a montré l'action en justice intentée en 2009 par le fonds américain Starwood contre la holding du cheikh saoudien Al-Jaber lors de la cession de trois hôtels prestigieux.

3.4. *Le* **dual track**

Certains vendeurs utilisent un processus qui consiste à mener en parallèle pour la même société un schéma d'enchères organisées tel qu'il a été décrit dans ce chapitre et à lancer son introduction en bourse. L'objectif est de maintenir en tension les acheteurs potentiels, qui pourront alors subir un arbitrage de la part des investisseurs institutionnels présents sur le marché boursier.

Cette technique de négociation, appelée *dual track*, est particulièrement utilisée par les fonds d'investissement qui ne craignent pas d'attendre le dernier moment pour arbitrer entre les deux processus. Ainsi, en 2006, le groupe de maisons de retraites médicalisées Médica contrôlé par le fonds d'investissement Bridgepoint a lancé son introduction en bourse. Mais face à un accueil mitigé par le marché et à une valorisation insuffisante, Bridgepoint a finalement retiré l'opération et cédé Médica au fonds d'investissement BC Partners pour une valeur d'entreprise de 750 millions d'euros dans le cadre d'un LBO secondaire (*cf.* chapitre 20) qui a été mis en bourse en 2010, permettant de lever 275 millions d'euros. Pour sa part, la société de location de véhicules industriels Fraikin détenue par le fonds d'investissement Eurazéo a subi le même sort en 2006. L'opération d'introduction en bourse a été retirée à la veille de sa première cotation, et la société a finalement été cédée au fonds d'investissement CVC pour 1,35 milliard d'euros, dans le bas de fourchette du prix d'introduction en bourse, en raison de l'incertitude sur le niveau de la demande des investisseurs institutionnels. Ces derniers sont en général peu enclins à acheter au prix fort les titres d'une société détenue par un fonds d'investissement.

En pratique, un *dual track* est très lourd à mettre en œuvre, car il implique pour le vendeur de jouer simultanément sur deux tableaux : le schéma traditionnel de négociation avec des investisseurs financiers ou industriels et la préparation de l'introduction en bourse, qui est elle aussi un processus très exigeant pour le vendeur en termes de préparation, notamment au regard des obligations d'information financière sur les sociétés cotées (*cf.* chapitre 17). La contrepartie est le pouvoir de négociation augmenté dont dispose le vendeur ; en effet, le marché des actions ignore la valorisation qui résulte des enchères, et vice versa. Il peut ainsi à la fois se protéger face à un échec des négociations privées et face à une introduction en bourse laborieuse, qui dépend d'éléments imprévisibles comme la conjoncture du marché boursier et la décote d'introduction qui sera retenue.

Au final, un *dual track* est plutôt réservé à des investisseurs rompus aux opérations de croissance externe. Il reste à savoir à qui profite le crime… À n'en pas douter, les exemples de Médica et Fraikin vont accroître la méfiance des investisseurs institutionnels pour de futures introductions en bourse de sociétés détenues par des fonds d'investissement.

Questions

1. Quel danger représentent les fuites lors d'une négociation de M&A ?
2. Quels sont les moyens dont disposent l'acheteur pour s'informer au cours de la phase de due diligence ? Quels sont les mérites et les inconvénients de ces sources ?

3. Pourquoi le vendeur cherche-t-il à retarder au maximum le moment où il accorde l'exclusivité à un des acheteurs ?
4. Le processus d'enchères vous semble-t-il toujours de nature à maximiser le prix de l'objet de la transaction ?
5. Qu'est-ce qu'une *dataroom* ?
6. Le prix proposé est-il le seul critère sur lequel est choisi l'acheteur avec qui sera engagée la phase d'exclusivité ?
7. Qu'est-ce qu'un *break-up fee* ?
8. Quel est l'intérêt de signer un *memorandum of understanding* avant de procéder à l'accord définitif ?
9. Prix et valeur sont-ils identiques ?
10. Qu'est-ce que la théorie du *management hubris* ?
11. Le vendeur a-t-il intérêt à réduire l'asymétrie d'information ?
12. Dans quelle mesure une crise économique affecte-t-elle les processus d'enchères ?
13. Pourquoi dit-on fréquemment que le vainqueur d'une enchère peut avoir le sentiment d'avoir surpayé l'actif en jeu ?
14. Pour quelles raisons pourrait-on être amené à privilégier la négociation privée aux enchères organisées ?
15. Dans quelle mesure un *dual track* demande-t-il une implication accrue du vendeur ?

Bibliographie

Hausmann Christian et Torre Philippe, *Les garanties du passif : négociation et rédaction*, Éditions Efe, 2007.
Oesterle Dale, *Mergers and Acquisitions in a nutshell*, Thomson West, New York, 2006.
Reed Stanley et Reed Lajoux Alexandra, *The Art of M&A : A Merger Acquisition Buyout Guide*, McGraw-Hill, New York, 2007.
Spedding Linda, *Due diligence handbook : Corporate Governance, Risk Management And Business Planning*, Cima Publishing, New York, 2008.
Sherman Andrew et Hart Milledge, *Mergers & Acquisitions from A to Z*, 2e édition, Amacom, New York, 2006.

Chapitre 12

L'équipe et les conseils

Ce chapitre traite...

- **De la constitution de l'équipe projet**

– Le bon déroulement d'une opération de fusion acquisition suppose la mise en place d'une équipe projet au sein de l'entreprise.

– L'équipe doit être réduite, pluridisciplinaire, suffisamment disponible et proche de la direction générale de l'entreprise.

– L'équipe projet est responsable de la sélection des cibles, de la collecte de l'information, du diagnostic et de l'évaluation, de la réflexion sur l'impact de l'opération sur l'organisation de l'entreprise, de l'organisation des contacts avec les tiers et la partie adverse, de la négociation et des modalités techniques de l'opération.

- **Du choix des conseils**

– Il existe quatre grandes familles de prestataires : les conseils financiers, les conseils en stratégie, les conseils techniques et les banques de financement.

– Les conseils financiers apportent une aide sur le diagnostic financier, les travaux d'évaluation et la tactique de négociation ; ils sont aussi souvent chargés de coordonner les travaux des autres conseils et de veiller au bon déroulement de la *due diligence*.

– Les conseils en stratégie aident à réaliser le diagnostic stratégique. Ils peuvent aussi réfléchir à la phase d'intégration de la cible.

– Les conseils techniques apportent leurs compétences dans certains domaines précis (comptable, juridique, fiscal, environnemental, communication, etc.) et interviennent à différents stades de la transaction.

– Les banques de financement sont sollicitées par l'acheteur pour financer la transaction. Il ne faut pas les confondre avec les conseils financiers, bien que dans certains cas il puisse s'agir de la même entité.

– À condition qu'il agisse en toute indépendance, le conseil financier est un intermédiaire appréciable entre l'acheteur et le vendeur et sait faire profiter ses clients de son expérience dans tous les domaines de la transaction.

Pour les entreprises concernées, une opération de fusion acquisition suppose une mobilisation importante en termes de capital humain : outre une équipe projet dédiée à la transaction en leur sein, elles ont souvent recours à des conseils dans tous les domaines que couvre l'opération.

1. La constitution d'une équipe projet

Une opération de fusion acquisition étant le plus souvent suivie directement par la direction générale d'une entreprise, la tentation est grande pour un chef d'entreprise de faire le travail lui-même, et ceci qu'il soit vendeur ou acheteur, souvent pour des raisons de confidentialité. Quelle erreur ! Aussitôt qu'une opération est envisagée au sein de l'entreprise, il convient de constituer une équipe projet chargée de gérer le projet de croissance externe ou de désinvestissement, avec un chef de projet à sa tête. L'équipe doit être :

– de taille suffisamment réduite pour maintenir la confidentialité nécessaire à ce type d'opération et éviter les réunions à 25 ! Le maintien d'une confidentialité absolue jusqu'au stade le plus avancé est, dans une opération de rapprochement, le gage de sa réussite. En effet, les fuites risquent d'interrompre ou de retarder la transaction ;

– pluridisciplinaire, de façon à suivre les différents aspects d'une transaction : industriel, comptable, juridique, fiscal… ;

– suffisamment disponible de façon à répondre aux nombreuses sollicitations lorsque la transaction entre dans une phase active. Bien souvent, les membres de l'équipe projet ont d'autres responsabilités dans leur entreprise et n'ont pas toujours la disponibilité suffisante pour suivre le dossier au jour le jour. Dans notre esprit, le chef de projet ne doit pas se trouver dans cette situation, de façon à permettre à l'entreprise de prendre les bonnes décisions au bon moment ;

– rattachée directement à la direction générale de l'entreprise ou à la direction de la stratégie de façon à bénéficier d'une courte chaîne de *reporting* et de décision.

L'équipe projet est responsable du suivi de l'opération envisagée, mais son rôle diffère selon qu'elle travaille au sein de l'entreprise cible ou initiatrice. Elle a notamment pour mission d'effectuer :

– la sélection des cibles intéressantes en cas d'acquisition ;

– la réalisation du diagnostic stratégique et financier et des travaux d'évaluation ;

– le rassemblement de l'information nécessaire et sa mise à disposition des acheteurs dans le cas d'un désinvestissement ; l'exploitation méthodique et le suivi de l'information mise à la disposition par les vendeurs dans le cas d'une acquisition ;

– la réflexion sur l'intégration de la cible dans le cas d'une acquisition et l'organisation de la sortie du périmètre de l'activité cédée dans le cas d'un désinvestissement ;

– le suivi et l'organisation des contacts avec les conseils, les tiers (autorités boursières, autorités réglementaires, médias…) et la partie adverse ;
– le suivi de la tactique et des progrès de la négociation ;
– l'ingénierie financière, juridique, fiscale et comptable de l'opération : suivi des contrats, des audits, des modalités de financement…

De surcroît, lorsque la cible est l'objet d'un LBO, le management a une place très importante dans le processus d'acquisition, comme nous le verrons au chapitre 20.

2. Le choix d'un ou de plusieurs conseils

La complexité des transactions étant croissante, il est rare qu'une entreprise ou un fonds d'investissement s'intéressent à une transaction sans avoir recours à un conseil, même s'ils ont déjà l'expérience d'une opération de fusion acquisition.

Si l'on essaie de dresser une typologie, il existe quatre grandes familles de prestataires : les conseils en stratégie, les conseils financiers, les conseils techniques et les banques de financement.

– Le ou les *conseils en stratégie* participent au diagnostic stratégique en apportant leur connaissance du ou des marchés de l'entreprise, des concurrents, des systèmes de production parfois même des équipes. Ils peuvent aussi construire un plan d'affaires alternatif, qui tient compte des risques identifiés dans la phase d'analyse. Bien que pertinentes, les études réalisées sont souvent le reflet d'une sorte de consensus du moment sur l'industriel considéré et ne doivent pas empêcher un acquéreur de se forger sa propre conviction. Les conseils sont surtout utilisés par les fonds d'investissement qui n'ont pas forcément une connaissance approfondie des secteurs dans lesquels ils souhaitent investir ; les entreprises industrielles ont en revanche souvent en interne une capacité de jugement sur l'intérêt stratégique du dossier. Le conseil en stratégie peut également être conduit à réfléchir à la phase d'intégration de la cible au sein des activités de l'acheteur. Ils sont principalement rémunérés au forfait horaire en fonction du nombre et de la qualité des associés en charge du dossier.

– Le ou les *conseils financiers* apportent à l'acquéreur une aide sur le diagnostic financier, les travaux d'évaluation et la tactique de négociation. Leurs mandats peuvent également être élargis au conseil sur le financement et notamment permettre à l'acquéreur d'optimiser le couple rentabilité/risque du financement. En outre, ils sont souvent chargés de coordonner les travaux des autres conseils pour s'assurer de la progression régulière des *due diligences* et de la transaction en général. Ils sont souvent rémunérés au succès, c'est-à-dire sur une part de la valeur de la transaction avec un mécanisme incitatif. Ainsi un mandat de conseil portant sur un désinvestissement (mandat vendeur) sera d'autant mieux rémunéré que le prix de cession est élevé. *A contrario*, un mandat de conseil financier portant sur une acquisition sera d'autant mieux rémunéré que le prix d'acquisition est faible. La commission de succès (ou *success fee* en franglais) est souvent un pourcentage de la valeur de l'entreprise échangée ou acquise lors de l'opération et résulte d'une négociation entre l'entreprise et son conseil. Dans certains cas, le conseil financier demandera des honoraires d'études (*retainer fee* en franglais) susceptibles d'être déductibles de la commission de succès en cas de réalisation de l'opération. Il existe également des courtiers ou apporteurs d'affaires, dont le rôle se limite à présenter un vendeur à un acheteur, ou à apporter une idée de croissance externe à une entreprise ou à un fonds d'investissement. Leur rémunération est aussi liée au succès de l'opération.

L'échelle incitative la plus connue est l'échelle dite de « Lehman » très utilisée dans les années 1960 ; la formule était 5/4/3/2/1 : 5 % sur le premier million de dollars du prix de la transaction, 4 % sur le deuxième, 3 % sur le troisième, 2 % sur le quatrième et 1 % sur le reste. Cette échelle a rapidement connu ses limites, acheteurs et vendeurs souhaitant mieux contrôler la rémunération de leurs conseils financiers. Le tableau 1 donne un exemple d'échelle incitative actuellement en vigueur.

Le conseil financier peut être une banque d'affaires ou un cabinet spécialisé dans les opérations de fusion acquisition, parfois un individu voire un notaire ou un cabinet d'expertise comptable. Il est important de savoir s'il est dûment mandaté ou s'il joue à l'intermédiaire sans être pleinement habilité !

Tableau 1. – *Exemple d'échelle incitative*

Valeur d'entreprise de l'objet de la transaction (en millions d'euros)	**Rémunération en pourcentage de la valeur d'entreprise**
0 < VE < 100	1,50 %
100 < VE < 200	1,40 %
200 < VE < 300	1,30 %
300 < VE < 400	1,20 %
400 < VE < 500	1,10 %
500 < VE < 600	1,00 %
600 < VE < 700	0,90 %
700 < VE < 800	0,80 %
800 < VE < 1 000	0,70 %
1 000 < VE < 1 200	0,60 %
1 200 < VE < 1 400	0,50 %
1 400 < VE < 1 600	0,40 %
1 600 < VE < 1 800	0,35 %
1 800 < VE < 2 000	0,30 %
VE > 2 000	0,25 %

– La ou les *banques de financement* : dans certains cas, et notamment pour les fonds d'investissement, le financement de la transaction est souvent un passage obligé pour que celle-ci puisse aboutir. Dans cette hypothèse, il ne faut pas confondre conseil financier et financement de la transaction. C'est le rôle des banques de financement (souvent des équipes de financement d'acquisition ou *leveraged finance* en franglais), qui sont sollicitées par l'acheteur pour financer la transaction ou être le chef de file d'une opération de marché permettant de lever les fonds nécessaires. Elles sont rémunérées par une commission de montage de crédit (ou de placement), ainsi que par la marge d'intérêt facturée sur les lignes de crédit consenties. Une même banque peut cumuler le rôle de conseil financier d'un acheteur sur une transaction et proposer un financement dans la foulée. Une banque peut même lier les deux prestations en incitant un acheteur à passer par elle sur le financement, en globalisant la rémunération.

Une pratique plus contestable souvent destinée aux fonds d'investissement consiste pour une banque à être le conseil financier du vendeur et à aller voir les acheteurs pour leur proposer un financement. C'est ce que l'on appelle le *staple financing* en franglais ou le financement agrafé. Sous couvert de financement, il s'agit souvent pour la banque-conseil de faire passer des messages tactiques sur le niveau de valorisation et d'endettement de la cible acceptable par le vendeur…

– Les *conseils techniques* apportent à l'entreprise un éclairage précis sur certains sujets et l'aide à forger son diagnostic : un ou plusieurs conseils comptables (souvent le *Transaction Services Group* d'un grand cabinet d'audit), un ou plusieurs conseils juridiques qui sont souvent un cabinet d'avocats avec plusieurs compétences (droit des affaires, droit boursier, droit social, droit de la concurrence), un ou plusieurs conseils fiscaux, un actuaire pour détailler la mesure du passif social, un spécialiste des assurances pour analyser le degré de couverture de l'entreprise face à ses principaux risques, un spécialiste de l'environnement pour analyser les risques de pollution liés aux installations industrielles, un spécialiste des systèmes d'information pour analyser l'état de l'informatique de l'entreprise et les éventuels besoins, un spécialiste en communication pour assurer la communication liée à la transaction aussi bien au niveau interne qu'externe.

Ils interviennent à différents stades de la transaction, une entreprise ne souhaite en général pas engager des dépenses importantes alors qu'elle n'est pas sûre d'aller jusqu'au bout de la transaction. Ils sont principalement rémunérés au forfait horaire en fonction du nombre et de l'expérience des associés qui travaillent sur le dossier.

Faut-il avoir des conseils ? Il est rare qu'une opération se fasse sans conseil juridique, ne serait-ce que pour rédiger le contrat de cession. De même, un cabinet d'audit est fréquemment associé à une transaction, ne serait-ce que pour établir l'endettement net réel à la date de cession et établir la juste valeur des actifs et passifs acquis et donc la survaleur. En revanche, réaliser une opération de fusion acquisition sans conseil financier est techniquement possible et fréquent dans les grands groupes familiers de la croissance externe et qui disposent en interne de compétences suffisantes pour mener à bien ce type de transaction. Ainsi, le groupe Dassault Aviation a racheté en 2009 environ 20 % du capital de Thales à Alcatel valorisé autour d'1,5 milliard d'euros, sans aucun conseil financier.

Les défenseurs des opérations de fusion acquisition sans conseil financier soulignent à l'envie le caractère « malsain » des commissions de succès, qui poussent la banque-conseil à réaliser la transaction coûte que coûte (sans parler de son financement) et rappellent certaines opérations comme l'acquisition d'Orascom par Lafarge en 2007 dans laquelle l'intervention de grandes banques n'a pas empêché Lafarge de surpayer notoirement le cimentier égyptien et de financer massivement la partie cash de cette transaction par de la dette, à hauteur de 7,2 milliards d'euros. Avec les conséquences que l'on connaît, puisque la dette du groupe a été renégociée en 2009, et une augmentation de capital d'1,5 milliard d'euros a été nécessaire…

La réalité est comme toujours plus complexe : un conseil financier n'est pas là pour empêcher une transaction de se produire et, s'il est mandaté, c'est bien parce que l'entreprise envisage d'acquérir l'actif considéré. En outre, le prix payé doit être replacé dans le contexte de l'époque – par exemple une bulle financière généralisée – et ne peut être analysé dans l'absolu. C'est toujours après coup que l'on sait si l'on a fait une bonne ou une mauvaise affaire, surtout si une crise est passée par là ! Pour autant cette acquisition a permis à Lafarge de renforcer sa position de leadership mondial en augmentant son exposition dans les pays émergents. N'oublions pas la responsabilité des banques de financement, qui ont alors accepté de prêter des sommes considérables à Lafarge en toute connaissance du prix payé et des perspectives de croissance d'Orascom à cette époque. Faire une acquisition, c'est prendre un risque ; la financer par de la dette c'est cumuler les risques !

Selon nous, un conseil financier est un intermédiaire utile entre un acheteur et un vendeur (comme il en existe depuis que le monde est monde) et doit être vu comme un facilitateur pour faire passer certains messages sur ce qui est acceptable pour l'acheteur et le vendeur, jouer un rôle d'écran pour éviter une confrontation directe ou disparaître pour laisser son client faire passer son message en direct. En outre, à l'instar d'un médecin généraliste, qui a soigné de nombreux patients, son expérience des différentes situations est souvent un atout pour résoudre des problèmes de pouvoir, de contrôle, d'ingénierie financière ou d'évaluation. Enfin, acheteur et vendeur ont mécaniquement moins d'expérience en matière de négociation, de *due diligence* et de risque que les conseils, qui sont confrontés quotidiennement à ce type de situation. Bénéficier des services d'un conseil amène à professionnaliser le processus de décision, notamment vis-à-vis du conseil d'administration de l'acheteur ou du vendeur et de leurs comités stratégiques.

Mais ce rôle sera d'autant mieux assumé que le conseil agit en toute indépendance, ce qui n'est malheureusement pas toujours le cas. Les banques-conseils sont souvent au cœur d'une problématique de conflits d'intérêt, soit entre leurs différents métiers (et notamment la situation de conseil par rapport à celle de créancier voire d'actionnaire dans certains cas), soit entre leurs différents clients au sein d'un même secteur : lorsqu'en 2009 le groupe américain Kraft lance une offre publique non sollicitée sur le britannique Cadbury et lève plusieurs milliards d'euros pour ce faire, la banque dont les deux groupes figurent parmi ses grands clients est amenée à choisir son camp… Pour cette raison, le véritable conseil financier doit être doté d'une totale indépendance de jugement et être en situation de donner le meilleur conseil possible à son client. Il est souhaitable de traduire cette situation dans les modalités de sa rémunération afin d'éviter les phénomènes de seuil ou d'incitation coûte que coûte au succès.

Ce risque de conflit d'intérêts est d'autant plus grand que les principaux intervenants sur les différents segments du conseil en fusion acquisition ont eux-mêmes fait l'objet d'opérations de rapprochement et sont de plus en plus concentrés comme le montrent les tableaux 2 et 3.

Tableau 2. – *Classement des banques d'affaires sur le marché français en 1990 et 2009 selon la valeur des opérations réalisées (milliards d'euros) et le nombre d'opérations (entre parenthèses)*

Clas.	Banques d'affaires	1990
1	Lazard	18,4 *(38)*
2	BNP	7,6 *(84)*
3	Crédit Lyonnais	5,1 *(65)*
4	Paribas	4,8 *(54)*
5	Goldman Sachs	4,4 *(11)*
6	JP Morgan	3,9 *(12)*
7	Crédit Suisse First Boston	3,4 *(24)*
8	Salomon Brothers	3,3 *(12)*
9	Lehman Brothers	3,2 *(6)*
10	CCF	2,5 *(22)*

Clas.	Banques d'affaires	2009
1	JP Morgan	29,6 *(26)*
2	Deutsche Bank	23,6 *(19)*
3	BNP Paribas	23,3 *(51)*
4	Crédit Suisse	20,8 *(23)*
5	Société Générale	19,3 *(19)*
6	UBS	18,3 *(28)*
7	Lazard	17,1 *(40)*
8	HSBC	17,0 *(14)*
9	Rothschild	16,5 *(52)*
10	Goldman Sachs	14,8 *(19)*

Source : Magazine Fusions & Acquisitions et Thomson One Banker.

Tableau 3. – *Classement des cabinets d'avocats sur le marché français en 2009 selon la valeur des opérations réalisées (en milliards d'euros) et le nombre d'opérations (entre parenthèses)*

Clas.	Cabinets d'avocats	2009
1	Freshfields	25,3 (15)
2	Darrois Villey	24,3 (17)
3	Gide Loyrette Nouel	23,6 (25)
4	Bredin Prat	21,7 (20)
5	Veil Jourde	16,0 (8)
6	Linklaters	11,8 (20)
7	Sullivan & Cromwell	9,6 (6)
8	Shearman & Sterling	8,8 (9)
9	Clifford Chance	6,8 (10)
10	Davis Polk	3,7 (4)

Source : Magazine des Affaires, 2010.

Tableau 4. – *Classement des cabinets de Transaction Services sur le marché français en 2009 selon la valeur des opérations réalisées (milliards d'euros) et le nombre d'opérations (entre parenthèses)*

Clas.	Transaction Services	2009
1	KPMG	50,5 (96)
2	PwC	49,2 (132)
3	Ernst & Young	48,6 (95)
4	Deloitte	10,8 (87)
5	Accuracy	10,6 (25)
6	Mazars	4,8 (37)
7	Grant Thornton	1,4 (55)
8	Exelmans	0,5 (55)
9	Auditeurs & Conseil associés	0,3 (45)
10	Conseil Audit & Synthèse	0,2 (5)

Source : Magazine des Affaires, 2010.

Questions

1. Pourquoi est-il important de former une équipe projet au sein de l'entreprise plutôt que de laisser la direction générale s'occuper d'une transaction ?
2. Quel rôle doit avoir le chef de projet au sein de l'équipe en charge de la transaction ?
3. Une entreprise peut-elle se passer de conseils au cours d'une opération ?
4. Pourquoi les fonds d'investissement ont-ils plus recours aux conseils que les acheteurs industriels ?
5. Quel est le rôle d'un conseil en stratégie ? Ce dernier est-il utile ?
6. À quel moment de la transaction est-il le plus judicieux de recourir à l'aide des conseils techniques ?
7. Pourquoi utiliser des mécanismes incitatifs dans la rémunération des conseils financiers ?
8. Pourquoi les conseils financiers ont-ils été tant décriés après l'éclatement de la bulle de crédit des années 2005-2007 ? Ces attaques vous paraissent-elles justifiées ?
9. Quel type de problèmes peut poser le manque d'indépendance des conseils financiers ?

Bibliographie

Bancel Franck, *Fusions d'entreprises : Comment les gérer, comment les vivre*, Eyrolles, 2008.

Opérations de fusions et acquisitions : les bonnes pratiques vues par les directeurs financiers, Les cahiers techniques de la DFCG, 2006.

Rankine Denzil et Howson Peter, *Réussir une acquisition*, Village Mondial, 2006.

Weston J. Fred, Mulherin Harold J. et Kenneth Ahern, *Takeovers, Restructuring, and Corporate Governance*, 5e édition, Prentice Hall, New York, 2010.

Chapitre 13

La phase de *due diligence*

Ce chapitre traite...

- **Du principe des *due diligences***

– On appelle *due diligence* le diagnostic approfondi d'une l'entreprise pour permettre l'exploitation systématique et pluridisciplinaire de toutes les informations disponibles sur cette entreprise, afin d'apprécier les risques et opportunités de celle-ci.

– On distingue trois types de *due diligence* : les *due diligences* stratégiques ou opérationnelles, les *due diligences* comptables et financières et les *due diligences* techniques (organisationnelle, juridique, sociale, fiscale, environnementale…).

– Au cours de la transaction, l'entreprise cible met à la disposition des acheteurs potentiels toutes les informations nécessaires à la réalisation d'une *due diligence* ; et ceux-ci au sein d'une *dataroom*, pièce dont l'accès est contrôlé et limité.

- **Du prix comme finalité de la *due diligence***

– Les *due diligences* doivent permettre d'identifier les principales zones de risques et d'aboutir à une quantification préliminaire de leur matérialisation éventuelle, tout en évitant le syndrome de l'inventaire théorique sans intérêt.

– L'objectif de l'acheteur est d'accumuler le plus d'informations possible sur la cible afin d'identifier les risques le plus efficacement possible.

– Le vendeur s'assure de la motivation des acheteurs lors de chaque phase d'échange d'informations.

– La confrontation des travaux d'évaluation et du résultat des *due diligences*, complétée par l'estimation des synergies doit permettre d'aboutir à une première fourchette de prix/parité susceptible d'être proposée au vendeur, ainsi que les principales modalités de la transaction.

Comme nous l'avons vu au chapitre 11, l'échange d'informations se fait au travers de la *dataroom*, mais également lors des *management presentations*, des visites de sites et des séances de questions-réponses. Le travail de *due diligence* doit justement intégrer toutes les données issues de ces différentes sources.

On appelle *due diligence* ou audit d'acquisition l'exploitation systématique et pluridisciplinaire par un acheteur potentiel de l'ensemble des éléments d'information disponibles sur une entreprise donnée, de façon à lui permettre d'apprécier et de quantifier les risques et opportunités de l'acquisition envisagée. Cet exercice est souvent au cœur du processus de décision de l'acheteur car, selon les résultats des *due diligences*, un acheteur potentiel est susceptible de donner suite ou non à cette opportunité d'investissement en fonction de sa conviction sur la rentabilité économique anticipée de l'actif, son positionnement stratégique et son analyse des risques identifiés. De son côté, un bon vendeur doit anticiper cette phase et recueillir, organiser, trier les informations disponibles de façon à toujours avoir un tour d'avance sur la connaissance de l'actif par l'acheteur potentiel. En pratique, il est en effet courant de rencontrer des vendeurs peu rompus à ce type d'exercice et qui rencontrent alors des difficultés certaines pour répondre aux exigences des acheteurs potentiels !

1. Le principe des due diligences

On distingue habituellement trois types de *due diligence* :

– les *due diligences* stratégiques ou opérationnelles, qui visent à conforter le diagnostic stratégique sur les forces et faiblesses de l'entreprise ;

– les *due diligences* comptables et financières, qui analysent en profondeur la performance financière récente et anticipée ainsi que les choix et hypothèses effectués par l'entreprise ;

– les *due diligences* techniques : organisationnelles, juridiques, sociales, fiscales et environnementales, qui permettent de cerner et de quantifier les différents risques et d'affiner le profil de l'entreprise.

Dans certains cas, la phase de *due diligence* est très limitée, voire inexistante. En effet, si un acquéreur envisage de lancer une opération non sollicitée sur une entreprise cotée, il ne disposera que de l'information existante sur toute entreprise cotée, c'est-à-dire essentiellement le rapport annuel et les informations publiques communiquées par l'entreprise. Dans ce cas, l'acheteur prend un risque et ne pourra s'en prendre qu'à lui-même si son diagnostic purement externe est erroné : on peut toujours acheter un appartement sur annonce et sans le visiter, mais il ne faut pas se plaindre ensuite s'il est sombre et que l'ascenseur ne dessert que des demi-paliers ! Fort heureusement, dans la plupart des cas, la phase de *due diligence* est organisée par les différents conseils de l'entreprise et donne lieu à un véritable flux d'échange d'informations sur l'entreprise.

Les différentes informations mises à la disposition des acheteurs potentiels lors de la phase de *due diligence* peuvent être regroupées sous forme physique dans une pièce désignée, dont l'accès est contrôlé et qu'on appelle la *dataroom* ou salle d'information. Un ensemble de règles appelé règlement de la *dataroom* définit les modalités d'accès et d'usage des informations disponibles : heures d'ouverture, registre d'entrée et de sortie, nécessité de faire savoir à l'avance l'identité de toutes les personnes visitant la *dataroom*, nombre maximum de personnes d'un même groupe autorisées à y avoir accès, sans oublier la nécessaire interdiction de sortir ou de reproduire les informations qu'elle contient. Ainsi, aucun matériel de reproduction (scanner, photocopieur, magnétophone…) n'est en général autorisé dans les *datarooms*, ce qui n'empêche pas les différents conseils de recopier ou de saisir les informations disponibles sur un micro-ordinateur portable. Dans certains cas, des documents moins sensibles pouvant être transmis directement par Internet. La pratique des *datarooms* en ligne (appelées *Virtual Datarooms* ou *VDR*) devient dominante : il s'agit d'un espace virtuel disponible sur un site Internet sécurisé auquel on accède avec un mot de passe, et dont on peut définir le niveau d'accès et l'usage (téléchargement, impression…) de chacun des documents mis en ligne. Cette pratique a en outre le mérite de permettre au vendeur de « surveiller » ce que l'acheteur regarde dans la *dataroom* et donc d'apprécier son intérêt pour la cible en fonction de la présence de ses visites. Le contenu de la *dataroom* est en général indexé tant le volume d'informations est important. La mise en ligne de chaque nouveau document est en général signalé aux utilisateurs de la *dataroom* virtuelle.

Le bon acheteur est celui qui sait retrouver l'aiguille dans une botte de foin, c'est-à-dire retrouver l'information pertinente et utile pour forger son diagnostic parmi une foultitude d'informations inutiles ou sans intérêt. L'expérience nous apprend que plus une *dataroom* est volumineuse, moins elle fournit d'informations pertinentes, le vendeur et ses conseils ayant tendance à y mettre beaucoup d'informations pour la remplir (comme les catalogues produits avec les tarifs disponibles par ailleurs sur le site Internet de l'entreprise ou la liste détaillée des marques déposées disponibles sur les registres de propriété industrielle) ! Le temps d'accès à une *dataroom* étant souvent limité, il convient de bien répartir les tâches entre les conseils afin d'éviter que le même document ne soit lu ou saisi plusieurs fois tandis que d'autres ne seront jamais visités ! En outre, il faut mobiliser intelligemment les compétences disponibles car aucune personne ne peut être juge de l'ensemble des risques : ainsi un problème de propriété intellectuelle doit être analysé par le juriste compétent et il n'est pas utile de le faire analyser de façon détaillée par les équipes comptables. Enfin, la règle des 80/20 s'applique également à la phase de *due diligence* : l'essentiel des revenus ou de la marge de l'entreprise est souvent concentré sur certaines lignes de métiers ou certains clients sur lesquels il s'agit de mobiliser toutes les ressources des *due diligences*.

Le contenu habituel d'une *dataroom* est reproduit dans l'encadré 1.

Encadré 1

Exemple de contenu d'une *dataroom*

I. INFORMATIONS JURIDIQUES

1. Statuts
2. Procès-verbaux du conseil d'administration
3. Information sur le capital
4. Filiales
5. Droits et propriété intellectuelle
6. Contrats commerciaux
7. Litiges
8. Assurance
9. Engagements et garanties

II. INFORMATIONS OPÉRATIONNELLES

1. Organisation du groupe
2. Production et distribution
3. Actifs opérationnels
4. Lignes de produit, vente et marketing
5. Système d'information
6. Environnement

III. INFORMATIONS FINANCIÈRES

1. Comptes sociaux
2. Comptes consolidés
3. Rapports des commissaires aux comptes
4. Comptes analytiques
5. Détails du plan d'affaires

IV. INFORMATIONS FISCALES

1. Liasses fiscales
2. TVA
3. Impôts sur les sociétés
4. Taxe foncière
5. Taxe professionnelle
6. Autres impôts

V. RESSOURCES HUMAINES

1. Procès-verbaux du comité d'entreprise
2. Procès-verbaux du comité d'hygiène et de sécurité
3. Prestations sociales et conventions collectives
4. Contrat type d'une embauche et contrats annexes
5. Rémunérations et autres bénéfices
6. Accidents du travail

2. La Vendor's Due Diligence (VDD)

Il arrive que le vendeur lui-même demande à ses conseils (et notamment une équipe de *Transaction Services* d'un grand cabinet d'audit) de faciliter le travail de l'acquéreur en mettant à sa disposition une *Vendor's Due Diligence* ou *VDD*, qui est un rapport complet (*long form report* en franglais) sur l'entreprise, dont les différents modules peuvent couvrir les trois types de *due diligence* décrits précédemment. Ceci permet de disposer d'emblée d'une analyse synthétique sur l'entreprise. Les *VDD* peuvent être spécialisées sur un aspect donné : financier, comptable, juridique, fiscal… Bien que coûteuse, cette étape fait indéniablement gagner du temps aux acheteurs potentiels car l'information est identifiée, unifiée, formatée. Elle permet notamment de qualifier les agrégats comptables (résultat d'exploitation, dette nette…) ou les risques juridiques en isolant les éléments non récurrents et en utilisant des définitions homogènes. Bref, elle oblige à se poser toutes les questions que se poseront les acheteurs potentiels ! Enfin, dans certains cas, l'information n'était tout simplement pas disponible ou fiable dans un format comestible par un tiers et la VDD a le mérite de mettre par écrit les chiffres clés de la cible.

Pour autant, il est difficile d'empêcher un acheteur de forger sa propre conviction sur les différents sujets abordés par la *VDD* et d'exploiter directement le sous-jacent, c'est-à-dire les informations contenues dans la *dataroom*. Ceci est encore plus vrai dans un contexte de crise, où les acheteurs sont moins nombreux, les délais allongés et l'accès à des documents standardisés moins valorisé que l'analyse de la signification véritable des résultats. Cependant, les banques de financement ont souvent un préalable indispensable à leur accord de crédit, quitte à ce que la *VDD* faite par le conseil du vendeur soit revue et corrigée par celui de l'acheteur ! Elle permet également à l'acquéreur de justifier l'écart d'acquisition éventuellement constaté sur la cible.

3. Les principales questions à se poser

À propos du diagnostic stratégique et du diagnostic comptable et financier, nous nous permettons de renvoyer notre lecteur aux chapitres 1, 2, 3, et 4 consacrés à ces thèmes. Apparaissent néanmoins dans ce chapitre les principales questions à se poser et dont il convient d'essayer de trouver les réponses dans la *dataroom*. Nous analyserons ensuite les *due diligences* dites techniques : sociale, fiscale, juridique et environnementale.

3.1. Les due diligences opérationnelles

Nous renvoyons notre lecteur au chapitre 1, consacré au diagnostic stratégique. Le travail de *due diligence* a pour but de compléter ce diagnostic et d'approfondir le diagnostic sur l'outil de production, la dynamique de l'entreprise sur son (ou ses) marché(s) et les problèmes de qualité : examens des sites, des technologies, des plateformes logistiques et des relations avec les fournisseurs. Et ceci notamment en vue de juger de l'adéquation des sites industriels avec la demande et l'éventuel transfert de sites.

• *Rappelons que les principales questions à se poser sont les suivantes :*

Héritage de l'entreprise : Quand et comment a-t-elle été créée ? Quelles ont été les principales étapes de son développement ? Quel est son historique de croissance externe et notamment les opérations importantes intervenues au cours des cinq dernières années ?

Fonctionnement du (ou des) marché(s) de l'entreprise : Quels sont sa taille, ses opportunités de croissance, sa dimension géographique et son degré de maturité ? Est-il cyclique ou sujet à de fortes variations saisonnières ? Quel est son environnement réglementaire (notamment au regard des traités de commerce international) ? Quels sont ses principaux risques ? Quel est l'impact des changements de parité entre les principales devises (dollar, euro et yen) sur la compétitivité des entreprises du secteur, sur leurs chiffres d'affaires et sur leurs coûts de production ?

Position de l'entreprise sur son ou ses marché(s) : L'entreprise occupe-t-elle une position de leader ? Quelle est sa part de marché et l'évolution récente de celle-ci en valeur et en volume ? Pourquoi ? Quels sont le nombre de produits ou services vendus, leur nature, leur degré de dépendance économique ? Quelle est la durée de leur cycle de vie ? Quel est le niveau de technicité de ces produits ou services ? Quelle est l'importance de la pression concurrentielle ? Comment fonctionne la concurrence ? Par une stratégie de prix ou de différenciation du produit ? Existe-t-il des produits de substitution ? Des nouveaux entrants ? Des sortants ? Des faillites ? Des barrières à l'entrée ? Qui sont les concurrents et combien sont-ils ? Appartiennent-ils à des groupes industriels plus intégrés ? À des financiers ? Les concurrents sont-ils sur les mêmes segments de marché ?

Clients de l'entreprise : Quelle est la position de l'entreprise dans la filière ? L'activité est-elle celle d'un équipementier ? D'un sous-traitant ? D'un opérateur de contrats de maintenance ? Qui sont les donneurs d'ordres ? Pourquoi ont-ils besoin de l'entreprise ? Quels sont le nombre de clients et leur poids relatif ? Quelle est leur taille par rapport à celle de l'entreprise ? Où se réalise l'essentiel du chiffre d'affaires ? De la marge ?

Accès au client : L'entreprise a-t-elle accès au client final ? Le produit ou service est-il distribué directement au client final ou par des intermédiaires exclusifs ou non (grossistes, distributeurs spécialisés, franchisés) ? Quelle est la part des principaux intermédiaires dans le chiffre d'affaires ? Qui sont les commerciaux et combien sont-ils ? Comment sont-ils organisés ? Quelle est la politique de stockage ? Quels sont les délais de livraison ? Existe-t-il un service après-vente ? Comment l'entreprise est-elle informée des évolutions des attentes des clients ?

Processus de production de bien(s) ou de service(s) : Est-ce une production de masse ou du sur-mesure ? Le processus de production présente-t-il une forte intensité capitalistique ? Quelle est sa durée ? Quelles sont les technologies utilisées : de base, spécifiques, voire émergentes ? Quels sont les principaux fournisseurs ? Quel est le rapport de force avec ces derniers ? L'entreprise a-t-elle recours à des sous-traitants ? Quels sont ses principaux sous-traitants ? Quelle est leur taille par rapport celle de l'entreprise ? Quel niveau de risque opérationnel présente le processus de production ? Quels sont les outils et effectifs affectés à la production ?
Organisation et culture de l'entreprise : Quelles sont ses valeurs ? Ses rites collectifs ? Comment est-elle organisée : en divisions opérationnelles avec des fonctions support ? Quelles sont ces fonctions ? En *business units* ? Avec une matrice produits/pays/clients ? Le pouvoir est-il très concentré ou décentralisé dans les filiales ou divisions ? Quelles sont les relations de l'entreprise aussi bien en interne qu'en externe ? Avec les pouvoirs publics ? Quelle est l'importance accordée au bien-être du corps social ? Au développement durable ?

Caractéristiques de l'outil de production : Quels sont les types, tailles et âges des sites industriels de l'entreprise ? Quels sont les types, capacités et âges des machines outils et de l'équipement industriel ? Quel est le niveau de technologie de l'entreprise ? Par quels moyens l'entreprise contrôle-t-elle la qualité tout au long du processus de production ? Quels sont les types de plateformes et standards utilisés par l'entreprise ? Combien de temps prendrait une harmonisation avec les standards en vigueur au sein de l'entreprise initiatrice ? Quel est le niveau d'adéquation entre l'outil de production de l'entreprise et celui de l'initiatrice ? Certains sites de production sont-ils susceptibles d'être en excès sur une base combinée ?

3.2. Les due diligences comptables et financières

Nous renvoyons le lecteur aux chapitres 2, 3 et 4 consacrés au diagnostic comptable et financier. La phase de *due diligence* doit permettre d'analyser le périmètre et les méthodes de consolidation, les actifs incorporels et la survaleur, les engagements hors-bilan, ainsi que les passifs éventuels et provisions pour risques et charges. L'étude détaillée des différents postes du BFR doit permettre de bien comprendre comment fonctionnent les sites d'exploitation et de s'assurer de la bonne gestion du risque client et des stocks. Cela passe par une revue détaillée des comptes clients et notamment des clients douteux, ainsi que des comptes de stocks, afin de rechercher toute dépréciation potentielle.

- *Rappelons que les principales questions à se poser sont les suivantes :*

Périmètre de consolidation : Quelles sont les filiales consolidées par mise en équivalence ? Par intégration proportionnelle ? Pourquoi ? Quels sont les minoritaires dans les filiales intégrées globalement ? Qui sont-ils ?

Des partenaires industriels ? Financiers ? Locaux ? Existe-t-il d'autres liens avec ces minoritaires ? Les filiales avec intérêts minoritaires sont-elles rentables ? Quelle est l'estimation de leur contribution au résultat d'exploitation consolidé ? Ont-elles du cash ? Quels ont été les principaux changements affectant le périmètre de consolidation au cours des derniers exercices ? Quelles sont les entreprises achetées ou cédées au cours de cette période ? Dans quelles conditions ? À quelle date d'effet ? Existe-t-il des comptes *pro forma* reflétant ces évolutions ? Existe-t-il des entités *ad hoc* ? Quel est leur rôle ? Ont-elles été déconsolidées ? Pourquoi ?

Immobilisations incorporelles : Quelle est la nature des immobilisations incorporelles figurant à l'actif du bilan ? Quelles sont celles qui sont amortissables ? Sur quelle durée ? Quelles sont celles qui ne sont pas amortissables ? Quelle est leur origine ? Quels sont les actifs et passifs acquis correspondants ? Quelles sont les UGT auxquelles ils sont rattachés ? Est-ce cohérent avec l'analyse stratégique du portefeuille d'activité de l'entreprise ? Quelles sont les principales hypothèses du test de validité ? Sont-elles en ligne avec les informations de marché disponibles sur le secteur (marge normalisée du secteur, croissance à long terme, taux d'actualisation…) ? L'entreprise a-t-elle récemment procédé à des PPA ? Quelles ont été les principales hypothèses utilisées ? À quels actifs incorporels existants ou futurs a-t-on attribué le goodwill payé ?

Hors-bilan : Quels sont les principaux engagements hors bilan : location financière, engagements réciproques d'achat d'actifs, engagements commerciaux ? Quel est leur échéancier ? Quelle est leur logique économique ? Quelle est la probabilité que l'engagement donné se matérialise ? Quelle est la nature des engagements reçus ? Font-ils partie de transactions réciproques ? Comment l'entreprise gère-t-elle son risque de taux et de change ? Quelle est la part du chiffre d'affaires en devises étrangères faisant l'objet de couvertures ? Quel est le taux moyen correspondant ? Quelle est la part des achats en devises et/ou en matières premières faisant l'objet de couvertures ? La dette de l'entreprise est-elle à taux variable ou à taux fixe ? Quels sont les engagements correspondants ? Quelle est la valeur de marché du portefeuille d'instruments financiers ? Quels sont les actifs de l'entreprise qui ont été nantis ? Pourquoi ?

Provisions pour risques et charges : Quelles sont les principales provisions pour risques et charges ? Quelle est leur nature économique ? Quel est l'objet des provisions pour restructuration ? Sont-elles récurrentes ? Quels sont les principaux litiges ? Quelles sont les hypothèses utilisées pour calculer la valeur actuelle des passifs sociaux ? Quels sont les principaux paramètres de sensibilité du modèle ? Quelle est la composition des placements destinés à couvrir les engagements ? Quel est le rendement attendu de ces placements ? Le régime est-il en sous ou sur-financement latent ?

Génération du chiffre d'affaires : Quel est le mode de comptabilisation du chiffre d'affaires de l'entreprise ? Quel est l'impact des changements de périmètre sur la période ? Quelle est l'évolution des principales devises de facturation ? Quelles sont les évolutions du ou des marchés de l'entreprise en termes de volume et de prix ? Y a-t-il un effet mix produit, mix métier ou un effet géographique ? Comment s'analyse la performance de l'entreprise au regard des principales sociétés cotées du secteur ? Quelle est la croissance organique de l'entreprise sur les trois derniers exercices ? Existe-t-il un carnet de commandes ? Quel est le *book to bill ratio* ?

Performance d'exploitation : Quel est le niveau des marges d'EBE et d'exploitation ? Quelle est leur évolution récente ? Comment se situe la performance de l'entreprise par rapport aux principales sociétés cotées du secteur ? Quel est l'impact de la variation des devises et du périmètre sur la marge d'exploitation ? Comment évoluent les charges par rapport aux produits ou services vendus ? Quels sont les principaux postes de charges d'exploitation ? Quelle est l'évolution du coût des produits vendus ? Quelle est l'évolution des prix d'achat des différentes matières premières et divers approvisionnements ? Des frais administratifs et commerciaux ? Des frais de recherche et développement ? Des frais de personnel ? Des amortissements ? Existe-t-il un effet mix produit ou un effet géographique sur l'évolution des marges ?

Actif économique : Comment se décompose l'actif économique ? Quel est l'impact des variations de périmètre ? Des variations de change ? Quel a été l'effort d'investissement de l'entreprise au cours des trois derniers exercices ? Dans quelle ligne de métiers a-t-il été le plus soutenu ? Pourquoi ? Dans quelle zone géographique ? Pourquoi ? Comment a évolué le BFR d'exploitation en termes absolus ? En termes relatifs ? Est-il négatif ? Comment se situe le BFR de l'entreprise par rapport à ceux des principales entreprises cotées comparables ?

Financement de l'actif économique : Quelle est l'évolution des flux de trésorerie provenant de l'exploitation sur la période considérée ? Sont-ils positifs et en croissance ? Quelle est l'évolution des flux d'investissement ? Sont-ils en croissance ? Quelle est l'évolution des flux de financement ? L'entreprise a-t-elle récemment fait appel à ses actionnaires ? Pourquoi ? Quelle a été la part des résultats distribués ? L'entreprise a-t-elle récemment fait appel à ses créanciers ? Pourquoi ? Quelle est la structure financière en résultant ? Quel est son niveau de risque ? Quelle est l'évolution des intérêts minoritaires ? Quelle est l'évolution des provisions pour risques et charges ?

3.3. Les due diligences techniques

3.3.1. La due diligence organisationnelle

L'analyse du mode de fonctionnement interne de l'entreprise est crucial pour un acquéreur. Il lui faut en effet bien saisir quel est le schéma décisionnel en vigueur, identifier les interlocuteurs inévitables tout en mettant en lumière les procédures de contrôle interne.

• *Les principales questions à se poser sont les suivantes :*

Fonctionnement de l'entreprise : Quel est l'organigramme de la société ? Quel est le profil de l'équipe de direction ? Son origine ? Son mode de fonctionnement (écrit/oral, centralisé/décentralisé, etc.) ? Quelle est l'importance des fonctions centrales ? Quelles sont les principales procédures en vigueur dans l'entreprise ? Sont-elles respectées ? Quelles sont les procédures de contrôle existantes : existe-t-il une équipe d'audit interne ? Sur quoi est-elle intervenue ?

Systèmes d'information : Quels sont les principaux outils de suivi de performance de l'entreprise (tableaux de bord, *reporting* des ventes, etc.) ? Quelles sont la périodicité et l'utilisation effective de ces outils ? Quel est l'état des systèmes d'information et des réseaux ? Du parc informatique ? De quand date la dernière mise en place d'un nouveau système d'exploitation ? Quels ont été les principaux bénéfices attendus ? Les dysfonctionnements constatés ? L'informatique est-elle intégralement gérée en interne ou en partie externalisée ? Quel est le coût annuel des systèmes d'information ? L'effectif correspondant ? Le degré de satisfaction des utilisateurs ?

Gestion des risques opérationnels : Existe-t-il une cartographie des risques ? Quelles sont les principales polices d'assurances du groupe ? Quels sont le montant des primes payées et leur évolution récente ? Quelles sont les franchises correspondantes ? Quels ont été les principaux sinistres subis par l'entreprise au cours des dernières années ?

3.3.2. La due diligence juridique

L'analyse des relations contractuelles doit porter sur l'ensemble du périmètre du groupe et non seulement sur la maison-mère. Dans certains cas, les informations les plus intéressantes sont logées dans des filiales au nom insignifiant. Il est également utile de s'interroger sur le cadre juridique des relations intragroupes, ce qui permet de se faire une idée de la façon dont le groupe est géré. Une analyse approfondie de l'actionnariat est également incontournable afin de localiser les intérêts des différentes parties prenantes lors d'une éventuelle transaction

Une revue des principaux contrats existants (commerciaux, fournisseurs, cautions, etc.), des principaux litiges et des documents ayant trait à la vie sociale de l'entreprise (conseil d'administration, assemblées, comités d'entreprise) permet de porter un jugement sur le niveau de sécurité juridique des principales activités de l'entreprise.

• *Les principales questions juridiques à se poser sont les suivantes :*

Actionnariat et gouvernance : Quels sont l'actionnariat précis de l'entreprise et son évolution récente (en capital et en droits de vote) ? Certains salariés sont-ils potentiellement actionnaires ? La société détient-elle ses propres titres ? Pourquoi ? Quel pourcentage du capital ? Quel prix de revient ? Existe-t-il des pactes d'actionnaires ? Quel est leur contenu : droit de préemption, droit d'agrément, droit de sortie ; promesse d'achat ou de vente, convention de vote ? Existe-t-il des titres donnant accès au capital ? Quels sont leurs caractéristiques et leurs détenteurs ? Les minoritaires existant dans les filiales bénéficient-ils d'un droit de sortie en cas de changement de contrôle de la maison mère ? Les statuts de l'entreprise prévoient-ils quelque chose de particulier dans la perspective d'une transaction sur le capital ?

Qui sont les administrateurs ? Depuis quand et comment ont-ils été cooptés ? Quelle est l'échéance de leur mandat ? Existe-t-il des principes de gouvernement d'entreprise mis en place au sein des organes de direction ? Quelles sont les transactions liées entre les administrateurs et l'entreprise (conventions réglementées) ? Qui est concerné et pour quelles raisons ? Les prestations ont-elles été faites au prix de marché ? Quel est le contenu des procès verbaux (signés !) des organes de direction (directoire, conseil de surveillance, conseil d'administration) et des assemblées générales ? Des rapports de gestion ? Quel a été le sujet des débats entre administrateurs ? Quelles sont les décisions importantes prises au cours des cinq derniers conseils d'administration ?

Contrats commerciaux : Quel est le cadre juridique des relations avec les principaux fournisseurs ? Avec les principaux clients ? Avec les distributeurs ? Existe-t-il des engagements en matière de volumes d'achat ou de ventes, de remises, d'exclusivité, d'indexation des prix ? Quelle est la durée restant à courir ? Quelles sont les modalités de renouvellement ? Peut-on les dénouer ? À quel coût ? L'entreprise est-elle en risque sur certains clients ou fournisseurs ? Ces contrats prévoient-ils des clauses de changement de contrôle ?

Propriété mobilière et immobilière : Quels sont les principaux biens mobiliers et immobiliers appartenant à l'entreprise (faire le lien avec l'approche patrimoniale présentée au chapitre 7) ? Et loués par l'entreprise ? À qui, pour combien de temps et dans quelles conditions ? Les principaux baux ont-ils des clauses de changement de contrôle de la société-mère ? La détention d'actifs immobiliers est-elle nécessaire pour l'activité de l'entreprise ? Quelles sont les échéances et caractéristiques des principaux contrats de crédit-bail ?

Propriété intellectuelle : Les marques utilisées par l'entreprise lui appartiennent-elles en totalité ? Sont-elles protégées ? Quelles sont les principales licences ? Le fonds de commerce appartient-il à l'entreprise en totalité ? Le vendeur a-t-il des clients communs avec l'entreprise ? Bénéficie-t-il du droit de proposer un service ou un produit analogue à ceux offerts par l'entreprise ?

Risques et litiges : Quels sont les principaux contrats d'assurance de l'entreprise (coût, échéance, caractéristique des risques couverts) ? Quel est le degré de couverture de l'entreprise par rapport à ses principaux risques ? Quels sont les principaux contrats de financement de l'entreprise (conditions, échéance et modalités de remboursement, garanties et sûretés consenties, ratios à respecter) ? Quels sont les principaux litiges en cours ? Quelle est leur origine ? Sont-ils provisionnés au bilan ? Pour quel montant ?

3.3.3. La due diligence sociale

On dit fréquemment qu'une entreprise a le climat social qu'elle mérite. Le but du diagnostic social est d'étudier l'évolution qualitative et quantitative de la masse salariale de l'entreprise sans oublier le climat social, essentiel dans une opération de fusion acquisition.

Avant tout, il convient d'établir une analyse détaillée de l'effectif de l'entreprise par âge, par ancienneté, par catégories socioprofessionnelles et qualification, par filiales, par type d'activité (production, distribution, fonctions centrales...), par statut (contrat à durée déterminée, contrat à durée indéterminée, intérimaires), par rémunération et d'exploiter le bilan social, les procès verbaux des principaux organes de représentation des salariés (sans oublier le célèbre comité d'hygiène et de sécurité) afin de conforter le diagnostic financier sur les frais de personnel et la culture d'entreprise.

- *Les principales questions à se poser sont les suivantes :*

Ressources humaines : Quelle est l'évolution récente en nombre et en qualité des effectifs de l'entreprise ? Chaque salarié est-il régi par la même convention collective ? À compétence égale bénéficie-t-il du même statut ? Quels sont les secteurs ayant augmenté leur effectif ? Pourquoi ? L'entreprise s'appuie-t-elle de plus en plus sur des salariés en contrat à durée déterminée ou des intérimaires ? Chaque salarié est-il suivi individuellement en termes d'objectifs, de besoin de formation, de mobilité ? Outre les principaux dirigeants, quels sont les cadres considérés comme essentiels dans le développement commercial ou stratégique de l'entreprise ? Peuvent-ils aisément quitter le groupe ? Quelles sont les embauches récentes ?

Politique de rémunération : Au-delà de l'intéressement et de la participation légale, quelles sont les modalités d'attribution de la part variable des rémunérations ? Sont-elles fondées sur l'activité ou la profitabilité de l'entreprise ? Que représente la part variable de la rémunération par rapport à la masse salariale totale ? Existe-t-il une véritable politique de rémunération du personnel ? Existe-t-il des plans de stock-options ou des bons d'acquisition ou de souscription d'actions ? Quelles sont leurs principales caractéristiques : échéance, prix d'exercice ? Qui en sont les principaux bénéficiaires ? Sont-elles exerçables en cas de changement de contrôle de l'entreprise ? Quelle est la pratique de l'entreprise dans le domaine des avantages en nature (véhicules et/ou logement de fonction) ? Comment se décompose la rémunération du management (fixe, variable, intéressement/participation, avantage en nature, stock options) ? Des principaux mandataires sociaux ? Quelle est son évolution récente ? Quels sont les principaux avantages accordés aux salariés en France et à l'étranger en termes d'indemnités de fin de carrière, de retraites complémentaires et de régimes sociaux complémentaires ? Quels sont les passifs sociaux correspondants ? Comment ont-ils été évalués ? Quelles sont les hypothèses actuarielles de rotation des effectifs, de mortalité et d'espérance de vie qui ont été utilisées ? Quel est le taux d'actualisation retenu dans chaque zone géographique ? Comment est calculé le montant de la provision annuelle correspondante ?

Climat social : Quel est le climat social de l'entreprise ? Le nombre de conflits sociaux ? Le nombre de syndicats et l'origine des représentants du personnel ? Leur origine ? Quelle est l'origine des principaux accidents du travail ? Quels sont les principaux litiges en cours et leur origine ? Sont-ils provisionnés au bilan ? Pour quel montant ? Quel est le taux de rotation des salariés ? Comment se compare-t-il avec les principaux concurrents de l'entreprise ? Quel est le résultat des derniers contrôles Urssaf ? Des visites de l'inspection du travail ? Quels sont les rapports entre la direction des ressources humaines et les unités produits ou le management de l'entreprise ? Peut-on avoir une idée de l'évolution de la productivité industrielle et commerciale des salariés opérationnels ? Quelle est l'évolution des dépenses de formation professionnelle ? Quels sont les principaux *ratios* de gestion suivis par le management pour apprécier l'évolution de la masse salariale et le climat social de l'entreprise ? L'entreprise a-t-elle récemment procédé à des plans sociaux ? Comment ceux-ci se sont-ils déroulés ? Quel a été le coût par salarié ? Quelle est la nature des principaux litiges avec les anciens salariés ? Quels en sont les coûts ?

3.3.4. La due diligence fiscale

L'objectif du diagnostic fiscal est double. D'une part, il s'agit d'apprécier le caractère récurrent du niveau d'imposition actuel de l'entreprise sous ses diverses formes : impôt sur les sociétés (IS), taxe sur la valeur ajoutée (TVA), taxe foncière, taxe d'apprentissage, vignette sur flotte de véhicules… Ce niveau est-il issu d'une politique volontariste d'ingénierie fiscale destinée à minimiser le taux d'imposition global avec des risques de requalification importants ? Ou relève-t-il d'une gestion traditionnelle et prudente de la pression fiscale ? Le débat est d'autant plus important que l'administration fiscale peut contrôler jusqu'au 31 décembre n + 3 les impôts afférents à l'exercice n.

D'autre part, il s'agit d'essayer d'établir une « valeur fiscale » de l'entreprise à partir d'une analyse du potentiel d'économies d'impôt existant à la date de la transaction et qui a pu être quantifié lors de la phase d'évaluation (*cf.* chapitre 9). Mais attention ! On n'achète pas une entreprise pour ses déficits fiscaux : s'ils existent, c'est parce que l'entreprise a fait des pertes importantes et il est souhaitable de comprendre pourquoi !

- *À partir d'une étude de l'ensemble des éléments fiscaux de la* dataroom *(et notamment des liasses fiscales), il convient de tenter de répondre aux questions suivantes :*

Impact de la fiscalité sur l'entreprise : L'entreprise a-t-elle un ou plusieurs fiscaliste(s) interne(s) ? Qui sont ces conseils fiscaux ? Depuis quand ? La société est-elle soumise à l'impôt sur les sociétés ou à l'impôt sur le revenu ? Pourquoi ? Quel est le taux de TVA applicable ? Est-il le même sur tous les produits ou services de l'entreprise ? Quel est le niveau de TVA collectée ? La TVA déductible est-elle correctement récupérée ? Quel est le taux d'imposition des bénéfices effectif ? Comment se compare-t-il au taux légal ?

Intégration fiscale : Existe-t-il un groupe fiscal entre la maison-mère et ses filiales ? Existe-t-il des conventions d'intégration fiscale ? L'entreprise cédée fait-elle partie du groupe fiscal ? Quelles sont les principales opérations intragroupe de transfert ou de cession d'actifs ayant eu lieu depuis la création du groupe fiscal ? Quels sont les coûts associés à la sortie de ce groupe fiscal en cas de cession de l'entreprise ? Quel était le régime mère fille choisi pour les remontées de dividendes ? Quels ont été les principaux redressements de l'entreprise au cours des trois derniers exercices ? Sur quoi ont-ils porté ? Quels étaient les montants en cause ? L'entreprise a-t-elle procédé aux ajustements correspondants ?

Imposition différée : Quelle est l'origine des impôts différés actifs et passifs ? Quelle est la part des reports déficitaires activés ? Quelles sont les hypothèses de capacité bénéficiaire qui ont été utilisées pour le calcul de l'impôt différé ? Quel est le taux d'impôt effectif ? Comment se compare-t-il au taux légal ?

Existe-t-il des capitaux propres (et notamment des réserves) distribuables ? Quel est le coût fiscal associé à cette distribution et notamment le précompte mobilier ? Le vendeur a-t-il prévu de distribuer ces réserves avant la cession ?

L'analyste doit donc tenter d'apprécier les économies d'impôt potentielles du groupe et de quantifier leur impact sur la valeur.

3.3.5. La due diligence environnementale

L'analyse et la perception des risques d'environnement ont profondément évolué au cours des dernières années, les acheteurs et notamment les fonds d'investissement souhaitant adopter une approche extrêmement prudente dans l'étude et la quantification des risques. Les montants en cause étant souvent très importants et les durées de dépollution extrêmement longues, une transaction de fusion acquisition est susceptible d'être remise en cause par l'existence d'un terrain pollué sur un site industriel, d'émanations toxiques ou de matériaux polluants. Le groupe Rhodia a quant à lui dû consacrer plusieurs dizaines de millions d'euros pour traiter un dépôt sauvage de matière toxique dans une usine acquise au Brésil et fermée depuis. Le diagnostic environnemental a pour objectif de cerner les principaux risques et de quantifier les conséquences financières que ceux-ci pourraient avoir.

L'audit environnemental entrepris dans le cadre des *due diligences* se déroule généralement en trois phases.

– L'audit de phase 1 se résume à une analyse superficielle des sols, souvent à « vue d'œil », l'objectif étant simplement de détecter les problèmes potentiels. Si rien n'est décelé, le processus ne va pas plus loin. Ceci était typiquement le cas jusqu'aux années 1990, avant que les problèmes environnementaux ne soient véritablement pris au sérieux. En revanche, si quelque chose est suspecté, on passe à la phase 2.

– L'audit de phase 2 consiste à élaborer un plan de prélèvement d'échantillon (eaux et sols), à réaliser les prélèvements, puis à les analyser. Cette étape a pour objectif de déterminer si la pollution suspectée est avérée et sérieuse ; le cas échéant d'identifier l'origine de la pollution, son étendue, son évolution possible et son impact sur la santé et l'environnement ; et enfin d'examiner les techniques de dépollution applicables.

– L'audit de phase 3 correspond à la dépollution du site grâce aux techniques choisies à l'issue de la deuxième phase. Étant donné la complexité et la difficulté inhérente aux projets de dépollution, cette phase peut s'étendre sur plusieurs mois, au cours desquels est évaluée l'efficacité de la dépollution ; cette phase très coûteuse est ainsi mise à profit pour prévenir tout retour de la pollution.

Une entreprise a en général procédé à la phase 1 d'elle-même et sélectivement à la phase 2 sur les sites qu'elle considère comme sensibles. L'acheteur devra s'assurer que l'analyse des risques faite par l'entreprise est cohérente avec son approche.

- *Les principales questions à se poser sont les suivantes :*

La qualité de la gestion environnementale de l'entreprise est-elle certifiée selon la norme ISO 14 001 ou le règlement éco-audit ? L'entreprise a-t-elle déjà procédé à l'audit de phase 1 ou à l'audit de phase 2 ? Quels sont les principaux sites concernés en France et à l'étranger ? Quelle est l'estimation retenue pour les coûts de dépollution ? Quelle est la pratique de l'entreprise sur les acquisitions récentes qu'elle a pu effectuer ?

D'autres types de *due diligences* peuvent être réalisés : citons les *due diligences* informatiques qui visent à apprécier l'état des systèmes d'information et les investissements éventuels à consentir pour obtenir un outil performant. De même l'acheteur pourra diligenter un audit sur un point précis tel que les polices d'assurances, les conditions d'hygiène et de sécurité, l'état technique ou physique d'un site, d'un bâtiment, d'un bateau, la teneur en minerai d'un site minier…

Conclusion : savoir être sélectif

Comme l'accès à la *dataroom* est souvent limité, le diagnostic approfondi aura toujours quelques zones d'ombre et il faut bien garder en tête que son objectif principal n'est pas de faire un inventaire détaillé en six tomes et 50 annexes des risques et opportunités de l'entreprise mais d'identifier les principales zones de risque et d'aboutir à une quantification grossière de leur matérialisation éventuelle. En théorie, à l'issue de la période d'exploitation des données figurant dans une *dataroom* bien faite, un acheteur est normalement en mesure d'avoir une idée assez précise des principaux risques et des principales opportunités de l'entreprise cible. Si tel n'était pas le cas, il exigerait une liste d'informations complémentaires lui permettant de compléter ses diagnostics opérationnel, financier ou organisationnel avant d'aller plus loin dans le processus de vente.

Mais attention ! L'acheteur d'une entreprise doit savoir prendre des risques, faute de quoi il devrait investir dans les obligations d'État ! En revanche et comme nous l'avons vu au chapitre 6 portant sur les fondements de la valeur d'une entreprise, il est légitime que son exigence de rémunération dépende de son appréciation des risques. Faire une bonne affaire a souvent comme contrepartie l'acceptation d'un certain niveau de prise de risque dans un contexte d'information donné. À cet égard, un acheteur industriel est souvent plus familier des risques du métier et se trouve donc dans une situation plus avantageuse qu'un acheteur financier, qui s'entourera de conseils spécialisés pour l'aider à mieux comprendre le fonctionnement de l'entreprise

En pratique, l'acheteur n'en a jamais assez et plus on lui en donne, plus il en veut ! Certains acheteurs (et leur batterie de conseils) dénichent même des risques ou des pratiques jugés risquées avec lesquels l'entreprise vit bien depuis longtemps ! En outre, le temps passant, l'information mise à disposition doit être en permanence actualisée et on n'en finit plus de répondre aux questions des acheteurs qui demandent le dernier état des ventes, des stocks, de la trésorerie… Le vendeur de son côté en a assez de « mettre l'entreprise à nu », notamment si l'acheteur est un concurrent industriel susceptible d'exploiter certaines informations confidentielles en sa faveur sans acheter *in fine* l'entreprise. Grâce aux questions posées par l'acheteur, le vendeur peut comprendre quelles sont ses préoccupations et juger ainsi de son niveau d'enthousiasme ou d'inquiétude sur l'entreprise.

Au total, il convient d'aboutir à une certaine quantification des risques tout en évitant le syndrome de l'inventaire théorique sans intérêt : le risque stratégique et financier est souvent quantifié par l'utilisation de scénarios ou de variantes du plan d'affaires, comme nous l'avons vu précédemment. Les autres risques sont souvent quantifiés de la façon suivante : telle pratique fiscale est jugée sportive et pourrait aboutir à une requalification d'un million d'euros sur les trois derniers exercices ; tel engagement hors bilan est en réalité assimilable à de la dette, qui vient grossir l'endettement net. Tel salarié clé partira probablement après l'opération, générant ainsi une perte de revenus sur tel client estimé à un million d'euros, etc.

Questions

1. La phase de *due diligence* est-elle un passage obligé pour un acheteur ?
2. Quel est l'intérêt du vendeur de réaliser une *vendor's due diligence* ?
3. Pourquoi l'accès à la *dataroom* est-il si strict et limité ?
4. Quels risques encourt un acheteur se passant de diagnostic organisationnel ?
5. Quels risques encourt un acheteur se passant de diagnostic juridique ?
6. Quels risques encourt un acheteur se passant de diagnostic social ?
7. Quels risques encourt un acheteur se passant de diagnostic fiscal ?
8. Quels risques encourt un acheteur se passant de diagnostic environnemental ?
9. Quelle forme doit prendre la quantification des risques identifiés lors de la *due diligence* ?
10. La phase de *due diligence* se limite-t-elle à l'exploitation des données issues de la *dataroom* ?

Bibliographie

Howson Peter, *Checklists for Due Diligence*, Gower Publishing, Londres, 2008.

Reed Lajoux Alexandra et Elson Charles M., *The Art of M&A Due Diligence*, 2e édition, McGraw-Hill, New York, 2010.

Rosenbloom Arthur H. (Éd.), *Due Diligence for Global Deal Making*, Bloomberg Press, New York, 2002.

Sillero Alberto, *Diagnostic global d'entreprise*, Éditions Eska, Paris, 2002.

Chapitre 14

Les techniques de négociation

Ce chapitre traite...

• **Des différents types de négociation**

– Il existe deux grands types de négociations : la négociation distributive, fondée sur la confrontation, et la négociation collaborative, fondée sur la coopération.

– Une négociation de M&A est souvent un mélange de processus distributif et collaboratif.

• **Des concepts clés de la négociation**

– Le BATNA (*Best Alternative to a Negotiated Agreement*) représente la meilleure alternative crédible se présentant à une partie en cas d'échec des négociations.

– Le prix de réserve est le prix au-delà duquel un acteur ne souhaite plus conclure le deal. Entre les prix de réserve de l'acheteur et du vendeur se situe la ZOPA (*Zone of Possible Agreement*), zone de prix dans laquelle l'accord est possible.

• **De la préparation à la négociation**

– La préparation de la négociation passe par la constitution d'une équipe, l'identification des concepts clés de la négociation et de leurs problèmes potentiels, ainsi que par le contrôle du *process*.

• **Du contexte de la négociation**

– Le contexte de la négociation est lié à la confiance que les parties se témoignent, aux problèmes culturels, aux problèmes d'autorité pouvant peser sur la négociation et bien sûr à la personnalité des membres de l'équipe adverse.

• **Des techniques de négociation**

– La technique de « l'écoute active » a pour but de mieux saisir le discours adverse mais aussi de faire en sorte que l'autre partie en dise le plus possible.

– L'*anchoring*, c'est-à-dire réaliser la première offre, a souvent un impact psychologique important en tant que première référence.

– Les négociateurs se conforment souvent à deux règles fondamentales concernant l'information : celle du « taux d'échange » et celle du rythme auquel l'information est dévoilée.

– S'il est souvent nécessaire de faire des concessions, il faut aussi savoir pourquoi ces concessions sont faites, ainsi que maîtriser le *timing* de celles-ci.

Toute négociation part du constat qu'il existe un écart entre les positions respectives de plusieurs parties désireuses de conclure une affaire. Mais encore faut-il savoir de quoi l'on parle ! On peut ainsi diviser la négociation proprement dite en trois phases.

– Une première phase consiste à identifier le (ou les) différend(s) entre les deux parties en négociation.

– Il s'agit ensuite de réduire ce(s) différend(s) en faisant converger les positions des protagonistes.

– Enfin, il faut bien sûr aboutir à un accord, synonyme de transaction.

Seront ainsi rappelés dans un premier temps les deux grands types de négociation, ainsi que leur application aux fusions acquisitions ; puis les grands concepts de la négociation. Après la préparation vient la confrontation des deux parties et tous les éléments maîtrisables (les techniques de négociation) ou non (le contexte de la négociation).

1. Les deux grands types de négociation

Avant d'aborder les grands concepts et les techniques propres à la négociation de fusion acquisition, il convient de rappeler qu'il existe deux grands types de négociation : les négociations de type distributif, qui voient les parties s'engager dans un jeu à somme nulle ; et les négociations de type collaboratif ou intégratif, dans lesquelles la coopération entre les parties prime au bénéfice de tous. Il convient donc d'étudier plus en détail comment ces types s'appliquent à la négociation de fusions acquisitions.

– Le premier type de négociation est le processus purement distributif : dans ce cas, seul le prix est discuté ; la valeur en jeu est fixée d'avance et la négociation vise à déterminer quelle partie va en tirer le plus. Dans ce type de négociation, tout gain d'un côté se caractérise par une perte de l'autre partie. Les objectifs des deux opposants sont donc simplistes : le vendeur souhaite vendre le plus cher possible son actif tandis que l'acheteur veut s'en tirer aux moindres frais possibles.

Une caractéristique majeure de la négociation distributive est le bellicisme auquel elle incite ; le fait qu'il n'y ait qu'un seul champ de négociation rend en effet toute concession, voire toute collaboration, absurde : la relation avec l'opposant n'a donc que peu d'importance. C'est pourquoi dans ce type de négociation, la force prime sur la raison ou la créativité.

Pour cette raison, l'information joue un rôle clé dans ce type de négociation. Il est très important pour une partie de ne pas laisser l'autre en savoir trop sur ses motivations, ses véritables intérêts, ses contraintes, ses préférences, ses limites ou toute autre information pouvant être utilisée à ses dépens. En revanche, récolter ce type d'information sur l'autre partie peut se révéler décisif.

– Contrairement à un processus distributif où tout gain se concrétise aux dépens de l'adversaire, un processus collaboratif entend faire gagner toutes les parties par le jeu des concessions réciproques. Une telle négociation suppose deux tâches : la première est de maximiser la valeur à partager entre les parties, à l'opposé d'une négociation de type distributif ; il faut donc un échange intensif d'informations concernant aussi bien les motivations, la situation, les contraintes ou les possibilités de chacune des parties. La seconde est de savoir revendiquer sa quote-part de cette création de valeur.

Une telle négociation n'implique pas forcément la satisfaction des exigences de toutes les parties. Plus généralement, elle permet à l'acheteur et au vendeur d'assurer les points qu'ils considéraient respectivement comme critiques tout en lâchant du lest sur d'autres points jugés moins importants.

Cette distinction n'ayant que valeur de typologie, il est rare qu'une négociation de fusion acquisition soit strictement distributive ou collaborative. Les négociations intervenant dans une transaction de fusion acquisition en sont le parfait exemple : de telles négociations sont presque toujours la combinaison de logiques distributives et collaboratives s'alternant ou se superposant. En effet, même si chacune des parties cherche avant tout à réaliser une bonne affaire, de nombreux facteurs, tels l'intégration post-acquisition ou les liens résiduels avec l'autre partie et ses conseils, poussent à la collaboration. Ceci est d'autant plus le cas du fait de la complexité grandissante de négociations multiphases mettant parfois en scène une multitude d'acteurs agissant à différents niveaux d'autorité et de compétence.

2. De la complexité des négociations de M&A

Quel que soit le type de négociation envisagé, il y a de fortes chances que celle-ci ne se résume pas à la rencontre ponctuelle de deux équipes. La complexité des opérations de fusions acquisitions entraîne souvent de nombreuses rencontres entre les parties (multiphase) tout en multipliant les intervenants (multipartite), que ceux-ci soient subordonnés ou spécialisés ; tout ceci pour discuter des différents champs de la négociation (multichamps). C'est pourquoi il est important de savoir gérer les différences tout au long de la phase de négociation.

Les négociations multiphases favorisent généralement la collaboration car elles permettent aux intervenants de mieux se connaître et favorisent la confiance mutuelle. Ces diverses sessions ou rounds de négociation peuvent aussi être mises à contribution pour traiter des différents aspects de la négociation (prix, montage financier, phase post acquisition, aspects juridiques, environnementaux…) avec plusieurs équipes spécialisées. En caricaturant, on peut dire que chaque phase de la négociation est à un certain degré indépendante du reste et peut par conséquent disposer d'un dosage différent quant à la nature du processus : distributif ou collaboratif.

À mesure que les négociations avancent, il est aussi courant que le niveau d'autorité des négociateurs adverses s'élève. Ainsi, il n'est pas rare de devoir débuter les négociations avec des interlocuteurs ayant un faible pouvoir de décision. Ce facteur est aussi à prendre en compte dans la mesure où les changements d'interlocuteur peuvent se révéler déstabilisants. En effet, selon que la personne à qui l'on fait face est le décideur final ou pas, il faudra adopter un comportement différent lors des négociations. D'où une prime à celui qui sait le mieux gérer les différences tout au long du processus.

Dans de tels cas de négociations fragmentées, il est aussi primordial de bien coordonner et maîtriser les différents champs de négociation. En effet, la complexité d'une opération de fusion acquisition fait qu'outre le prix, d'autres enjeux et objectifs sont poursuivis par les parties. On commence généralement par les points qui font consensus avant d'enchaîner sur ceux faisant débat.

3. Les concepts clés de la négociation

Après avoir défini les deux grands types de négociation, il est nécessaire de bien se préparer à la négociation en réfléchissant à chacun des quatre grands concepts pertinents quant à une transaction de M&A : le BATNA, le prix de réserve, la ZOPA et la « création de valeur par l'échange », concept propre aux négociations de type collaboratif.

3.1. Le BATNA

Le BATNA pour *Best Alternative To a Negotiated Agreement* peut être considéré comme le concept le plus important dans la négociation : il représente la meilleure alternative crédible se présentant à une partie en cas d'échec des négociations. Autrement dit, pour autant que chacune des parties connaisse son BATNA, celui-ci détermine, comme nous allons le voir, sa position tout au long de la négociation.

Avoir un BATNA élevé, c'est-à-dire une alternative intéressante au deal permet de négocier en position de force, puisqu'il n'est dans ce cas pas question de conclure un accord au rabais. Inversement, un BATNA faible, c'est-à-dire peu voire pas d'alternative intéressante au deal, place le négociateur dans une posture peu confortable. Dans un tel cas, le coût d'un échec des négociations est souvent élevé pour cette partie, si bien qu'il est difficile de refuser un deal aussi défavorable soit-il. Ceci est d'autant plus vrai lorsque les opposants connaissent leurs BATNA respectifs. D'où l'intérêt de faire connaître son BATNA à son adversaire lorsque celui-ci est fort et de rester le plus discret à son propos lorsque celui-ci est faible, tout en tâchant de l'améliorer. De la même façon, savoir que le BATNA de son adversaire est faible peut considérablement faciliter une négociation.

Ainsi, lorsque la Commission européenne oblige un groupe industriel ou commercial à revendre avant la fin de l'année certains actifs à la suite d'un rapprochement, il est difficile pour le vendeur d'avoir des exigences élevées. Plus généralement, la connaissance du BATNA permet de savoir jusqu'où pousser ses exigences. C'est pourquoi la recherche d'information sur la partie adverse est capitale dans une négociation.

Comme il existe plusieurs champs de négociation au sein d'une transaction, une entreprise dispose en théorie d'autant de BATNA qu'il existe de champs de négociation. C'est pourquoi il est difficile d'évaluer précisément ce que serait un BATNA global.

3.2. Le prix de réserve et la ZOPA

Une fois le BATNA identifié, il s'agit de définir un prix de réserve (ou *walk-away* price pour les Anglo-Saxons), point au-delà duquel le deal ne vaut plus la peine d'être conclu. Ce prix est dérivé du BATNA mais s'en différencie par son aspect strictement monétaire, ce qui le rend plus facile à appréhender. Certes, dans certaines situations où seul le prix compte, BATNA et prix de réserve sont comparables. Toutefois, une transaction de fusion acquisition fait généralement intervenir de nombreux paramètres susceptibles de différencier le prix de réserve du BATNA.

Par exemple, un groupe souhaitant se développer dans un certain domaine a l'opportunité d'acquérir une des sociétés cibles A et B, sa préférence allant à B. Compte tenu de la valeur des synergies attendues, il estime la valeur des capitaux propres de B entre 550 et 630 millions d'euros, fourchette de prix dans laquelle elle souhaite négocier. Dans cette situation, le BATNA de la société initiatrice est l'acquisition de la société A, tandis que son prix de réserve correspond au plafond de sa fourchette de prix, c'est-à-dire 630 millions d'euros. Inversement, le prix de réserve du vendeur correspond au prix le plus bas, auquel celui-ci serait prêt à céder son business.

De la confrontation des prix de réserve des différentes parties découle le concept de ZOPA (pour *Zone Of Possible Agreement*) ou intervalle de négociation. Il s'agit de la zone de prix dans laquelle un accord entre les parties est possible. Comme le montre le schéma 1, cette zone est donc délimitée par les prix de réserve du vendeur et de l'acheteur.

Reprenons l'exemple précédemment cité de la société initiatrice prête à débourser 630 millions d'euros au maximum pour acquérir B. Le propriétaire actuel de B ne souhaite pas se séparer de son entreprise pour moins de 600 millions d'euros, ce qui correspond à une prime de 20 % sur la capitalisation boursière actuelle de 500 millions d'euros. Dans ce cas, une ZOPA existe bien entre 600 et 630 millions d'euros et, à moins d'un événement grave ou imprévu, c'est dans cet intervalle que les négociations devront se tenir. On peut aussi en déduire que si le prix de réserve du vendeur avait été supérieur à celui de l'acheteur, il n'y aurait pas eu de ZOPA et donc pas de négociation possible.

Schéma 1. – *L'intervalle de négociation (en millions d'euros)*

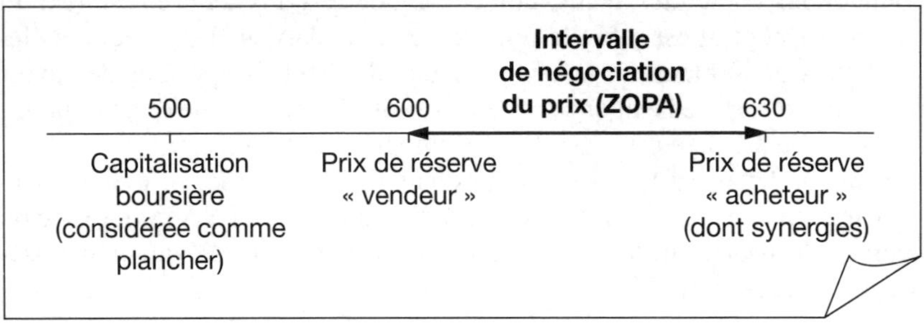

Cette ZOPA a beau préexister à toute négociation, elle est souvent difficile à cerner, le prix de réserve de chacune des parties étant généralement gardé dans le plus grand secret. En outre, la complexité propre à chaque transaction et l'existence de différents champs de négociation font coexister plusieurs BATNA et donc plusieurs ZOPA.

3.3. La création de valeur par l'échange

Le concept de ZOPA est central dans une négociation de type distributif mais peut en revanche être dépassé lors des processus collaboratifs, grâce à la « création de valeur par l'échange ». Ce concept suppose que chacune des parties d'une négociation dispose de « valeur », qu'elles peuvent échanger à loisir au cours de celle-ci afin de maximiser leurs satisfactions respectives. On parle de création de valeur lorsqu'au travers d'un troc chacune des parties obtient quelque chose d'important à ses yeux, en échange de quelque chose qu'elle valorisait relativement moins, voire même lui paraissait négligeable. Ainsi, augmenter d'un an la garantie d'actif et de passif peut avoir beaucoup de valeur pour l'acheteur, alors que le vendeur, sachant que l'entreprise est très bien gérée, n'a fait qu'une concession relativement faible contre un *closing* avant le 30 juin prochain, élément à la fois très important à ses yeux pour déconsolider la cible et au contraire acceptable pour l'acheteur.

On parle ainsi de « paquet » lorsqu'est adoptée une solution d'ensemble combinant des concessions réciproques sans lien apparent entre elles. Cette technique repose essentiellement sur l'idée selon laquelle ce qui importe à une des parties n'a pas forcément une importance décisive pour l'autre.

4. La préparation à la négociation

La phase de négociation commence bien avant la rencontre physique des deux parties. En effet, se préparer est un préalable essentiel à toute négociation réussie. Cette préparation débute bien entendu avant la négociation proprement dite, mais se poursuit tout au long de celle-ci. Cette préparation consiste à composer l'équipe de négociation, bien identifier les problématiques de la négociation, savoir anticiper les problèmes potentiels et faire en sorte de contrôler le *process*.

4.1. Bâtir une équipe de négociation

Tout d'abord, il s'agit de bâtir une équipe de négociation complète et efficace, dont certains membres sont issus de l'équipe-projet (*cf.* chapitre 12). Il est possible de jouer sur la taille de l'équipe pour surprendre la contrepartie : se présenter avec une équipe de cinq ou six personnes au lieu des deux prévues initialement, si bien que l'autre partie se demandera à qui elle a affaire (experts, dirigeants cachés...) ; ou au contraire venir seul sachant que l'équipe adverse sera bien garnie. D'une manière générale, il est recommandé de venir à plusieurs pour disposer de plusieurs profils de négociateurs susceptibles d'intervenir à différents moments de la négociation.

La distribution des rôles a également son importance. Il s'agit de faire jouer à chaque membre de l'équipe un rôle spécifique. On pense à la tactique du « bon et du méchant », intervenant de façon alternative selon le climat de la négociation. Un des négociateurs sera plutôt chargé de réaliser les concessions, tandis qu'un autre devra taper du poing sur la table si nécessaire. Un autre membre de l'équipe peut aussi être simplement chargé d'écouter attentivement le discours adverse et de noter les progrès de la négociation, voire de tenir un journal ; il arrive en effet fréquemment que les membres d'une équipe de négociation sortent d'une réunion sans avoir compris les mêmes choses sur les points d'accord et les étapes ultérieures. Il s'agit de l'écoute active, technique de négociation qui sera analysée plus loin.

Le plus important est d'organiser une discipline de négociation en définissant clairement les rôles dès le départ : par exemple, un président qui décide des orientations et impulsions à donner, un ou deux négociateurs chargés de prendre la parole et un observateur chargé d'écouter et de prendre des notes.

Il est aussi nécessaire de respecter une certaine homogénéité des délégations : soit les conseils des deux parties négocient entre eux, soit acheteur et vendeur se font face avec ou sans leurs conseils. Il serait en revanche incohérent pour un acheteur d'envoyer ses conseils négocier directement avec le vendeur.

4.2. Anticiper les problématiques de la négociation

L'étape suivante consiste à anticiper les objectifs et les contraintes de chacune des parties et d'imaginer les solutions possibles. Cela permet à chaque partie, d'une part, de mieux cerner les points sur lesquels elle doit se concentrer et, d'autre part, de mieux appréhender les besoins et les motivations adverses, ce qui n'est pas toujours évident. La récolte d'informations et la communication entre les parties aident dans cette quête.

Une fois les objectifs de chacune des deux parties identifiés, il est possible d'anticiper les créations de valeur potentielles par l'échange dans la négociation. De même, une bonne préparation passe nécessairement par l'identification de ses propres BATNA et prix de réserve, ainsi qu'une réflexion sur ceux de la contrepartie. Une telle analyse permet en outre de ne pas tomber dans le piège des attentes irrationnelles, courantes lorsqu'une des parties ne s'est pas assez préparée.

Cette réflexion doit intégrer les voies d'amélioration du BATNA car un BATNA plus élevé est synonyme de pouvoir de négociation plus important. Cette recherche doit certes être active au cours de la préparation mais ne doit pas s'y limiter : il est toujours possible d'améliorer son BATNA.

La recherche d'informations sur les négociateurs adverses est souvent négligée mais peut néanmoins constituer une étape utile quant au bon déroulement du processus de négociation : quels individus vont négocier pour l'autre partie ? Ont-ils de l'expérience en matière de négociation, et particulièrement en matière de négociation de M&A ? Comment se comportent-ils habituellement ? Quelles tactiques ont-ils utilisé lors de négociations similaires ? Et le cas échéant, quels ont été les contacts avec eux en dehors de ces négociations ?

Bien préparer la négociation, c'est aussi savoir faire face à l'imprévu et aux changements de toute sorte. De nouvelles informations ou opportunités, un changement d'équipe ou un revirement stratégique de l'adversaire sont autant d'aléas, qui incitent à ne pas s'enfermer dans un schéma de négociation linéaire mais au contraire à savoir faire preuve de flexibilité dans toutes les situations. L'objectif final de la négociation, s'approprier l'entreprise ou l'actif considéré, doit bien sûr prévaloir sur la recherche de flexibilité, mais il est toujours important d'être prêt à faire face à l'imprévu et même de considérer tout changement comme une opportunité de prendre l'avantage dans un des champs de négociation.

4.3. Contrôler l'organisation de la négociation

Contrôler l'organisation de la négociation peut être un atout décisif quant au bon déroulement de celle-ci. Il s'agit :

– de prendre l'initiative des réunions, les convoquer et préparer l'ordre du jour, pour éviter les sujets qui fâchent en ordre dispersé… ;

– d'être à l'origine de l'envoi de documents et comptes-rendus ;

– de choisir le ou les lieux où se tiendront les négociations. Il peut s'agir des locaux d'un des conseils mis à la disposition du vendeur, d'un endroit neutre comme un hôtel, plus rarement dans les locaux du vendeur qui veut ainsi renforcer son statut aux yeux de l'acheteur. Placer les adversaires dans une position physiquement inconfortable fait aussi partie des options possibles mais ne prenons pas notre contrepartie pour un doux naïf !

L'identité de celui qui contrôle l'organisation de la négociation n'est jamais neutre quant à son issue. Et s'il est rare pour un acheteur d'en disposer dès le début, il lui est en revanche toujours possible d'altérer ce processus ou de négocier les modalités de la négociation. Ceci devient progressivement d'autant plus facile que le rapport de force entre acheteur et vendeur tend à se renverser à mesure que la négociation avance.

5. Le contexte de la négociation

Le contexte de la négociation qu'il faut autant que possible éviter de subir correspond à tous les éléments de la négociation que les parties ne peuvent maîtriser complètement, ni par la préparation, ni par la mise en œuvre de techniques particulières.

5.1. Le climat de la négociation

Sans parler de l'environnement financier de la négociation (état des marchés financiers, niveau des taux d'intérêt), l'élément extérieur le plus déterminant tient sans doute à la confiance que les deux parties se témoignent. En effet, l'absence de confiance est un des facteurs d'échec les plus courants lorsqu'un accord est théoriquement possible, c'est-à-dire lorsqu'une ZOPA existe. Si l'instauration d'un climat d'hostilité autour d'une table de négociation dépend de nombreux facteurs difficilement maîtrisables, tels l'anxiété, l'atmosphère tendue, la réputation, les préjugés, ou simplement quelques sentiments irrationnels, il paraît malgré tout toujours bénéfique pour chacune des parties – en particulier pour celle ayant un BATNA faible – de faire un effort pour établir une relation de confiance et un climat serein.

C'est pourquoi il est souvent recommandé de « casser la glace » avant d'entrer dans le vif du sujet. Bavarder avec les négociateurs adverses autour d'un café ou d'un soda peut être un moyen efficace de dissiper une atmosphère tendue ou défensive. Et pas seulement en guise d'introduction, mais à chaque fois que nécessaire ; la pause permet généralement d'instaurer une ambiance plus décontractée et plus favorable à l'entente.

5.2. Les problèmes culturels

Plus insidieuses que l'hostilité que deux parties peuvent se vouer, les différences culturelles peuvent aussi peser sur une négociation. En effet, si la négociation a lieu dans une langue étrangère, le même mot renverra de chaque côté de la table de négociation à des concepts différents. Le mot anglais *merger* pourra être interprété par un Français comme fusion absorption, alors qu'un Américain y verra un simple rapprochement. C'est pourquoi il faut dans ce type de négociation toujours être attentif à ce qu'il n'y ait pas de malentendu. Le différend peut aussi résulter de cultures d'entreprise différentes : un groupe international coté ayant une grande expérience des fusions acquisitions n'aura pas la même façon de fonctionner qu'une PME non cotée pour qui il s'agit d'une transaction très importante. Pour atténuer l'impact de ces différences, la technique de la reformulation consiste à prendre régulièrement le temps au cours d'une négociation de rappeler les points d'accord, de divergences, ainsi que ce qui reste à faire pour chaque partie.

La valeur de la parole et celle de l'écrit peuvent diverger sensiblement d'un pays à l'autre. L'échange d'emails ou de lettres mentionnant des prix, même indicatifs, peut être perçu comme beaucoup plus engageant en Scandinavie que dans la culture latine, où les négociations, plus informelles, durent souvent jusqu'à la dernière minute.

5.3. Les problèmes d'autorité

Il n'est pas toujours possible de négocier avec les individus disposant du pouvoir de prendre les décisions. Dans ce cas, le risque est de se retrouver devant quelqu'un qui n'est pas autorisé à faire de concession ou dont les concessions n'ont aucune valeur et sont toujours susceptibles d'être remises en cause par ses supérieurs. Pourtant, une telle situation n'a pas que des inconvénients : il faut savoir tirer parti du fait que le négociateur adverse a un faible niveau d'autorité. Il est en effet plus facile de trouver des solutions innovantes ou de réaliser des concessions mutuelles dans un contexte où aucune des deux parties ne peut se lier. Cette situation conduit souvent à multiplier les sessions de négociation pour s'assurer de l'acquis.

5.4. Les problèmes de personnalité

Gérer les problèmes de personnalité peut être un facteur important quant à la réussite de la négociation ; c'est pourquoi il est nécessaire de bien cerner les différents types de négociateur. Il est possible d'en identifier quatre :

– le négociateur chaleureux, qui favorise la bonne entente entre les parties et recherche généralement la collaboration en vue d'un deal équitable ; mais qui est souvent trop gentil et perd un peu de vue l'intérêt de son camp ;

– le négociateur dur, qui sait ce qu'il veut et est déterminé à utiliser les moyens adéquats pour y parvenir ; mais qui répugne souvent à la collaboration et manque de flexibilité ;

– le négociateur rationaliste, prêt à étudier toutes les alternatives de bonne foi du moment que les arguments sont quantifiés et rationnels ; mais qui croit tout pouvoir résoudre avec sa logique en oubliant les autres aspects de la négociation, en plus de manquer de flexibilité et d'imagination ;

– le négociateur dealer, prêt à tout pour conclure un deal ; pour le meilleur et pour le pire…

Aucun de ces types n'est mauvais ou préjudiciable en soi à une négociation, mais certaines variantes extrêmes peuvent poser de réels problèmes. C'est par exemple le cas du *die hard bargainer*, c'est-à-dire un négociateur prêt à tout pour tirer un maximum de l'autre partie. Aussitôt qu'un négociateur de ce type est repéré, il faut être sur ses gardes et tâcher de révéler le moins d'informations possible. Car le *die-hard bargainer* est rarement susceptible de céder quoi que ce soit d'intéressant en retour. Il faut au contraire s'attendre à toute sorte de fausse concession, d'offre indigente et de bluff, ne devant cependant pas empêcher d'analyser ses objectifs, son BATNA et son prix de réserve.

Si ce type de négociateur se retrouve à tous les niveaux de hiérarchie, il est fréquent chez les dirigeants habitués à triompher et dont l'ego démesuré est souvent la source d'une trop grande confiance. Ceci peut être rapproché de la théorie du *Management Hubris*, présentée en introduction. La personnalité du négociateur aurait d'autant plus d'importance dans ce cas, puisque ses prétentions et son orgueil sont à l'origine de l'opération.

Si le coup de sang peut se révéler une tactique de négociation pour débloquer une situation, il n'est généralement pas volontaire et fait partie des éléments à savoir maîtriser au cours d'une négociation. Dans ce cas, la meilleure chose à faire est de ne pas répondre sur le même ton, d'adopter une attitude toujours très professionnelle et courtoise et de faire en sorte que le négociateur reprenne son sang froid. Dans les cas extrêmes, demander à la partie adverse de changer son négociateur est aussi possible.

6. Les techniques de négociation

Les techniques et tactiques de négociation sont très nombreuses et les ouvrages qui leur sont consacrés ne le sont pas moins. Pourtant, il est certaines techniques qu'un négociateur de M&A ne peut ignorer : l'écoute active, l'*anchoring*, la gestion de l'information et celle des concessions.

6.1. Être à l'écoute de l'autre partie

L'information occupant une place prépondérante dans la négociation, un bon négociateur se doit de toujours être attentif à ce que son interlocuteur lui dit. D'où l'importance de « l'écoute active », dont le but est non seulement de mieux saisir le discours adverse mais aussi de faire en sorte que l'autre partie en dise le plus possible. Comme il a déjà été mentionné, il est souhaitable, lors de l'attribution des rôles au sein de l'équipe de négociation, de cantonner un de ses membres à ce rôle. Cependant, l'écoute active n'est jamais aussi efficace que lorsque l'ensemble de l'équipe en respecte les quelques règles.

Tout d'abord, il est important de toujours laisser le négociateur adverse s'exprimer et fournir un maximum d'informations. C'est pourquoi il faut résister à l'envie de lui couper la parole ou de lui répondre avant qu'il en ait vraiment terminé. Par la reformulation et les questions, il faut même l'inviter autant que possible à en dire davantage.

Il s'agit aussi de ne jamais se laisser distraire par autre chose que le discours adverse en restant concentré sur celui-ci, ainsi qu'en gardant un œil sur l'individu ayant pris la parole, sans oublier de prendre des notes.

Une écoute active efficace passe aussi par la lecture des non-dits et autres informations que peuvent révéler les expressions, les gestes ou les mimiques adverses. Ce véritable langage du corps (*body language* en franglais) peut trahir un négociateur en venant contredire son discours.

6.2. Bien ancrer les négociations

La première offre a souvent un impact psychologique important en tant que référence autour de laquelle les offres suivantes risquent de se tenir. C'est ce que l'on appelle l'*anchoring*. Prendre l'initiative peut être un avantage d'autant plus important que les études tendent à démontrer que le prix opté à l'issue des négociations est souvent proche de l'offre initiale.

Le risque d'une telle pratique est que cette première proposition tombe si loin des attentes du vendeur qu'elle provoque une rupture des négociations. Ainsi, une offre à 20 millions d'euros pour un actif dont le vendeur attend 100 millions d'euros présente incontestablement des risques.

Si l'acheteur a pu estimer le prix de réserve du vendeur, la première offre doit être proche de ce niveau. Sans sidérer ou choquer l'adversaire, cet *anchoring* lui permet une certaine marge de négociation jusqu'à son prix de réserve, qui lui-même n'aura pas manqué d'être influencé par l'offre initiale.

L'ancrage des négociations ne concerne pas seulement le prix mais peut être appliqué à l'ensemble des champs de négociation. L'avantage de la prise d'initiative n'en est que décuplé ! Cependant, si ancrer la négociation peut être un avantage de taille, ceci ne dispense pas de se préparer et d'être en mesure de justifier de telles offres. En effet, un simple *anchoring* sans aucun travail préalable a peu de chances de provoquer le résultat escompté.

6.3. Gérer l'asymétrie d'information

Le négociateur le mieux préparé et qui a accumulé le plus d'informations est presque toujours celui qui tire le plus de bénéfices des rencontres. L'information affecte donc le rapport de force car elle permet d'entrevoir les failles du discours adverse et de comprendre et prévoir son comportement.

Le but est donc d'accumuler le maximum d'informations tout en en concédant le moins possible. Bien entendu, l'interdépendance entre les parties rend l'échange d'informations inévitable. C'est pourquoi les négociateurs se conforment souvent, consciemment ou non, à deux règles essentielles :

– celle du « taux d'échange », selon laquelle l'on ne doit jamais offrir plus d'informations qu'il est strictement nécessaire à l'adversaire et qui repose aussi sur le principe de réciprocité : l'information concédée ne doit jamais être gratuite et doit permettre d'aiguiser l'appétit de l'acheteur, qui en échange doit s'engager davantage ;

– et une autre concernant le rythme auquel on dévoile l'information. Celui-ci peut dépendre du niveau d'avancement des négociations, de la stratégie optée ou du climat général des rencontres. Mais en général, on commence par transmettre de l'information très générale avant de compléter par des détails. Cet échange d'informations doit cesser au moment où la transaction entre dans sa phase finale, au risque de se retrouver en position de faiblesse.

6.4. Faire des concessions

Gérer les concessions de façon efficace est souvent difficile. En effet, bien que pouvant être analysée comme un geste faisant avancer les négociations, toute concession a aussi le défaut de dévoiler de l'information à la contrepartie. En outre, la concession peut faire un flop parce que perçue comme ridicule par la contrepartie. Il est donc toujours important de savoir quand et comment faire une concession.

Dès le départ, il ne faut pas hésiter à se créer des possibilités de concessions, celles-ci pouvant être plus ou moins fictives ou créées de toute pièce pour les besoins de la négociation. Il faut ensuite gérer son potentiel de concessions mais aussi se faire une idée de celui de son adversaire.

Il faut également savoir organiser les concessions possibles sur les différents champs de négociation et les classer en fonction de leurs coûts respectifs et des BATNA de leurs champs respectifs. Si faire une concession seule peut dans certains cas avoir des vertus, il est recommandé d'avoir plutôt recours aux concessions réciproques ou « paquets » après avoir étudié avec l'autre partie les échanges possibles et susceptibles de « créer de la valeur ».

Il s'agit aussi de faire attention à l'échelonnement des concessions dans le temps : faire des concessions trop tôt peut rendre la contrepartie plus exigeante en la laissant s'imaginer que cela pourrait se reproduire, tout comme une concession faite au mauvais moment peut risquer d'être « absorbée » dans les négociations sans contrepartie. De même, une succession de mini-concessions est souvent le signe que les négociations touchent à leur fin.

6.5. La rupture

Parfois, les parties sont si éloignées et les négociations piétinent tant malgré l'accumulation des concessions que la rupture semble inévitable. Néanmoins il ne faut pas considérer la rupture comme un outil à utiliser sans danger, car revenir à la table de négociation après avoir rompu est toujours un exercice très délicat.

Questions

1. Quel type de négociation vous paraît le mieux convenir à une négociation de fusion acquisition : distributive ou collaborative ?
2. Que dois-je faire si mon BATNA est très faible, si je suis vendeur ? Si je suis acheteur ?
3. Pourquoi l'existence d'une ZOPA ne garantit-elle pas la conclusion d'un deal ?
4. Est-il judicieux de révéler son prix de réserve à l'autre partie ?
5. À quels dangers s'expose un acheteur ou un vendeur mal préparé à une négociation ?
6. Que faire si je me retrouve face à un *die-hard bargainer* ?
7. Pourquoi l'écoute active est-elle si importante dans une négociation de M&A ?
8. Qu'est-ce que l'*anchoring* ?
9. Le vendeur doit-il volontairement céder de l'information au cours des négociations ? De quelle façon ?
10. Pourquoi faire des concessions au cours d'une négociation ?

Bibliographie

Bellanger Lionel, *La négociation*, PUF, Paris, 2009.

Fisher Roger, Ury William, Patton Bruce, Brahem Leon, *Getting to Yes : Negotiating Agreement Without Giving in,* 2e édition, Penguin, New York, 2008.

Lempereur Alain et Colson Aurélien, *Méthode de négociation : on ne naît pas bon négociateur, on le devient*, 2e édition, Dunod, Paris, 2010.

Watkins Michael, Negotiation, Harvard Business School Press, Boston, 2003.

TROISIÈME PARTIE

Ingénierie et modalités du rapprochement

Cette partie est d'abord consacrée à l'étude des différentes modalités et techniques utilisables lorsqu'on rapproche deux entités économiques, qu'elles soient cotées ou non, dans un même pays ou des pays différents. C'est l'objet des chapitres 15, 16 et 17. Le chapitre 18 est consacré aux problématiques de gouvernance dans les opérations de fusions et acquisition.

La croissance organique et/ou externe d'un groupe familial peut conduire à une dilution progressive du contrôle de la famille. Le chapitre 19 est consacré au dilemme contrôle/croissance et aux différentes solutions envisageables pour permettre à un groupe familial de poursuivre son développement.

Bien qu'étant une opération de fusion acquisition comme une autre, une opération de LBO présente quelques spécificités : le financement a une place prépondérante, le management de la cible se trouve dans une position ambiguë et les acheteurs, les fonds d'investissement, rendent le processus de vente singulier. Le chapitre 20 est consacré à ce type d'opérations.

Le chapitre 21 est consacré aux problèmes réglementaires les plus fréquents dans le domaine des fusions acquisitions : le droit de la concurrence et le droit social prennent une place importante dans chaque rapprochement.

Enfin, le chapitre 22 présente deux études de cas corrigées qui permettront de mettre en lumière et en pratique l'ensemble des concepts et des techniques présentés dans cet ouvrage.

Chapitre 15

Les différentes formes de rapprochement

Ce chapitre traite...

- **Des différentes formes de rapprochement**

– Une transaction peut porter sur tout ou partie des titres financiers d'une entreprise, sur des actifs corporels, incorporels ou circulants, ou sur les deux à la fois.

– L'acheteur dispose de deux moyens de paiement : en cash ou en titres.

- **De la cession de titres**

– L'acheteur fait l'acquisition de titres de l'entreprise cible en payant le vendeur en numéraire.

– Juridiquement, une telle transaction s'accompagne souvent de clauses de garantie d'actif et/ou de passif.

- **De l'apport de titres et de la fusion absorption**

– L'apport de titres est une opération par laquelle les actionnaires de l'entreprise cible apportent leurs titres à l'acheteur en échange de titres de celui-ci. À l'issue de l'opération, la société cible devient une filiale de l'entreprise initiatrice et les anciens actionnaires de l'entreprise cible deviennent actionnaires de l'entreprise initiatrice.

– Le pourcentage final détenu par les vendeurs dans la société initiatrice dépend des valorisations respectives des capitaux propres des deux entités, que l'on appelle poids relatif. Du poids relatif découle la parité d'échange retenue lors de la transaction.

– La fusion absorption est une variante forcée de l'apport de titres.

- **De l'apport partiel d'actifs**

– L'apport partiel d'actifs est une opération par laquelle une société fait apport à une autre société de tout ou partie de ses éléments d'actifs (et de passifs), et reçoit en échange des titres.

– Une telle opération peut permettre de créer un *holding* par le bas en vidant la société cible de sa substance industrielle pour ne garder que des titres financiers ou des actifs non liés à l'exploitation.

Nous allons à présent étudier plus en détail les différents schémas de rapprochement : la cession de titres, l'apport de titres et l'apport partiel d'actifs. Nous analyserons les principales conséquences financières, comptables, juridiques et fiscales de ceux-ci. Chaque cas étant particulier, nous invitons notre lecteur à faire une analyse plus approfondie de ses conséquences en ayant recours à des spécialistes. L'exemple apparaissant dans le schéma 1 servira de base afin d'illustrer les modalités de chacun des trois cas. Initiatrice SA, détenue par l'Actionnaire, souhaite acquérir Cible SA au 1er janvier 2011. Supposons que son capital soit partagé entre les vendeurs A et B, personnes physiques. On retrouve dans le tableau 1 les résultats des travaux d'évaluation multicritères de Cible SA que nous avons vu aux chapitres 5, 8 et 9 et l'on suppose qu'une démarche identique a été conduite pour Initiatrice SA. Les parties se sont entendues sur un prix d'acquisition des capitaux propres de Cible SA de 500 millions d'euros, fondé sur le bas de la fourchette issue de la méthode DCF alors que les capitaux propres d'Initiatrice SA ont été évalués par la même méthode à 600 millions d'euros, compte tenu d'une trésorerie disponible de 250 millions d'euros.

Supposons que le taux d'endettement avant impôt soit de 5 % (ou le taux de rémunération de la trésorerie) ; le taux d'impôt sur les sociétés en vigueur est de 34 %. Initiatrice SA prévoit des coûts de restructuration de trois millions d'euros avant impôt pour la première année, ainsi que de dix millions d'euros avant impôt de synergies dont six millions d'euros dès la première année.

Schéma 1. – *Situation initiale des protagonistes (bilans sociaux)*

Vendeur A → 66,7 % ; Vendeur B → 33,3 % (Cible SA)

Actionnaire → 100 % (Initiatrice SA)

Bilan **Cible SA** (en M€)			
Actifs immobilisés	**263**	Capitaux propres	**118**
BFR	**55**	Endettement net (dont 200 de cash et 400 de dettes)	**200**

Bilan **Initiatrice SA** (en M€)			
Actifs immobilisés	**120**	Capitaux propres (dont 60 de capital social et 360 de réserves)	**420**
BFR	**50**	Endettement net	**(250)**

Cible SA	Initiatrice SA
V_{CP} = 500 M€	V_{CP} = 600 M€
Nombre d'actions = 25 000 000	Nombre d'actions = 60 000 000
Valeur du titre = 20 €	Valeur du titre = 10 €
Bénéfice net 2010 = 28 M€	Bénéfice net 2010 = 25 M€
Bénéfice par action 2010 = 1,12 €	Bénéfice par action 2010 = 0,42 €
Dividendes 2010 = 7 M€	Dividendes 2010 = 7,5 M€
Dividende par action 2010 = 0,28 €	Dividende par action 2010 = 0,125 €

Tableau 1. – *Évaluation multicritères des deux entités*

Valeur des capitaux propres	Cible SA	Initiatrice SA
Méthode patrimoniale	120 – 150	430 – 455 M€
Méthode analogique *	220 – 230 M€	340 – 370 M€
Méthode DCF	520 – 650 M€	670 – 750 M€
Valeur retenue	500 M€	600 M€

* ou cours de bourse si la société est cotée.

1. La cession de titres

1.1. Principes du montage

La cession de titres est le schéma de rapprochement le plus fréquent. La société Initiatrice SA fait l'acquisition des titres détenus par les vendeurs A et B en les payant en numéraire. Si l'on fait l'hypothèse qu'Initiatrice SA utilise sa trésorerie disponible et lève 250 millions d'euros de dette pour financer l'acquisition, le schéma 2 résume la situation de chacun des protagonistes à l'issue des opérations.

Quelles sont les principales conséquences d'un tel montage pour chacune des parties ?

Schéma 2. – *Situation des protagonistes après une vente de titres financée sur trésorerie A*

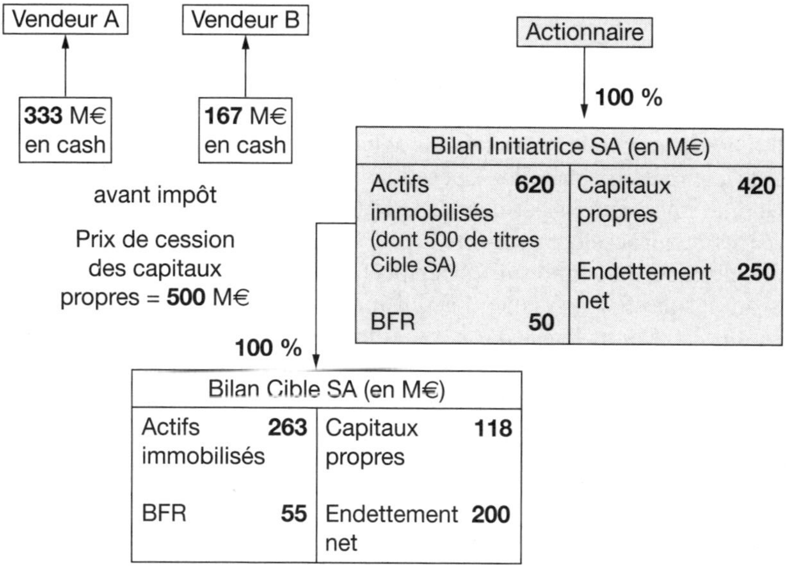

1.2. Principales conséquences financières

Les principales conséquences financières sont les suivantes :

– Les vendeurs A et B n'ont plus d'exposition patrimoniale sur le nouvel ensemble, ce qui ne les empêche pas de continuer à travailler pour Cible SA (voire pour Initiatrice SA) pendant un horizon de transition, si tel était le cas avant l'opération. Toutefois, cette situation ne les motive pas particulièrement à faire de ce rapprochement un succès en termes de création de valeur et ce d'autant plus que l'annonce du rapprochement aura eu pour effet de démotiver le management de la société rachetée, voire aura suscité une certaine hostilité de sa part. Le nouvel ensemble doit faire face au « syndrome du fusionné », le risque étant une certaine perte en substance de l'entreprise achetée. Pour cette raison, l'acheteur peut souhaiter que la part variable de leur rémunération soit indexée sur les performances du nouvel ensemble. De même, l'acheteur peut également souhaiter indexer une partie du prix payé sur les résultats futurs de l'entreprise grâce à la technique de l'*earn out*. Il s'agit d'un complément de prix, payé à l'issue d'une période de deux ou trois ans en fonction d'un multiple des performances de Cible SA et notamment son EBE ou son résultat d'exploitation. L'acquisition des titres peut également se faire par tranches successives, dont le prix est fixé d'avance sur la base d'un multiple du résultat d'exploitation ou du résultat net des deux ou trois prochaines années. Ainsi, l'acquéreur réduit le risque d'acheter un plan d'affaires qui ne se produit jamais, peut proposer une valorisation plus élevée en étalant dans le temps le paiement d'une partie du prix. À l'inverse, la cible peut considérer que ses résultats futurs s'amélioreront mais ne pas être parvenue à en persuader l'acquéreur. L'earn out est alors un compromis séduisant, surtout en période de bas de cycle économique. Mais ce mécanisme présente aussi l'inconvénient de devoir maintenir artificiellement le compte de résultat de Cible SA stand alone, ce qui n'est pas cohérent avec la mise en œuvre de synergies nécessitant souvent un rapprochement étroit des deux structures sans avoir à établir des prix de transfert. En outre, des désaccords peuvent surgir sur la définition et le niveau du solde qui sert de référence au calcul de l'earn out. Il s'agit d'une des sources les plus fréquentes de contentieux dans les opérations de fusions-acquisitions. En effet, quand les négociations patinent, les parties sont tentées de mettre en place un earn out qui accélère peut-être le processus de négociation mais ne résout pas le désaccord de fond sur les perspectives de la cible.

– Initiatrice SA a financé l'acquisition par fonds propres et endettement, modéré dans le cas d'espèce, et a donc cumulé le risque inhérent à une opération de croissance externe et le risque financier lié à un endettement. Pour diminuer le risque financier, Initiatrice SA pourrait refinancer l'acquisition de Cible SA par augmentation de capital quelques mois après l'opération. Dans cette hypothèse, le nouvel actionnaire exigera certainement une part de la création de valeur et donc un prix de souscription favorable ayant pour conséquence de diluer Actionnaire dans des proportions importantes.

On peut aussi imaginer que Initiatrice SA lève 500 millions d'euros de dette pour financer intégralement l'acquisition et augmenter l'effet de levier. L'endettement net d'Initiatrice SA serait alors identique à celui observé dans le schéma 2.

Le risque financier est d'autant plus élevé que la finalité de l'endettement – le rachat d'une entreprise – est elle-même risquée. Comme nous le verrons dans le chapitre 20, la banque va donc exiger le respect de certaines clauses :

– respect de certains ratios financiers tels EBIT consolidé/Frais financiers consolidés ou Endettement net consolidé/Fonds propres consolidés ;

– clauses de modification de l'actionnariat de l'emprunteur : la banque a la possibilité d'exiger le remboursement anticipé de son financement en cas de cession par Actionnaire du contrôle de Initiatrice SA ou en cas de revente de Cible SA ;

– clauses de limitation des investissements et de respect du plan d'affaires envisagé ;

– clauses de non-versement de dividendes au niveau d'Initiatrice SA tant que la dette n'est pas remboursée.

1.3. Principales conséquences comptables

L'opération donne lieu à un écart de 382 millions d'euros entre les capitaux propres comptables de Cible SA et le prix payé. La norme IFRS 3 prévoit l'affectation du prix à la juste valeur des éléments d'actifs et de passifs de Cible SA. En supposant que Cible SA détient un actif incorporel non comptabilisé dans ses états financiers, tels des logiciels susceptibles d'être valorisés 15 millions d'euros et une marque valorisable. Si la valeur comptable des autres actifs et passifs est proche de leur juste valeur, on aurait donc :

Prix d'acquisition	500 M€
soit	
Actifs et passifs acquis	118 M€
Logiciels	15 M€
Goodwill résiduel	167 M€
Marque	200 M€

Si l'on retient un financement sans dette et qu'on néglige les impositions différées liées aux retraitements de consolidation, le bilan consolidé d'Initiatrice SA est donc tel que dans le schéma 3.

En compte de résultat, les logiciels feront par exemple l'objet d'un amortissement annuel sur cinq ans, tandis que le goodwill n'est pas amorti mais fait l'objet d'un test annuel de validité. Notons que les coûts de restructuration liés à l'acquisition devront être intégralement passés en compte de résultat et ne peuvent être déduits du prix d'acquisition. On constate également que les capitaux propres sont inchangés.

Schéma 3. – *Bilan consolidé d'Initiatrice SA après l'opération*

Bilan Initiatrice SA (en M€)			
Goodwill	**167**	Capitaux propres	**420**
Logiciels	**15**		
Marque	**200**		
		Endettement net	**450**
Actifs immobilisés	**383**		
BFR	**105**		

1.4. Principales conséquences fiscales en droit français

Les vendeurs A et B auront à supporter le cas échéant une imposition sur les plus-values, soit environ 30 % dans les conditions actuelles, calculée sur la différence entre leur prix de vente (soit 333 millions d'euros pour A et 167 millions d'euros pour B) et leur prix de revient. N'ayant plus de participation au capital du nouvel ensemble, ils seront en outre redevables de l'impôt de solidarité sur la fortune dans la limite du bouclier fiscal. On comprend mieux pourquoi il est important de prendre ses dispositions avant la cession d'une entreprise pour optimiser le coût fiscal.

En ce qui concerne Initiatrice SA, la détention de plus de 95 % du capital de Cible SA lui offre la possibilité d'opter pour le régime fiscal des groupes de sociétés, appelé intégration fiscale, permettant de compenser intégralement les charges et les produits à l'intérieur du groupe Initiatrice + Cible et d'exonérer d'impôt sur les sociétés les dividendes versés par Cible SA à Initiatrice SA. Si l'acquisition a été financée par de la dette, ce régime permet de déduire les intérêts payés par Initiatrice SA des produits de Cible SA.

Si Cible SA n'était pas détenue à plus de 95 % par Initiatrice SA, cette dernière aurait la faculté de recourir au régime des sociétés mères dit régime mère-fille qui permet de remonter le dividende de Cible SA en franchise d'impôt à l'exception d'un préciput de 5 % représentant la quote-part forfaitaire de frais et charges. Enfin, rappelons que les éventuelles provisions issues de la mise en œuvre d'un test de validité sur le goodwill constaté lors de l'acquisition ne sont pas déductibles fiscalement.

1.5. Principales conséquences juridiques

En cas de cession des droits sociaux, Initiatrice SA achète Cible SA avec ses éléments d'actifs et de passifs dont il devient responsable à la date du transfert de propriété. Le prix de cession des actions tient compte de l'analyse de l'actif et du passif portée à la connaissance de l'acheteur, mais il arrive que certains passifs latents se matérialisent postérieurement à la transaction. Pour se protéger de ce risque, le contrat de cession de Cible

SA garantit à l'acheteur l'exactitude et la consistance des différents éléments d'actifs d'exploitation (stocks, poste clients, actifs corporels et incorporels) et leur conformité aux différentes législations en vigueur. En outre, le vendeur garantit qu'à sa connaissance, l'organisation juridique de Cible SA (statuts, dépôts des comptes, etc.) est en conformité avec la législation en vigueur et que la société est en règle avec l'administration fiscale, le droit du travail et les organismes sociaux (Urssaf, caisses de retraite, etc.). Enfin, il confirme qu'il n'existe pas, à la connaissance du vendeur, d'autres passifs que ceux au bilan et hors bilan, notamment des contentieux avec des clients sur des produits ou services vendus ou des risques d'environnement non déclarés. Mais surtout, le vendeur s'engage à indemniser Cible SA et/ou ses créanciers de toute augmentation de passif, diminution d'actif ou variation négative de la situation nette dont l'apparition est postérieure à la date de cession mais dont la cause ou l'origine est antérieure. C'est ce que l'on appelle garantie de passif, garantie d'actif et de passif ou garantie d'actif net selon les cas, comme nous l'avons vu au chapitre 11. Il est également possible pour l'acheteur de demander directement au vendeur une clause de « révision de prix » qui est en réalité une clause par laquelle le cédant s'engage à dédommager l'acquéreur en cas de survenance d'une augmentation de passif ou d'une diminution d'actif, en ayant notamment recours à une expertise contradictoire. Cette clause de révision de prix a l'avantage d'être plafonnée au prix de cession et d'être proportionnelle à la quote-part de capital cédé.

Tout ceci ne doit pas faire oublier à notre lecteur qu'on ne peut jamais tout prévoir. L'expérience nous apprend que lorsque le rapprochement se déroule bien et crée de la valeur, la garantie de passif n'est pas exercée, ce qui n'est évidemment pas le cas lorsque l'acheteur a le sentiment d'avoir payé trop cher et utilise la garantie de passif comme moyen de baisser son prix d'achat. Il faut donc bien rédiger ce document pour éviter les mécanismes trop complexes, susceptibles de donner lieu à des litiges lors de leur exercice.

1.6. Impact sur les critères financiers de l'entreprise

L'opération a forcément un impact sur les critères financiers d'Initiatrice SA. Le bénéfice net 2010 de la société est affecté de plusieurs manières. Au bénéfice net 2010 initial d'Initiatrice SA, soit 30 millions d'euros, il faut :

– ajouter le bénéfice net 2010 de Cible SA, qui fait l'objet d'un rachat à 100 %, soit 28 millions d'euros ;

– retrancher les produits financiers relatifs à la rémunération de la trésorerie d'Initiatrice SA avant l'opération, et ajouter les frais financiers liés à l'endettement additionnel dû à l'acquisition, en tenant compte d'un taux d'endettement de 5 % avant impôt ;

– tenir compte de l'amortissement sur cinq ans des logiciels d'une valeur de 15 millions d'euros ;

– retrancher les coûts de restructuration, qui s'élèvent à 3 millions d'euros, soit 2 millions après impôt ;

– ajouter les synergies attendues du rapprochement pour la première année, qui s'élèvent à 6 millions d'euros, soit 4 millions après impôt.

On a donc :

Bénéfice net 2010 initial d'Initiatrice SA	soit	25 M€
+ bénéfice net 2010 de Cible SA	soit	+ 28 M€
– charges financières nettes (soit 500 x 5 % x (1-0,34))	soit	– 17 M€
– amortissement des logiciels (valeur logiciel x 1/5)	soit	– 3 M€
– coûts de restructuration	soit	– 2 M€
+ synergies	soit	+ 4 M€
= bénéfice net consolidé *pro forma* 2010 d'Initiatrice SA	soit	**35 M€**

Ne reste plus qu'à calculer le nouveau bénéfice par action 2010 en divisant le nouveau bénéfice net d'Initiatrice SA par le nombre d'actions composant son capital, qui est inchangé, soit :

Bénéfice par action 2010 = bénéfice net pro forma 2010/nombre d'actions
= 35 M€ / 60 000 000
= **0,58 €**

Le bénéfice par action 2010 s'élève à 0,58 euro après l'opération, alors qu'il n'était que de 0,42 euro avant l'opération. On observe donc une relution du bénéfice net par action de 38 %.

Plus généralement, il y a relution du BPA (avant dépréciation éventuelle du goodwill) lorsque l'inverse du PER payé pour acquérir la cible est supérieur au coût de la dette après impôt. L'opération n'ayant aucun impact sur le capital d'Initiatrice SA, les capitaux propres par action demeurent inchangés.

L'impact sur l'endettement financier net est important : d'une trésorerie nette positive avant l'opération, l'entreprise est amenée à s'endetter pour procéder à l'acquisition. Le calcul suivant permet d'apprécier l'endettement au regard du résultat d'exploitation de l'ensemble : le nouveau résultat d'exploitation 2010 d'Initiatrice SA peut être estimé de la façon suivante :

Résultat d'exploitation 2010 initial d'Initiatrice SA,
soit 25/(1–34 %) + 500 × 5 % = 63 M€

+ Résultat d'exploitation 2010 de Cible SA,
soit 28/(1–34 %) + 200 × 5 % = 52 M€

= Résultat d'exploitation pro forma 2010, soit 115 M€

Finalement, on peut calculer le ratio endettement net / résultat d'exploitation qui s'élève à 2,2 ; en d'autres termes la dette nette issue de l'opération représente 2 années et 4 mois de résultat d'exploitation du nouvel ensemble, ce qui paraît relativement raisonnable, comme nous le verrons au chapitre 20.

L'impact sur les dividendes est également notable : si Initiatrice SA conserve la même politique de distribution qu'avant l'opération, c'est-à-dire 30 % du bénéfice net, le dividende s'élèvera à 0,175 euro par action, contre 0,125 euro par action précédemment, soit une relution de 40 %.

Le tableau 2 résume les principaux avantages et inconvénients de la cession de titres pour les parties.

Tableau 2. – *Avantages et inconvénients de la cession de titres pour les parties*

Acheteur	Vendeur
– raisonne sur le prix à payer en terme absolu, – fait un pari industriel (risque), – fait un pari financier en cas d'endettement, – maintient son contrôle et bénéficie de l'intégralité de l'*upside* potentiel créé par le rapprochement en échange du paiement de la prime de contrôle, – doit structurer une garantie d'actif et de passif.	– reçoit du cash et une prime de contrôle, – souffre d'une fiscalité douloureuse (transfert de liquidités), – renonce à l'*upside* potentiel créé par le rapprochement en échange de la prime de contrôle.

2. L'apport de titres et la fusion

2.1. Principes du montage

L'apport de titres est une opération par laquelle les vendeurs A et B apportent leurs titres Cible SA à la société Initiatrice SA et reçoivent en rémunération des titres d'Initiatrice SA. Les sociétés Cible SA et Initiatrice SA subsistent, Cible SA devenant une filiale d'Initiatrice SA et les actionnaires de Cible SA devenant actionnaires d'Initiatrice SA.

On a donc le montage figurant au schéma 4.

Comme nous l'avons vu, pour les sociétés cotées, l'apport de titres prend la forme d'une offre publique d'échange par laquelle l'initiateur propose à un ensemble d'actionnaires de lui apporter des titres de Cibles SA en échange de ses propres titres existants ou à émettre. Les actionnaires font connaître, pendant toute la durée de l'offre *via* des intermédiaires financiers, leur intention d'apporter ou non les titres à l'initiateur. Ces intentions sont centralisées par Euronext et si l'offre est un succès, l'échange est matérialisé quelques jours plus tard. Les opérations en titres sont notamment privilégiées lorsque les multiples de cotation de l'initiatrice sont à des niveaux élevés en comparaison avec l'inverse du coût du crédit, et quand la capacité d'endettement de l'initiatrice ne permet pas d'avoir recours au levier.

La parité d'échange n'est qu'une conséquence du poids relatif. Le problème principal est donc la détermination du poids relatif. Cette détermina-

Schéma 4. – *Situation des protagonistes après un apport de titres (comptes sociaux)*

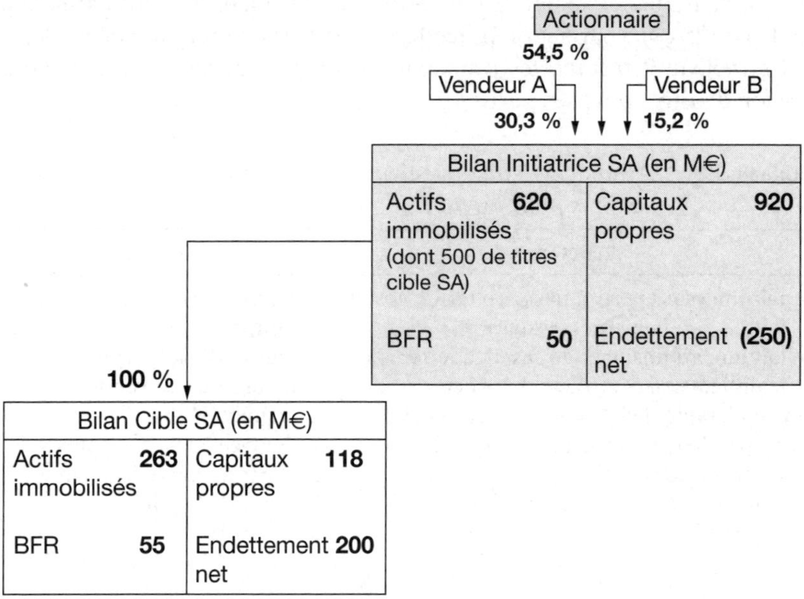

tion du poids relatif fait l'objet d'une évaluation multicritères des deux entreprises de façon homogène à l'aide des différentes méthodes présentées aux chapitres 8 à 9. Il convient de croiser méthode par méthode les fourchettes obtenues pour la valeur des capitaux propres et de calculer un poids relatif.

Pour les sociétés cotées, il est d'usage de rajouter la comparaison de quelques critères importants par action comme le bénéfice par action, le dividende par action, les capitaux propres par action ou la capacité d'autofinancement par action. Le tableau 3 illustre cette démarche appliquée à notre exemple :

Tableau 3. – *Calcul du poids relatif et de la parité d'échange*

	Cible SA	**Initiatrice SA**	**Poids relatif**	**Parité d'échange**
Valeur des capitaux propres				
Méthode patrimoniale	120 – 150 M€	430 – 455 M€	0,28 – 0,33	0,67 – 0,79
Méthode analogique	220 – 230 M€	340 – 370 M€	0,62 – 0,65	1,49 – 1,56
Méthode DCF	520 – 650 M€	670 – 750 M€	0,78 – 0,87	1,87 – 2,09
Critères par action				
Bénéfice par action 2010	1,12 €	0,42 €		2,7
Dividende par action 2010	0,28 €	0,125 €		2,2
Capitaux propres par actions	4,72 €	7,00 €		0,7
Parité retenue			**0,83**	**2,0**

Il arrive que les critères retenus lors de l'évaluation multicritères soient affectés de coefficients de pondération.

Le pourcentage final détenu par les vendeurs A et B dans Initiatrice SA dépend la négociation des valorisations respectives des capitaux propres des deux entités, que l'on appelle poids relatif. Dans notre exemple, le rapport retenu est fondé sur la méthode DCF et établi à 500/600 soit 0,83×. Le poids relatif retenu de Cible SA par rapport à Initiatrice SA détermine directement la composition de l'actionnariat de la nouvelle société, et donc le partage de la valeur. En effet, un poids relatif de 0,83 revient à attribuer 45,5 % du capital aux actionnaires de Cible SA. En revanche, si l'on retient un poids relatif de 0,5 ; on valorise la société Cible SA à 300 millions d'euros dans le nouvel ensemble de 900 millions d'euros. Dans ce cas, la part du capital revenant aux actionnaires de Cible SA est de 33,3 %. Cette situation semble donc moins avantageuse pour les actionnaires de Cible SA qui passent en dessous de la minorité de blocage.

La parité d'échange correspond au rapport d'échange entre le nombre d'actions de la cible pour une action de l'initiateur. Pour rémunérer les actionnaires de Cible SA, Initiatrice SA émet des titres qui seront échangés contre ceux de Cible SA selon un rapport issu des valeurs par action des deux sociétés, c'est-à-dire la parité d'échange.

Dans notre exemple, la valeur retenue de Cible SA est de 500 millions d'euros. L'action de la société Initiatrice SA est valorisée 10 euros ; la société Initiatrice SA devra donc émettre 500 M€/ 10 € soit 50 000 000 actions nouvelles. Sachant que Cible SA compte 25 000 000 actions : la parité d'échange est donc de deux actions Initiatrice SA pour une action Cible SA.

On peut également calculer la parité d'échange directement grâce à la formule suivante :

$$\text{Parité d'échange} = \text{poids relatif} \times \frac{\text{Nombre d'actions de Initiatrice SA}}{\text{Nombre d'actions de Cible SA}}$$

On a bien : 2 = 0,83 × 60 000 000/25 000 000

2.2. *Principales conséquences financières*

Dans un schéma d'apport, l'acquisition de Cible SA est financée par capitaux propres, ce qui permet de ne pas doubler un pari stratégique d'un pari financier. En outre, ceci permet à Initiatrice SA de conserver sa trésorerie.

Cependant, le vendeur se retrouve en quelque sorte acheteur du nouvel ensemble puisqu'il en devient actionnaire. S'engage donc un débat sur la valeur respective des deux entreprises qui est à la fois simple et compliqué : simple car il faut s'accorder sur un poids relatif, les valeurs absolues n'étant que secondaires. On peut toujours échanger son chat sur une base de 100 000 euros contre deux chiens valorisés 50 000 euros chacun… Compliqué car le champ de la négociation s'en trouve élargi à deux entreprises avec toute la difficulté que derrière la valeur relative se cache leur performance relative.

Le problème du partage des synergies est toujours délicat. En effet, qui apporte le plus de synergies liées au rapprochement ? À qui profitent ces synergies ? Quelle est leur valeur ? Pour éviter un tel débat, deux approches sont possibles :

– soit les parties se mettent d'accord pour évacuer ce problème du champ de la négociation considérant que chacun en bénéficiera à due proportion de sa participation au capital du nouvel ensemble (la parité s'établit sur des valeurs stand alone) ;

– soit les parties trouvent un accord sur une répartition forfaitaire des synergies de type 50/50 ou 60/40 et font une estimation conjointe de celles-ci.

2.3. Principales conséquences comptables

Dans les comptes consolidés d'Initiatrice SA, les titres apportés font l'objet d'une comptabilisation en juste valeur, donnant lieu le cas échéant à un goodwill et la reconnaissance d'immobilisations incorporelles comme dans le cas de la cession. En supposant que Cible SA détient un actif incorporel non comptabilisé dans les états financiers comme des logiciels susceptibles d'être valorisés 15 millions d'euros et une marque valorisable. Si la valeur comptable des autres actifs et passifs est proche de leur juste valeur, on aurait donc :

Valeur d'apport des titres	500 M€
soit	
Actifs et passifs acquis	318 M€
Logiciels	15 M€
Goodwill résiduel	167 M€
Marque	200 M€

En tenant compte des capitaux propres créés lors de l'apport, le bilan consolidé d'Initiatrice SA est donc tel que présenté par le schéma 5.

Schéma 5. – *Bilan consolidé d'Initiatrice SA après l'opération*

Bilan Initiatrice SA (en M€)			
Goodwill	**167**	Capitaux propres	**920**
Logiciels	**15**		
Marque	**200**		
		Endettement net	**(50)**
Actifs immobilisés	**383**		
BFR	**105**		

En compte de résultat, les logiciels feront l'objet d'un amortissement annuel sur cinq ans par exemple, tandis que le goodwill n'est pas amorti mais fait l'objet d'un test annuel de validité. Notons que les coûts de restructuration liés à l'acquisition devront être intégralement passés en compte de résultat et ne peuvent être déduits du prix d'acquisition. Le compte de résultat d'Initiatrice SA est le même que dans le cas d'une acquisition de titres.

En comptes sociaux, s'agissant d'une opération de prise de contrôle, la valeur des apports retenue sera en général identique à celle qui a servi de base au calcul de la parité d'échange (le cours de bourse d'Initiatrice SA au jour de l'échange si celle-ci était cotée). Dans notre exemple, chaque action Initiatrice SA nouvellement créée a une valeur de 10 euros, cette dernière sera ventilée entre 1 euro de capital social (si le nominal de l'action Initiatrice SA est de 1 euro) et 9 euros de prime d'apport appelée selon les cas prime de fusion ou prime d'apport s'il s'agit d'un apport. À l'actif, la ligne de titres Cible SA sera valorisée globalement pour 500 millions d'euros. Lorsque le rapprochement implique des entités sous contrôle commun (des filiales d'un même groupe par exemple) ou lorsque l'opération se fait « à l'envers » (c'est-à-dire que la société apporteuse prend le contrôle de la société bénéficiaire des apports), alors la valeur des apports retenus en comptes sociaux est la valeur comptable des actifs apportés tels qu'ils figuraient au bilan de l'apporteuse.

2.4. Principales conséquences fiscales en droit français

Dans le cas d'apport de titres de sociétés détenues par des personnes physiques à une société soumise à l'impôt sur les sociétés (article 150-OB du CGI), les personnes physiques bénéficieront d'un sursis d'imposition qui reporte la taxation de la plus-value réalisée lors de l'apport jusqu'à la cession des titres reçus en échange. Lors d'une cession ultérieure des titres reçus, le calcul de la plus-value se fera par référence au prix de revient initial des vendeurs A et B. Ces derniers seront assujettis à l'impôt de la solidarité sur la fortune dans la limite du bouclier fiscal selon qu'ils gardent ou non une fonction éligible et rémunérée dans le nouvel ensemble, et que leur participation respective soit supérieure à 25 %, ce qui n'est pas le cas pour le vendeur B.

Pour Initiatrice SA, la valeur d'apport des titres de Cible SA constitue le prix de revient fiscal de ceux-ci, sous réserve que les vendeurs A et B respectent leur engagement de conservation. On retrouve également les problématiques d'intégration fiscale et de régime mère-fille que nous avons vues lors de la cession.

2.5. Principales conséquences juridiques

L'apport de titres prend la forme juridique d'une augmentation de capital réservée aux vendeurs A et B qui fait l'objet d'une assemblée générale extraordinaire d'Initiatrice SA. Celle-ci est destinée à approuver à la majorité des deux tiers le traité d'apport, qui établit la valeur des apports qui sera retenue en comptes sociaux. Cette valeur d'apport fait l'objet d'un rapport spécial d'un ou de plusieurs commissaires aux apports, experts-comptables désignés par ordonnance du tribunal de commerce sur requête conjointe des parties et ne pouvant être les commissaires aux comptes d'Initiatrice SA. Leur rapport a pour objet de vérifier l'absence de surévaluation des apports et la libération du capital ainsi créée, c'est-à-dire de s'assurer que la valorisation des apports a bien été faite sur une base conservatrice de façon à ne pas créer du capital social fictif.

Un tel schéma nécessite la mise en place d'un pacte d'actionnaires comme nous le verrons au chapitre 18.

2.6. Impacts sur les critères financiers de l'entreprise

L'opération modifie les critères financiers d'Initiatrice SA. Le bénéfice net de la société est affecté de plusieurs manières ; au bénéfice net 2010 initial d'Initiatrice SA, soit 25 millions d'euros, il faut :

– ajouter le bénéfice net 2010 de Cible SA, qui fait l'objet d'un rachat à 100 %, soit 28 millions d'euros ;

– tenir compte de l'amortissement sur cinq ans des logiciels d'une valeur de 15 millions d'euros ;

– retrancher les coûts de restructuration, qui s'élèvent à 3 millions d'euros, soit 2 millions après impôt ;

– ajouter les synergies attendues du rapprochement pour la première année, qui s'élèvent à 6 millions d'euros, soit 4 millions après impôt.

On a donc :

Bénéfice net 2010 initial d'Initiatrice SA	soit	25 M€
+ bénéfice net 2010 de Cible SA	soit	+ 28 M€
– amortissement des logiciels (valeur logiciels × 1/5)	soit	– 3 M€
– coûts de restructuration	soit	– 2 M€
+ synergies	soit	+ 4 M€
= bénéfice net consolidé pro forma 2010 d'Initiatrice SA	soit	**52 M€**

Il s'agit ensuite de calculer le nouveau bénéfice par action 2010 en divisant le nouveau bénéfice net d'Initiatrice SA par le nombre d'actions composant son capital. Dans ce cas, il ne faut pas oublier que l'acquisition a été financée grâce à l'émission de 50 millions de nouveaux titres, soit :

Nouveau nombre d'actions = ancien nombre d'actions + actions émises
= 60 000 000 + 50 000 000
= 110 000 000

Bénéfice par action 2010 = nouveau bénéfice net pro forma 2010/nouveau nombre d'actions
= 52 M€ / 110 000 000
= 0,47 €

Le bénéfice par action 2010 s'élève à 0,47 euro après l'opération, alors qu'il n'était que de 0,42 euro avant l'opération. On observe tout de même une relution du bénéfice par action d'environ 12 %, due principalement à la différence de PER entre les deux sociétés, le PER d'Initiatrice SA (600 M€/ 25 M€ = 24) étant supérieur au PER de Cible SA (500 M€/ 28 € = 18).

En effet, la relution ou dilution du bénéfice par action dépend de la différence de PER entre les deux entreprises : ainsi, si le PER d'Initiatrice SA avait été inférieur à celui de Cible SA, il y aurait eu dilution de son BPA.

Une telle opération a aussi un impact sur les capitaux propres par action à fin 2010 :

Avant l'opération : capitaux propres/nombre d'actions
= 420 M€ / 60 000 000
= 7,0 €

Après l'opération : capitaux propres/nombre d'actions
= 920 M€ / 110 000 000
= 8,4 €

Ainsi que sur les dividendes par action : on peut supposer qu'Initiatrice SA distribuera la même proportion de son bénéfice consolidé, soit 30 % de 52 millions d'euros. Le nouveau dividende par action s'élève à 0,14 euro, soit une relution de 12 %.

Avant l'opération : dividende 2010/nombre d'actions
= 7,5 M€ / 60 000 000
= 0,125 €

Après l'opération : dividende pro forma 2010/nombre d'actions
= 15,6 M€ / 110 000 000
= 0,14 €

2.7. *Une variante : la fusion absorption entre initiateur et cible*

La fusion consiste à faire absorber Cible SA par Initiatrice SA (dénommée l'absorbante) lors d'une opération dite de fusion absorption, à l'issue de laquelle Cible SA disparaît et transmet l'intégralité de son patrimoine à Initiatrice SA. La mécanique financière est identique à celle de l'apport : il faut déterminer un poids relatif en réalisant deux évaluations multicritères et le ramener à une action ; on parle ici de parité de fusion. Si l'on retient le même poids relatif de 0,83, le résultat économique est identique, mais Cible SA n'existe plus à l'issue de l'opération. On a donc le montage présenté par le schéma 6.

Les deux sociétés réunissent leurs assemblées générales respectives au cours desquelles les actionnaires de l'absorbante et ceux de l'absorbée se prononcent à la majorité des deux tiers sur un traité de fusion qui a fait l'objet d'une publicité suffisante. Ce traité décrit les deux entreprises, les motifs, buts et conditions financières de la fusion et décrit l'ensemble des

Schéma 6. – *Situation des protagonistes à l'issue d'une fusion absorption*

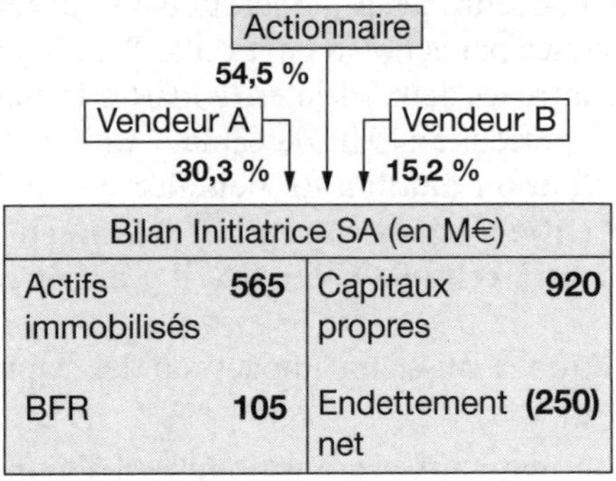

actifs et passifs de Cible SA, qui seront absorbés par Initiatrice SA. Le caractère équitable de la parité de fusion ainsi que la valeur des apports consentis par l'absorbée à l'absorbante fait l'objet d'un rapport spécial d'un ou de plusieurs commisssaires à la fusion, experts-comptables désignés par ordonnance du tribunal de commerce sur requête conjointe des parties et ne pouvant être les commissaires aux comptes d'Initiatrice SA.

Si cette majorité est atteinte, l'actionnaire minoritaire de Cible SA (tel Vendeur B) qui ne serait pas d'accord est obligé de suivre et se retrouvera donc actionnaire d'Initiatrice SA. La fusion peut donc s'analyser comme un apport forcé.

Sur le plan juridique, les conséquences d'une opération de fusion absorption est très lourde puisque la fusion entraîne la transmission universelle de patrimoine (TUP) au profit de la société absorbante (y compris les litiges, les risques, l'ensemble des contrats de travail, etc.). En outre, les créanciers de la société absorbée bénéficient d'un délai d'opposition à la fusion auprès du tribunal de commerce, qui peut ordonner le remboursement de créances ou la constitution de garanties. Une fusion peut également s'accompagner d'une garantie d'actif et/ou de passif consentie par le ou les actionnaires de contrôle de l'absorbée. Tout ceci se traduit par un calendrier long, dont les principales étapes sont résumées dans l'encadré 1.

Il est fréquent d'insérer une clause de rétroactivité sur la date d'effet de la fusion, afin de l'aligner sur la date d'ouverture de l'exercice de la société absorbante.

Sur le plan comptable, il n'y a donc pas de comptes consolidés puisque Initiatrice SA n'a plus de filiale. En comptes sociaux, la valeur des apports retenus dans la fusion est en général identique à celle qui a servi de base au calcul de la parité de fusion, c'est-à-dire une valeur de marché. Lorsque la fusion absorption implique des entités sous contrôle commun (des filiales d'un même groupe par exemple) ou lorsque l'opération se fait « à l'envers » (c'est-à-dire que l'actionnaire principal de la société absorbée prend le contrôle de la société absorbante), alors la valeur comptable des apports retenue en comptes sociaux est la valeur comptable.

Encadré 1
Calendrier d'une fusion

Opérations préalables au projet de fusion

- Analyse des aspects économiques, financiers, juridiques, fiscaux et sociaux de l'opération.
- Négociation des conditions financières de l'opération (poids relatif, parité d'échange, etc.).
- Établissement d'un protocole d'accord.
- Désignation des commissaires à la fusion et des commissaires aux apports.

Rédaction et signature du projet de fusion

- Information et consultation du comité d'entreprise.
- Convocation du conseil d'administration, qui approuve le principe et la parité de la fusion.
- Rédaction définitive des traités de fusion.
- Signature du projet de fusion et convocation de l'AGE.

Publicité

- Dépôt au greffe du tribunal de commerce du siège du traité de fusion.
- Publication d'un avis de réunion.
- Rapport de (des) commissaire(s) à la fusion.
- Publication d'un avis de fusion.
- Ouverture du délai d'opposition des créanciers.
- Avis de convocation des AGE.
- AGE.

Dans le cas particulier où la société absorbante détiendrait une participation au capital de la société absorbée, celle-ci serait annulée lors de la fusion. On appelle mali ou boni de fusion la différence entre la quote-part de la valeur des apports reçus par l'absorbante dans la fusion et la valeur nette comptable des titres détenus préalablement. Dans notre exemple, si Initiatrice SA détenait 10 % de Cible SA pour une valeur nette comptable de 70 millions d'euros, l'opération dégagerait un mali de fusion de 20 millions d'euros, qui est dans la plupart des cas provisionné dans les comptes d'Initiatrice SA. Si l'on peut le déterminer de façon fiable, le boni de fusion est quant à lui comptabilisé en résultat financier de l'absorbante à hauteur de la quote-part des résultats accumulés par la société absorbée depuis l'acquisition de la participation des titres de l'absorbée par la société absorbante.

Sur le plan fiscal, lorsque le régime de droit commun s'applique, une fusion absorption entraîne les mêmes conséquences qu'une dissolution de l'absorbée :

– imposition immédiate des bénéfices d'exploitation,

– imposition immédiate des provisions,

– taxation des plus-values résultant d'une valeur d'apport supérieure à la valeur comptable.

De leur côté, les actionnaires de l'absorbée pourraient être considérés comme bénéficiaires des revenus mobiliers et être taxés à ce titre. Mais dans la plupart des cas, une fusion absorption permet en général de bénéficier du régime de faveur des fusions permettant d'échapper à l'imposition immédiate des provisions et des plus-values qui seraient exigibles du fait de la disparition de la société absorbée. Cette dernière doit cependant reprendre au passif de son bilan les provisions de l'absorbée, réintégrer les plus-values constatées lors de la fusion sur les éléments amortissables. De même, les Vendeurs A et B bénéficient d'un report d'imposition sur la plus-value jusqu'à la cession ultérieure de leurs titres.

La fusion entraîne normalement la perte des déficits reportables existants dans la cible antérieurement à l'opération. Les fusions placées sous le régime de faveur ouvrent cependant droit à une procédure de transfert des déficits à l'absorbante sur agrément. Cet agrément est de droit lorsque la fusion est justifiée du point de vue économique et que l'activité à l'origine des déficits est poursuivie pendant au moins 3 ans.

D'autres éléments peuvent entrer en ligne de compte pour déterminer le sens d'une fusion. Au-delà des considérations d'ego des dirigeants, certains contrats importants de la cible peuvent être assortis d'une clause de changement de contrôle qui pourrait être activée par la fusion. De même, dans le cas d'une fusion entre une société cotée et une société non cotée, la cotée est toujours l'absorbante pour simplifier la procédure de fusion.

Pour ces raisons, la fusion absorption directe entre deux sociétés sans lien capitalistique est assez rare et souvent précédée d'un apport (qui prend la forme d'une OPE pour les sociétés cotées) pour permettre de prendre la majorité absolue avant la phase proprement dite de fusion absorption.

On peut néanmoins citer le cas de la fusion absorption de Suez par GDF, réalisée en 2008 sur la base d'une parité de 22 actions Suez contre 21 actions GDF, assortie d'un dividende payé en actions Suez Environnement, dont la cotation à hauteur de 65 % a été concomitante à la fusion.

Le tableau 4 résume les principaux avantages et inconvénients de l'apport de titres pour les parties.

Tableau 4. – *Avantages et inconvénients de l'apport de titres pour les parties*

Acheteur	Vendeur
– Partage le risque financier, – Partage le contrôle (dilution) et donc l'*upside* potentiel, – Doit respecter un formalisme lourd (commissaires aux apports ou à la fusion, – Convocation des AGE), – Raisonne en termes relatifs.	– Ne permet pas de recevoir du cash, – Jouit d'une fiscalité reportée (pas de transfert de liquidité), – Doit composer avec l'acheteur, – Bénéficie d'une quote-part des synergies liées au rapprochement.

3. L'apport partiel d'actif

3.1. Principes du montage

L'apport partiel d'actifs est une opération par laquelle une société fait apport à une autre société de tout ou partie de ses éléments d'actifs (et de passifs), et reçoit en échange des titres. Dans ce cas, la transaction porte directement sur des actifs (corporels, incorporels, d'exploitation) et/ou des passifs et non sur des titres financiers. Supposons que Cible SA apporte la totalité de ses actifs et passifs à l'exception de ses 200 millions d'euros de cash et ce pour une valeur de 500 – 200 = 300 millions d'euros (valeur comptable : 263 + 55 – 400 = – 82).

On a donc le montage apparaissant dans le schéma 7.

Le pourcentage final détenu par Cible SA dépend des valorisations respectives des actifs et passifs apportés d'une part et de la valeur des capitaux propres retenus pour Initiatrice SA d'autre part. Dans notre exemple, la valeur des apports ressort à 300 millions d'euros, ce qui compte tenu d'une valeur d'Initiatrice SA de 600 millions d'euros permet à Cible SA de détenir 33,3 % du capital d'Initiatrice SA, soit la minorité de blocage. On retrouve ici la notion de poids relatif étudié précédemment dans le cadre de l'apport de titres et de la fusion, avec ici la notion de parité d'apport.

3.2. Principales conséquences financières

Contrairement à la situation issue de l'apport de titres, dans laquelle la participation des vendeurs A et B était située directement dans Initiatrice,

Schéma 7. – *Situation des protagonistes après un apport partiel d'actif*

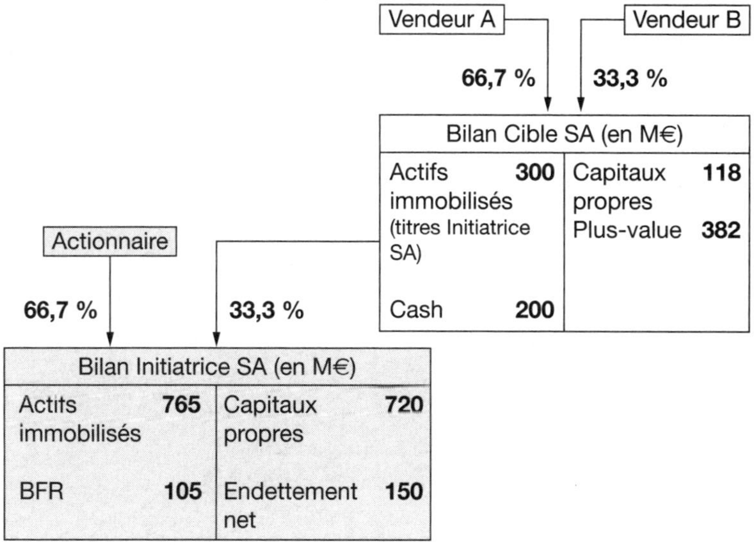

Cible SA réalise une plus-value égale à : 300 (prix de vente) – (– 82) = 382

cette opération permet à la société Cible SA de devenir une société holding détenant 33,3 % du capital d'Initiatrice SA. C'est ce qu'on appelle créer un holding par le bas en vidant une société de sa substance industrielle pour ne garder que des titres financiers ou des actifs non liés à l'exploitation. La société holding peut être utilisée par les vendeurs A et B comme véhicule patrimonial en laissant dans Cible SA, outre du cash, des actifs immobiliers et/ou le siège social, qu'elle peut louer à Initiatrice SA afin de percevoir des revenus complémentaires aux seuls dividendes émanant d'Initiatrice SA. Notons que l'on peut également constituer une société holding par le haut en apportant les titres financiers contrôlant la société industrielle à une coquille vide devenant de fait la société holding. Dans cette hypothèse, les vendeurs A et B regroupent leur intérêt dans une société holding, qui ensuite apporte sa participation dans Cible SA à Initiatrice SA ou réalise une fusion absoption entre Initiatrice SA et Cible SA. En tout état de cause, on se trouve alors ramené à une détention indirecte de l'intérêt économique dans Initiatrice SA.

On retrouve les avantages d'un paiement en titres : l'acquisition des actifs et passifs de Cible SA est financée par capitaux propres d'Initiatrice SA, ce qui permet de ne pas doubler un pari stratégique d'un pari financier. En outre, ceci permet à Initiatrice SA de conserver sa trésorerie. Les problèmes liés à la détermination d'un poids relatif et au partage des synergies restent identiques.

3.3. Principales conséquences comptables

Il n'y a pas ici de comptes consolidés d'Initiatrice SA puisque les actifs et passifs de Cible SA lui sont apportés directement. En comptes sociaux, la valeur des apports retenus est en général identique à celle qui a servi de base au calcul du poids relatif. En supposant que les apports de Cible SA comportent un actif incorporel non comptabilisé dans les états financiers comme des logiciels susceptibles d'être valorisé 15 millions d'euros (et amorti sur cinq ans) et que la valeur comptable des autres actifs et passifs soit proche de leur juste valeur, on aurait donc :

Valeur d'apport des actifs et passifs de Cible SA	300 M€
soit	
Actifs acquis	263 M€
BFR	55 M€
Logiciels	15 M€
Goodwill	167 M€
Marque	200 M€
Dette	(400) M€

En tenant compte des capitaux propres créés lors de l'apport, le bilan consolidé d'Initiatrice SA est donc tel que présenté dans le schéma 8.

Schéma 8. – *Bilan d'Initiatrice SA après l'opération*

Bilan Initiatrice SA (en M€)			
Goodwill	**167**	Capitaux propres	**720**
Logiciels	**15**		
Marque	**200**		
		Endettement net	**150**
Actifs immobilisés	**383**		
BFR	**105**		

Dans notre exemple, chaque action Initiatrice SA nouvellement créée a une valeur de 10 euros, cette dernière sera ventilée entre 1 euro de capital social (si le nominal de l'action Initiatrice SA est de 1 euro) et 9 euros de prime appelée prime d'apport. Lorsque le rapprochement implique des entités sous contrôle commun (des filiales d'un même groupe par exemple) ou lorsque l'opération se fait « à l'envers » (c'est-à-dire que la société apporteuse prend le contrôle de la société bénéficiaire des apports), alors la valeur comptable des apports retenus en comptes sociaux est la valeur comptable.

3.4. Principales conséquences fiscales en droit français

Fiscalement, l'apport des actifs et passifs est assimilable à une cession, c'est-à-dire que Cible SA est redevable de l'impôt sur la plus-value sur chaque actif apporté. Néanmoins, si les actifs et passifs apportés forment un ensemble économique cohérent et autonome appelé branche autonome d'activité, une telle opération est susceptible de bénéficier du régime de faveur dit « des fusions ». Ce régime prévoit le report de l'impôt sur les plus-values pour Cible SA en échange d'un engagement de conservation des titres reçus pendant trois ans. Lors d'une cession ultérieure des titres reçus, le calcul de la plus-value se fera par référence au prix de revient initial. Les vendeurs A et B seront assujettis à l'impôt sur la fortune dans la limite du bouclier fiscal, selon qu'ils exercent une fonction éligible et rémunérée dans le nouvel ensemble et que leur participation reste supérieure à 25 % du capital d'Initiatrice SA. Le cas échéant, Cible SA peut constituer une holding animatrice facturant des prestations de conseil à Initiatrice SA.

Pour Initiatrice SA, la valeur d'apport des actifs et passifs de Cible SA constitue le prix de revient fiscal de ceux-ci, sous réserve que les vendeurs A et B respectent leur engagement de conservation. Les amortissements fiscaux seront calculés sur cette nouvelle base, ce qui constitue un avantage important du fait que les actifs sont détenus directement par Initiatrice SA.

3.5. Principales conséquences juridiques

L'apport d'actifs prend la forme juridique d'une augmentation de capital réservée à Cible SA faisant l'objet d'une assemblée générale extraordinaire d'Initiatrice SA destinée à approuver à la majorité des deux tiers le traité d'apport, lequel établit la valeur des apports qui sera retenue en comptes sociaux. Lorsque l'apport est placé sous le régime des scissions, cette valeur d'apport fait l'objet d'un rapport spécial d'un ou de plusieurs commissaires aux apports, experts-comptables désignés par ordonnance du tribunal de commerce sur requête conjointe des parties et qui ne peuvent être les commissaires aux comptes d'Initiatrice SA. Leur rapport a pour objet de vérifier l'absence de surévaluation des apports et la libération du capital ainsi créé, c'est-à-dire de s'assurer que la valorisation des apports a été faite sur une base conservatrice de façon à ne pas créer du capital social fictif. En revanche, les apports partiels d'actifs non placés sous le régime des scissions ne nécessitent pas, sauf avis contraire de l'Autorité des marchés financiers, la désignation d'un commissaire à la fusion. Cible SA doit également adopter en assemblée générale extraordinaire le principe d'apporter la quasi-totalité de ses actifs et passifs à Initiatrice SA sur la base du rapport spécial des commissaires aux apports.

Cible SA devient actionnaire minoritaire d'Initiatrice aux côtés d'Actionnaire et l'on retrouve la nécessité de négocier un pacte d'actionnaires entre eux afin de régir leurs rapports ultérieurs. La création d'une société holding permet de grouper les intérêts des vendeurs A et B dans la négociation de ce pacte d'actionnaires avec Actionnaire, qui n'est pas tenté de jouer la division afin de mettre de son côté l'un des deux, ce qui était possible dans le schéma d'apport de titres où l'un et l'autre sont directement actionnaires.

Cependant, les vendeurs A et B n'ont pas accès directement aux titres d'Initiatrice SA car ces derniers sont détenus par l'intermédiaire de Cible SA. Dans le cas d'une introduction en bourse d'Initiatrice SA par exemple, la cession de tout ou partie de la participation de Cible SA ne leur permet pas d'accéder directement à la liquidité. Il apparaît ainsi nécessaire d'établir également un pacte d'actionnaires entre les vendeurs A et B, leur permettant un modus vivendi entre eux au sein de la société holding. Ce pacte de type plus familial comporte en général un droit de préemption réciproque, un droit d'agrément réciproque des modalités de sortie et de représentation dans les organes de direction de Cible SA, comme nous le verrons au chapitre 18.

3.6. Impacts sur les critères financiers de l'entreprise

L'opération affecte les critères financiers d'Initiatrice SA. Le bénéfice net de la société est affecté de plusieurs manières ; au bénéfice net 2010 initial d'Initiatrice SA, soit 25 millions d'euros, il faut :

– ajouter le bénéfice net 2010 de Cible SA, soit 28 millions d'euros,

– retrancher les produits financiers correspondant aux 200 millions d'euros laissés dans Cible SA de son résultat net,

– tenir compte de l'amortissement sur cinq ans des logiciels d'une valeur de 15 millions d'euros,

– retrancher les coûts de restructuration, qui s'élèvent à 3 millions d'euros, soit 2 millions après impôt ;

– ajouter les synergies attendues du rapprochement pour la première année, qui s'élèvent à 6 millions d'euros, soit 4 millions après impôt.

On a donc :

Bénéfice net 2010 initial d'Initiatrice SA	soit	25 M€
+ bénéfice net 2010 de Cible SA	soit	+ 28 M€
– produits financiers de Cible SA (200 M€ × 5 % × (1– 0,34))	soit	– 7 M€
– amortissement des logiciels (valeur logiciels × 1/5)	soit	– 3 M€
– coûts de restructuration	soit	– 2 M€
+ synergies	soit	+ 4 M€
= bénéfice net pro forma 2010 d'Initiatrice SA	soit	**45 M€**

Il s'agit ensuite de calculer le nouveau bénéfice par action 2010 en divisant le nouveau bénéfice net d'Initiatrice SA par le nombre d'actions composant son capital. Dans ce cas, il ne faut pas oublier que l'acquisition a été financée grâce à l'émission de 30 millions de nouveaux titres, soit :

Nouveau nombre d'actions = ancien nombre d'actions + actions émises
= 60 000 000 + 30 000 000
= 90 000 000

Bénéfice par action 2010 = bénéfice net proforma 2010/nouveau nombre d'actions
= 45 M€ / 90 000 000
= 0,50 €

Le bénéfice par action 2010 s'élève à 0,50 euro après l'opération ; on observe une relution du BPA d'Initiatrice SA de 19 %, puisque celui-ci n'était que de 0,42 euro avant l'opération. Cette relution est plus forte que dans le cas de l'apport de titres puisqu'on crée moins d'actions à un PER de 24 pour rémunérer un bénéfice net hors cash laissé dans Cible SA.

Une telle opération a aussi un impact sur les capitaux propres par action :

Avant l'opération : capitaux propres 2010/nombre d'actions
= 420 M€/ 60 000 000
= 7,0 €

Après l'opération : capitaux propres pro forma 2010/nombre d'actions
= 720 M€/ 90 000 000
= 8,0 €

Ainsi que sur les dividendes par action : on peut supposer qu'Initiatrice SA distribuera la même proportion de son bénéfice consolidé, soit 30 % de 45 millions d'euros. Le nouveau dividende par action s'élève à 0,15 euro, soit une relution de 20,0 %.

Avant l'opération : dividende 2010/nombre d'actions
= 7,5 M€ / 60 000 000
= 0,125 €

Après l'opération : dividende pro forma 2010/nombre d'actions
= 13,5 M€ / 90 000 000
= 0,15 €

Le tableau 5 résume les principaux avantages et inconvénients de l'apport d'actifs pour les parties.

Tableau 5. – *Avantages et inconvénients de l'apport d'actifs pour les parties*

Acheteur	Vendeur
– Partage le risque financier, – Partage le contrôle (dilution) et donc l'*upside* potentiel, – Peut bénéficier d'un régime fiscal particulier (« branche complète d'activité »), – Raisonne en termes relatifs.	– Ne reçoit pas de cash, – Peut jouir d'une fiscalité reportée (pas de transfert de liquidité), – Peut sélectionner les actifs et passifs apportés et créer une *holding* de contrôle, – Peut avoir un problème d'accès à la liquidité car détention indirecte des titres, – Doit composer avec l'Acheteur.

4. Comparaison des différents modes de rapprochement

Les trois types de rapprochement présentés dans ce chapitre conduisent à des profils différents :

– en termes de risque financier : l'acquisition en cash augmente la dette du nouvel ensemble tandis que l'apport de titres ou d'actifs augmente les fonds propres ;

– en termes d'impact sur le bénéfice par action (BPA) du nouvel ensemble : une cession de titres conduit à un BPA de 0,58 euro par action alors qu'un apport de titres implique un BPA de 0,47 euro, et un apport partiel d'actifs un BPA de 0,50 euro. La cession de titres est plus relutive, car elle est financée par un endettement, ici à un taux de 5 %, mais n'est pas accompagnée par l'émission de nouveaux titres d'Initiatrice SA. En revanche, les deux dernières solutions sont moins relutives car de nouvelles actions sont émises ; la relution est ici déterminée par la différence de PER au moment du rapprochement entre Cible SA et Initiatrice SA. Toutefois, l'apport partiel d'actifs est plus relutif que l'apport de titres car Cible SA apporte pour 300 millions d'euros d'actifs contre 500 millions d'euros de titres, sur la base d'un même résultat net si on exclut les produits financiers liés au cash ;

– en termes de dilution pour l'actionnaire d'Initiatrice SA : l'acquisition en cash lui permet de conserver la totalité de l'upside du rapprochement tandis qu'il est contraint de « partager le gâteau » en cas d'apport en titres.

Questions

1. Pourquoi le paiement en titres s'est-il développé dans la seconde moitié des années 1990 ?
2. Quelles sont les différences entre un apport de titres et une fusion ?
3. Comment le niveau des taux d'intérêt impacte-il le caractère dilutif ou relutif d'une acquisition ?
4. Qu'est-ce que la parité d'échange ?
5. Faut-il acheter en cash une société dont on pense que la création de valeur sera très forte ?
6. À quoi sert la garantie d'actif et/ou de passif ?
7. Pourquoi faut-il un pacte d'actionnaires à l'issue d'un rapprochement payé en titres ?
8. Qu'est-ce que le poids relatif ?
9. Est-il souhaitable de payer des acquisitions en titres lorsque l'on a un PER faible ?
10. Quel est le lien entre dilution du BPA et PER, dans une opération en titres ?
11. Est-il souhaitable de procéder à des acquisitions en cash lorsque l'on a un PER élevé ?

Bibliographie

Chadefaux Martial, *Les fusions de sociétés : régime juridique et fiscal*, Groupe Revue Fiduciaire, 2008.

Moulin Jean-Marc, *Le droit de l'ingénierie financière*, Gualino éditeur, 2009.

Parrat Frédéric, *Reprise et transmission de l'entreprise, aspects stratégiques, juridiques et fiscaux*, Economica, 2010.

Raimbourg Philippe et Boizard Martine, *Ingénierie financière, fiscale et juridique*, Dalloz, Paris, 2009.

Reed Lajoux Alexandra et Nesvold Peter, *The Art of M&A Structuring*, McGraw-Hill, New York, 2004.

Topsacalian Patrick et Gensse Pierre, *Ingénierie financière*, Economica, Paris, 2006.

Chapitre 16

Le cas des alliances capitalistiques et des rapprochements transnationaux

Ce chapitre traite...

• **Des joint-ventures et alliances capitalistiques**

– Une alliance capitalistique peut prendre la forme d'une simple prise de participation, d'un échange de participations minoritaires et/ou de la constitution d'une joint-venture, société détenue à parité par un nombre limité d'actionnaires.

– L'alliance permet d'éviter une prise de contrôle totale en respectant l'autonomie de chacune des entités tout en profitant de la création de synergies sur une base élective et donc probablement plus créatrice de valeur.

– Une alliance évolue fréquemment soit vers un rapprochement complet des deux entités, soit vers une interruption rapide de la collaboration, celle-ci n'ayant pas porté ses fruits.

– Les alliances Renault-Nissan et Renault-Daimler illustrent différents cas d'alliance.

• **Des rapprochements transnationaux**

– Le rapprochement de deux entités situées dans des juridictions différentes nécessite une ingénierie financière particulière.

– La nouvelle entité est cotée dans les deux pays et porte les titres des deux initiateurs.

– L'analyse des opérations Air France KLM, NYSE Euronext et BNP Paribas-Fortis permet d'appréhender différentes situations de rapprochements transnationaux.

Nous ne sommes plus dans un schéma de prise de contrôle classique ou d'une mise en commun intégrale d'intérêts économiques, ni dans un simple partenariat industriel ou commercial sans conséquence au niveau capitalistique. Il s'agit plutôt d'un rapprochement progressif à travers la mise en commun sélective d'intérêts économiques ou d'un rapprochement entre deux entités situées dans des juridictions différentes de façon à constituer un nouvel acteur.

1. Les joint-ventures et alliances capitalistiques

1.1. Principe

Les moyens les plus utilisés pour mettre en commun des intérêts économiques de façon sélective sont l'échange de participations minoritaires et/ou la constitution de joint-ventures. On appelle *joint-venture* une société détenue à parité par un nombre limité d'actionnaires (en général deux), dont le but est de mettre en commun des compétences technologiques, scientifiques, commerciales ou logistiques pour créer des synergies modulaires. Une *joint-venture* peut être créée ex nihilo par ses actionnaires ou être issue d'un apport d'actif ou de titres par chacun de ses actionnaires ; l'échange de participations croisées est là pour conforter le destin de la joint-venture et assurer une convergence d'intérêts plus vastes.

La forme juridique privilégiée en droit français pour créer une *joint-venture* est la société anonyme par actions simplifiée (SAS) qui offre une grande souplesse pour rédiger des statuts sur mesure permettant de répartir le pouvoir entre les différentes parties et de définir de façon détaillée le mode de fonctionnement de la joint-venture : nomination et pouvoir des dirigeants, approbation des objectifs et des moyens, sans oublier les modalités de sortie en cas de désaccord stratégique.

En théorie, ce schéma permet d'éviter les excès d'une prise de contrôle totale en gardant l'autonomie de chacune des entités tout en profitant de la création de synergies sur une base élective et donc probablement plus créatrice de valeur. On peut citer comme exemple l'alliance du groupe Vilmorin avec le groupe allemand KWS pour créer une *joint-venture* à 50/50, baptisée AgReliant et destinée à unir leurs moyens scientifiques et commerciaux sur le marché nord-américain du maïs transgénique ou encore celle de Sanofi et Merck dans la santé animale (50/50 dans Mérial) sans oublier Safran avec General Electric dans les moteurs des réacteurs de certains avions.

En pratique, si la *joint-venture* fonctionne bien, les deux groupes profiteront de la mise en commun de certains de leurs intérêts tout en continuant à se faire concurrence vis-à-vis de certains clients hors du périmètre de la joint-venture même si leurs principales fonctions de production ou de recherche sont communes dans d'autres juridictions… Enfin, le maintien d'entités autonomes peut empêcher la réalisation d'autres synergies (notamment des synergies commerciales) qui seraient aisément obtenues par une mise en commun de la totalité des intérêts économiques des entreprises. Pour cette raison, une alliance évolue fréquemment soit vers un rapprochement complet des deux entités voire sur un périmètre géographique étendu selon la logique présentée dans le schéma 1, soit vers une interruption rapide, les synergies prévues n'étant pas au rendez-vous ou la collaboration élective des deux groupes n'ayant pas fonctionné, soit encore par une prise de contrôle pure et simple de la *joint-venture* par l'un des partenaires.

Pour conforter la mise en commun de certains moyens de production, l'alliance est souvent assortie d'un échange de participations croisées, comme dans le cas des deux alliances de Renault que nous allons étudier maintenant.

Schéma 1. – *Les différents degrés de coopération dans les alliances capitalistiques*

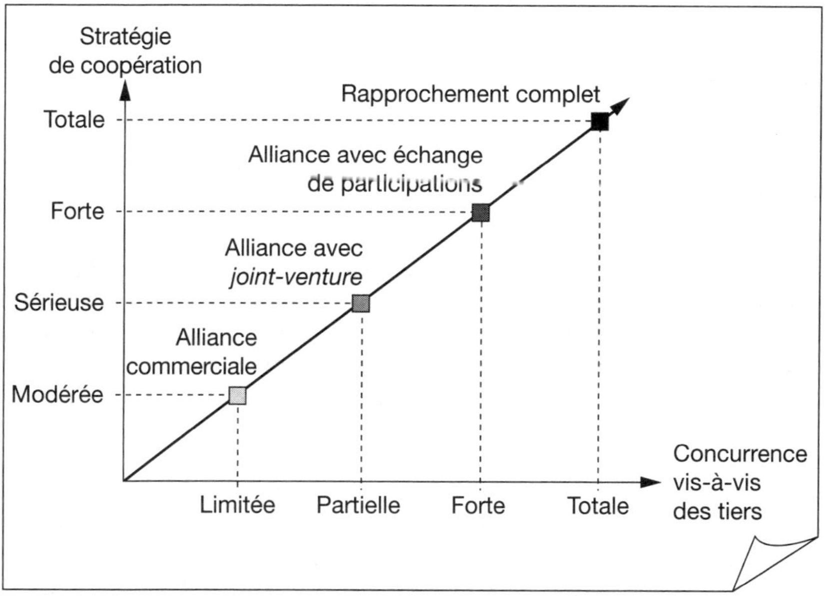

1.2. Les alliances Renault-Nissan et Renault-Daimler

En mars 1999, Renault, alors onzième constructeur automobile mondial, conclut à la surprise générale un accord d'alliance avec le second manufacturier japonais, Nissan, en difficulté depuis le début des années 1990 et gravement endetté.

• *Pourquoi ?*

Nissan, qui s'apprête à publier son sixième déficit en sept ans et croule sous 20 milliards d'euros de dette, cherche un allié étranger auquel s'adosser financièrement et éventuellement avec qui nouer des partenariats opérationnels. Après l'abandon de Daimler Chrysler jugeant l'opération trop risquée, c'est donc avec Renault que le mariage a lieu.

En effet, depuis plusieurs années déjà, l'ancienne régie nationale recherchait un partenariat dans le but d'affirmer ses ambitions mondiales. L'échec de son alliance avec Volvo en 1993 prend ainsi un relief particulier alors que la consolidation du secteur s'accélère, Ford rachetant Volvo et Daimler se mariant à Chrysler. Soucieux de ne pas se faire marginaliser, Renault a saisi cette occasion de devenir un acteur de premier rang dans le secteur automobile.

Les deux constructeurs présentent en effet une forte complémentarité :

– une complémentarité géographique, Renault étant la première marque en Europe, tandis que Nissan se positionnait fortement sur les deux autres marchés majeurs que sont les États-Unis et le Japon ;

– une complémentarité opérationnelle, Nissan apportant ses compétences technologiques, notamment en matière de motorisation, de gestion de la qualité et de productivité industrielle ; et Renault offrant son expertise en matière de design et de marketing ainsi que son expérience en matière de réduction des coûts, domaines dans lesquels Nissan n'était véritablement pas au niveau.

• *Comment ?*

La première étape de l'alliance fut de nature capitalistique : *via* une augmentation de capital réservée, Renault entre au capital de Nissan à hauteur de 36,8 % pour plus de cinq milliards d'euros, d'où une diminution d'autant de l'endettement de son partenaire. Cette prise de participation s'accompagne d'une option lui permettant de monter à 44,3 % dans le capital de Nissan, ce qui fut fait deux ans plus tard. Ceci a permis à Renault de consolider sa participation dans Nissan par mise en équivalence et donc de ne pas faire remonter l'endettement très important de Nissan dans ses comptes consolidés, tout en touchant des dividendes sur l'investissement. Du fait du rétablissement rapide de la situation financière de Nissan, le groupe japonais a pris 15 % du capital de Renault pour conforter l'alliance… et l'actionnariat de Renault dans lequel l'État avait perdu toute place prépondérante. L'esprit de l'alliance était de créer un groupe binational, respectant l'identité des deux entreprises, tout en tirant au maximum parti des synergies qu'offre une telle collaboration. Après la nomination de Carlos Goshn suivie d'une phase d'échange de cadres clés de chacune des deux entités, la création d'une joint-venture entre les deux groupes Renault-Nissan BV a permis de conforter le pilotage des fonctions mises en commun comme le montre le schéma 2.

Concrètement, le redressement de Nissan s'est caractérisé par le lancement de deux plans très ambitieux (le Nissan Revival Plan dès octobre 1999 et le Plan 180 en 2002) fondés sur la mise en place d'un processus de pilotage à partir de critères financiers, sur la réduction drastique des coûts et le

Schéma 2. – *L'alliance Renault-Nissan*

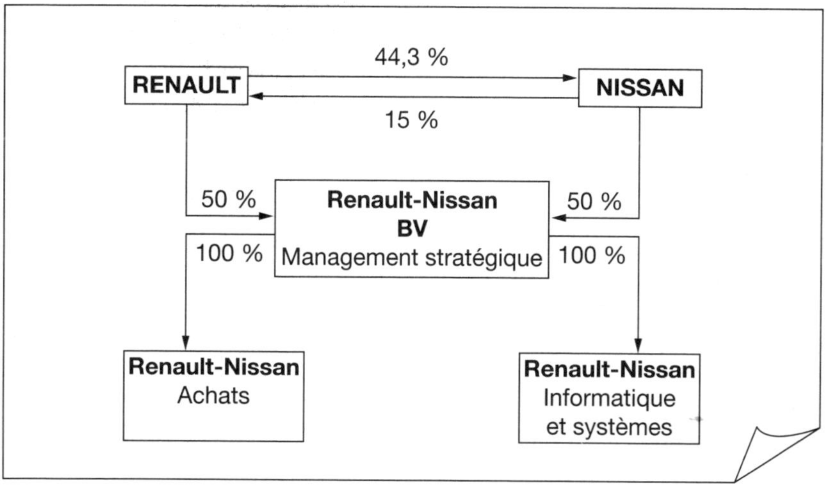

recentrage du groupe sur la production et la vente d'automobiles, supposant l'abandon de multiples participations au capital de ses fournisseurs.

Aujourd'hui, la valeur de la participation de Renault dans Nissan représente 40 % de la capitalisation boursière de Renault.

Une structure analogue a été retenue pour l'alliance annoncée en 2010 entre Renault et le groupe allemand Daimler qui prévoit une architecture commune pour les petits véhicules notamment électriques, et l'échange de participations croisées entre les trois groupes (Renault, Daimler et Nissan) à hauteur de 3,1 % de leur capital respectif.

2. Les rapprochements transnationaux

Un rapprochement entre deux entités situées dans des juridictions différentes voire cotées sur deux marchés différents nécessite une ingénierie financière particulière, destinée dans la plupart des cas à créer une entité commune détenue par les collèges d'actionnaires de chacune des deux entités existantes, cotée sur plusieurs marchés et qui porte l'ensemble des actions des deux groupes.

Notons que, dans l'optique de créer un marché européen intégré, l'Union européenne a adopté en 2001 les statuts de la nouvelle Société Européenne (Societas Europaea, SE), entrés en vigueur en 2004. L'objectif est de permettre aux entreprises européennes d'organiser avec plus de souplesse leurs activités dans l'UE et de leur offrir un cadre légal commun pour faciliter les opérations de rapprochement et notamment la contitution d'holdings et de joint-ventures. Ainsi, des sociétés enregistrées dans différents États membres peuvent maintenant fusionner tout en bénéficiant de la transmission universelle de patrimoine (voir chapitre 15).

Une Société Européenne peut être formée de quatre manières :
– par la conversion d'une entreprise nationale en SE ;
– par la fusion de sociétés de différentes nationalités ;
– par la mise en place d'une joint-venture ou d'un holding entre sociétés de différentes juridictions européennes ;
– par la création d'une filiale.

Le changement reste somme toute modeste, dans la mesure où, fin 2009, seulement 400 sociétés avaient opté pour ce nouveau statut. Des sociétés importantes ont néanmoins choisi de se transformer en SE, comme l'assureur allemand Allianz en 2006. Le statut de la Société Européenne peut aussi séduire les entreprises étrangères qui ne sont pas encore implantées en Europe. Ainsi, le groupe Narada Europe SE, détenu à 60 % par le chinois Narada et à 40 % par le norvégien Eltek – coté à Oslo – est le premier exemple d'entreprise étrangère qui pénètre le marché européen en s'adossant à une entreprise européenne par le biais d'une filiale SE.

Par ailleurs, la France a transposé en 2008 la directive européenne sur les fusions transfrontalières réduisant les barrières internes pouvant résulter des différences de droits internes et de l'application de la règle de l'unanimité afin de faciliter ces opérations. Une fusion entre une société française et une société luxembourgeoise pourrait désormais se réaliser sans étape intermédiaire.

Chaque cas étant spécifique, trois exemples de rapprochement ont été étudiés pour montrer la diversité des situations et des techniques d'ingénierie financière retenues pour arriver à l'objectif poursuivi par les parties : le rapprochement d'Air France et KLM, la création de NYSE Euronext et l'acquisition de Fortis par BNP Paribas.

2.1. Séparer le pouvoir du capital : le rapprochement d'Air France et KLM

C'est en fin d'année 2003 que les compagnies aériennes Air France et KLM décident de regrouper leurs forces afin de former le leader d'un secteur en pleine tourmente. Leur rapprochement prend la forme d'une offre publique d'échange.

- *Pourquoi ?*

La fragilité et la sensibilité du transport aérien à la conjoncture mondiale ont rapidement forcé les compagnies aériennes à coopérer entre elles puis à se regrouper au sein de grandes alliances. Cependant la crise qu'a connue le secteur depuis les attentats du 11 septembre 2001 a poussé certaines compagnies à rechercher des partenariats plus poussés, caractérisés notamment par des liens capitalistiques. C'est exactement le cas d'Air France, relativement épargné par la crise mais à la recherche de possibilités de développement rapide (un second hub de l'envergure de Schiphol à Amsterdam par exemple...) et de KLM, acteur essentiellement domestique et plutôt mal en point ayant recherché plusieurs partenaires à qui s'adosser.

• *Comment ?*

KLM était une société cotée sur Euronext Amsterdam. Le rapprochement a été particulièrement complexe sur le plan technique en raison de la volonté des pouvoirs publics néerlandais de conserver un certain nombre de droits souverains sur l'activité de KLM. La situation de départ est présentée dans le schéma 3.

L'État néerlandais disposait d'une option lui permettant d'obtenir 50,1 % des droits de vote de KLM si les droits de trafic étaient en risque du fait de la nationalité de l'actionnariat de KLM. Pour les actionnaires ordinaires de KLM, le rapprochement a pris la forme d'une offre publique d'échange initiée par Air France sur les titres de KLM sur la base d'une prime élevée de 40 % sur le cours précédant l'annonce, à l'issue de laquelle les anciens actionnaires de KLM disposent de 19 % de la nouvelle entité et ceux d'Air France 81 %. Les actionnaires détenant directement ou indirectement des actions préférentielles ont reçu un paiement en numéraire comme l'autorise le droit boursier néerlandais. Le schéma 4 résume les opérations boursières lancées par Air France pour acquérir le contrôle de KLM.

L'État français, ancien actionnaire majoritaire d'Air France avec 54 %, devient minoritaire avec seulement 43,7 % de la nouvelle entité après l'opération, d'où une privatisation de fait d'Air France par dilution. En outre, l'État a fait connaître son intention de réduire sa participation à moins de 20 % du capital de la société, ce qui a été réalisé peu après le rapprochement puisqu'il détenait un peu plus de 15 % à mi 2010. Cependant à l'issue de cette prise de contrôle, un montage a été mis en place pour conserver l'autonomie juridique de KLM.

Pendant une période transitoire de trois ans, Air France-KLM ne détiendra que 49 % des droits de vote de KLM, les 51 % restants demeurant aux mains de deux fondations néerlandaises gérées conjointement et de l'État néerlandais. Air France détiendra en revanche 100 % des droits économiques (y compris droits aux dividendes) de KLM.

En outre, afin de protéger les intérêts spécifiques de KLM (entre autres, ses droits de trafic, le développement harmonieux de son hub d'Amster-

Schéma 3. – *Actionnariat de KLM avant l'alliance*

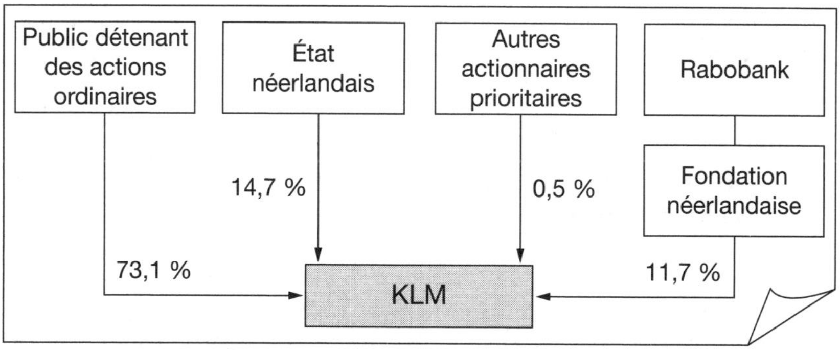

Schéma 4. – *Offre publique d'échange et autres opérations d'acquisition d'actions KLM lancées par Air France*

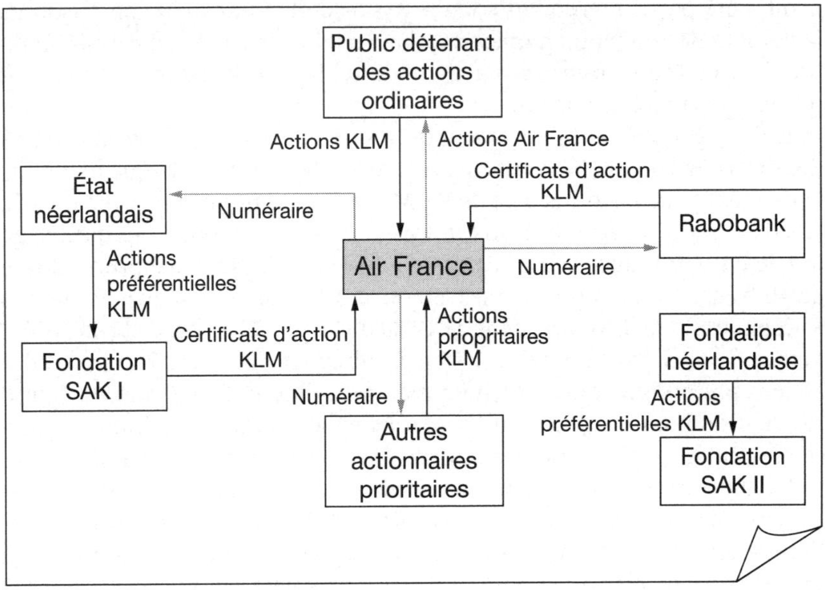

dam Schiphol et la préservation de sa marque et de son identité nationale), des garanties ont été données par Air France à KLM et à l'État néerlandais, tout en préservant les intérêts du nouveau groupe et de ses actionnaires. Le respect des garanties données à KLM et à l'État néerlandais est assuré par les deux fondations. Ces garanties ont été données pour une période de cinq ans à KLM et de huit ans à l'État néerlandais.

Les deux fondations SAK I et SAK II, mises en place pour une période de trois ans à l'origine, ont finalement été maintenues pour une période indéterminée par un accord signé en 2007 entre Air France-KLM et KLM.

La situation est alors telle que le présente le schéma 5.

L'entité a fonctionné sur le modèle binational inauguré par l'alliance Renault-Nissan. Un comité pilote donc la stratégie globale du groupe, mais chaque compagnie demeure responsable de sa gestion commerciale et opérationnelle au quotidien.

2.2. Un rapprochement boursier transatlantique : NYSE Euronext

Un schéma analogue a été utilisé en 2007 lors du rapprochement entre la bourse européenne Euronext et le New York Stock Exchange (NYSE). Euronext et NYSE étaient deux groupes respectivement cotés sur Eurolist

Schéma 5. – *L'alliance Air France-KLM à mi 2010*

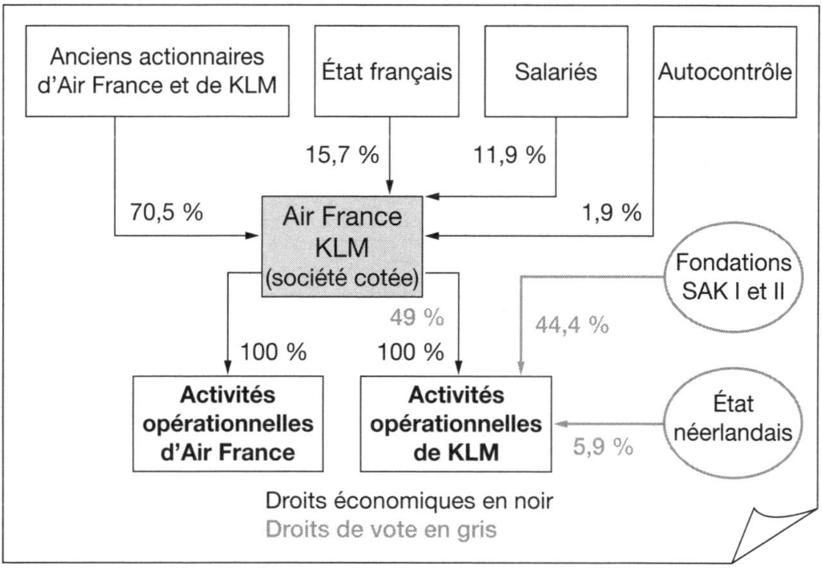

en Europe et sur le NYSE aux États-Unis avec des capitalisations de 9 milliards d'euros et 13 milliards de dollars.

Le schéma de rapprochement retenu consista à créer une holding commune de droit américain appelée NYSE Euronext Inc. cotée sur les deux marchés regroupant les activités des deux groupes. Les principales étapes étaient les suivantes (*cf.* schéma 6) :

NYSE-Euronext lance une offre publique mixte (cash et titres) sur les titres Euronext cotés sur Eurolist avec un seuil de succès à 66 % et demande son admission sur Eurolist.

Immédiatement après le règlement de l'offre publique est organisée aux États-Unis une triangular merger américaine entre une filiale à 100 % de NYSE Euronext, appelée Jefferson Merger Sub, et NYSE Group qui, une fois votée, permet aux actionnaires de NYSE Group de recevoir directement des titres de la maison-mère de l'absorbante, c'est-à-dire des titres NYSE Euronext, ce qui n'est pas possible en droit français.

Compte tenu des valorisations respectives des deux entités, les anciens actionnaires de NYSE détiennent environ 59 % de NYSE Euronext, tandis que les anciens actionnaires d'Euronext en détiennent 41 %.

La gouvernance de l'ensemble a fait l'objet d'épineux débats pour aboutir à une stricte égalité : le comité de direction compte 14 membres, le conseil d'administration 22 puis 18 depuis 2008, avec autant d'Américains que d'Européens. Le président du conseil est d'origine Euronext tandis que le CEO est d'origine NYSE lequel est secondé par un Deputy CEO d'origine Euronext.

Schéma 6. – *Les étapes du rapprochement entre Euronext et NYSE*

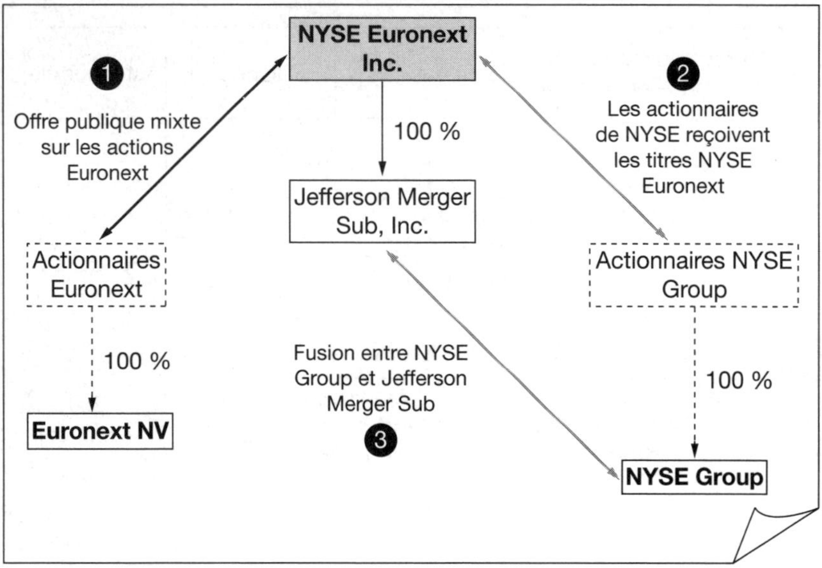

2.3. La recomposition du paysage bancaire européen post-crise avec l'acquisition de Fortis par BNP Paribas

En mai 2009, BNP Paribas acquiert le contrôle des activités bancaires de Fortis en Belgique, au Luxembourg et à l'international, et noue un partenariat stratégique avec Fortis Insurance Belgium.

- *Pourquoi ?*

À l'automne 2008, très affectée par la crise financière, Fortis est au bord de la faillite. Le premier employeur de Belgique connaît de grandes difficultés depuis le rachat en 2007 de la banque néerlandaise ABN Amro pour un montant record de 24 milliards d'euros. Les activités bancaires sont d'abord scindées en deux entités nationales (néerlandaise d'une part et belgo-luxembourgeoise d'autre part). Tandis que le gouvernement hollandais nationalise Fortis Bank Nederland pour 16,8 milliards d'euros, les pouvoirs publics de Belgique et Luxembourg cherchent à sauver le groupe en l'adossant en urgence à un partenaire bancaire. Un accord est scellé en octobre 2008 avec BNP Paribas, pour lequel l'opération permet de passer de la 7e à la 1re place parmi les banques de dépôt de la zone Euro avec 540 milliards d'euros de dépôts.

- *Comment ?*

BNP Paribas acquiert les agences du groupe en Belgique, au Luxembourg et à l'international (France, Turquie, Pologne), les activités gestion d'actifs, banque privée, merchant banking, crédit à la consommation ainsi que 25 % du pôle assurance en Belgique. Les activités de Fortis aux Pays-Bas ne sont pas concernées par l'acquisition.

Une des particularités de l'opération réside dans le rôle de premier plan joué par les États. Après que le gouvernement néerlandais eut nationalisé Fortis Bank Nederland NV, l'État belge porta sa participation dans Fortis Banque Belgique à 100 % avant d'en céder 75 % à BNP Paribas pour environ 8,25 milliards d'euros (financée par l'émission de nouveaux titres souscrits par l'État belge). En parallèle, BNP Paribas a acquis auprès du Grand Duché de Luxembourg environ 16 % du capital et des droits de vote de BGL (ou Fortis Banque Luxembourg, déjà majoritairement détenu par Fortis Banque Belgique), contre l'émission en faveur de l'État luxembourgeois de plus de 11,7 millions d'actions ordinaires BNP Paribas. Puis BNP Paribas Fortis (anciennement Fortis Banque Belgique) a acquis 25 % du capital de Fortis Assurance Belgique pour 1,375 milliard d'euros. Pour réussir, il était donc nécessaire que l'opération bénéficie du soutien clé des États belge et luxembourgeois, devenus actionnaires significatifs de BNP Paribas avec respectivement 11,6 % et 1,1 % des actions ordinaires, comme l'indique le schéma 7.

Schéma 7. – *L'alliance BNP Paribas-Fortis*

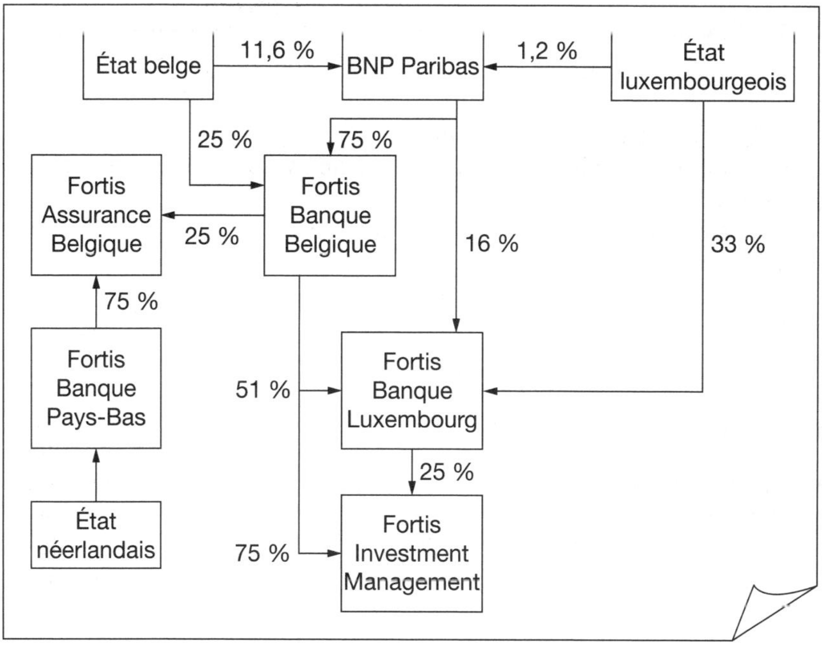

Le rapprochement devrait générer des synergies annuelles d'environ 900 millions d'euros dès 2012, dont 850 millions de synergies de coûts avec des coûts de restructuration de 750 millions d'euros. L'avenir des actifs toxiques de Fortis était un des grands enjeux de l'acquisition. Après négociations, il fut décidé de créer un véhicule *ad hoc* baptisé Royal Park Investments où seraient portés 11,4 milliards d'euros d'actifs. Fortis Holding et l'État belge détiennent respectivement 45 % et 43 % de ce véhicule, la part de BNP Paribas étant de 12 % (1,7 milliard d'euros) dans la première tranche en capital et de 10 % (480 millions d'euros) dans la dette senior.

Malgré la signature d'un accord entre BNP Paribas et les États belge et luxembourgeois dès octobre 2008, la fusion ne fut rendue effective qu'en mai 2009. En effet, après que la cour d'appel de Bruxelles eut donné raison aux actionnaires de Fortis, lesquels exigeaient d'être consultés sur la reprise du groupe, l'accord initial fut sensiblement modifié, avec notamment l'acquisition par BNP Paribas de 25 % et non 100 % de Fortis Assurance Belgique. La banque française fut aussi contrainte par les autorités de la concurrence de l'Union européenne de céder sa filiale belge de crédit à la consommation. BNP Paribas a par ailleurs souscrit à de nombreux engagements en termes d'emploi et de gouvernance, avec par exemple la garantie que le président du conseil d'administration de Fortis Banque reste belge.

Questions

1. Quelle est la différence entre une alliance et un partenariat commercial ?
2. Qu'est-ce qu'une joint-venture ?
3. Pourquoi une alliance peut-elle être analysée comme une situation provisoire ?
4. Une alliance permet-elle de créer plus de synergies qu'un rapprochement complet ?
5. Pourquoi les alliances transnationales nécessitent-elles une ingénierie financière spécifique ?

Bibliographie

Bouayad Anis et Legris Pierre-Yves, *Les alliances stratégiques : maîtriser les facteurs clés de succès*, Dunod, Paris, 2007.

Dussauge Pierre et Garrette Bernard, *Stratégies d'alliance*, Éditions d'Organisation, Paris, 1995.

Chapitre 17

Les offres publiques et les techniques d'ingénierie boursière

Ce chapitre traite...

- **Des caractéristiques du marché boursier français**

– L'Autorité des marché financiers (AMF) a pour mission de veiller à la protection de l'épargne investie dans les instruments financiers, à l'information des investisseurs, au bon fonctionnement des marchés d'instruments financiers. L'AMF édicte des règles, délivre des autorisations, contrôle les prestataires et surveille les marchés, mais sanctionne également les manquements.

– Les franchissements des seuils de 5 %, 10 %, 15 %, 20 %, 25 %, un tiers, 50 %, deux tiers, 90 % et 95 % du capital ou des droits de vote d'une société doivent être notifiés à l'Autorité des marchés financiers.

- **Des offres publiques**

– L'offre publique est la forme habituelle d'acquisition du contrôle d'une société cotée en bourse.

– On peut classer les offres publiques selon trois critères : les offres volontaires et les offres obligatoires ; les offres publiques d'achat, d'échange, mixtes, alternatives ou subsidiaires selon les modalités proposées à l'actionnaire ; et les offres normales ou simplifiées.

- **Des techniques d'ingénierie boursière**

– Une société peut choisir une cotation par voie indirecte par apport d'actifs à une société cotée ou à une coquille.

– Plusieurs formes de scissions boursières existent : distribution égalitaire (*spin off*), distribution inégalitaire (*split off*) ou scission juridique (*split up*).

– Un fonds d'investissement peut prendre une participation stratégique dans une société cotée via un *PIPE*.

– Le *carve out* consiste à introduire en bourse la filiale d'un groupe déjà coté.

Pour les sociétés cotées, l'acquisition ou la prise de contrôle passe nécessairement par le dépôt d'une offre publique sur le marché boursier. C'est pourquoi dans ce chapitre, nous étudierons successivement le marché boursier français et ses caractéristiques, avant de découvrir le fonctionnement et les différents types d'offres publiques. Nous terminerons par les techniques d'ingénierie boursière qui permettent d'optimiser la valorisation d'un actif ou d'utiliser la bourse comme un outil pour rapprocher deux entreprises.

Les développements qui suivent concernent uniquement les sociétés dont les titres de capital sont admis sur un marché réglementé (Eurolist d'Euronext Paris), celles dont les titres sont admis sur un marché non réglementé (Alternext d'Euronext Paris ou Marché Libre) étant soumises à un régime plus souple et parfois incertain.

1. Rappel des caractéristiques du marché boursier français

Avant d'évoquer les offres publiques, il convient de faire connaissance avec le marché boursier français : ses principes, son principal régulateur, l'Autorité des marchés financiers, et les obligations de transparence et de publicité.

1.1. Un marché réglementé et décentralisé

Sur un marché réglementé, l'exécution des transactions résulte de la confrontation générale de l'offre et de la demande. Cette confrontation peut être assurée de manière continue ou par fixage. Une transaction résulte de la confrontation directe des ordres présentés par les membres du marché ou de leur confrontation indirecte, lorsque des membres du marché assurent la contrepartie de l'offre et de la demande. Les règles du marché précisent le mécanisme de confrontation générale de l'offre et de la demande, le mode de détermination des prix, ainsi que les différentes fonctions susceptibles d'être remplies par les membres du marché.

Tous les ordres de bourse (achat ou vente) donnés à un prestataire de service d'investissement doivent être exécutés selon la règle dite de *best execution* qui prévoit que le prestataire doit choisir l'entreprise de marché assurant à son client la meilleure qualité d'exécution en termes de prix, de volume et de délai de règlement. La confrontation de l'offre et de la demande se fait dans le carnet d'ordres de chacune des entreprises de marché, NYSE Euronext restant la plateforme de référence compte tenu du nombre important de valeurs qui y sont cotées.

Certaines transactions peuvent être effectuées hors marché, c'est-à-dire de gré à gré. La procédure des blocs structurants permet ainsi de négocier une quantité importante d'actions à un prix différent du cours de bourse. Un bloc d'actions peut être négocié hors marché (l'ordre ne transite pas par le marché) à un prix librement déterminé par l'acheteur et le vendeur. Cette technique a l'avantage de permettre des cessions de blocs importants, voire de contrôle, quel que soit le cours de bourse. Cependant, cette application doit être rendue publique. L'investisseur déclare au prestataire de services d'investissement son intention d'effectuer une telle transaction.

1.2. L'Autorité des marchés financiers (AMF)

Créée par la loi de sécurité financière de 2003, l'Autorité des marchés financiers est une autorité publique indépendante, issue de la fusion de la Commission des opérations de bourse (COB), du Conseil des marchés financiers (CMF) et du Conseil de discipline de la gestion financière (CDGF).

Cet organisme a pour mission de veiller :

– à la protection de l'épargne investie dans les instruments financiers ;

– à l'information des investisseurs ;

– au bon fonctionnement des marchés d'instruments financiers.

L'Autorité des marchés financiers a vocation à édicter des règles, délivrer des autorisations (agréments et visas), contrôler les prestataires et surveiller les marchés, mais également sanctionner les manquements. Elle apporte aussi son concours à la régulation de ces marchés aux échelons européen et international.

Elle comprend :

– un collège de 16 membres (dont le président de l'AMF) qui est l'organe décisionnel de l'AMF ;

– une commission des sanctions de 12 membres (présidée par un magistrat) disposant d'une totale autonomie et qui prononce les sanctions à l'égard de toute personne dont les pratiques sont contraires à la réglementation en vigueur et portent atteinte au bon fonctionnement du marché ;

– le cas échéant, des commissions spécialisées et des commissions consultatives.

Le président de l'Autorité des marchés financiers est nommé par décret du président de la République pour un mandat de cinq ans non renouvelable. L'Autorité des marchés financiers dispose d'un budget supérieur à 70 millions d'euros et de services dirigés par un secrétaire général, regroupant plus de 400 collaborateurs à début 2010.

Concrètement, l'Autorité des marchés financiers réglemente et contrôle l'ensemble des opérations financières portant sur des sociétés cotées : introductions en bourse, offres au public de valeurs mobilières, apports, fusions, offres publiques, etc. et veille au bon déroulement des offres publiques. Elle vérifie que les sociétés publient dans les délais prévus par la réglementation une information complète et de qualité, délivrée de manière équitable à l'ensemble des acteurs.

L'Autorité des marchés financiers peut aussi procéder à des contrôles et à des enquêtes et, en cas de pratiques contraires à son règlement général ou aux obligations professionnelles, elle dispose d'un pouvoir d'injonction et peut prononcer des sanctions. Lorsque les faits paraissent constitutifs d'un délit, le collège de l'Autorité des marchés financiers transmet le rapport de contrôle ou d'enquête au procureur de la République qui donnera au dossier les suites qui lui semblent appropriées.

1.3. Publicité des franchissements de seuils

De façon générale, l'information donnée au marché doit être exacte, précise et sincère. La loi impose en outre certaines obligations de publicité en matière de seuils et de pactes d'actionnaires. Lorsque la participation d'un investisseur (personne physique ou morale) franchit certains seuils, exprimés en pourcentage du capital ou des droits de vote d'une société cotée, il doit déclarer ce franchissement dans un délai de cinq jours de bourse. Les seuils concernés sont les suivants : 5 %, 10 %, 15 %, 20 %, 25 %, un tiers, 50 %, deux tiers, 90 % et 95 % du capital ou des droits de vote et doit, en outre, déclarer le nombre d'actions qu'il possède. Cette déclaration est adressée à la société dont les actions ont été acquises et à l'Autorité des marchés financiers, qui en assure la publication. L'appréciation du seuil s'effectue en tenant compte des actions que l'investisseur pourrait avoir à sa main par l'intermédiaire d'un tiers ou qu'il se serait engagé à acquérir.

Lorsque le seuil franchi est celui des 10 % ou 20 %, l'investisseur doit faire une déclaration d'intention sur ses objectifs dans les 6 prochains mois et notamment préciser s'il envisage :

– d'arrêter ses achats ou de les poursuivre ;
– d'acquérir ou non le contrôle de la société concernée ;
– de demander sa nomination comme administrateur, membre du directoire ou du conseil de surveillance.

Cette déclaration d'intention doit en outre contenir une information sur les modes de financement de l'acquisition ainsi que sur la stratégie que l'investisseur souhaite mettre en œuvre vis-à-vis de la société cotée ainsi que tout accord de cession temporaire ayant pour objet les actions et les droits de vote.

Si l'investisseur omet de déclarer un franchissement de seuil, il peut se voir sanctionné pour non respect de l'obligation de déclaration des seuils légaux :

– privation des droits liés aux actions dépassant le seuil non déclaré ;
– tout ou partie des droits de vote éventuellement suspendus sur demande au tribunal de commerce du Président de la société, de tout actionnaire ou de l'Autorité des marchés financiers.

De même, les sociétés peuvent prévoir dans leurs statuts une obligation d'information complémentaire portant sur les détentions de fractions du capital inférieures à celles prévues par la loi ; dans la limite inférieure de 0,5 % du capital ou des droits de vote.

1.4. Les pactes d'actionnaires et la délicate notion d'action de concert

Toute clause d'une convention prévoyant des conditions préférentielles de cession ou d'acquisition d'actions portant sur au moins 0,5 % du capital ou des droits de vote de la société qui a émis ces actions doit être transmise dans un délai de cinq jours de bourse à compter de sa signature ou de sa modification à la société et à l'Autorité des marchés financiers. À défaut de transmission, les effets de cette clause sont suspendus, et les parties exonérées de leurs engagements, en période d'offre publique.

L'Autorité des marchés financiers distingue deux types de pactes d'actionnaires :

– l'accord purement capitalistique, qui peut comporter des mécanismes de contrôle conjoint de la participation globale des parties : blocage concerté, sortie conjointe, équilibre global des participations, préemption réciproque sur tout achat ou cession ;

– l'accord de politique commune, qui est constitutif d'une action de concert. On considère que des actionnaires ou futurs actionnaires d'une société cotée agissent de concert quand ils ont conclu entre eux un accord exprès en vue d'acquérir ou de céder des titres de cette société et/ou en vue d'exercer des droits de vote de cette même société, pour mettre en œuvre une politique commune vis-à-vis de la société. De même lors d'une offre publique, sont considérées de concert les personnes ayant conclu un accord avec la société cible afin de faire échouer une offre publique dont elle serait l'objet. Un accord écrit n'est pas indispensable pour matérialiser une action de concert. Notons qu'aujourd'hui, la volonté de mettre en œuvre une politique commune prime dans la définition de l'action de concert.

La conséquence de l'action de concert est très importante : la réglementation boursière s'applique aux parties de concert comme si elles ne formaient qu'une seule entité. Autrement dit, un actionnaire détenant 15 % d'une société cotée souhaitant changer son management et sa stratégie en se concertant de façon étroite à l'issue d'un déjeuner avec un autre investisseur possédant 20 % du capital doit déposer un projet d'offre publique sur la totalité du capital car ils auront ensemble franchi le seuil du tiers. En pratique, il est assez difficile d'identifier ces actions ; l'Autorité des marchés financiers a donc tenté d'élaborer une jurisprudence de l'action de concert (fondée sur le parallélisme des comportements ou l'appartenance à un même groupe) en cherchant au cas par cas à définir ou à exclure des concerts entre des investisseurs. Y sont notamment assimilées les pratiques comme le prêt emprunt de titres qui permet de s'attribuer le temps d'un prêt les votes correspondant aux actions prêtées, sans assumer le risque de l'actionnaire.

L'objectif de cette régulation est d'empêcher les prises de contrôle rampantes, soit non précédées par une OPA. L'enjeu est clair : un actionnaire franchissant le tiers du capital est obligé d'annoncer une OPA. En 2007, l'AMF a ainsi estimé que le groupe Eiffage faisait l'objet d'une tentative de prise de contrôle rampante par le groupe espagnol Sacyr, qui, de concert avec six sociétés espagnoles, avait passé collectivement le seuil du tiers du capital du groupe. Cette décision assortie de sanctions, dans laquelle l'AMF a dénoncé l'existence d'une action de concert à partir d'un faisceau d'indices et notamment des comportements parallèles d'achat par des personnes morales et physiques se connaissant préalablement et passant par le même intermédiaire financier, est appelée à faire jurisprudence.

1.5. La préparation d'une offre publique

Une offre publique est une transaction de fusion acquisition comme une autre, sauf qu'elle porte nécessairement sur une société cotée, si bien qu'un équilibre doit être trouvé entre la nécessaire confidentialité des négociations et les règles de transparence du marché boursier. Le règlement général de l'AMF prévoit que toute information connue susceptible d'affecter le cours d'une société cotée doit être communiquée au marché le plus tôt possible. Et cela aussi bien pour l'émetteur de l'information que pour celui qui la reçoit. Toutefois, les parties peuvent choisir de différer cette information afin de ne pas porter atteinte à leurs intérêts légitimes, sous réserve que cette omission ne risque pas d'induire le public en erreur, et qu'elles soient en mesure d'assurer la confidentialité de l'information. Il faut donc trouver un équilibre entre ne rien dire et ne pas mentir, ce qui est difficile lorsqu'une transaction sur une société cotée entre en phase finale. En outre, toute personne détenant une information privilégiée doit s'abstenir d'intervenir sur les titres financiers des sociétés cotées impliquées dans le projet de rapprochement. L'AMF définit la notion d'information privilégiée (article 621-1 du règlement général de l'AMF) de la manière suivante : une information privilégiée est une information précise qui n'a pas été rendue publique, qui concerne, directement ou indirectement, un ou plusieurs émetteurs d'instruments financiers, ou un ou plusieurs instruments financiers, et qui si elle était rendue publique, serait susceptible d'avoir une influence sensible sur le cours des instruments financiers concernés ou le cours d'instruments financiers qui leur sont liés.

L'Autorité des marchés financiers souhaite que le processus de rapprochement soit encadré juridiquement et notamment que l'acquéreur potentiel d'une société cotée soit lié par un engagement de confidentialité et qu'il ait démontré un intérêt réel avant de lui donner accès à la *dataroom*. L'Autorité des marchés financiers recommande aussi que les informations placées en *dataroom* soient sélectionnées avec prudence, ce qui ne convient pas particulièrement à des acheteurs toujours exigeants en matière d'information. En outre, l'ensemble des personnes collaborateurs et tiers ayant accès à de l'information privilégiée doit être inscrit sur une liste dite liste d'initiés.

De même, face à des rumeurs persistantes ou à des fuites qui affectent l'évolution des cours de bourse, l'AMF a la possibilité de demander à toute personne, dont il y a des « motifs raisonnables de penser qu'elle prépare une offre publique » de lui révéler ses intentions. Si cette personne indique ne pas avoir l'intention de déposer une offre publique, elle sera tenue par cette intention pendant un minimum de 6 mois. À la suite de la parution d'articles de presse, ce dispositif a notamment joué en 2007 dans la préparation d'une offre d'Artémis, holding de la famille Pinault, sur le groupe Suez.

Une autre spécificité des offres publiques est qu'en général aucune garantie d'actif et de passif n'est conclue. Soit la société cotée n'est pas contrôlée et il est en effet impossible de négocier des garanties avec tous les actionnaires minoritaires, soit elle l'est et l'actionnaire de contrôle aura beau jeu de se cacher derrière la cotation pour expliquer à l'initiateur que tout est dit dans le rapport annuel de la cible et qu'il n'a pas besoin de donner une telle garantie !

1.6. Les grands principes d'une offre publique et le rôle de l'AMF

L'offre publique est la forme habituelle d'acquisition du contrôle d'une société cotée en bourse : il s'agit d'un moyen simple et transparent de savoir qui souhaite acquérir la société et à quel prix. La réglementation française des offres publiques est fondée sur « les intérêts des investisseurs et du marché dans le respect par toute personne des principes du libre jeu des offres et de leurs surenchères ; d'égalité de traitement et d'information des détenteurs des titres des personnes concernées ; de transparence et d'intégrité du marché, et de loyauté dans les transactions et la compétition », selon le règlement général de l'AMF.

La transparence (dans la préparation et le déroulement de l'offre) est destinée à empêcher les prises de contrôle rampantes. L'égalité de traitement des actionnaires (majoritaires et minoritaires) suppose que le prix proposé soit le même pour tous les actionnaires. Cette obligation, propre au droit français, est particulièrement contraignante. La société qui lance une offre publique est fréquemment appelée initiateur (*bidder* en anglais) tandis que l'entreprise visée par l'offre est souvent appelée cible (*target* en anglais).

Les termes de l'offre et les informations données au marché doivent obtenir l'accord préalable de l'Autorité des marchés financiers. Cette dernière dispose de dix jours de bourse après le dépôt d'un projet d'offre publique pour examiner sa conformité au règlement général, c'est-à-dire s'assurer que le prix et les modalités proposées par l'initiateur sont acceptables au regard d'une juste évaluation de la cible issue d'une analyse multicritères, de l'information financière diffusée au marché et des principes généraux qui régissent les offres publiques. Si l'offre n'est pas déclarée conforme, l'initiateur devra renoncer à l'opération ou en modifier ses termes. Il peut aussi interjeter appel de cette décision.

Le cours de la cible et celui de l'initiateur sont suspendus plus ou moins brièvement selon leur liquidité dès l'annonce de l'opération. Outre un communiqué de presse décrivant les principales caractéristiques de l'offre, l'initiateur doit également publier un projet de note d'information détaillée qui sera examiné par l'Autorité des marchés financiers dans laquelle il décrit ses activités, sa situation comptable et financière, sa stratégie et ses intentions pour les 12 mois à venir, ainsi que l'identité de ses principaux actionnaires. Cette note explique aussi pourquoi il souhaite acquérir la société et justifie le prix et les conditions proposées. Elle doit enfin indiquer les conditions de financement de l'opération et leurs incidences sur les actifs, l'activité et les résultats des sociétés concernées, les accords relatifs à l'offre desquels il est parti ou dont il a eu connaissance, l'identité et les caractéristiques des personnes avec lesquelles il agit de concert, ainsi que les éventuelles conditions suspensives auxquelles l'offre est assortie.

Une note distincte préparée par la société cible en réponse au projet d'offre est également déposée auprès de l'AMF, à l'exception des cas d'offres amicales ne générant pas de conflits d'intérêts au sein de l'organe d'administration de la cible où une note conjointe à l'initiateur et à la cible peut être préparée. Cette note mentionne :

– la répartition du capital faisant apparaître, à la date de l'offre publique telle que la société en a connaissance et à celle de la dernière assemblée générale, les titres détenus par la société et par les sociétés qu'elle contrôle ou qu'elle est légalement présumée contrôler ;

– les accords et conventions d'actionnaires dont elle a connaissance ;

– l'avis motivé des organes de direction (conseil d'administration ou conseil de surveillance) sur l'intérêt de l'offre ou sur les conséquences de celle-ci pour la société visée, ses actionnaires et ses salariés. Les conditions de vote dans lesquelles cet avis a été obtenu sont précisées, les membres minoritaires pouvant demander qu'il soit fait état de leur identité et de leur position ;

– les intentions des membres de ces organes sociaux d'apporter ou non leurs titres à l'offre ;

– le cas échéant, le rapport de l'expert indépendant sur le caractère équitable ou non du prix proposé ou de la parité proposée.

L'offre publique est autorisée après l'obtention de la déclaration de conformité de l'AMF, la version définitive de cette note devant être disponible sur le site Internet de l'initiateur et celui de l'AMF. En outre, les informations financières à jour sur l'initiateur et sur la cible doivent être déposées parallèlement à l'AMF et être publiées au plus tard la veille du jour de l'ouverture de l'offre. Rappelons enfin que toute forme de communication financière en période d'offre doit recueillir l'accord préalable de l'Autorité des marchés financiers.

Sauf cas particuliers, l'offre doit porter sur 100 % du capital et notamment sur l'ensemble des titres en circulation donnant accès au capital (actions à dividendes prioritaires, obligations convertibles...). Ceci n'exclut pas l'existence de seuils de succès dans certains cas, comme on le verra ci-après. La plupart des titres donnant accès au capital détenus par le management (stock-options, bons de souscription ou d'acquisition d'actions, actions gratuites) font en général l'objet d'un traitement spécifique de façon à leur permettre de bénéficier de la prime de l'offre publique sans pour autant remettre en cause les avantages fiscaux liés à ces produits.

L'offre se déroule selon un calendrier strict compris en général entre 25 et 35 jours de bourse. En pratique cependant, les investisseurs attendent la fin de la période d'offre pour se décider à participer ou non à l'offre publique, et ceci qu'il s'agisse des actionnaires individuels ou des investisseurs institutionnels. Ces derniers sont en effet sollicités par la société initiatrice, qui leur explique le projet de rapprochement dans des présentations en *one to one*. Une offre concurrente peut être déposée jusqu'à cinq jours de bourse avant la clôture de l'offre initiale.

Une fois déposée, l'offre est irrévocable. L'initiateur peut renoncer à son offre si, pendant la période d'offre, la société visée adopte des mesures modifiant sa consistance ou si l'offre devient sans objet. Il ne peut user de cette faculté sans l'autorisation préalable de l'Autorité des marchés financiers. Pendant une offre publique, les interventions sur le marché sont strictement réglementées, notamment pour l'initiateur et les personnes agissant de concert avec lui qui ne peuvent, sauf s'il s'agit d'une offre d'achat pure et simple non assortie de conditions, investir sur les titres de la société cible ou ceux émis par la société dont les titres sont proposés en échange. Chaque achat ou vente d'un bloc de 1 % du capital doit être déclaré.

2. Les différents types d'offre

On peut classer les offres publiques selon trois critères :

– les offres volontaires et les offres obligatoires, selon que l'initiateur lance l'offre volontairement ou en ayant passé un seuil d'offre obligatoire ;

– les offres publiques d'achat, d'échange, mixte, alternative ou principale/subsidiaire selon les modalités proposées à l'actionnaire ;

– les offres normales ou simplifiées, selon que l'initiateur détient ou non le contrôle de la cible.

Examinons à présent ces différents types d'offre.

2.1. Offre obligatoire et offre volontaire

Le lancement d'une offre publique est obligatoire lorsqu'un actionnaire :

– franchit le seuil du tiers du capital ou des droits de vote d'une société cotée. En effet, un actionnaire avec un tiers du capital d'une société détient alors une minorité de blocage et peut empêcher toute opération relevant d'une décision de l'assemblée générale ;

– voit sa participation, comprise entre le tiers et la moitié du capital ou des droits de vote d'une société cotée, augmenter d'au moins 2 % en moins de douze mois consécutifs ;

– acquiert un bloc de titres lui conférant la moitié du capital ou des droits de vote d'une société cotée.

En outre, lorsqu'une offre publique est déposée sur une société A détenant plus du tiers du capital ou des droits de vote d'une autre société cotée B (en France ou dans un État membre de la Communauté européenne ou d'un autre État partie à l'accord sur l'Espace économique européen) et que cette participation constitue un actif essentiel de A, l'initiateur a alors l'obligation de faire une offre « irrévocable et loyale » aux minoritaires de B. Cette disposition inspirée de l'alliance Renault-Nissan (*cf.* chapitre 16) a pour objectif d'offrir une liquidité non seulement aux minoritaires de A mais aussi à ceux de B, et est également dissuasive pour un initiateur hostile.

La caractéristique générale d'une offre obligatoire est que son prix ne pourra pas être inférieur au prix le plus élevé payé par l'initiateur de l'offre (agissant seul ou de concert) au cours des douze mois précédant le dépôt d'une offre obligatoire.

Il existe des dérogations à l'obligation de déposer une offre publique. Outre des cas de donations, de reclassement intragroupe ou de société déjà contrôlée, la principale dérogation porte sur le cas où le franchissement de seuil résulte d'une opération d'apport d'actifs ou de titres ou de fusion qui a été préalablement approuvée par une assemblée générale extraordinaire (AGE), opération que nous détaillerons plus loin.

Dans tous les autres cas, on parle d'offre volontaire. Seules les offres volontaires peuvent être munies de conditions suspensives, qui sont :

– le seuil de succès : l'initiateur d'une offre volontaire peut se réserver la possibilité de mettre un seuil de succès en deçà duquel il se réserve le droit de la retirer si celui-ci n'est pas atteint. Les seuils fréquemment proposés sont la majorité ou les deux tiers du capital ou des droits de vote de la cible. Si le seuil de succès est atteint, l'initiateur a l'obligation de réouvrir son offre dans les dix jours de bourse suivant la publication des résultats définitifs, afin de permettre aux actionnaires résiduels de bénéficier du « dernier train » ;

– l'autorisation des autorités en charge de la concurrence : l'initiateur peut bénéficier de la possibilité de renoncer à son offre s'il n'obtient pas un accord sur son projet de rapprochement à l'issue de la première phase d'examen par les autorités compétentes en la matière ;

– la tenue d'une assemblée générale extraordinaire : dans certains cas, l'opération doit être approuvée par l'assemblée générale extraordinaire des actionnaires de l'initiateur, notamment pour autoriser l'émission de nouveaux titres. La tenue de cette assemblée peut donc faire partie de ces conditions suspensives, sous réserve qu'elle ait été convoquée lorsque le projet d'offre est déposé.

2.2. Les différentes modalités proposées à l'actionnaire

Le mécanisme de l'offre publique consiste à proposer aux actionnaires d'une société cotée l'acquisition de la totalité des titres composant ou donnant accès au capital de l'entreprise à un prix déterminé, soit en espèces (OPA pour offre publique d'achat), soit par échange de titres (OPE pour offre publique d'échange), soit par une combinaison de cash et/ou de titres sur une période déterminée.

L'offre publique d'achat correspond à une cession de contrôle par les actionnaires de la cible. Elle suppose que l'initiateur possède la trésorerie nécessaire pour financer l'opération. Ainsi, en 2010, le groupe américain Honeywell a lancé une offre publique d'achat volontaire sur Sperian Protection en proposant 117 euros par action, soit une prime de 48,5 % sur le cours spot et de 106,8 % sur la moyenne des cours à un mois.

L'initiateur peut acheter des titres sur le marché à un prix identique à celui proposé dans l'offre. Si le prix d'achat de titres de la cible est supérieur de plus de 2 % au prix d'offre, l'initiateur devra relever son prix d'offre au niveau du prix d'achat des titres. Par exemple, en 2002, le groupe Partouche a lancé une OPA sur la Compagnie Européenne des Casinos à un prix de 59 euros par action, représentant une prime de 46 % sur le cours moyen de la cible durant le mois précédant l'annonce. À la suite de l'achat d'un bloc de titres au prix de 66,50 euros par action, Partouche a été contraint de porter le prix de son offre à 66,50 euros.

En revanche, l'offre publique d'échange correspond à une opération d'apport de titres à l'initiateur par les actionnaires de la cible. Elle permet à l'initiateur de proposer tout titre coté donnant accès au capital plus éventuellement une soulte. Dans ce cas, l'initiateur ne peut acheter des titres en cash sur le marché pendant toute la durée de l'offre. À titre d'exemple, en 2006, le groupe spécialisé dans la sécurité digitale Axalto a lancé une OPE sur Gemplus International, un fabricant de cartes à puce et magnétiques, pour créer le groupe Gemalto, sur la base de 2 actions Axalto pour 25 actions Gemplus International apportées à l'offre (et un bon de souscription Axalto pour un bon de souscription Gemplus). Cette parité d'échange extériorisait une prime de 9,3 % sur le cours moyen de Gemplus sur les trois mois précédant l'annonce de l'opération, et de 19 % sur six mois.

On appelle offre mixte une offre qui mélange espèces et titres. Ainsi en 2007, dans le cadre du rapprochement NYSE/Euronext, il a été proposé aux actionnaires d'Euronext de recevoir 0,98 action NYSE Euronext à émettre et 21,32 euros pour 1 action Euronext, ce qui représentait une prime de 6 % par rapport au cours moyen d'Euronext précédant le dépôt de l'offre publique. L'initiateur qui a lancé une offre mixte ne peut acheter des titres en cash sur le marché pendant toute la durée de l'offre.

Dans le cas d'une offre alternative, les actionnaires de la cible ont par exemple le choix entre plusieurs contreparties possibles, appelées « branches de l'offre » : par exemple, ils peuvent choisir de recevoir soit du cash, soit des titres, soit même du cash et des titres (branche mixte). Les termes proposés peuvent ne pas être identiques entre les différentes branches… Ainsi, en 2009, la société Gecina lançait une offre publique alternative d'achat ou d'échange sur les actions du groupe Gecimed, dont elle détenait déjà 48 %. Pendant 25 jours, les actionnaires de Gecimed avaient la possibilité de céder leurs actions pour 1,48 euro ou d'échanger 20 actions Gecimed contre 1 action Gecina. Les deux branches de cette offre publique alternative correspondaient à des primes de 141,2 % pour l'offre d'achat et de 277,5 % pour l'offre d'échange par rapport au cours moyen pondéré par les volumes de l'action Gecimed sur une période d'un mois précédant l'offre. Presque tous les actionnaires optèrent pour l'échange, et après une augmentation de capital, la participation de Gecina dans Gecimed fut portée à 98,5 %.

Une offre principale peut aussi être assortie d'une ou de plusieurs offres subsidiaires ; dans ce cas, l'initiateur propose également un choix à l'actionnaire mais indique d'emblée qu'une ou plusieurs branches seront limitées en termes de volume afin de respecter une répartition globale cash/titres et d'éviter une sortie excessive de cash ou une dilution excessive des actionnaires de l'initiateur. Ainsi, en 2006, l'offre mixte finale de Mittal Steel sur Arcelor était accompagnée de deux offres subsidiaires, l'une exclusivement en titres et l'autre exclusivement en cash. L'actionnaire d'Arcelor avait donc le choix entre : obtenir 1,0833 action Mittal Steel et 12,55 euros pour une action Arcelor (offre mixte à titre principal), obtenir 1,5714 action Mittal en échange d'une action Arcelor (offre publique d'échange subsidiaire) ou obtenir 40,40 euros pour chaque action Arcelor (offre publique d'achat subsidiaire). Chacune des offres subsidiaires est plafonnée de façon à respecter la répartition globale de la contrepartie offerte par l'initiateur : 69 % en titres et 31 % en cash. Si une ou les deux offres subsidiaires sont saturées, l'excès de demande est reporté automatiquement sur l'offre principale. C'est ce qu'on appelle les offres « *mix and match* » dans le monde anglo-saxon qui permettent d'offrir un choix aux investisseurs tout en cadrant la structure générale de l'opération pour éviter soit une dilution excessive, soit une sortie de cash excessive. Ce type d'offres est aussi applicable aux sociétés de taille plus modeste.

En complément des espèces ou des titres, on peut également offrir aux actionnaires de la cible, des bons d'acquisition ou de souscription d'actions ou des certificats de valeur garantie (CVG), ces derniers permettant à l'initiateur de garantir sur une certaine durée à l'actionnaire de la cible :

– soit un niveau de performance des actions qu'il remet en échange (afin de l'inciter à venir à son offre) et l'on parle de CVG incitatifs principalement utilisés dans les OPE pour éviter une dilution excessive ;

– soit un niveau de performance des actions de la cible (afin de l'inciter à ne pas venir à l'offre) et l'on parle de CVG dissuasifs principalement utilisés pour limiter le taux de succès d'une OPA.

Les certificats de valeur garantie sont des titres financiers cotés qui peuvent être vendus par les actionnaires qui en bénéficient. De tels produits peuvent conduire l'initiateur à prendre des engagements importants, qui s'ils se matérialisent, constituent un complément de prix.

Enfin, il est possible d'offrir aux minoritaires un droit au complément de prix en fonction de la survenance de tel ou tel événement. Ainsi, en 2006, outre un prix de 22 euros par action, les minoritaires de la société Pages Jaunes se sont vu offrir :

– un complément de prix de 0,46 euro si le fonds d'investissement KKR obtenait plus de 95 % du capital et des droits de vote de la société à l'issue de son OPA (ce qui n'a pas été le cas) ;

– dans l'hypothèse où KKR céderait le contrôle de la société Pages Jaunes dans les douze mois suivant le 11 octobre 2006 (date de l'achat du bloc de contrôle de la société à France Telecom) à un prix par action supérieur à celui payé à France Telecom, un complément de prix égal à 50 % de la plus-value constatée par action.

Schéma 1. – *Différentes formes d'offres publiques*

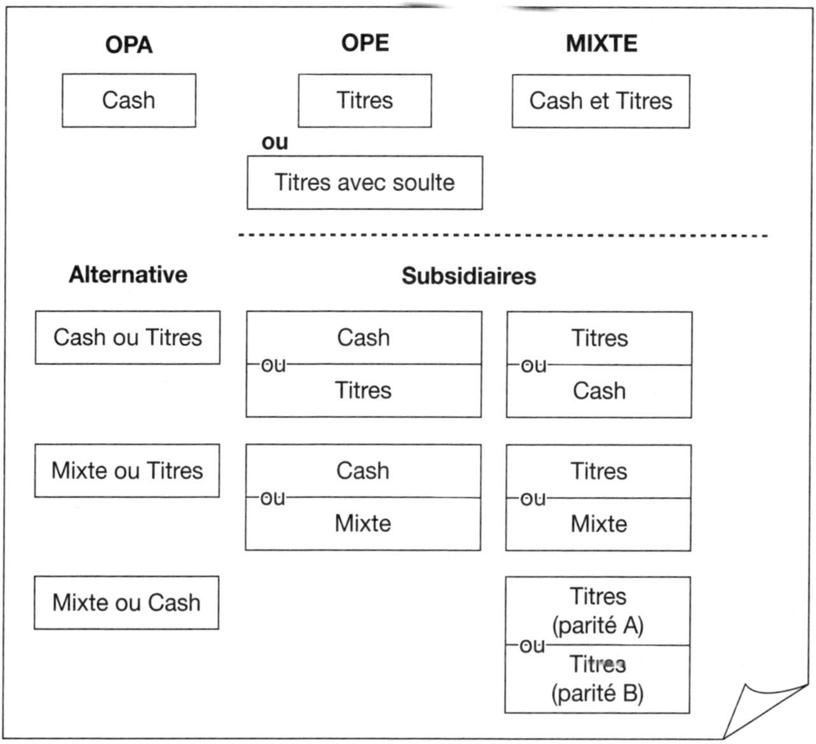

2.3. Le niveau de prime et la réaction du marché

Afin d'inciter les actionnaires de la société visée à céder leurs titres, le prix d'offre doit inclure une prime, appelée prime de contrôle (voir chapitre 1). Cette prime représente en général entre 20 % à 30 % de plus que le cours avant l'annonce de l'opération, comme le montre le tableau 1. Elle dépend également du caractère amical ou non de l'offre.

Tableau 1. – *Primes moyennes constatées sur offres publiques d'achat et d'échange entre 2005 et 2010*

Primes (en %)	OPA	OPAS	OPRA	OPR/ OPRO	OPE
Prime sur cours spot	30,6	24,5	20,9	21,4	9.5
Prime sur cours moyen 1 mois	30,9	26,5	22,4	22,3	22,0
Prime sur cours moyen 3 mois	30,0	29,0	22,1	18,0	22,2
Prime sur cours moyen 6 mois	29,4	33,1	23,7	17,7	17,7
Prime sur cours moyen 12 mois	29,9	32,6	24,1	18,0	22,5
Moyenne	30,2	29,1	22,6	19,5	18,8

Les primes sont évidemment liées au niveau des marchés boursiers. Ainsi, en 2009, bien que le nombre d'opérations fût faible, la prime moyenne sur le dernier cours de bourse précédant l'annonce était de 53 %, mais seulement de 33 % sur la moyenne des cours des 12 derniers mois précédant l'annonce, et l'offre était souvent dans le bas de la fourchette de valorisation issue de la méthode DCF.

La façon dont le marché réagit à l'annonce d'une offre publique permet souvent d'anticiper le succès ou non de cette offre.

Par exemple, si les titres de la société cible sont cotés 80 euros avant l'annonce, la société initiatrice fait une offre publique et propose une prime de 20 % aux actionnaires de la cible. Le marché peut réagir de deux façons :

– soit le cours de la cible s'ajuste au niveau de l'offre de l'initiateur, c'est-à-dire à un niveau proche de 100 euros (il faut en effet tenir compte des frais de courtage) ; dans ce cas, le marché accepte l'offre, qui a des chances d'aboutir ;

– soit le cours de la cible dépasse les 100 euros et vient ainsi se placer au-delà du niveau de l'offre de l'initiateur : le marché juge l'offre trop basse et attend que l'initiatrice la relève.

En reprenant le même exemple et sachant que le titre de l'initiatrice cote 100 euros, celle-ci lance une offre publique d'échange avec une parité de une pour une. Autrement dit, l'initiatrice propose aux actionnaires de la cible d'apporter leurs titres « cible » à 80 euros en échange de titres « initiatrice » à 100 euros, soit une prime de 20 %.

Dans ce cas, le marché peut réagir de trois façons différentes comme le montre le tableau 2 :

Tableau 2. – *Réaction du marché pendant l'OPE de I sur C*

Cours initial d'Initiatrice I Cours initial de Cible C OPE à 1 pour 1	100 € 80 €
Cours d'Initiatrice après annonce	**Cours de Cible après annonce**
102 € 80 € 100 €	102 € 80 € 110 €

– soit le cours de la cible monte au niveau proche de la parité, c'est-à-dire à 100 euros, puis se tient à la parité. Dans ce cas, le marché accepte l'offre, qui a des chances d'aboutir. Le titre de l'initiateur devient le titre de référence pour la valeur du titre de la cible ;

– soit le cours de l'initiateur chute au niveau de celui de la cible, c'est-à-dire à 80 euros. Dans ce cas, le marché a ajusté la parité « par le bas », ce qui signifie que les investisseurs pensent que la transaction se fera mais que l'initiatrice a payé la cible trop cher. La solution pour remédier à cela passe par une communication active sur les synergies, voire sur l'annonce que la transaction sera suivie d'une politique de rachat de titres ;

– soit le cours de la cible monte au-delà de celui de l'initiateur, c'est-à-dire à 110 euros par exemple et le marché n'adopte pas la parité proposée et attend que l'initiatrice relève son offre.

En tout état de cause, les trois jours suivant l'annonce de l'offre constituent une phase importante pour juger de la perception de l'offre par le marché. Les arbitragistes, pour la plupart issus des *hedge funds*, donnent souvent le *la* et n'hésitent pas à miser des sommes importantes sur les titres de l'initiateur et de la cible. Ainsi dans une offre publique d'échange, ils peuvent acheter des actions de la cible tout en revendant à terme des actions de l'initiateur qu'ils recevront si l'offre est un succès, contribuant ainsi à faire monter le cours de la cible et baisser celui de l'initiateur... D'autres stratégies peuvent jouer sur la partie cash d'une offre mixte, notamment si l'initiateur et la cible ne sont pas cotés dans le même référentiel monétaire (dollar/euro ou couronne suédoise/euro par exemple).

Le marché ne se fie pas seulement aux seules modalités de l'offre et en particulier au seul niveau de la prime. En effet, le fait que l'initiateur propose une faible prime aux actionnaires de la cible ne condamne pas nécessairement une offre à l'échec, car ceux-ci peuvent toujours bénéficier de l'effet de *rerating* et d'une appréciation mécanique de leur participation.

Il peut y avoir effet de *rerating* en cas d'OPE lorsque le PER de l'entreprise cible est inférieur au PER de l'entreprise initiatrice. Dans ce cas, le marché aura tendance à valoriser le nouvel ensemble sur la base du PER de l'entreprise initiatrice, cette revalorisation profitant aux anciens actionnaires de la cible et pouvant compenser leur sacrifice apparent. Les synergies feront l'objet d'un multiple différent en général plus faible, compte tenu du risque.

Comme le montre le tableau 3, en cas d'effet de *rerating*, la valeur de l'ensemble est réévaluée, si bien que, même en cas de parité peu favorable aux actionnaires de la cible (pas de prime par exemple avec une parité de un titre Initiatrice pour deux titres Cible), ceux-ci sont toujours gagnants.

Tableau 3. – *Exemple de rerating (sans synergies)*

	Initiatrice	**Cible**	**Initiatrice + Cible**
PER	30 ×	15 ×	25 ×
Résultat net	100 M€	100 M€	200 M€
Nombre d'actions	10 millions	10 millions	15 millions
BPA	10 €	10 €	13,30 €
Cours du titre	300 €	150 €	333,30 €

Sur la base d'un PER de 25, l'actionnaire minoritaire de la cible qui a apporté ses titres à l'offre bénéficie d'un gain sur le papier de 16,70 € par action. Mais attention ! Le risque du nouvel ensemble peut également être revisité par les investisseurs aboutissant à un PER plus faible. N'oublions pas enfin, comme nous l'avons vu au chapitre 15, que si le PER de l'initiatrice est supérieur au PER de la cible, il y a alors croissance mécanique du bénéfice par action de l'entreprise initiatrice.

2.4. Offre normale et offre simplifiée

Par opposition aux offres normales décrites précédemment où l'initiateur ne disposait pas d'une participation au capital de la cible, les offres publiques simplifiées s'appliquent aux cas suivants :

– offre par un actionnaire détenant plus de 50 % du capital et des droits de vote de la société cible ;

– offre de rachat par une société de ses propres actions ;

– acquisition d'un bloc de titres conférant plus de 50 % du capital ou des droits de vote d'une société, appelé bloc de contrôle. C'est la procédure dite de garantie de cours.

Les offres simplifiées s'accompagnent souvent d'une expertise indépendante (*fairness opinion* en franglais), notamment s'il existe une situation potentielle de conflit d'intérêts entre l'initiateur et la société visée. Pour éclairer sa décision, le conseil d'administration de la cible mandate un tiers expert indépendant chargé, à l'issue d'un travail complet d'évaluation, de se prononcer sur le caractère équitable du prix proposé aux actionnaires minoritaires.

La garantie de cours repose sur un principe simple : le prix offert au marché doit être le même que celui du bloc acquis ; l'acquéreur s'engage à acheter en bourse, pendant dix jours de bourse au minimum, tous les titres qui lui seront proposés au même prix que la cession du bloc. L'Autorité des marchés financiers n'a pas à se prononcer sur la conformité du prix proposé.

Lorsqu'un actionnaire détient au moins 95 % des droits de vote d'une société cotée, une offre publique de retrait (OPR) peut être lancée par le majoritaire pour ramasser le flottant. Une telle offre devient obligatoire si l'actionnaire majoritaire décide de « changer les règles de jeu en cours de match », c'est-à-dire en cas de transformation d'une société cotée en société en commandite par actions ou bien si sa nature d'activité change radicalement, ou encore si elle fusionne avec un actionnaire de contrôle qui détient la majorité en assemblée générale. L'offre publique de retrait doit alors porter sur l'ensemble des titres de la société. Enfin, un actionnaire détenant au moins 95 % des droits de vote d'une société doit lancer une OPR, si un actionnaire minoritaire en fait la demande. En 2010 par exemple, la famille Gattaz, propriétaire de Radiall, a annoncé son souhait de racheter les minoritaires du groupe et de sortir de la bourse compte tenu du faible attrait des valeurs moyennes auprès des investisseurs. Cette opération a néanmoins un coût, et le retrait de bourse de Radiall s'est effectué avec une prime de plus de 40 % par rapport au cours pondéré sur un mois précédant l'annonce.

Le retrait obligatoire (*squeeze out*) est une procédure s'apparentant à une « expropriation » des actionnaires minoritaires. Elle permet de contraindre les minoritaires à céder leurs titres à un prix proposé par l'actionnaire majoritaire qui détient plus de 95 % du capital et des droits de vote. Il s'agit d'une procédure lourde qui fait l'objet d'une évaluation multicritères préalable des titres de la société, le tout validé par un expert indépendant. L'initiateur d'une offre publique réussie qui lui a permis d'obtenir directement plus de 95 % du capital et des droits de vote de la cible pourra procéder à un retrait obligatoire dans les 3 mois suivant la clôture de son offre. Il a la faculté de proposer des titres à condition qu'une option en espèces soit systématiquement proposée aux minoritaires récalcitrants.

L'offre publique de rachat d'actions (OPRA) est une offre publique lancée par une société cotée sur ses propres titres en vue de les annuler ensuite. C'est donc une véritable réduction de capital. Il s'agit pour la société d'aller au-delà du simple rachat de ses propres titres en bourse dans le cadre d'un programme de rachat de titres autorisé en assemblée générale, et limité à 10 % du capital.

De façon générale, les offres simplifiées et garanties de cours font souvent l'objet de primes plus faibles que les OPA ou OPE volontaires, ce qui est logique puisque l'initiateur détient en général déjà le contrôle de la cible.

3. Les techniques d'ingénierie boursière

Au-delà des offres publiques présentées précédemment, la cotation d'une entreprise peut être utilisée lors d'un projet de rapprochement pour mettre en bourse le nouvel ensemble. *A contrario*, la bourse peut être utilisée pour extérioriser la valeur de certains actifs dont la valeur est mal appréciée dans une entité donnée. L'ensemble de ces techniques est présenté ci-après.

3.1. La cotation par voie indirecte

3.1.1. L'apport à une société cotée

Un actionnaire de contrôle d'une société non cotée peut choisir de faire apport de ses titres à une société cotée sur une base de valorisation telle qu'elle lui permette de devenir un actionnaire de référence du nouvel ensemble. C'est ce qu'on appelle la fusion à l'envers, ou *reverse takeover bid* en franglais. Afin de maintenir la cotation et éviter d'avoir à lancer une offre publique sur le flottant, il doit demander une dérogation à l'AMF liée au franchissement des seuils d'offre obligatoire. Le règlement général de l'AMF prévoit que si le franchissement de seuil résulte d'une opération d'apport d'actifs ou de titres ou de fusion qui a été préalablement approuvée par une assemblée générale extraordinaire, l'AMF peut donner droit à la demande de dérogation. L'idée est que si les actionnaires de la cible ont déjà voté favorablement le principe d'une augmentation de capital réservée en contrepartie des apports, c'est qu'ils sont conscients que le nouvel actionnaire détiendra plus du tiers du capital ou des droits de vote de leur société !

À titre d'exemple, le fonds d'investissement Butler Capital a apporté en 2005 à une société cotée appelée Focal le contrôle d'une société de services informatiques appelée Osiatis sur la base d'une parité lui permettant de détenir 42 % du capital et 48,8 % des droits de vote du nouvel ensemble aux côtés du fondateur d'Osiatis. Cette opération n'a pas donné lieu à une offre publique.

3.1.2. L'achat de coquille

On appelle coquille une société cotée qui ne détient plus que des actifs hors exploitation (trésorerie, valeurs mobilières de placement) et dont la capitalisation boursière est souvent égale à la valeur de son portefeuille minoré le cas échéant d'une décote d'illiquidité ou de holding. Une variante du schéma précédent consiste pour un initiateur désireux de mettre rapidement une activité en bourse à faire l'acquisition d'une participation de contrôle dans une coquille cotée déclenchant ainsi une offre publique sur un flottant très étroit. À l'issue de cette offre, il apporte les actifs correspondant à l'activité qui doit être cotée et cède progressivement des titres dans le marché pour ramener le flottant à des proportions cohérentes avec

Schéma 2. – *Opération d'apport à une coquille cotée*

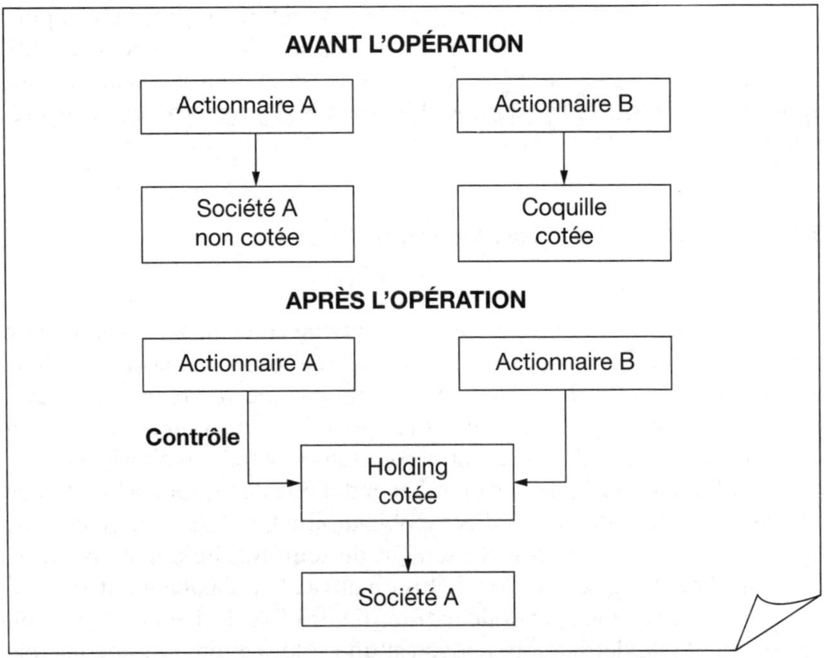

la réglementation applicable, la valorisation souhaitée ou la taille du nouvel ensemble. De nombreuses foncières cotées bénéficiant du régime fiscal avantageux dit des SIIC ont été créées par ce biais : ANF pour les immeubles détenus par le fonds Eurazeo, Établissement Gaillard pour des actifs de logistique détenus par le groupe Bleecker…

3.1.3. La cession par distribution boursière : spin off et split off

Il est possible d'introduire une société en bourse par distribution égalitaire ou inégalitaire des titres financiers détenus par une société cotée. La distribution égalitaire à l'ensemble des actionnaires des titres d'une filiale, *spin off* en franglais, permet à chacun des actionnaires de la société cotée de recevoir sa quote-part de titres de la filiale correspondante qui se retrouve ainsi cotée. Ce schéma a été utilisé par le groupe Netgem en 2010 pour mettre en bourse ses activités de distribution de contenu regroupées dans VideoFutur. VideoFutur étant en phase de développement et en perte opérationnelle, Netgem l'a tout d'abord recapitalisée par abandon de créances et lui a apporté 10 millions d'euros de trésorerie supplémentaire lui conférant ainsi une autonomie financière suffisante. Chaque actionnaire de Netgem a reçu, outre un dividende de 0,70 euro par action, une action VideoFutur pour 1 action Netgem détenue. L'actionnaire a ensuite le choix de conserver, de renforcer ou de céder son portefeuille d'actions VideoFutur en fonction de son appétit pour la nouvelle entité. Ce spin-off a permis à Netgem de séparer des activités aux profils et à maturité très dissemblables dans deux véhicules cotés et de les rendre plus lisibles pour le marché.

Schéma 3. – *Spin off*

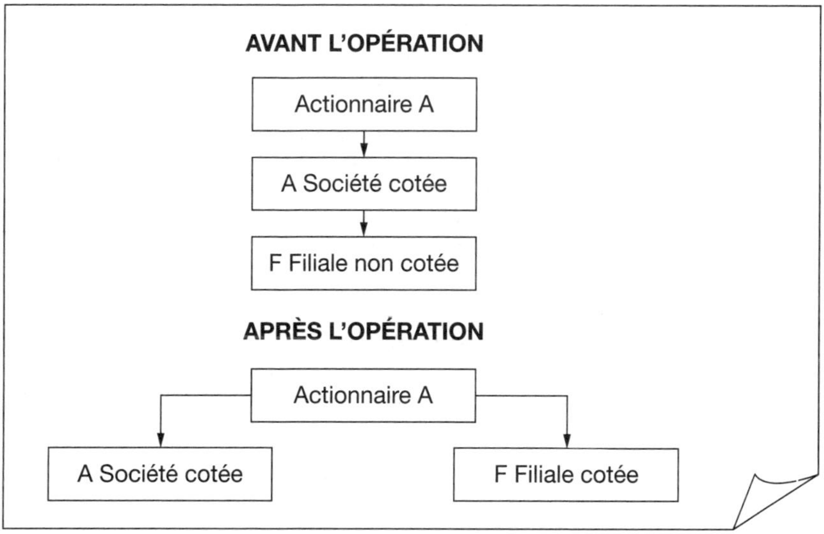

La distribution inégalitaire se fait grâce à une OPRA qui permet à chaque actionnaire de recevoir des titres financiers d'une entité détenue par une société cotée en échange de l'apport de ses titres à l'offre publique de rachat d'actions lancée par cette société cotée. C'est ce qu'on appelle *split off* en franglais, procédé qui peut permettre aux actionnaires d'un groupe d'arbitrer entre les titres d'un groupe coté qu'ils détiennent initialement et ceux de la filiale (cf. schéma 4). Ainsi en 2006 la holding d'investissement cotée Sequana a proposé à ses actionnaires de racheter leurs titres en leur remettant des actions du groupe suisse coté SGS qu'elle détenait en portefeuille à raison de 1 action SGS pour 31 actions Sequana. La plupart des actionnaires étant venus à l'offre, Sequana a réduit son capital de 54 % et ne détient plus d'actions SGS, alors qu'elle détenait 20 % du capital de cette société avant l'opération.

Fiscalement, ces opérations sont traitées comme une distribution de dividendes et peuvent donc être coûteuses pour les personnes physiques.

3.1.4. La scission

La scission est en réalité l'opération inverse d'une fusion-absorption que nous avons vue au chapitre 15 puisqu'elle consiste à scinder une société mère en plusieurs entités, la société mère disparaissant purement et simplement à l'issue de l'opération. Les articles L.236 et suivants du Code du Commerce, ainsi que l'article 1844-4 du Code Civil, définissent le régime légal des scissions. Les projets de statuts des sociétés nouvelles doivent être approuvés par l'assemblée générale extraordinaire de la société scindée. Les sociétés bénéficiaires des apports résultant de la scission sont

Schéma 4. – *Split off*

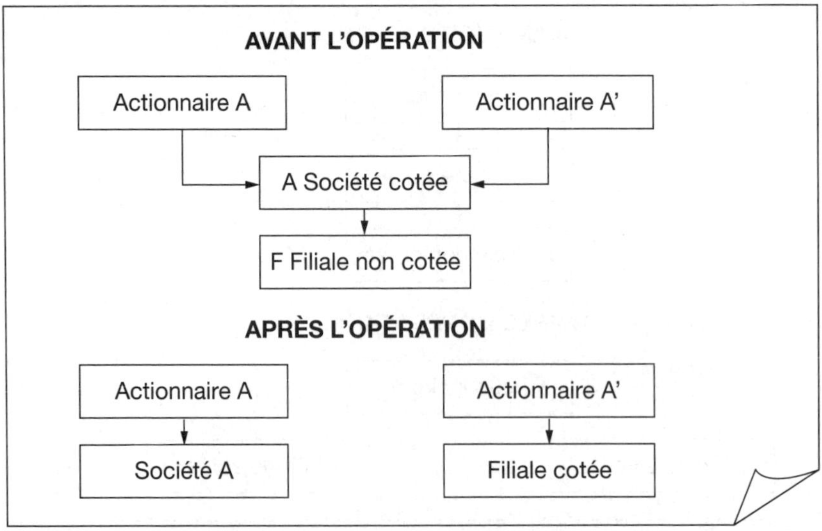

débitrices solidaires des obligataires et des créanciers non obligataires de la société scindée, au lieu et place de celle-ci, sauf dérogation.

Surtout, il importe que :

– la société en passe d'être scindée dispose d'au moins deux véritables branches d'activité ;

– ses actifs et passifs puissent être répartis sans ambiguïté entre ces différentes branches ;

– les actionnaires reçoivent les titres des nouvelles sociétés créées dans des proportions identiques à leur participation dans la société en passe d'être scindée ;

Cette opération de scission, baptisée *split up* par les Anglo-Saxons, est extrêmement encadrée sur le plan fiscal puisque, pour bénéficier du régime de faveur des scissions, la société scindée doit détenir au moins deux branches complètes d'activité, pouvoir affecter ses actifs et passifs entre les différentes entités issues de la scission, et permettre à chaque actionnaire de recevoir des actions des entités issues de la scission dans les mêmes proportions que leur participation initiale dans la société scindée. À défaut, la scission s'apparente à une liquidation de la société scindée qui doit alors payer tous les impôts latents sur les plus-values, le boni de liquidation…

Motivée par l'existence d'une décote de conglomérat, la scission d'une société cotée aboutit à la cotation des entités scindées qui sont souvent des sociétés à la capitalisation boursière de taille moyenne. Ainsi, en 2010, le groupe Accor a procédé à sa scission en deux entités Accor Hotels (hôtellerie) et Eden Red (services prépayés comme les Tickets Restaurant ou les cartes Kadéos), par attribution des actions de chacune des nouvelles entités. Cette opération fut accompagnée d'un engagement des actionnaires de référence, Eurazéo et Colony Capital, de rester actionnaires des deux sociétés séparées, avec obligation de conservation des participations jusqu'à 2012. Dans cet exemple comme dans bon nombre de scissions, le partage de la dette entre les nouvelles entités représente un enjeu stratégique pour la perception et la valorisation de chacune des entités issues de la scission. On peut également rappeler la scission en 1999 du groupe Chargeurs Textile en deux entités, Chargeurs et Pathé, et celle du groupe agro-alimentaire italien Eridania Beghin Say en 2001 qui a donné lieu à la création de 4 entités cotées : le sucrier Beghin Say, le spécialiste des aliments pour animaux Provimi, le groupe d'oléagineux Cereol et le producteur d'amidon Cerestar dont la valeur boursière a servi de référence pour leur rachat par des industriels ou des financiers intervenu rapidement après la scission, ce qui a fait dire à certains mauvais esprits que la scission était l'antichambre de la cession… Enfin une scission, en diminuant la taille d'une société, peut aussi la rendre plus vulnérable à une offre hostile. D'une certaine manière, l'acquisition par Kraft de Cadbury en 2010 a été facilitée par la scission deux ans plus tôt du groupe Cadbury Schweppes en deux entités spécialisées sur les boissons et la confiserie.

Le schéma 5 présente le détail du montage d'une opération de scission.

Schéma 5. – *Scission*

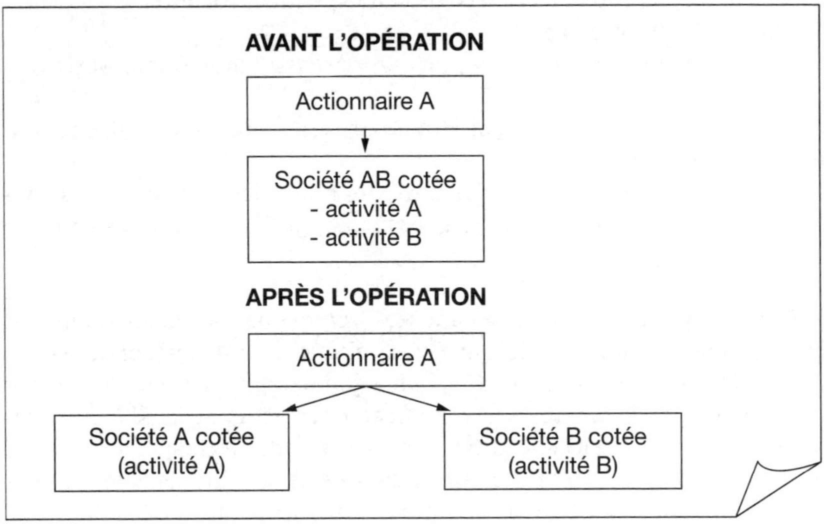

3.2. *Le* carve out

On appelle *carve out* l'introduction en bourse d'une filiale d'un groupe afin de lui permettre d'extérioriser la valeur de l'activité correspondante, mal appréhendée par les analystes financiers et les actionnaires du groupe car diluée dans un ensemble trop important. Cette opération vise à réduire la décote dite de conglomérat qui affecte les grands groupes dont les activités sont diversifiées et mal valorisées par le marché, mais également à lever des fonds pour l'activité concernée que le groupe ne souhaite pas financer intégralement, tout en en gardant son contrôle. On peut citer l'introduction en bourse en 2006 de l'activité énergies nouvelles d'EDF, appelée EDF Énergies Nouvelles dont la capitalisation boursière à l'introduction s'élevait à 1,7 milliard d'euros, EDF en détenant 50 % du capital et des droits de vote ou celle réalisée en 2009 par le groupe PPR de sa filiale CFAO (Compagnie Française d'Afrique Occidentale) à hauteur de 51 %, entité spécialisée dans la distribution et les services en Afrique, dont la capitalisation boursière à l'introduction était voisine de 1,5 milliard d'euros. Cette opération a permis à PPR, afin de poursuivre sa stratégie de concentration sur le marché du luxe, de réduire son endettement et déconsolider cette filiale.

En fonction du profil de risque de la filiale qui sera mise en bourse, il est possible de l'endetter pour faire porter une partie de la dette du groupe par des actionnaires minoritaires. La création de Véolia en 2000 qui regroupait les activités d'environnement et de transport public de Vivendi avec un passif financier très important constitue un précédent fameux qui a pesé sur la performance boursière difficile du groupe à ses débuts.

Schéma 6. – *Carve out*

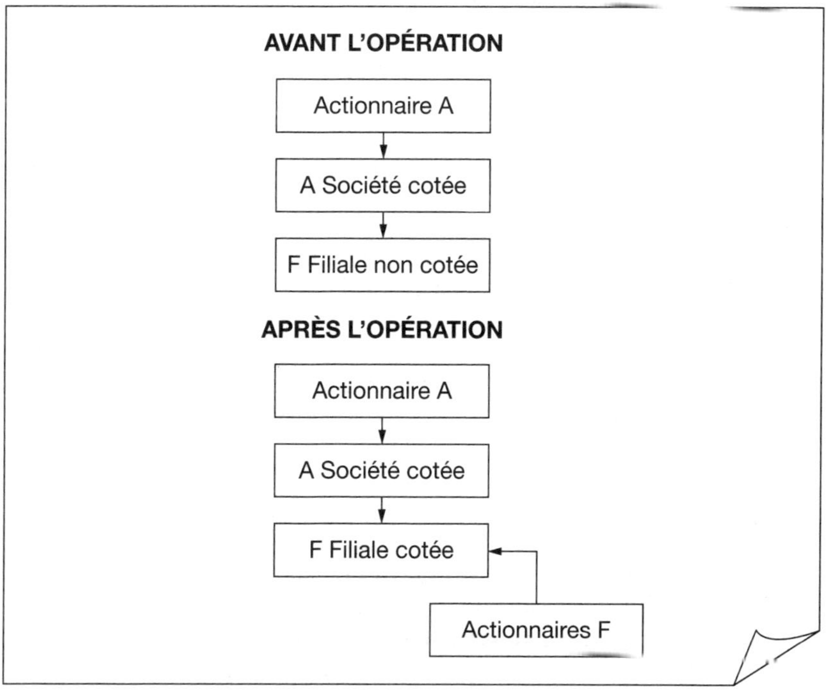

Peu à peu la filiale cotée prend son envol et devient un groupe coté autonome : c'est le cas de Nexans, ancien *carve out* du groupe Alcatel Lucent et dont la capitalisation dépasse aujourd'hui 2,5 milliards d'euros. Dans d'autres cas, la filiale cotée est cédée à un tiers avec une prime de contrôle sympathique. Plus rarement, le groupe qui a fait un *carve out* rachète à bas prix les minoritaires qu'il a fait entrer quelques années auparavant sur une base plus onéreuse. Ainsi, lors de la bulle des valeurs technologiques, certains *carve out* ont été conçus principalement pour profiter des valorisations boursières élevées comme ce fut le cas lors de l'introduction en bourse d'Orange ou celle de Wanadoo qui ont ensuite été retirées de la cote lorsque leurs valeurs boursières étaient revenues à des niveaux plus cohérents avec leur perspective de rentabilité.

Il est également possible de faire une cotation reflet d'une activité, comme Alcatel l'a fait en 2000 sur ses métiers d'optronique, grâce aux actions traçantes qui ont perdu rapidement toute valeur après l'éclatement de la bulle du secteur des valeurs technologiques.

3.3. Le Private Investment in Public Equity *(PIPE)*

Le PIPE est une opération financière dans laquelle un fonds d'investissement prend une participation au capital d'une société cotée sous forme d'une augmentation de capital réservée ou de titres donnant accès au capital pour financer le développement de l'entreprise ou un nouveau projet. Les fonds d'investissement peuvent en effet avoir une vision différente de celle d'un actionnaire institutionnel diversifié qui ne souhaitera pas détenir une participation de référence dans une société cotée ou être associé à la gestion. C'est ainsi qu'en 2009 le Fonds Stratégique d'Investissement est entré au capital de Carbone Lorraine, devenant avec plus de 5 % du capital du groupe, un actionnaire important de la société, aux côtés d'AXA et du belge Sofina.

Dans ces schémas, le fonds ne franchit pas de seuil d'offre obligatoire au capital de la société cotée mais en devient néanmoins un actionnaire de référence immédiatement ou à terme lors de la conversion des obligations. Grâce au PIPE, la société émettrice stabilise son actionnariat et surtout a la possibilité de lever les fonds nécessaires à son développement avec un partenaire stable qu'elle peut solliciter à plusieurs reprises.

Questions

1. Qu'est-ce qu'une offre publique obligatoire ?
2. Doit-on signer un pacte pour être de concert ?
3. Qu'est-ce qu'une offre subsidiaire ?
4. Quelle différence y a-t-il entre une offre normale et une offre simplifiée ?
5. Citez trois exemples récents d'offres publiques et analyser leurs principales modalités.
6. À quoi sert la prime de contrôle ?
7. Quel est le rôle de l'Autorité des marchés financiers ?
8. Quelles peuvent être les conditions suspensives à une offre volontaire ?
9. Pourquoi existe-t-il des obligations de publicité lors du franchissement de certains seuils ?
10. Qu'est-ce qu'une OPRA ?
11. Pourquoi la scission est-elle l'antichambre de la cession ?
12. Qu'est-ce qu'un *spin off* ? un *split off* ? un *split up* ?
13. Qu'est-ce qu'un *carve out* ?
14. Qu'est-ce qu'un PIPE ?

Bibliographie

Beaufort Viviane (de), *Les OPA en Europe*, Economica, Paris, 2006.

Dresner Steven et Kim Kurt, *PIPEs : A Guide to Private Investments in Public Equity*, Bloomberg Press, New York, 2006.

Feldman David et Dresner Steven, *Reverse Mergers : And Other Alternatives to Traditional IPO*, Bloomberg Press, New York, 2009.

Règlement général de l'Autorité des marchés financiers.

Ricol Lasteyrie, *Observatoire des offres publiques*, mars 2010.
Vamparys Xavier, *Offres publiques : le nouveau régime de l'expertise indépendante,* Bulletin Joly Bourse et produits financiers n° 6, 2006.
Viandier Alain, *OPA et OPE et autres offres publiques*, 3e édition, Éditions Francis Lefebvre, Paris, 2006.

Site de l'AMF : *www.amf-france.org*

Chapitre 18

Gouvernance, fonds activistes et offres non sollicitées

Ce chapitre traite...

• **Des caractéristiques des pactes d'actionnaires dans les opérations de rapprochement**

– Théoriquement, les actionnaires disposent de droits politiques et patrimoniaux.

– En pratique, les droits réels diffèrent fortement selon l'actionnaire : le majoritaire contrôle, le minoritaire subit.

– Les pactes d'actionnaires permettent de protéger et renforcer ces différents droits.

• **Des fonds activistes**

– Les fonds activistes sont des acteurs majeurs du contrôle rampant d'une société cotée.

– Ces fonds prennent des participations minoritaires dans les entreprises cotées avec l'objectif de peser suffisamment sur la gouvernance de la société afin d'en modifier la stratégie.

– Ils n'ont pas à financer d'offres publiques car ils ne franchissent pas le seuil correspondant.

• **Des offres non sollicitées**

– Une société cotée peut faire l'objet d'une offre non sollicitée, c'est-à-dire qui n'a pas été préalablement agréée par le management de la société cible.

– Une telle offre intervient généralement quand la société présente un faible niveau de valorisation et un actionnariat dispersé, sans actionnaire en situation de contrôle.

– Au-delà du gain de temps, les moyens de défense à la disposition de la cible sont assez limités et dans la plupart des cas soumis à l'approbation de l'assemblée générale des actionnaires de la cible.

Entrée au capital d'un investisseur financier, recomposition de l'actionnariat de la société, rapprochement par apport de titres… Ces événements importants dans la vie d'une entreprise requièrent de longues et difficiles négociations, notamment au sujet de la gouvernance du nouvel ensemble associé au projet. Cette négociation très particulière se traduit dans la plupart des cas dans un pacte d'actionnaires dont nous allons examiner maintenant les principales caractéristiques.

1. Les principales caractéristiques des pactes d'actionnaires dans les opérations de fusions acquisitions

1.1. Rappel des droits d'un actionnaire : « les actionnaires naissent libres et égaux en droits… »

En théorie, tout actionnaire d'une société dispose de droits, en contrepartie des actions qu'il détient. Selon les juristes, ces droits seraient de deux types : politiques ou patrimoniaux. Les droits politiques regroupent les droits à l'information (permanente et périodique), de se rendre à l'assemblée générale, de voter, de poser des questions, de se faire représenter, d'être nommé en tant qu'administrateur… Les droits patrimoniaux ou financiers font référence aux droits au dividende, au bonus de liquidation ou encore au droit de ne pas être dilué en cas d'augmentation de capital.

Mais dans la pratique, force est de constater qu'il existe tout de même deux types d'actionnaires : l'actionnaire majoritaire en capital mais surtout en droits de vote et l'actionnaire minoritaire. Les choses peuvent alors facilement dériver vers un univers plus manichéen : le premier contrôle, le second subit. Le majoritaire nomme les dirigeants, décide de la stratégie, des désinvestissements, des investissements, des dividendes ainsi que de la liquidité éventuelle du minoritaire (dans les sociétés non cotées) et bénéficie de la prime de contrôle. On a même croisé des majoritaires qui rachetaient au même moment la participation de certains de leurs actionnaires minoritaires des prix très différents… Le minoritaire est donc tributaire des décisions du majoritaire et a la déprime… de contrôle ! Néanmoins, s'il détient la minorité de blocage (34 % du capital dans les sociétés anonymes), le minoritaire peut empêcher un certain nombre de décisions proposées par l'actionnaire majoritaire et notamment celles modifiant le capital social de la société (fusion, scission, augmentation de capital, réduction de capital…), mais ce n'est pas toujours suffisant pour protéger la valeur de son investissement. Cette situation d'asymétrie d'information a été analysée en profondeur par la théorie financière, et notamment par la théorie des mandats (ou de l'agence) qui considèrent l'entreprise comme un nœud de conflits entre les objectifs des individus.

En réalité, le seul véritable pouvoir du minoritaire se résume à sa capacité de nuisance en dénonçant publiquement les abus du majoritaire ou convoquer un expert pour en témoigner. Ce déséquilibre des pouvoirs réels entre les mains des différents actionnaires rend nécessaire la conclusion d'un pacte permettant de protéger le minoritaire contre les abus de majorité et organiser sa liquidité.

1.2. Les pactes d'actionnaires

Lors d'une opération de rapprochement, on pourrait imaginer laisser les choses en l'état, mais l'expérience montre qu'il vaut mieux prévoir l'avenir et négocier d'emblée un pacte entre actionnaires qui permettra de régir leurs rapports ultérieurs. Ces pactes partent des droits légaux de chaque actionnaire pour organiser un véritable équilibre des pouvoirs avec des droits et des obligations de part et d'autre. En effet, pour la bonne marche de l'entreprise, mieux vaut éviter que les désaccords soient résolus par un juge, dont les décisions, longues à obtenir, sont fréquemment déconnectées de la réalité économique et se limitent au versement de dommages et intérêts, moins intéressants qu'une exécution forcée. Comment évaluer le préjudice subi du fait d'un manquement au droit à l'information ? Il est donc primordial de bien négocier ce pacte d'actionnaires, dont les principales dispositions sont exposées dans les deux paragraphes suivants.

1.2.1. Les droits politiques

Les droits politiques concernent les aspects suivants :

– *un rappel des objectifs communs* : les parties conviennent de développer le nouvel ensemble en lui assignant un certain nombre d'objectifs, tels que le développement de l'activité selon un plan d'affaires conjoint, la perspective d'une introduction en bourse dans un délai de trois à cinq ans, la poursuite de la croissance externe ;

– *la gouvernance du nouvel ensemble* : principes régissant les relations entre actionnaires. Les associés négocient la répartition exacte des pouvoirs entre les fonctions de contrôle et de direction opérationnelle. Ils décident du cumul ou de la séparation des rôles de président du conseil d'administration (pouvoir de contrôle) et de directeur général (pouvoir opérationnel). De même peuvent-ils opter pour un conseil de surveillance qui contrôlera un directoire. On peut aussi prévoir dans certains cas (sociétés anonymes simplifiées, joint-ventures) que les managers opérationnels clés soient désignés après l'accord préalable de certains actionnaires. La composition du conseil d'administration ou de surveillance est en général le reflet de la répartition du capital, mais il est fréquent de coopter un ou plusieurs administrateurs indépendants qui apporteront une vue extérieure en cas de divergence ;

– *le droit à l'information* : au-delà de l'information légale, les actionnaires souhaitent disposer, avec une périodicité convenue, d'informations importantes comme le budget, le plan d'affaires, les principaux investissements de l'entreprise ou les prévisions de trésorerie ;

– *un droit d'agrément* : pour les sociétés non cotées, les parties peuvent se donner mutuellement le droit d'agréer tout nouvel actionnaire tiers. En général, ce droit est exercé par l'organe de direction de la société lors d'un vote d'agrément à l'unanimité ;

– des clauses d'approbation de certaines décisions des organes de direction : les actionnaires minoritaires souhaiteront se protéger contre le risque d'abus de majorité qui permettrait à un actionnaire majoritaire de prendre des décisions sans leur accord conjoint. Les parties conviennent en général d'une liste de décisions importantes qui doivent faire l'objet d'un accord conjoint des actionnaires existants. Cette liste comporte en général les décisions structurantes pour l'entreprise : tout projet de dépense ou d'investissement dont le montant unitaire est supérieur à un certain seuil ; tout projet de financement par endettement ou par capitaux propres ; toute signature d'un partenariat industriel ou commercial ; tout projet de cession, fusion, scission ou de croissance externe ; toute utilisation directe ou indirecte des immobilisations incorporelles de l'entreprise par des tiers ; tout projet de diversification ou de sous-traitance de tout ou partie de l'activité.

Le non-respect de ces droits politiques est souvent sanctionné par un mécanisme prévu au pacte permettant alors de protéger les droits financiers des actionnaires minoritaires qui sont alors en désaccord avec la stratégie conduite.

1.2.2. Les droits financiers

Les droits financiers relèvent des domaines suivants :

– *des clauses financières* : celles-ci visent à préserver les droits financiers des minoritaires et consistent notamment à verser un dividende si la situation financière de la société le permet, stabiliser les capitaux propres à un certain niveau et éviter la dilution excessive d'un actionnaire minoritaire grâce aux clauses anti-dilution, permettant à des actionnaires de maintenir leur quote-part au capital de la société s'ils le souhaitent ;

– *un droit de préemption* : un actionnaire désire en général avoir le droit d'acheter prioritairement les participations de l'autre actionnaire vendeur si ce dernier bénéficie d'une offre d'un tiers. Le droit de préemption lui permet pendant une certaine durée de préempter les titres vendus au même prix que celui offert par le tiers. Le vendeur peut demander la réciprocité de ce droit ;

– *un droit de sortie conjointe* : les minoritaires souhaitent aussi pouvoir sortir du capital en même temps que l'actionnaire majoritaire si celui-ci décidait de céder tout ou partie de sa participation au capital de l'entreprise. Il faut distinguer ici deux mécanismes : si le majoritaire vend immédiatement ou potentiellement le contrôle de l'entreprise à un tiers, il est contraint de proposer aux minoritaires de sortir en totalité avec lui aux mêmes conditions (*drag along* en franglais). En outre, si le majoritaire cède une partie de sa participation, il est obligé de proposer aux minoritaires de céder une partie de leurs titres dans les mêmes conditions proportionnellement à leur participation au capital de la société (*tag along* en franglais). Le majoritaire peut demander aux minoritaires de bénéficier d'un droit réciproque ;

– *des clauses d'interdiction temporaire de cession (lock-up)* : les actionnaires peuvent prévoir qu'aucune cession ne pourra intervenir avant l'expiration d'un certain délai. Ces clauses sont fréquemment utilisées pour fidéliser les cadres importants de l'entreprise (dans les LBO) et pour éviter que certains actionnaires ne remettent sur le marché leur participation immédiatement après le rapprochement ;

– *un droit à la liquidité* : à l'issue d'une certaine période (en général entre 5 et 7 ans), l'actionnaire minoritaire (et notamment un fonds d'investissement) se voit reconnaître la capacité à rechercher une liquidité sur le marché pour sa participation, dans le respect du droit de préemption et/ou d'agrément. Le majoritaire s'engage à coopérer avec lui en lui fournissant l'information nécessaire et l'accès au management pour lui permettre d'attirer des investisseurs. Dans certains cas, le pacte peut prévoir qu'à l'issue d'une période suffisamment longue au terme de laquelle le ou les minoritaires n'ont pu trouver la liquidité malgré leur effort, ces derniers puissent obliger le majoritaire à vendre sa participation en même temps qu'eux aboutissant ainsi à la vente à 100 % de l'entreprise, et donc faire bénéficier le minoritaire de la prime de contrôle ;

– *des clauses de sortie en cas de désaccord (clause de deadlock)* : si un désaccord stratégique entre actionnaires devait survenir ou si l'un des objectifs prévus dans le pacte n'était pas respecté à un certain horizon ; ou encore si l'un des actionnaires n'avait pas respecté une des clauses du pacte d'actionnaires, il est souvent prévu des modalités de sorties sous forme d'un jeu d'options croisées exerçables en cas de *deadlock* : les minoritaires bénéficient d'une option de vente (*put*) de la totalité de leur participation respective sur le majoritaire à un prix déterminé d'avance tandis que le majoritaire a la faculté d'acheter (option d'achat ou *call*) les participations respectives des minoritaires à un prix déterminé d'avance. Ce prix peut être soit le prix retenu lors du rapprochement initial capitalisé à un taux d'intérêt reflétant le temps passé entre le moment du rapprochement et celui de la rupture, soit un prix déterminé par un expert indépendant choisi conjointement par chacune des parties ; soit un prix calculé à partir d'un multiple du résultat d'exploitation (moins l'endettement net) ou d'un multiple du résultat net du dernier exercice.

Le problème est que lorsqu'un des associés souhaite sortir, l'atmosphère de négociation est souvent tendue et les parties ont peu de chances de tomber d'accord sur le résultat qui sert de base à l'application du multiple ou peuvent réfuter les travaux de l'expert indépendant. Il existe également des mécanismes de sortie plus violents comme les options dites mexicaines ou *shotgun* qui sont telles que chaque partie doit proposer un prix auquel il est à la fois acheteur de la participation de l'autre et vendeur de sa propre participation. Ce mécanisme est typique des *joint-ventures* à 50/50. Rappelons enfin qu'une option de vente à une personne physique n'a véritablement d'intérêt que si celle-ci est solvable !

En pratique, il ne faut pas chercher à écrire en détail l'avenir d'un mariage et les modalités du divorce ! Notre expérience est que le pacte d'actionnaires ne peut tout prévoir et qu'il sert de cadre à une négociation ultérieure qui ne manquera pas d'intervenir entre les parties.

2. Les fonds activistes et les offres non sollicitées

Une offre non sollicitée sur une société non cotée et contrôlée a très peu de chances d'aboutir. Ces entreprises disposent en général d'un pacte de préemption voire d'agrément permettant d'écarter les intrus, sans parler de l'accès de l'information. Sauf offre financièrement exorbitante, on ne voit pas pourquoi l'actionnaire majoritaire accepterait de vendre son entreprise au premier venu. En revanche, les sociétés cotées sont régulièrement l'objet d'offres non sollicitées, et les actionnaires minoritaires activistes sont souvent les porte-drapeaux d'une offre non sollicitée.

2.1. Les fonds activistes

Ces fonds sont spécialisés dans l'investissement de participations minoritaires dans les sociétés cotées dans le but de modifier (radicalement) la stratégie de la société en pesant suffisamment sur sa gouvernance tout en demeurant sous le seuil des offres publiques. L'idée est de devenir à bon prix le premier actionnaire en droits de vote d'une société cotée pour peser sur sa gouvernance et sa stratégie sans jamais franchir seul ou de concert le seuil du tiers du capital ou des droits de vote, ce qui permet de ne pas avoir à financer d'offre publique à 100 % sur la cible. Ces fonds prennent en général une participation comprise entre 10 et 25 % du capital et demandent le remplacement total ou partiel des organes de direction ainsi que des changements de stratégie pour externaliser ou matérialiser une création de valeur supplémentaire. Une telle stratégie dite de « contrôle rampant » est facilitée par l'absentéisme des actionnaires institutionnels classiques aux assemblées générales. Actionnaires d'Accor, les fonds Eurazéo et Colony ont ainsi obtenu en 2010 la scission du groupe entre ses activités en matière d'hôtellerie et ses activités de services. L'investisseur franco-américain Guy Wyser-Pratte tente d'obtenir l'abandon par Lagardère Groupe de son statut de société en commandite par actions. D'une certaine manière, un actionnaire minoritaire mécontent d'une société cotée peut aussi jouer le rôle d'un fonds activiste, en rendant public son mécontentement. Ainsi, en 2008, Sophie Boegner, une des 900 actionnaires de la famille Wendel et administratrice de la holding familiale, est parvenue à ébranler le management du groupe en dénonçant publiquement les conditions financières de la rémunération de plusieurs dirigeants.

Les fonds activistes examinent les projets de résolutions à l'assemblée générale, soumettent leurs propres projets et réalisent des *proxy fights* (chasse aux voix des actionnaires lors des assemblées générales) en s'appuyant en général sur des cabinets spécialisés qui recommandent une politique de vote aux actionnaires institutionnels.

2.2. Le cas des offres non sollicitées

Une société cotée peut faire l'objet d'une offre non sollicitée ou offre hostile, c'est-à-dire qui n'a pas été préalablement agréée par le management de la société cible. Une telle offre est probable lorsque la société présente un faible niveau de valorisation et un actionnariat dispersé, sans actionnaire en situation de contrôle. Le début des années 2000 est marqué par le développement de la part des offres non sollicitées dans les offres publiques qui s'explique par la conjonction d'un niveau faible des taux d'intérêt et de valorisations boursières attractives dans certains secteurs. C'est ainsi que les groupes Elf (1999), Paribas (1999) Péchiney (2003), Aventis (2004), Arcelor (2006), Wavecom (2008), Valtech (2010) ont fait l'objet d'offres non sollicitées qui ont toutes été suivies d'une prise de contrôle de ces groupes.

En pratique, le lancement d'une offre non sollicitée se fait en général après une approche préalable de courte durée effectuée par l'initiateur auprès du management de la cible pour le convaincre de l'intérêt stratégique et financier du rapprochement, tout en offrant aux principaux cadres du groupe une position enviable dans le nouvel ensemble. L'échec de cette approche se traduit fréquemment par le lancement d'une offre non sollicitée qui présente un risque d'exécution élevé mais qui laisse finalement à la société cible une faible probabilité de rester indépendante.

Dans ces situations, la gouvernance de l'entreprise est soumise à rude épreuve. Du fait du caractère non sollicité de l'opération, tant les organes de direction que de contrôle ont à se prononcer en urgence sur le bien-fondé de l'offre. Examinons maintenant les principales étapes et caractéristiques des offres non sollicitées :

2.2.1. La gestion du temps

La bataille boursière commence souvent par un avis défavorable du conseil d'administration de la cible, tandis que l'initiatrice occupe le terrain médiatique en vantant dans des communiqués financiers les mérites de son offre. Dès l'annonce du projet, l'initiateur entame une tournée auprès de ses actionnaires et ceux de la cible pour leur exposer le mérite de son projet, la création de valeur liée à la mise en œuvre des synergies… Au-delà de son intérêt, le management de la cible a de toute façon le premier devoir vis-à-vis des actionnaires de chercher à maximiser le prix payé par l'initiateur et donc de s'engager dans un premier temps dans une stratégie de défense vigoureuse susceptible de finir dans un deuxième temps par une acceptation de l'offre en échange d'une dernière surenchère. La cible engage donc souvent un ou plusieurs conseils financiers pour organiser sa défense, ainsi que des experts juridiques et en communication. Dirigée par son président, cette équipe de défense de la cible se compose d'une vingtaine de personnes environ et se réunit quotidiennement pour suivre la réaction des investisseurs, des leaders d'opinion aux initiatives de l'initiateur, bref élaborer une stratégie de défense et attribuer les tâches. L'importance d'une bonne organisation permet d'éviter une entropie naturelle liée au fait que tout le monde se sent investi du droit de participer à la défense de l'entreprise. Certaines sociétés ayant pressenti le fait qu'elles pouvaient faire l'objet d'une offre hostile désignent en amont des conseils pour organiser leur défense et préparer un *defense pack* ou mandat de défense, c'est-à-dire un plan de bataille à froid en cas d'offre non sollicitée. En tout état de cause, les dirigeants de la cible et de l'initiateur sont soumis à un devoir de vigilance dans leur déclaration, sous le contrôle étroit de l'AMF.

Il convient d'abord de gagner du temps. C'est l'objet des actions en justice, qui sont aujourd'hui devenues systématiques. La cible peut déposer un recours contre la décision de conformité de l'Autorité des marchés financiers ; faire un procès à l'initiateur pour diffamation ou diffusion de fausses informations ou encore de non-respect du principe d'égalité des actionnaires. Lorsque la décision doit être rendue par la cour d'appel, l'Autorité des marchés financiers décide de repousser la clôture de l'offre jusqu'au jugement. L'avantage de ces actions est de profiter du temps de jugement pour affiner sa stratégie de défense.

Le temps d'examen du projet de rapprochement par les autorités concurrentielles peut également être mis à profit pour élaborer une stratégie de défense anti-OPA et étudier les points faibles de l'initiateur de l'offre hostile en analysant la réaction du marché aux offres proposées. La cible peut mettre en avant le risque d'exécution du projet de l'initiateur et notamment faire une analyse critique des synergies et des coûts de restructuration afférents, démontrer que l'offre sous-valorise le potentiel *stand alone* de la cible en donnant de l'information au marché, critiquer l'initiateur sur sa gestion, ses propres risques, sa valorisation…

L'initiateur devant communiquer ses intentions en matière d'emploi, les enjeux sociaux d'un rapprochement sont souvent un moyen pour la cible d'occuper le terrain médiatique en soulignant les risques de destruction massive d'emplois. En guise de riposte, l'initiateur doit transmettre à son comité d'entreprise et au comité d'entreprise de la cible la note d'information dans les 3 jours de sa publication. Le comité d'entreprise de la cible (ou à défaut les membres du personnel) peut décider de procéder à l'audition de l'initiateur et se prononcer sur le caractère hostile ou amical du projet de rapprochement. L'initiateur a l'obligation de participer à cette audition et de présenter au comité d'entreprise les « répercussions de la mise en œuvre de son offre sur l'ensemble des intérêts de la société visée et spécialement l'emploi ». Il n'est cependant pas tenu par l'avis du comité d'entreprise sur l'opération.

2.2.2. Le principe de compétence de l'assemblée générale de la cible

En pratique, les moyens de défense face à une offre publique non sollicitée et dont le prix est suffisamment attractif sont peu nombreux. Les contraintes de temps et de transparence rendent la plupart des mécanismes à la disposition de la cible difficiles à mettre en œuvre.

Inspiré par l'article 9 de la Directive européenne sur les offres publiques, le droit boursier français impose au conseil d'administration de la cible une « obligation de passivité » et accorde à l'assemblée générale de la cible un rôle déterminant en période d'offre, notamment pour cadrer les initiatives des dirigeants de la cible dont le sort personnel est lié à la réussite ou à l'échec de l'offre hostile et qui pourraient être tentés d'organiser leur défense en perdant de vue l'intérêt des actionnaires… Ainsi tout projet significatif de cession, d'augmentation de capital, de distribution exceptionnelle, de réduction de capital devra être soumis préalablement à l'assemblée générale des actionnaires de la cible. De même, si l'organisation de la défense de la cible avait été approuvée dans son principe lors d'une assemblée générale de ses actionnaires tenue antérieurement au lancement de l'offre, toute délégation de l'assemblée générale dont bénéficiait le management pour mettre en œuvre ces mesures est suspendue en cas d'offre publique sur la cible. Par conséquent, toute décision des organes sociaux prise avant la période d'offre qui ne s'inscrit pas dans le cours normal de la société et qui est susceptible de faire échouer l'offre doit être soumise au vote des actionnaires.

Au-delà des problèmes du délai de convocation qui pourrait être réduit à 15 jours contre 35 jours en période normale, la tenue d'une assemblée générale des actionnaires en période d'offre hostile n'est pas chose aisée et peut tourner à une sorte de débat public sur l'offre de l'initiateur, les qualités du management de la cible et sa vision stratégique.

Cependant, en vertu du principe d'exception de réciprocité prévu par la directive, le seul cas où le management peut se dispenser de la tenue d'une assemblée générale en période d'offre est le cas où l'initiateur n'applique pas lui-même le principe de « passivité » ou est contrôlé par une société n'appliquant pas ce principe. Ainsi si l'initiateur est une société enregistrée dans le Delaware ou une société non cotée ou une société allemande, les mesures de défense adoptées en assemblée générale « à froid » par la cible française peuvent être activées pendant l'offre par le conseil d'administration de la société sans avoir à convoquer une assemblée générale, à condition que ces mesures aient été expressément autorisées dans l'hypothèse d'une offre publique.

Enfin, la société a la faculté de prévoir de suspendre les effets de toute clause d'une convention (notamment de tout pacte d'actionnaires) stipulant des restrictions au transfert d'actions (préférence, préemption, agrément par exemple), qui sont inopposables à l'initiateur d'une offre. Cette faculté reste théorique car on voit mal le management d'une société demander aux actionnaires liés à par un pacte et qui contrôlent la société de renoncer à leurs droits en cas d'offre !

2.3. De quels moyens de défense dispose la cible d'une offre non sollicitée ?

La meilleure défense consiste à se prémunir contre toute tentative d'offre hostile. D'abord en surveillant avec attention l'évolution de son actionnariat et le franchissement des seuils du capital. Ensuite, en fidélisant son actionnariat. Transformer la société en commandite par actions est efficace dans la mesure où elle dissocie la gestion et le capital de la société, mais n'en reste pas moins lourde et coûteuse.

2.3.1. Déposer une offre concurrente

L'offre concurrente doit prendre la forme d'une surenchère d'au moins 2 %, et être déposée au moins cinq jours de bourse avant la clôture de l'offre initiale. Elle peut émaner soit :

– d'un « chevalier blanc », qui bénéficie du soutien du management pour déposer une offre concurrente amicale. Ce fut notamment le cas de HSBC, venue au « secours » du CCF « menacé » par un rachat du néerlandais ING. Mais l'initiateur de l'offre a lui aussi la possibilité de surenchérir à nouveau et le chevalier blanc risque de s'essouffler. Ceci d'autant plus qu'il peut avoir des problèmes de concurrence qui l'obligeraient à revendre certains actifs et donc ne lui permettent pas de créer toutes les synergies possibles ;

– de la société cible elle-même, qui lance une offre publique sur l'initiateur considéré comme agressif (le « *Pacman* »). Dans la bataille qui a opposé TotalFina et Elf Aquitaine, ce dernier a tenté de se défendre en proposant une offre sur l'initiateur, TotalFina. Mais ce type de surenchère pose un problème de fond : si la société cible rejette le projet déposé par l'initiateur, dans quelle mesure son propre projet d'offre sur l'initiateur a-t-il plus de valeur ? En outre, comment expliquer aux actionnaires de la cible qui bénéficient jusqu'à présent de la prime proposée par l'initiateur qu'ils vont devoir en payer une aux actionnaires de l'initiateur ? Ce type de surenchère conduit en pratique à renforcer la « bataille » de communication à travers des campagnes de publicité, des communiqués, des rencontres avec les investisseurs... et souvent permet de rapprocher les points de vue et débouche sur une offre amicale.

En tout état de cause, l'initiateur de l'offre hostile peut renoncer à son offre publique dans le délai de cinq jours de bourse suivant la publication du calendrier de l'offre concurrente. Dans un esprit similaire, la société cible peut menacer de céder des actifs stratégiques ou de les sanctuariser grâce à un trust, afin de dissuader l'auteur de l'OPA. Mais ces défenses extrêmes, outre leur impact douteux sur la stratégie à long terme de l'entité, sont en principe interdites par le droit français.

2.3.2. L'émission de valeurs mobilières : le bon d'offre

Les pilules empoisonnées ou poison pills américaines, qui consistent à organiser la cession immédiate d'actifs stratégiques (marques, licences...)

et à attribuer des *golden parachutes* au management, font rêver les journalistes mais ne sont en général pas applicables en droit français.

L'augmentation de capital ou l'émission de valeurs mobilières sont souvent considérées comme l'une des défenses à la disposition de la cible en renchérissant le coût pour l'initiateur, mais elles font l'objet d'une surveillance étroite de l'Autorité des marchés financiers, qui sera très sensible à l'existence ou non d'une décision d'assemblée générale d'émettre du papier en période d'offre, prise antérieurement au dépôt de l'offre hostile, notamment dans le cadre du principe de réciprocité décrit précédemment. Il peut en outre s'avérer difficile de trouver des investisseurs pour suivre une telle augmentation de capital en pleine bataille boursière. Le seul cas explicitement prévu par la réglementation est celui d'une émission de bons dit bons d'offre permettant de souscrire à des conditions préférentielles à des actions de la cible et leur attribution gratuite à l'ensemble des actionnaires. La mise en œuvre se fait sur la séquence suivante : annonce de l'intention d'émettre des bons d'offre avant la clôture de l'offre, attribution des bons avant l'avis de résultat de l'offre (aux anciens actionnaires et non à l'initiateur !) puis après l'annonce du résultat de l'offre, les bons deviennent exerçables au prix convenu, diluant alors l'initiateur. Inspirés des rights plans américains, ces bons constituent en réalité une puissante incitation à la négociation entre la cible et l'initiateur pour lui éviter de renchérir substantiellement le coût de l'opération. Ainsi, dans sa défense contre Sanofi-Synthélabo en 2004, Aventis a projeté d'émettre un bon de souscription d'actions, reposant sur l'idée qu'un risque existait pour Sanofi-Synthélabo de perdre aux États-Unis le brevet de l'un de ses médicaments les plus vendus et qu'il fallait donc protéger ses actionnaires contre cette éventualité. Ce bon gratuit au profit des actionnaires d'Aventis aurait permis à ces derniers d'acquérir un certain nombre d'actions du nouvel ensemble à leur valeur nominale, ce qui était très avantageux ; mais avait surtout pour mérite de diluer le capital du nouvel ensemble et par conséquent de changer le rapport de force capitalistique. Un tel montage n'a pas été jugé conforme au règlement général de l'AMF en vigueur à l'époque car il remettait en cause le principe de l'égalité de traitement des actionnaires.

2.3.3. La limitation des droits de vote

Outre l'existence de droits de vote double (*cf.* chapitre 19), une société cotée a la possibilité de limiter statutairement les droits de vote exerçables en assemblée générale pour un seul et même actionnaire. Ainsi le groupe Schneider Electric a prévu qu'un actionnaire ne peut exprimer en assemblée générale plus de 10 % du nombre total de droits de vote s'il dispose de droits de vote simple ou 15 % s'il dispose de droits de vote double par lui-même et par mandataire, sauf à détenir plus des deux tiers du capital de la société. Une telle disposition permet d'éviter les prises de contrôle rampantes par un investisseur qui deviendrait le plus important actionnaire d'un groupe sans pour autant détenir plus du tiers du capital ou des droits de vote.

2.3.4. Le rachat de titres

Les sociétés françaises ont la possibilité de racheter ou de faire racheter leurs propres titres dans la limite de 10 % du capital par période de 18 mois soit pour annuler les titres correspondants, soit pour créer un stock de titres suffisant pour couvrir l'exercice de titres donnant accès au capital ou payer des acquisitions. En période d'offre, il peut être tentant pour les dirigeants de la cible de faire racheter des actions dans le marché pour faire monter le cours au-delà du prix proposé par l'initiateur. La réglementation boursière prévoit que le programme de rachat d'actions doit être suspendu en cas d'offre publique, sauf si sa poursuite avait été expressément prévue par l'assemblée générale qui a autorisé ce programme.

La tentative d'offre publique hostile du distributeur d'aciers spéciaux Jacquet Metals sur son concurrent IMS en 2010 offre un excellent exemple de stratégie d'acquisition et de défense lors d'une offre non sollicitée, où la taille de l'entreprise n'est pas nécessairement une garantie de succès. Bien que six fois plus petit en terme de chiffre d'affaires, le groupe Jacquet Metals a profité de l'éclatement de l'actionnariat d'IMS pour en devenir petit à petit le premier actionnaire. Ces rachats d'actions successifs, fortement critiqués par les dirigeants d'IMS, ont permis à Jacquet Metals d'atteindre en 2009 33,2 % du capital et d'entrer au conseil d'administration du groupe, où il proposa sans succès un rapprochement entre les deux groupes. Huit mois plus tard, Jacquet Metals annonça le lancement d'une OPE hostile de 400 millions d'euros par échange de 2 actions Jacquet Metals contre 7 titres IMS, soit une prime de 22 % sur la valeur boursière de la cible. En face, la stratégie de défense d'IMS a occupé à la fois les terrains financiers et juridiques, sans oublier la communication avec les blogs ouverts à cet effet. N'étant pas en mesure de faire appel à un chevalier blanc compte tenu de la forte participation de Jacquet Metals, les dirigeants d'IMS ont d'abord menacé de mettre l'entreprise en cessation de paiement par l'activation d'une clause de remboursement anticipé des créances du groupe en cas de changement de contrôle. Ils ont ensuite annoncé la mise en vente de leur filiale allemande Stappert, véritable pépite du groupe, dont elle représentait 30 % du chiffre d'affaires. Mais Jacquet Metals a obtenu de la justice qu'IMS ne puisse pas vendre sa filiale sans convoquer d'assemblée générale d'actionnaires tant que le groupe sera en procédure d'offre publique. Quelques jours après la décision du tribunal, les deux entreprises, dans un communiqué de presse conjoint, annoncèrent avoir trouvé un accord pour se rapprocher par voie de fusion absorption sur la base d'une parité améliorant l'offre initiale de 22 %, puisque le ratio d'échange était de 20 actions IMS contre 7 titres Jacquet. Comme quoi la ténacité finit toujours par payer…

Questions

1. De quels droits dispose un actionnaire ?
2. Les actionnaires sont-ils égaux en droits ?
3. Qu'est-ce que le droit de préemption ?
4. Comment protéger les droits des actionnaires ?
5. Qu'est-ce que la gouvernance ?
6. Quels sont le but et la stratégie suivis par les fonds activistes ?
7. Qu'est-ce qu'une offre non sollicitée ? Quand a-t-elle des chances de voir le jour ?
8. Quel est le rôle de l'assemblée générale de la cible d'une offre publique non sollicitée ?
9. De quels moyens dispose une société cotée pour se défendre contre une offre non sollicitée ? Ceux-ci sont-ils efficaces ?

Bibliographie

AMF, *Rapport de l'AMF sur le gouvernement d'entreprise et le contrôle interne,* 2009.

Finet Alain, *Gouvernance d'entreprise : Nouveaux défis financiers et non financiers*, De Boeck, Bruxelles, 2009

Bozzo Matteo, *Les stratégies de blocage utilisées par les hedge funds lors des offres publiques*, HEC Club Finance, Les études du club n° 72, décembre 2007.

Naciri Ahmed, *Corporate Governance Around the World*, Routledge, New York, 2008.

Pérez Roland, *La gouvernance d'entreprise*, La Découverte, Paris, 2009.

Wirtz Peter, *Les meilleures pratiques de gouvernance d'entreprise*, La Découverte, Paris, 2008.

Chapitre 19

Le dilemme contrôle/croissance : le cas des groupes familiaux

Ce chapitre traite...

• **Des caractéristiques des sociétés familiales**

– Les sociétés familiales présentent des modes de gestion particuliers, qui les conduisent à réaliser de meilleures performances que le marché.

– Les trois cercles qui les constituent (la famille, le management et l'entreprise) interagissent sans cesse mais doivent avoir chacun des règles de fonctionnement bien définies.

– La pression fiscale représente une contrainte majeure pour les membres de la famille.

• **Du dilemme contrôle versus croissance**

– La croissance organique et/ou externe peut conduire à une dilution progressive de la participation de la famille. Quatre solutions sont possibles :

– La séparation juridique du contrôle en capital et en droits de vote, mise en œuvre grâce à l'attribution de droits de vote double ou au travers du mécanisme de commandite.

– L'utilisation de *holdings* de contrôle ou d'usufruit.

– L'entrée de nouveaux investisseurs financiers, en capital, au travers d'une introduction en bourse ou *via* de l'endettement.

– L'externalisation d'actifs.

Les groupes familiaux représentent une part significative du tissu économique européen, et sont confrontés à des problématiques bien spécifiques, qui résultent aussi bien des objectifs des membres de la famille que du mode de gouvernance choisi pour le groupe. Toute la difficulté consiste à trouver un juste équilibre entre croissance et contrôle.

1. Rappel des caractéristiques des sociétés familiales

On appelle société familiale une entreprise caractérisée par une détention significative de l'actionnariat par une ou plusieurs familles ayant une histoire commune, souvent sur plusieurs générations, et qui s'impliquent étroitement dans la gestion et/ou le contrôle de l'entreprise. La famille ne possède pas nécessairement le contrôle de l'entreprise, mais elle dispose du pouvoir de révocation des dirigeants, et la participation au capital de l'entreprise représente tout de même une part significative du patrimoine familial.

Au-delà de l'actionnariat et du pouvoir de révocation des dirigeants, il est difficile de donner une définition précise d'une entreprise familiale, car c'est à la fois une entreprise privée comme une autre, soumise aux mêmes contraintes de gestion et de création de valeur ; mais elle se caractérise principalement par une culture d'entreprise, des valeurs, une gouvernance, une histoire particulière qui influence leur modèle de développement avec un mélange d'efficience, de vision à long terme et de résistance aux modes. Ce « capital émotif » (*emotional ownership* en franglais) peut constituer un avantage compétitif dans la mesure où l'implication dans l'entreprise est plus forte avec une vision à plus long terme, mais aussi une contrainte particulière qui affecte la prise de certaines décisions.

Selon l'OCDE, ces sociétés représentent environ 85 % du nombre d'entreprises de la zone OCDE. On trouve des entreprises familiales de toutes tailles depuis la petite entreprise régionale jusqu'au grand groupe international, coté ou non. On peut citer Bouygues, Zodiac ou LVMH comme grands groupes familiaux cotés, Auchan, Sonepar ou Roullier comme des grands groupes familiaux non cotés, LISI, Groupe Crit ou Vétoquinol comme groupes familiaux cotés de taille moyenne. Sur les 250 entreprises que comptent les indices Cac 40, Next 20, Mid 100 et Small 90, une centaine sont de nature familiale. De nombreuses études démontrent que leur performance boursière est souvent supérieure à celle des autres entreprises, les familles étant réputées plus avisées dans la gestion de leur propre patrimoine, avec une vision à moyen terme du développement de l'entreprise. On estime que les entreprises familiales, qui représentent environ la moitié de la capitalisation boursière de Paris, ont vu leur cours de bourse multiplié par 7 en 15 ans, soit deux fois et demie plus que l'indice CAC 40.

1.1. La gestion des attentes du groupe familial

On caractérise fréquemment les entreprises familiales comme la rencontre de trois cercles : la famille, le management et l'entreprise. En théorie, ces trois cercles peuvent fonctionner de façon harmonieuse, chaque entité respectant scrupuleusement les droits et devoirs de l'autre : la famille contrôle et définit la stratégie de l'entreprise, le management gère et développe l'entreprise, les relations familiales et la gouvernance de la famille n'interférant pas avec la vie de l'entreprise. La famille peut choisir de faire gérer l'entreprise par un management qui lui est extérieur (Peugeot) ou au contraire gérer en direct l'entreprise par son ou ses membres qui lui apparaissent les plus qualifiés pour le faire (PPR ou SEB), au risque de ne pas suffisamment s'ouvrir sur l'extérieur.

Le décès du fondateur et l'apparition de la seconde génération sont souvent une source de conflits mettant à mal la cohésion du groupe familial. On estime que le départ à la retraite est la raison de six cessions sur dix, et 700 000 entreprises devraient être confrontées à ce problème d'ici 2018, soit 27 % du tissu économique français. Certains enfants qui ne travaillent pas dans l'entreprise et ne reçoivent que de maigres dividendes peuvent ressentir légitimement une frustration par rapport à ceux qui bénéficient d'une fonction dans l'entreprise avec une certaine rémunération, un certain pouvoir et une visibilité au sein du groupe familial. Dans d'autres cas, une branche de la famille prend le pas sur une autre qui veut se faire entendre. On assiste alors à un mélange des genres où l'entreprise devient le champ de bataille des dissensions familiales, où telle branche a « le droit naturel » à gérer telle activité tandis que telle autre a « le droit » d'être administrateur. De telles situations aboutissent rapidement à une moindre performance de l'entreprise, ou à une recomposition du capital, comme on a pu le constater dans le cas des groupes Taittinger ou Galeries Lafayette, voire à sa cession totale ou partielle. Seulement 6 % des entreprises familiales sont reprises par un membre de leur famille en France, contre 72 % en Italie ! L'identification et la formalisation des attentes des actionnaires familiaux, notamment grâce à la rédaction d'une charte familiale, le recours à des administrateurs indépendants au sein des organes sociaux de l'entreprise permettant d'arbitrer les conflits, la définition des critères de compétence pour participer au management d'entreprise ou pour succéder à son dirigeant mettent le groupe familial en situation de pérenniser son contrôle et de bien réussir la transmission d'une génération à l'autre. En outre, il est souvent utile de créer des organes d'animation du groupe familial, comme un conseil de famille, une association ou une fondation familiale, qui permettent de réguler les tensions et agissent comme une sorte de parlement familial, susceptible de réguler le capital émotif lié à l'attachement de la famille au groupe industriel.

Solution alternative, le contrôle de la société familiale par une fondation, autorisé depuis 2006. Ainsi, Pierre Fabre a apporté 60 % du capital de son groupe à une SAS appelée Pierre Fabre Participation (PFP) dont l'intégralité du capital a été donnée à une fondation d'utilité publique qui percevra des dividendes lui permettant de réaliser son objectif caritatif, tandis que les droits de vote au sein du groupe seront exercés par le président de PFP.

1.2. La pression fiscale

Le problème de la gouvernance familiale est d'autant plus sensible que la fiscalité des entreprises familiales favorise l'entropie naturelle des groupes familiaux liée à l'augmentation du nombre d'actionnaires. En effet, les droits de succession, l'impôt de solidarité sur la fortune (ISF) et l'impôt sur les plus-values sont souvent pénalisants pour la stabilité des groupes familiaux. Rappelons justement que, pour bénéficier d'une exonération d'ISF, l'actionnaire familial doit exercer dans l'entreprise une fonction éligible et rémunérée (cette rémunération devant représenter plus de 50 % de ses revenus professionnels) et posséder plus de 25 % des droits de vote de la société. Les familles ont en outre la possibilité de signer un pacte dit Dutreil qui leur fait bénéficier d'une exonération de 75 % du montant de l'ISF en contrepartie d'un engagement collectif d'une durée initiale de 2 ans, suivi d'une période individuelle de conservation d'au moins 4 ans, les titres du pacte devant représenter plus de 34 % du capital pour les sociétés non cotées et 20 % pour les sociétés cotées. Il est également possible de créer une *holding*, dite *holding* animatrice, regroupant la plupart des membres de la famille avec des fonctions de mandataires sociaux, qui facture des services de nature juridique ou financière aux entités opérationnelles, sous forme de *management fees*.

Selon les cas, un actionnaire familial peut donc se retrouver dans une situation où l'ISF lui coûte chaque année plus cher que les dividendes qu'il perçoit au titre de sa participation, et ce sans accès à la liquidité. En outre, pour financer les droits de succession de l'entreprise familiale, un actionnaire peut être amené à céder ses titres.

Grâce au bouclier fiscal, l'impôt sur le revenu, l'ISF et les taxes d'habitation et foncière ne peuvent dépasser plus de 50 % des revenus imposables, mais la « frustration fiscale » reste toujours importante et la cession d'un seul des membres du pacte Dutreil avant son échéance remet en cause l'exonération sur l'ensemble des titres du cédant.

2. Le dilemme contrôle versus croissance

La croissance d'un groupe familial, et notamment la croissance externe, nécessite souvent des moyens financiers importants pour financer les investissements, sans parler des moyens humains pour gérer le développement des activités. Pendant de nombreuses années, l'autofinancement suffit à faire croître la taille de l'entreprise et à poursuivre son développement. Aujourd'hui, 50 % des entreprises familiales françaises sont détenues à 100 % par la famille fondatrice. Cependant, plus la valeur du groupe est importante, plus la famille, qui ne dispose souvent que de peu de liquidités pour suivre une éventuelle opération en capital liée à une acquisition ou à un nouveau projet de développement, a des chances de se retrouver diluée, c'est-à-dire voir sa participation se réduire progressivement dans le temps.

En outre, certains membres de la famille peuvent souhaiter accéder à la liquidité obligeant ceux qui restent à les racheter ou à les remplacer par d'autres actionnaires. Enfin, pour attirer les talents indispensables au développement du groupe familial, il est souvent nécessaire de proposer au management un accès immédiat ou à terme au capital de l'entreprise, ce qui crée une source de dilution supplémentaire du groupe familial. C'est ce qu'on appelle le dilemme contrôle versus croissance, un bon projet créateur de valeur ne devant pas être refusé au seul motif que les actionnaires familiaux n'ont pas les moyens de le financer…

Quelles sont les voies de compromis possibles pour éviter d'arbitrer la croissance contre la dilution ?

2.1. La séparation juridique du contrôle en capital et en droits de vote

2.1.1. Les droits de vote double

De nombreux groupes familiaux, notamment cotés, ont recours aux droits de vote double. Les statuts d'une entreprise peuvent prévoir qu'à l'issue d'une période de détention minimum (de deux ans pour les entreprises cotées), un actionnaire a la faculté de bénéficier de droits de vote double en assemblée générale. Ce mécanisme permet à une famille de contrôler une entreprise sans avoir la majorité en capital. Ainsi la famille Peugeot détient 30,3 % du capital du groupe PSA qui capitalise plus de 5 milliards d'euros mais 45,1 % des droits de vote. Chaque pays a une façon spécifique de séparer le pouvoir du capital. Ainsi, l'environnement juridique aux Pays-Bas permet à un groupe d'actionnaires de disposer de droits très forts sur la stratégie et la gestion d'une société cotée (souvent par l'intermédiaire d'une fondation), alors que la détention en capital par ce même groupe peut être très faible.

2.1.2. La société en commandite par action

La société en commandite par action se caractérise par une séparation statutaire entre le pouvoir de gestion détenu par les collèges associés commandités, responsables des passifs sur leurs biens propres, et qui se désignent par cooptation, et le rôle de commanditaire qui se ramène à celui d'actionnaire passif contrôlant la gestion des commandités et bénéficiant du droit aux dividendes.

De nombreuses sociétés familiales ont choisi le statut de commandite par action, comme Hermès, Lagardère ou Michelin. Cette structure permet à la famille de conserver la gestion du groupe avec une participation faible voire minoritaire au capital de l'entreprise. Ainsi, au 31 décembre 2009, la famille Lagardère ne détient plus que 9,6 2 % du capital et 13,86 % des droits de vote de Lagardère Groupe. Toutefois, les sociétés en commandite par action peuvent susciter des réactions d'investisseurs activistes, comme en témoigne la tentative de déstabilisation de l'investisseur franco-américain Guy Wyser-Pratte contre Lagardère Groupe. Après avoir déclaré détenir 0,53 % du capital de Lagardère, le raideur a réclamé un siège au conseil de surveillance afin de mettre fin au statut de commandite par action, dénoncé comme « archaïque et médiéval » et accusé d'être à l'origine d'une décote du titre boursier de l'entreprise.

2.2. Holding de contrôle et holding d'usufruit

Le contrôle familial du groupe peut être exercé au sein d'une ou de plusieurs sociétés *holding* assurant l'unité du groupe familial et permettant d'organiser en amont la liquidité aux membres de la famille qui souhaiteraient sortir, sans pour autant remettre en cause le contrôle par la famille. Cette *holding* dispose des revenus liés aux dividendes versés par la société opérationnelle et aux prestations de conseil facturées à cette dernière (dans le cadre de son rôle de *holding* animatrice) et peut diversifier le patrimoine familial en investissant dans l'immobilier ou dans d'autres titres financiers. Dans certains cas, la *holding* peut également porter des activités émergentes ou complémentaires à celles du groupe industriel. Ainsi, la famille Burelle, qui détient le contrôle du groupe familial d'équipement automobile et des collectivités Plastic Omnium au travers d'une *holding* qui porte son nom, a choisi de développer un pôle de signalisation routière appelé Signature détenu par Burelle SA et Eurovia, filiale de Vinci, et qui réalise un chiffre d'affaires supérieur à 200 millions d'euros.

Organisée en cascade, une série de *holdings* permet d'organiser une chaîne de contrôle en utilisant le cas échéant de la dette à chaque étage (et donc l'effet de levier), ce qui permet de renforcer le niveau de contrôle de l'étage du dessous, mais augmente également le risque car tout repose sur le versement de dividende d'un étage à l'autre, et un maillon faible peut remettre en cause toute la chaîne. Le schéma 1 montre la structure utilisée par la famille Bolloré pour contrôler son groupe. De cette manière, Bolloré Participations contrôle Bolloré en détenant économiquement 4,3 % du capital. De plus, de nombreux actifs détenus par Bolloré, comme la Compagnie du Cambodge ou la Financière Moncey, détiennent à leur tour des parts dans des holdings du haut de la structure comme la Financière de l'Odet et la Financière V, accentuant ainsi le contrôle de Vincent Bolloré.

Il est également possible de constituer une holding qui regroupe pour une certaine durée l'usufruit des titres des membres de la famille dans un véhicule constitué à cet effet, et appelée holding d'usufruit. Ce montage exonère le nu propriétaire de déclarer la valeur de son droit au titre de l'ISF, tandis que la holding perçoit les dividendes sur la durée d'usufruit et peut ainsi diversifier le patrimoine de la famille. C'est le cas de la famille Lescure qui a regroupé dans deux holdings d'usufruit, Fédéractive et Venelle Investissement, respectivement le contrôle de 23,86 % et 19,99 % du capital et de 31,21 % et 26,94 % des droits de vote de SEB. De façon générale, les groupes familiaux pratiquent fréquemment la donation avec réserve d'usufruit, qui permet de bénéficier d'une imposition allégée sur les droits de mutations tout en préservant le bénéficiaire de l'ISF.

Schéma 1. – *Structure du groupe Bolloré*

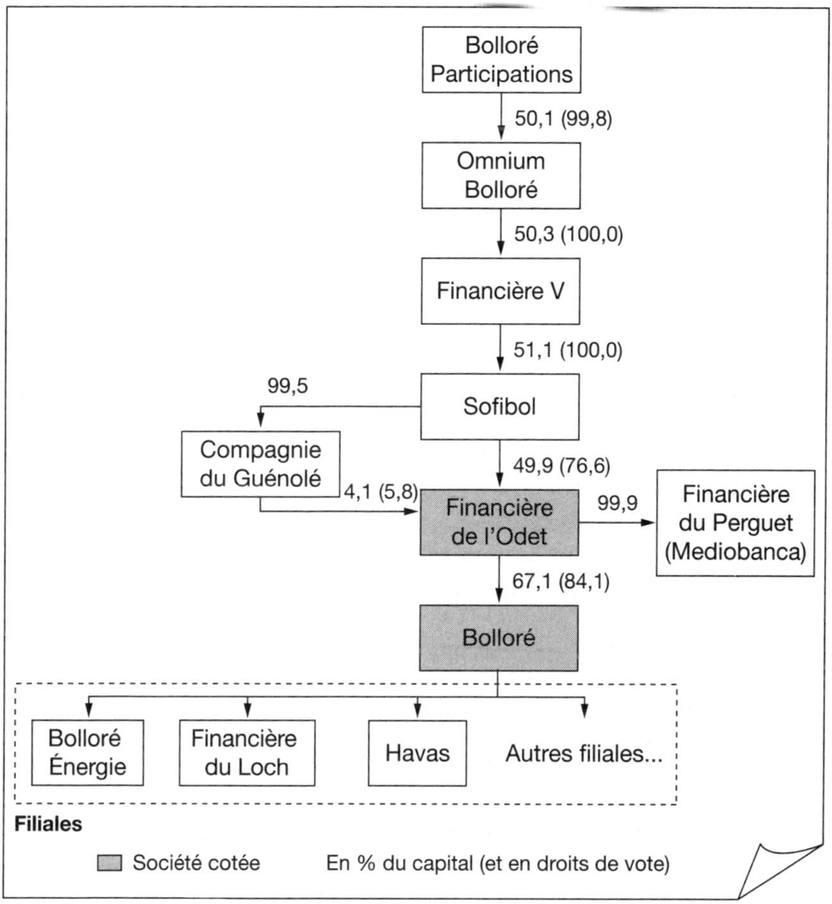

Source : Rapport annuel 2009 du groupe Bolloré.

2.3. Faire entrer des investisseurs financiers dans les groupes familiaux

L'entrée d'investisseurs financiers peut se faire par des capitaux propres, par endettement ou les deux selon le niveau de risque patrimonial que la famille est prête à prendre dans le cadre du projet de développement. Une véritable réflexion sur la structure financière s'impose alors car le recours excessif à l'effet de levier n'est pas sans risque. La problématique de la cotation se pose également : comment choisir entre le public equity et le private equity ? Par ailleurs, alors que la force de bon nombre d'entreprises familiales réside précisément dans leur vision à long terme, s'associer avec un investisseur financier à horizon très court-termiste ne présente-t-il pas un risque majeur ?

2.3.1. En capitaux propres

Un fonds d'investissement peut venir aux côtés d'une famille pour financer une opération de croissance externe ou plus simplement prendre le relais d'actionnaires familiaux sortants. Bien que minoritaire, le fonds d'investissement exigera un pacte d'actionnaires protégeant ses droits, organisant sa sortie et les modalités de gouvernance pendant cette période de cohabitation. On retrouve ici l'ensemble des caractéristiques d'un pacte d'actionnaires décrites au chapitre 18.

Le fonds peut choisir d'investir à différents niveaux comme le montre le schéma 2 :

– « par le haut », aux côtés de la famille dans la holding de contrôle du groupe. C'est le choix fait par la famille Deconink qui a fait entrer le fonds d'investissement américain KKR à 50 % dans la holding de contrôle du groupe de revêtements de sol Tarkett, appelée SIF ; autre exemple, l'entrée d'European Capital Limited à hauteur de 39 % au sein d'une société holding contrôlant 53,9 % d'Audika, numéro un français de la correction auditive, aux côtés de la famille Tonnard ;

– au niveau de la société opérationnelle. Cette option plus classique présente l'avantage pour le fonds d'être « près des cash flows » dans le sens où il est sûr de toucher la quote-part de tout versement de dividendes et pour la famille de ne pas être exposée en direct au fonds d'investissement. On peut citer comme exemple l'entrée en 2009 du Fonds d'Investissement Stratégique au capital du groupe familial Daher à hauteur de 20 % sous forme d'une augmentation de capital de 80 millions d'euros pour refinancer l'acquisition de Socata ;

Schéma 2. – *Les différents niveaux d'entrée d'un investisseur en capital*

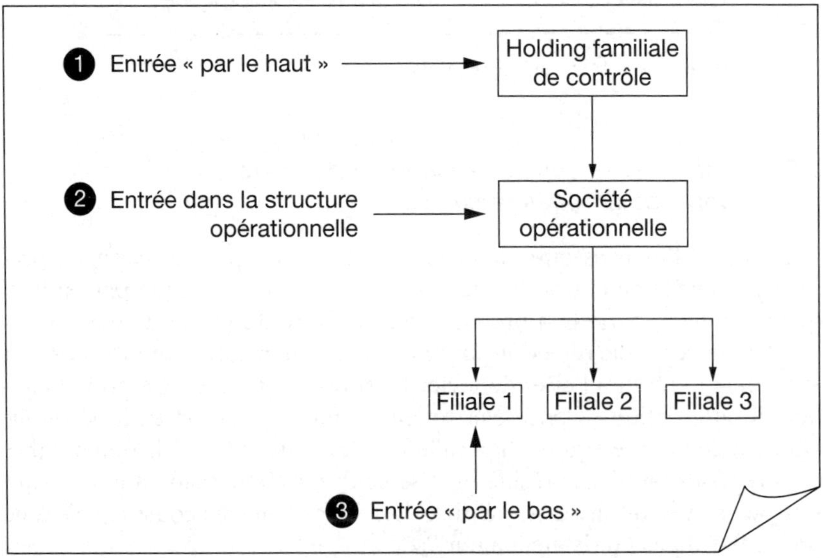

– « par le bas », dans une filiale qui porte l'activité faisant l'objet du projet de développement. Le fonds d'investissement évitera alors de diluer le contrôle familial immédiatement ou à terme. Ainsi le groupe familial Faiveley a réalisé en 2004 une opération originale pour reprendre le groupe anglais d'équipement Wabco dont la valeur des capitaux propres était de 310 millions d'euros, soit plus que la capitalisation boursière du groupe à l'époque. Le groupe a fait appel au fonds d'investissement Sagard qui a investi 100 millions d'euros dans la filiale du groupe appelée Faiveley Transport qui s'est elle-même endettée à hauteur de 230 millions d'euros. Quatre ans plus tard, les objectifs du plan d'affaire ayant été atteint et l'intégration de Wabco réussie, la famille Faiveley s'est accordée avec Sagard pour le rachat de la totalité de la participation du fonds d'investissement, par endettement et émission de titres. Le groupe a ainsi doublé de taille sans que la famille n'en perde le contrôle.

L'entrée d'un investisseur financier est souvent l'occasion pour un groupe familial de confronter sa gestion avec un œil extérieur qui le met au défi à la fois sur son management, sa stratégie, son financement, ses opportunités de croissance externe et qui le prépare à la discipline des marchés financiers. Cependant, même limitée, la dilution induite par l'entrée d'un partenaire financier, le partage de la gouvernance et les modalités de sa sortie et de sa rémunération constituent souvent des sujets sensibles pour un groupe familial, dont l'espace temps de gestion ou l'horizon d'investissement n'ont pas les mêmes dimensions que celui d'un fonds de private equity. Il faut cependant rappeler que faire rentrer un fonds d'investissement au sein du capital d'une PME familiale donne une réalité à la notion de coût des capitaux propres et que le groupe familial doit être prêt à en supporter les conséquences financières.

L'investissement du fonds se fait souvent par un mélange d'actions et de titres donnant accès au capital (obligations convertibles ou bons de souscription d'actions, BSA) susceptibles de diluer significativement le groupe familial si le business plan initialement prévu n'est pas respecté. Parfois, le fonds exige une garantie de rentabilité sur son investissement et utilise les titres dilutifs pour ajuster son niveau de participation en fonction du taux de rentabilité effectivement constaté lors de sa sortie. L'investisseur financier peut également souscrire à une émission d'actions de préférence. Les actions de préférence sont des titres financiers permettant de dissocier un droit en échange d'une préférence sur le rendement de l'action ou le boni de liquidation. On peut ainsi imaginer des actions sans droit de vote avec un dividende prioritaire, ce qui permet de ne pas diluer le contrôle en droit de vote d'un groupe familial. Du fait de l'insertion dans les statuts de l'entreprise du contrat d'émission, l'émetteur peut prévoir de doter les actions de préférence de clauses de préemption, d'agréments de lock up, de sortie conjointe pour réguler la relation entre les actionnaires ordinaires et les porteurs d'actions de préférence. La valeur de ces titres est souvent un sujet épineux, car même si en théorie l'excédent de rendement compense la perte des droits de vote, les actions de préférence sont souvent décotées par rapport à leur valeur théorique Le groupe Casino constitue un exemple puisqu'il a émis 15 millions d'actions dites « à dividende prioritaire », sans droit de vote, en sus des 96 millions d'actions ordinaires. La moindre liquidité de ces titres financiers sur le marché fait qu'ils subissaient une décote d'environ 15 % par rapport aux actions ordinaires Casino telle que le groupe a fini par les racheter.

L'OBO (Owner Buy Out en franglais) constitue une forme intéressante d'entrée d'investisseurs financiers, notamment pour les PME familiales. Ce montage financier à effet de levier permet en effet à un dirigeant de céder une partie de son entreprise tout en en conservant le contrôle opérationnel. L'objectif peut être triple : rendre liquide une partie de son patrimoine professionnel, revaloriser son entreprise par la mise en place de développements ambitieux avec de nouveaux acteurs et préparer une transmission ultérieure. Ces opérations nécessitent un levier financier moindre que les LBO, puisqu'elles reçoivent un apport important des titres de la société par le fondateur. Leur positionnement en terme de risque plaît aussi aux banques, dans la mesure où elles permettent de garantir une certaine continuité associée à des moyens financiers plus importants.

Enfin, il importe de mentionner un autre acteur important et original de l'investissement dans les entreprises familiales, notamment non cotées : les groupes familiaux eux-mêmes ! En effet, depuis quelques années, de nombreuses grandes familles désireuses de diversifier leur patrimoine se sont souvent structurées en family office avec une capacité d'investissement directement dans le non-coté sans avoir recours à des fonds d'investissement. On peut citer la Foncière, Financière et de Participations (FFP), holding de capital investissement de la famille Peugeot, Batipart Participations, créée par la famille Ruggieri qui contrôle la Foncière des Régions, Artémis (famille Pinault) ou encore Créadev et Indev, les pôles d'investissement de diversification de l'Association des Familles Mulliez, entité qui regroupe les actionnaires familiaux des différentes entreprises telles que Auchan, Leroy-Merlin, ou Decathlon. Fortes de leur vision de long terme et de leur expérience industrielle, ces structures peuvent représenter une solution attractive pour des entreprises familiales méfiantes envers les fonds d'investissement classiques. En plus d'être des pourvoyeurs de capitaux, ces fonds familiaux représentent donc avant tout une certaine philosophie d'accompagnement des entreprises sur une durée habituellement plus longue. Avec la création en 2009 du Fonds Stratégique d'Investissement (FSI), l'État s'est également doté d'un outil pour accompagner les entreprises familiales et les aider à réussir, au sein d'une filière jugée stratégique, le passage de la Petite et Moyenne Entreprise (PME) à l'Entreprise de Taille Intermédiaire (ETI), voire au groupe, en leur permettant d'accélérer la croissance organique et de saisir des opportunités de croissance externe.

2.3.2. Aller en bourse

L'introduction en bourse, ou IPO en franglais, d'un groupe familial offre l'avantage de concilier le maintien du contrôle familial et le financement d'un groupe puisque le flottant exigé sur Euronext est en général de 25 %. Ceci combiné à des droits de vote double permet en général à une famille de conserver la majorité absolue en droits de vote pendant une durée très significative au regard du changement de taille lié au développement du groupe. Elle offre en outre l'avantage d'accroître la notoriété de l'entreprise, d'offrir la liquidité à certains actionnaires sortants et de pouvoir payer des acquisitions en titres cotés, ce qui est souvent plus facile à accepter par un vendeur. La cotation permet d'avoir des investisseurs financiers diversifiés qui gèrent eux-mêmes le timing et les modalités de leur sortie et non un nombre d'interlocuteurs limité, qui ont eux-mêmes planifié leur sortie contractuelle, ce qui obligera la famille à « trouver une solution ». Il convient également de rappeler que les investisseurs institutionnels n'ont pas pour habitude de demander un poste au conseil d'administration !

En contrepartie, le groupe familial devra s'adapter aux exigences que doivent assumer les sociétés cotées sur la transparence de l'information financière, les normes comptables IFRS, le contrôle interne, la rémunération des dirigeants et la gouvernance. Les dirigeants des groupes familiaux non cotés craignent souvent qu'une telle pression des marchés financiers les conduise à un certain court-termisme, les incitant à prendre des décisions de complaisance pour répondre aux exigences de rémunération des investisseurs institutionnels et non pour optimiser la valeur du patrimoine familial. La surperformance des sociétés familiales en bourse démontre que les deux modèles ne sont pas incompatibles, bien au contraire.

Notons enfin qu'il est parfois possible de faire directement appel public à l'épargne sans s'introduire en bourse (et donc sans cotation), en levant de l'argent auprès de personnes physiques (clients, mais partenaires). Ainsi le groupe de presse familial Le Revenu a levé 8,1 millions d'euros auprès de 860 de ses lecteurs sur 100 000 abonnés, ce qui ne l'a pas dispensé de devoir faire un prospectus AMF de plus de 100 pages ! Enfin, certains groupes familiaux préfèrent faire appel à la bourse à l'étranger dans des marchés jugés plus liquides ou attractifs comme L'Occitane, affaire familiale de produits cosmétiques qui a choisi en 2010 de s'introduire sur la bourse de Hong Kong en plaçant 25 % du capital pour environ 550 millions d'euros.

2.3.3. S'endetter

On ne traitera pas ici des problématiques de LBO que nous verrons au chapitre 20. L'endettement d'un groupe familial, notamment pour financer une acquisition, est souvent une décision difficile, car la sensibilité au risque financier s'avère plus aiguë dans une famille. En outre, et comme nous l'avons vu, financer une acquisition par endettement revient à cumuler le risque stratégique et le risque lié à l'endettement et les différentes études confirment l'aversion au risque financier des entreprises familiales. Si l'on met à part l'économie d'impôt liée à la déductibilité des frais financiers, l'effet de levier utilisé modérément constitue toutefois une source d'optimisation du patrimoine familial et a permis à de nombreux groupes de se développer pour acquérir une taille significative. En particulier, un groupe industriel non coté comme Lactalis a financé son développement, notamment à l'international, par endettement partiel, et ce d'autant plus qu'il n'avait pas accès au marché financier. De même, pour acquérir en 2008 la société suédoise Vin & Spirit (propriétaire de la vodka Absolut), le groupe Pernod Ricard a doublé son endettement et emprunté pour 12 milliards d'euros (5,6 milliards correspondant à la valeur des capitaux propres de Vin & Spirit et 6 milliards au refinancement des dettes du groupe). L'agence de notation Standard & Poor's a alors placé la note de crédit de Pernod Ricard en « perspective négative ». Afin de réduire sa dette, la société a réalisé en avril 2009 une augmentation de capital à hauteur d'1 milliard d'euros.

La sophistication de l'offre permet aux groupes familiaux d'utiliser toutes les formes d'endettement disponibles depuis le traditionnel crédit bancaire syndiqué, l'émission d'obligation, un placement privé de dette aux États-Unis en passant par une dette senior de type LBO ou de la dette très subordonnée. La diversification des sources de financement permet de réduire le risque de dépendance du groupe familial à un seul créancier. On peut citer ainsi l'émission de 600 millions d'euros de TSS ou titres super subordonnés réalisée par Casino en 2005, dette à très longue maturité qui passe après toutes les autres formes de crédit en cas de liquidation (mais avant les capitaux propres !). Ceci constitue une ressource onéreuse mais non dilutive pour un actionnaire de contrôle, un peu comme les actions de préférence. L'OBSAR (obligation à bons de souscription d'actions remboursables) constitue un produit de financement original puisqu'il combine une émission obligataire en général souscrite par un ou plusieurs établissements bancaires et des bons de souscription d'actions qui sont revendus dans des conditions attractives par la ou les banques à la holding familiale de contrôle du groupe et aux managers. Le groupe familial peut ainsi piloter dans le temps le niveau de détention qu'il souhaite maintenir dans le groupe industriel en se laissant diluer, mais en monétisant cette dilution ou en exerçant ou en rachetant les bons afin de se reluer au capital. De leur côté, les managers sont intéressés à la création de valeur de l'entreprise, dans un cadre fiscal attractif qui est celui des bons. Il ne faut cependant jamais oublier que la dette reste de la dette…

2.3.4. Externaliser des actifs ou des créances

L'externalisation d'activités peut représenter une source alternative de financement. En dix ans, la société familiale Bonduelle a doublé son chiffre d'affaires pour atteindre près d'1,5 milliard d'euros. Cette croissance soutenue, permise par un ambitieux développement à l'international, a notamment été financée par la mise en place de partenariats avec des tiers pour externaliser les activités non stratégiques du groupe, soulageant ainsi l'actif immobilisé et le besoin en fonds de roulement du groupe. La société agroalimentaire a par exemple externalisé son matériel de récolte, la logistique de ses chambres froides et certaines usines de production. Le groupe a également opté pour la cession de certaines créances clients, ce qui lui a permis d'alléger son bilan d'environ 140 millions d'euros. Ces politiques ont permis à Bonduelle de conserver le contrôle de son cœur de métier, tout en bénéficiant d'importantes sources de financement. De même, avant de connaître de graves difficultés, le groupe familial CMA CGM, numéro trois mondial du transport maritime, avait fait coter en bourse 17 de ses navires porte-conteneurs en les apportant en 2008 à une société cotée aux États-Unis. Mais tous les secteurs ne permettent pas nécessairement de telles politiques d'externalisation ou de cession des créances clients.

Questions

1. Comment définiriez-vous un groupe familial ?
2. Pourquoi la succession du fondateur du groupe est-elle une étape importante dans la vie d'un groupe familial ?
3. Qu'est-ce qu'un pacte Dutreil ?
4. Pourquoi les droits de vote double sont-ils particulièrement adaptés dans le cadre des groupes familiaux ?
5. Qu'est-ce qu'une société en commandite par action ?
6. Quelle est la nature du ou des risques induits par l'empilement de *holdings* de contrôle ?
7. Qu'est-ce qu'une *holding* d'usufruit ?
8. Pour un fonds d'investissement, quels sont les différents niveaux d'entrée au capital d'un groupe familial ?
9. Pourquoi une introduction en bourse impose-t-elle de nouvelles contraintes à un groupe familial ?
10. Qu'est-ce que le FSI ?

Bibliographie

Blondel Christine et Dumas Anne, *L'entreprise familiale sauvera-t-elle le capitalisme ? Portraits,* Éditions Autrement, 2008.

Caby Jérôme et Hirigoyen Gérard, *La gestion des entreprises familiales*, Economica, Paris, 2002.

Goldberg-Darmon Muriel, *L'introduction en bourse*, Revue Banque Éditions, Paris, 2006.

Mahieu Pascal et Ben Larbi Sami, *Tout savoir sur l'OBO,* Hors-Série numéro 4 du magazine Reprendre et Transmettre, 2009.

Parrat Frédéric, *Reprise et transmission de l'entreprise, aspects stratégiques, juridiques et fiscaux,* Economica, 2010.

Philippon Thomas, *Le capitalisme d'héritier : la crise du travail*, Seuil, Paris, 2007.

Viénot Pascal, Blondel Christine, Colatrella Thierry et Gautier Serge, *La gouvernance de l'entreprise familiale : 77 conseils pratiques aux administrateurs, actionnaires et dirigeants*, Eyrolles, Paris, 2007.

Étude KPMG, *L'entreprise familiale : une entreprise décidément pas comme les autres*, KPMG entreprises, 2007.

Site Internet de l'association française des family offices : www.affo.fr

Site Internet de l'association des entreprises de tailles intermédiaires : www.asmep.fr

Site Internet du Fonds Stratégique d'Investissement : www.fonds-fsi.fr

Chapitre 20

LBO et restructurations

Ce chapitre traite...

- **Du principe du LBO**

– Le LBO est le rachat d'une société souvent appelée cible par une société *holding* qui s'endette pour l'occasion et rembourse cette dette grâce aux dividendes versés par la cible ou lors de la revente de la cible.

– Le LBO est fondé sur l'utilisation de quatre types de levier : le levier financier, le levier fiscal, le levier juridique et le levier managérial.

- **Du montage d'une opération de LBO**

– Les opérations de LBO ne peuvent être envisagées dans tous les cas : la cible doit être dotée d'un bon management, être dans un secteur ayant atteint une certaine maturité et être capable de produire des *cash flows* réguliers.

– Les fonds d'investissement sont des investisseurs financiers professionnels dont l'objectif est la création de valeur par l'amélioration de la rentabilité et le recours à l'effet de levier. Ils apportent le capital lors d'une opération de LBO.

– Outre l'apport en capital on peut distinguer deux types de financement dans les LBO : la dette *senior*, prioritaire, et le financement subordonné, plus risqué mais mieux rémunéré.

– L'implication des managers est capitale dans la réussite d'un LBO, ils bénéficient en général de mécanismes incitatifs très intéressants.

- **Des spécificités d'une opération de LBO**

– Bien qu'étant une transaction de fusion acquisition comme tout autre, une opération de LBO présente quelques spécificités : le financement a une place prépondérante, le management de la cible se trouve dans une position ambiguë et les acheteurs, les fonds d'investissement, rendent le processus de vente singulier.

- **Les restructurations financières**

– Une restructuration financière consiste à redimensionner le passif d'une entreprise en difficulté sur la base d'un nouveau plan d'affaires pour lui permettre de continuer son activité.

– La restructuration peut se faire de gré à gré avec les différents créanciers, sous l'égide d'un mandataire *ad hoc* et/ou du Tribunal de commerce dans le cadre de la procédure de sauvegarde selon la gravité des difficultés rencontrées par l'entreprise.

– En cas d'échec, la société est placée en redressement judiciaire qui débouche souvent sur la liquidation de ses actifs pour (éventuellement) rembourser les créanciers.

– La restructuration d'un LBO est rendue encore plus complexe par la multiplication des créanciers et la diversité des types de dette.

Les opérations de LBO ont connu un essor chaotique avec des crises. Après une évolution régulière et soutenue entre 1998 et 2000 suivie d'une forte accélération entre 2002 et 2007 favorisée par l'abondance de la liquidité bancaire, une chute brutale est intervenue 2008 dans la foulée de la crise financière. Les LBO ont néanmoins représenté jusqu'à 20 % du total des transactions de fusions acquisitions en 2006. Ce chapitre sera également l'occasion de découvrir le monde des fonds d'investissement qui animent ce marché.

1. Le principe du LBO

Le LBO (*Leveraged Buy Out* en Europe ou *Levered Buy Out* aux États-Unis) est le rachat d'une entreprise appelée cible ou OpCo par une société *holding* appelée NewCo ou HoldCo qui s'endette fortement pour ce faire. La société *holding* paie les intérêts de la dette et rembourse le capital grâce aux excédents de trésorerie dégagés par la société rachetée.

Le LBO est fondé sur l'utilisation de quatre types de levier :

– le levier financier, issu de la différence entre le coût de la dette et la rentabilité économique anticipée de la cible ;

– le levier fiscal, issu de la déductibilité fiscale des charges d'intérêt ;

– le levier juridique, qui permet de scinder le pouvoir du capital et de contourner le principe d'égalité des actionnaires ;

– le levier managérial, qui consiste à motiver une équipe de management pour qu'elle crée de la valeur.

Par ailleurs, lorsque des cadres de la cible sont associés à l'opération, on parle souvent de *Leveraged Management Buy Out* (LMBO).

Le schéma 1 présente la structure classique d'une opération de LBO.

Les LBO concernent essentiellement, d'une part, les entreprises familiales qui règlent ainsi un problème de succession et, d'autre part, des grands groupes qui décident de se recentrer et donc de céder des filiales ou des activités non stratégiques. Les sociétés faisant l'objet d'un LBO peuvent être cotées ou non cotées, de petite taille ou de taille très importante et la plupart des secteurs industriels comportent un ou deux acteurs importants sous LBO. On parle enfin d'*Owner Buy Out* (OBO) lorsqu'un dirigeant actionnaire d'une entreprise cède cette dernière à une *holding* de reprise financée en fonds propres par lui-même et un fonds d'investissement, et par endettement pour le solde (voir chapitre 19). Un OBO constitue souvent pour le dirigeant actionnaire l'opportunité de monétiser une partie de son patrimoine, de le diversifier en bénéficiant de l'effet de levier et de préparer sa succession en intéressant ses principaux cadres. Ainsi, le dirigeant ou actionnaire historique de l'entreprise transmet la majorité du capital à une structure de capital-investissement, tout en restant minoritaire du holding d'acquisition.

Comme le montrent les graphiques 1 et 2, le développement des LBO a été fulgurant de 2003 à 2007. La France était alors, avec plus de 35 milliards

Schéma 1. – *Opération de LBO*

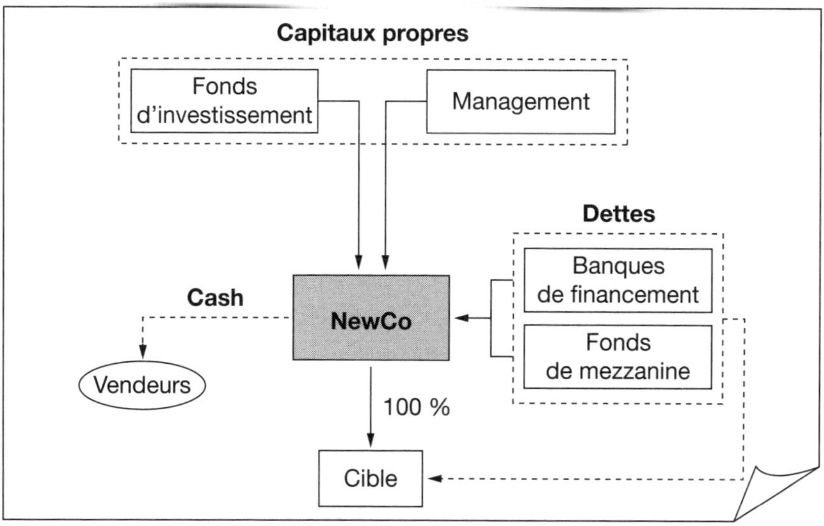

d'euros de valeur d'entreprise, le second marché européen du LBO, derrière le Royaume-Uni. Mais la crise financière de 2008 a brutalement changé la donne : le volume d'opérations de LBO a été divisé par 16 entre 2007 et 2009 ! Ainsi, en 2009, les fonds de LBO opérant en France ont racheté 90 entreprises de moins qu'en 2008, soit une baisse de plus de 30 %, qui s'est poursuivie au même rythme en 2010. Au Royaume-Uni, le nombre de LBO réalisés en 2009 fut le même qu'en 1995.

Graphique 1. – *Évolution en volume des opérations de LBO dans le monde (en milliards de dollars)*

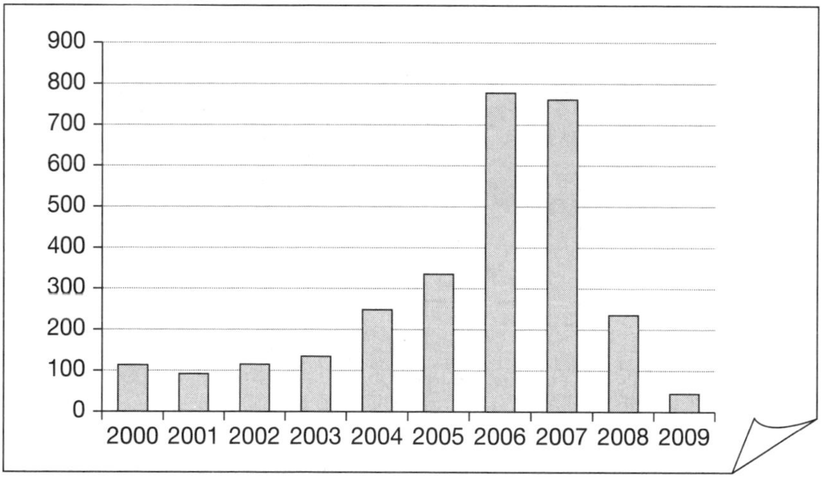

Source : Thomson SDC.

Graphique 2. – *Nombre d'opérations de LBO en France*

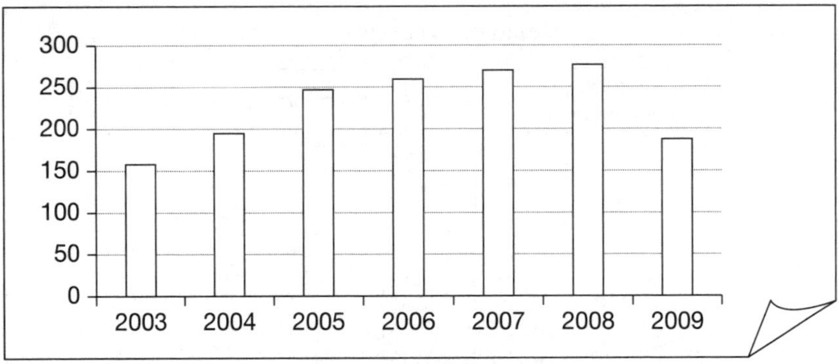

Source : Barclays Private Equity.

À partir de 2003, de très gros LBO, également appelés *jumbo deals*, ont vu le jour, poussés par l'abondance de la liquidité bancaire avec notamment en 2006 les opérations sur Pages Jaunes, TDF, Vivarte, Europcar, Matéris et Cegelec en France. En 2007, KKR réalisait la plus grosse acquisition jamais réalisée par un fonds d'investissement en Europe en achetant le distributeur pharmaceutique britannique Alliance Boots pour plus de 16 milliards d'euros. Un peu plus tôt, le même fonds avait acquis l'électricien texan TXU pour 45 milliards d'euros, record mondial. Depuis la crise financière de 2008, les banques de financement ont redécouvert le risque des LBO et les opérations engagées sont bien plus modestes : en 2009 en France, aucune opération de plus de 500 millions d'euros n'a été réalisée, tandis que celles de plus de 75 millions d'euros ont baissé de plus de 60 %.

Graphique 3. – *Volume d'activité par taille des opérations au niveau mondial*

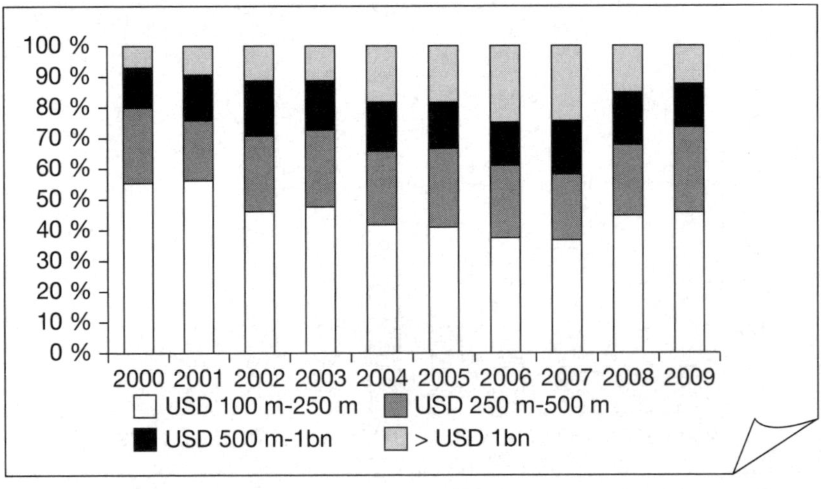

Source : Mergermarket.

Traditionnellement, on compare les investissements en LBO avec le produit intérieur brut des pays en question pour évaluer la part des LBO au sein des économies nationales. Il ressort qu'avant la crise, les économies anglo-saxonnes se situaient à un niveau bien supérieur aux autres économies, (0,66 % du PIB au Royaume-Uni en 2005), contre 0,45 % en France et 0,20 % en Italie pour la même période. Comme le montre le graphique 4, si en 2008 l'Europe dépassait les États-Unis en termes de volume d'opérations, la majorité des LBO de 2009 ont eu lieu dans le reste du monde.

Graphique 4. – *Répartition des opérations de LBO dans le monde*

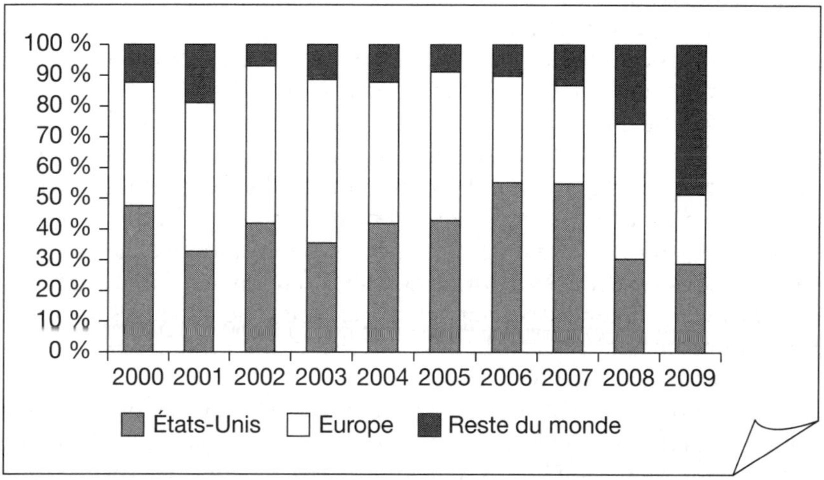

Source : Thomson SDC.

1.1. Le levier financier

Le levier financier ou *gearing* (L) résulte du fait que le coût moyen de la dette qui a financé l'acquisition de l'entreprise est inférieur à la rentabilité économique de la cible (*cf.* chapitre 4 pour la formule du ROCE), d'où un effet positif sur la rentabilité des capitaux propres (ou ROE pour *Return On Equity*) comme le montre la formule de l'effet de levier :

$$\text{ROE} = \text{ROCE} + (\text{ROCE} - K_D) \times L$$

avec $L = \dfrac{\text{Dette nette}}{\text{Capitaux propres}}$

Concrètement, soit une entreprise dont la valeur est 100 M€ qui dégage 10 M€ de *cash flow*. Si l'achat s'effectue uniquement en fonds propres, la rentabilité des capitaux propres s'établit à 10 %. Si on considère à présent un rachat avec effet de levier, financé pour 30 M€ par fonds propres et pour 70 M€ par de la dette, la rentabilité des fonds propres est supérieure.

En effet, en prenant pour hypothèse que le coût de l'endettement après impôt s'élève à 5 %, le flux de trésorerie qui rétribue les fonds propres s'élève à 6,5 M€ (10 – 70 × 5 %), ce qui implique un ROE de 21,7 % (6,5/30). La rentabilité des fonds propres a donc été largement améliorée.

Mais la formule très comptable de l'effet de levier pourrait conduire à négliger l'augmentation du risque, qui croît avec l'utilisation du levier. L'effet de levier n'est qu'un simple facteur explicatif de la rentabilité des capitaux propres.

1.2. Le levier fiscal

L'intérêt principal de l'interposition d'une société « coquille » entre les investisseurs et la société reprise réside dans le régime fiscal. Cela permet au nouveau groupe d'opter pour l'intégration fiscale des résultats, lorsque la société mère détient au moins 95 % du capital de la fille.

Ainsi, la société *holding* peut imputer ses frais financiers sur le résultat avant impôt de la cible et réaliser une économie fiscale. Cette économie est très importante puisqu'elle peut représenter 10 à 15 points de taux de rentabilité pour les investisseurs, compte tenu de la pression fiscale. En outre, dans bon nombre de situations, les fonds propres apportés par le fonds d'investissement le sont sous forme de prêt d'actionnaire, dont les intérêts sont souvent déductibles fiscalement, ce qui diminue d'autant les impôts et par suite augmente le levier fiscal. La législation a toutefois tendance à évoluer de manière plus restrictive.

À défaut d'une détention à plus de 95 %, seul le régime mère-fille est applicable et les frais financiers ne seront conséquemment pas déductibles. Notons enfin que, selon l'amendement Charasse, lorsque les actionnaires directs ou indirects qui contrôlent la *holding* sont les mêmes que ceux qui contrôlaient la cible, la déductibilité fiscale est exclue. Cet amendement s'applique notamment en cas d'OBO, lorsque les dirigeants et actionnaires historiques d'une entreprise cible exercent un contrôle conjoint du holding d'acquisition, même en tant qu'actionnaire minoritaire de cet holding. Enfin, la situation fiscale de la cible en termes de réserves distribuables et de reports déficitaires est également importante.

La localisation physique des holdings a aussi son importance puisque le fonds d'investissement fait de l'optimisation fiscale en choisissant une géographie adaptée, dans laquelle le coût fiscal lié à la plus-value réalisée est le plus faible possible. Avec la mise en place de la liste noire des paradis fiscaux (Panama, Anguilla, Liberia…), toute société y détenant des filiales voit ses dividendes taxés, sans application du régime mère-fille. De manière générale, l'administration fiscale est de plus en plus rigoureuse dans son contrôle des relations entre holdings d'acquisitions et filiales, notamment en ce qui concerne frais de transaction et indemnisations du management.

Le seuil de 95 % est également souvent un facteur limitant pour les opérations dites de P2P (*Public to Private*) ou de *going private* qui consistent à réaliser une opération de LBO sur une société cotée sous-valorisée et à la sortir de la cote. Comme nous l'avons vu dans le chapitre 17, la réglementation boursière ne donne pas la possibilité à l'initiateur d'une offre publique volontaire de mettre un seuil de succès de 95 % et ne reconnaît que les seuils de la majorité et des deux tiers du capital. Quelques actionnaires minoritaires détenant plus de 5 % du capital d'une société cotée peuvent donc « se mettre en parking » en ne venant pas à l'offre, attendant une négociation de gré à gré avec l'initiateur. Ainsi, le fonds d'investissement Permira qui a acquis le contrôle de Provimi en 2007 a mis presque 3 ans à sortir de la Bourse car 2 minoritaires détenant conjointement 10,8 % du capital du groupe et qui avaient tenté de bloquer le retrait obligatoire ont fini par vendre leur bloc.

Cette difficulté à atteindre 95 % du capital est donc un réel obstacle au développement des LBO en France sur sociétés cotées. Il est néanmoins possible de proposer un prix supérieur à tous les actionnaires si l'initiateur vient à détenir plus de 95 % du capital.

1.3. Le levier juridique

L'idée est de dissocier pouvoir et capital au sein de la *holding* de reprise afin de hiérarchiser les intérêts économiques et les pouvoirs respectifs du management, des différents actionnaires, de la *holding* et des différents créanciers. Le LBO utilise toute la palette des outils juridiques existants : mécanisme de subordination, titres hybrides, droits de vote double, utilisation de plusieurs *holdings* pour regrouper les intérêts d'une partie.

Mais attention ! La limite à cette utilisation du levier juridique réside dans l'abus de biens sociaux. Rappelons qu'il y a abus de biens sociaux ou de crédit si les dirigeants de la cible font des biens ou du crédit de la société un usage qu'ils savaient contraire à l'intérêt de celle-ci, à des fins personnelles ou pour favoriser une autre société dans laquelle ils sont intéressés.

Ainsi une fusion absorption trop rapide de la cible par la *holding* peut être perçue comme un moyen de faire supporter directement l'endettement massif de la *holding* par une cible qui avait le plein usage de ses actifs opérationnels.

1.4. Le levier managérial

Une bonne équipe de management est la clé d'un LBO réussi car l'amélioration de la rentabilité économique de la cible est au cœur de la création de valeur d'un LBO. Les compétences et qualités personnelles de ses membres doivent être complémentaires de façon à couvrir tout le spectre des fonctions de l'entreprise (commerciales, techniques, gestion financière, etc.). Elle doit être suffisamment unie pour favoriser un comportement d'entrepreneurs et non de salariés. L'expérience professionnelle de chaque manager doit aussi être suffisamment significative pour lui permettre de réagir rapidement en cas de modification du paysage concurrentiel ou de nouveau développement technologique et ce d'autant plus que les premières années du LBO sont déterminantes quant à son succès. Pour cette raison, l'équipe de direction de la cible est parfois modifiée à l'issue du LBO, certains souhaitant participer à l'aventure tandis que d'autres resteront salariés du vendeur.

2. Le montage d'une opération de LBO

Le montage d'une opération de LBO tourne autour de plusieurs acteurs que nous allons voir à présent.

2.1. La cible

Avant tout, l'entreprise doit disposer d'un management de qualité et suffisamment motivé pour se lancer dans une opération de LBO. Le niveau et la récurrence des flux de trésorerie générés par la cible constituent également un critère essentiel.

En outre, un LBO n'est en général envisageable qu'avec une entreprise ayant atteint un certain niveau de maturité et disposant d'une position déjà bien établie sur le marché. Ces caractéristiques sont importantes pour les banques finançant la dette d'acquisition, puisque le quantum de dette qu'elles acceptent sur une opération de LBO est fondé sur un plan d'affaires de la cible jugé raisonnable, qui permet de rembourser environ les deux-tiers de la dette sur un horizon de 5 à 7 ans.

En général, le montant de dette consentie par les banques à une société bien établie sur son marché représente environ 65 % de la valeur d'entreprise et dépend de la perception par les banques de la volatilité des *cash flows*. La taille de l'entreprise entre également en ligne de compte puisque les sociétés importantes seront jugées moins risquées ; les sociétés considérées plus risquées pourront donc faire l'objet de LBO mais les leviers d'endettement seront plus limités.

2.2. Le ou les fonds d'investissement

Les actionnaires de la cible sont le plus souvent des fonds d'investissements ou fonds de *private equity* qui apportent la ressource la plus rare dans un LBO et la plus chère (15 à 20 % de taux de rendement exigé) car la plus risquée : les capitaux propres.

Les fonds d'investissement sont des investisseurs financiers professionnels dont l'objectif est la création de valeur par :

– l'amélioration de la rentabilité de la cible et le développement de sa croissance organique ;

– le recours à l'effet de levier ;

– l'intéressement du management ;

– le développement par croissance externe pour permettre à la cible d'atteindre une taille critique dans son secteur d'activité (opérations dites *build up*).

L'ensemble des études sur ce sujet aboutissent à la conclusion qu'un fonds de LBO réalise en moyenne entre 2 et 3 fois sa mise sur une durée comprise entre 3 et 4 ans, ce qui correspond à un TRI compris entre 19 et 44 %, selon les millésimes et l'environnement économique, comme le montre le tableau 1.

Tableau 1. – *Lien entre durée de l'investissement, cash on cash et TRI*

Taux de rentabilité de l'investissement pour le fonds (%)														
Nombre de fois la mise		0,25 ×	1,25 ×	1,5 ×	1,75 ×	2 ×	2,5 ×	3 ×	3,5 ×	4 ×	5 ×	6 ×	8 ×	10 ×
Nombre d'années de détention	2	– 29	12	22	32	41	58	73	87	100	124	145	183	216
	3	– 21	8	14	21	**26**	**36**	**44**	52	59	71	82	100	115
	4	– 16	6	11	15	**19**	**26**	**32**	37	41	50	57	68	78
	5	– 13	5	8	12	15	20	25	28	32	38	43	52	58
	6	– 11	4	7	10	12	16	20	23	26	31	35	41	47
	7	– 9	3	6	8	10	14	17	20	22	26	29	35	39
	8	– 8	3	5	7	9	12	15	17	19	22	25	30	33
	9	– 7	3	5	6	8	11	13	15	17	20	22	26	29
	10	– 7	2	4	6	7	10	12	13	15	17	20	23	26

Source : Coller Capital.

Cette performance s'explique d'abord et avant tout (en général à hauteur des 2/3) par l'amélioration des performances opérationnelles de la cible par un management puissamment incité à réaliser sur une période donnée des business plans très agressifs afin de s'enrichir (la carotte) et éviter la faillite à cause du poids de la dette (le bâton). Cette amélioration se traduit essentiellement par une forte progression du chiffre d'affaires accompagnée d'une hausse des marges d'exploitation et d'une meilleure gestion des flux de trésorerie. Ainsi, selon une étude récente, les performances opérationnelles des LBO surpassent très largement celles des entreprises cotées, notamment en termes de croissance de l'EBITDA (16 % contre 10 %) ou de productivité (12 % contre 8 %) ce qui est la contrepartie logique du risque d'illiquidité pris par l'investisseur en *private equity*. Le graphique 5 permet de constater que la part de la création de valeur liée à l'effet de levier (et donc au remboursement de la dette) est faible (moins d'une fois la mise) tandis que la part liée à l'écart entre le multiple de sortie et le multiple d'entrée (appelé effet *rerating* en fran-

Graphique 5. – *Mécanismes de création de valeur des LBO 1989-2006*

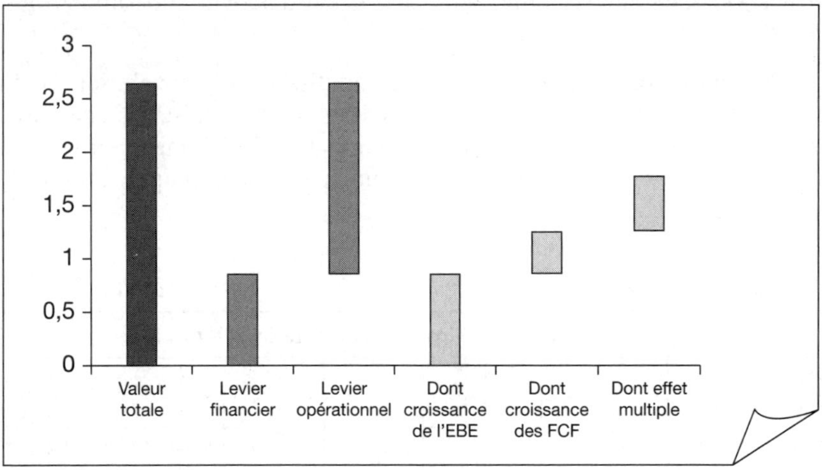

Source : Dr. Achleitner Ann-Kristin, *Value Creation in Private Equity*, Center for Entrepreneurial and Financial Studies & Capital Dynamics, 2010.

glais) peut représenter également une contribution marginale à la création de valeur (environ 0,5 fois la mise).

Cette création de valeur se matérialise lors de la « sortie », c'est-à-dire la cession par le fonds de tout ou partie de sa participation au capital de la *holding*. Un fonds peut sortir en revendant la cible à un groupe industriel ou à un autre fonds (LBO secondaire) ou encore en l'introduisant en bourse, par un processus de *dual track* (*cf.* chapitre 11). La cession se fait en cas de succès avec une confortable plus-value permettant d'assurer au fonds un taux de rendement interne important sur son investissement, les dividendes étant souvent inexistants compte tenu des remboursements de la dette sur la période. Comme nous le verrons ci-dessous, le refinancement de la transaction permet au fonds d'extérioriser une partie de la rentabilité de son investissement, et ce avant sa sortie.

Le distributeur de tuyaux Frans Bonhomme constitue un exemple fameux en la matière, car il a supporté six opérations à effet de levier depuis 1994 : quatre LBO successifs et deux refinancements. Entre 1994 et 2000, ses différents actionnaires ont bénéficié d'un taux de rendement interne annuel supérieur à 45 %, multipliant par six leur mise initiale ! Son dernier acquéreur est sans doute moins chanceux puisque le groupe est directement impacté par la crise économique et a engagé sa restructuration en cédant sa filiale spécialisée dans la distribution de systèmes d'arrosage… à son dirigeant et l'opération s'est conclue sous la forme d'un LBO avec un fonds et un pool bancaire, pour plus de 5 millions d'euros.

Les investisseurs actionnaires des fonds d'investissement sont en général des institutionnels (compagnies d'assurance ou fonds de pension) souhaitant diversifier leur base d'actifs en investissement dans des LBO. À l'issue d'un processus de levée de fonds, ces investisseurs s'engagent sur une certaine durée (entre 7 et 10 ans) à mettre à la disposition de l'équipe de gestion un certain montant (le *commitment*) qui sera appelé en fonction des opportunités d'investissement. L'équipe qui gère les fonds confiés décide des investissements, des niveaux de leviers et des modalités de sortie de l'investissement.

L'équipe d'investissement est rémunérée par les investisseurs à travers des commissions de gestion ou *management fees* en franglais (entre 1,5 % et 3 % du capital engagé selon la taille du fonds) correspondant aux honoraires perçus dans le cadre d'un mandat de gestion existant entre le fonds et la société de gestion, contrôlée par les associés de l'équipe de gestion. Les investisseurs prennent également à leur charge les *abort fees* couvrant les frais de due diligence engagés dans le cadre de transaction non abouties. La société de gestion facture parfois aux sociétés acquises des *transaction fees* (commissions de montage) et des *monitoring fees* relatifs aux prestations de conseil rendus aux sociétés du portefeuille, par l'équipe de gestion. Ces honoraires ont fait couler beaucoup d'encre et ont pu atteindre des sommes astronomiques (10 millions d'euros pour un dossier bouclé en quelques mois) et les investisseurs sont devenus beaucoup plus scrupuleux à ce sujet.

Mais surtout, à partir d'un taux de rendement minimum déterminé en concertation avec les investisseurs (*hurdle* en franglais, en général autour de 8 %, net des commissions de gestion et des frais), l'essentiel de la rémunération de l'équipe de gestion provient d'un intéressement spécifique appelé *carried interest,* qui permet à l'équipe de gestion du fonds de conserver en sa faveur une quote part de la plus-value de sortie sur le portefeuille du fonds (généralement 20 %) qui n'est pas retournée aux investisseurs institutionnels lors de la liquidation du fonds. Ces parts de *carried interest* sont achetées par l'équipe de gestion pour en général 1 % de la valeur du fonds.

Les fonds peuvent être grossièrement classés selon différents critères :

– par la taille des opérations visées : les fonds « *small* » s'intéressent aux opérations de moins de 50 millions d'euros en valeur d'entreprise, les fonds dit « *mid* » travaillent entre 50 et 500 millions d'euros tandis que les fonds « *large* » s'intéressent aux entreprises de valeur d'entreprise supérieure à 500 millions d'euros. De façon générale, un même fonds d'investissement ne peut pas dépasser 15 % de sa taille sur une seule opération et ne fait pas un investissement de moins de 3 % de sa taille sauf cas particulier ;

– par la zone géographique visée : les fonds d'investissement peuvent avoir des fonds dédiés à une région (Amérique du Nord, Europe, Asie) et recherchent une base d'investisseurs reconnue dans cette zone ainsi que des équipes locales. C'est le cas de Carlyle (États-Unis, Europe, Asie) ou de KKR (États-Unis, Europe). D'autres fonds d'investissement seront organisés sur une base globale avec une équipe plus réduite qui couvre plusieurs zones géographiques (Texas Pacific Group, Clayton Dubilier & Rice...). Il existe enfin des grands fonds paneuropéens (BC Partners, PAI, Permira, CVC...) qui opèrent principalement sur ce marché ;

Tableau 2. – *Liste de quelques fonds d'investissement actifs en France et en Europe*

Fonds d'investissement	Dernier fonds levé (M€)	Transactions récentes
21 Centrale Partners	330	Club Med Gym, Interflora France
3i	4 300	Laboratoire Vendôme, Keolis, Poliris
Abénex Capital	750	Bufallo Grill, Réponse Group
Activa Capital	315	Sport 2000, Mont Blanc, Materne
Advent International	2 000	Monext, Gérard Darel
Apax Partners	700	Altran, GFI
Astorg	800	Photonis, Trescal, Gras Savoye
Axa Private Equity	353	Kallista, Enel Rete Gas, Skyrock
Bain Capital	5 900	SurveyMonkey.com, Clear Channel
Azulis Capital (ex Banexi)	300	Finaque, Martine Spécialités
Barclays Private Equity	1 650	Campin, Infrastructure Investors
BC Partners	5 500	SGB, Migros, Spotless
Bridgepoint Capital	2 500	Prêt à manger, Tuvturk, Afflelou
Candover	3 500	Technogym, Stork
Carlyle	4 400	Bir Hakeim, Moncler, Zodiac Marine
Charterhouse	4 000	Barracuda Group, Nocibé, Vivarte
Chequers Capital	600	Cenexi, Royal Casino Barriere M.
Cinven	6 500	Indicus Advisors, Camaieu, Sebia
Clayton, Dubilier & Rice	3 000	Bodycote, Rexel
Cognetas	1 100	Fullsix France, Desjonqueres
CVC Capital	4 650	De post – La Poste, PBL Media
Doughty Hanson	1 600	TMF, 20:20 Logistics
Duke Street Capital	850	Biomnis, NetStore
Eurazeo	5 600	Elis, Sirti, B&B, Eutelsat, Europcar
Industri Kapital	800	Vistra, Axtone, Flabeg
Investcorp	10 000	L'Azurde, TDX, Redington Gulf
KKR	12 300	Pages Jaunes, Tarkett, Legrand
LBO France	980	Converteam, Maisons du monde
Macquarie	1 350	Autoroutes Paris-Rhin-Rhône
Montagu Private Equity	3 000	Euromedic International, Sebia
Natixis Private Equity	740	AssurOne, Buffalo Grill, Barbara SA
PAI	2 700	Kaufman & Broad, Spie
Permira	10 000	NDS Group, Provimi
Pragma Capital	345	FPEE Industries, La Croissanterie
Sagard	600	SGD, Régie Linge
Starwood	1 100	Groupe Taittinger/Société du Louvre
Texas Pacific Group	11 500	OOO Lenta, TDF
Weinberg Capital Partners	420	Balitrand, Amplitude, Biodim, Sasa
Wendel	3 100	Saint-Gobain, Bureau Veritas, Materis

– par la spécialisation sectorielle : certains fonds d'investissement ont une spécialisation sectorielle notamment en média-télécommunications (Providence), immobilier (Blackstone, Colony Capital...), hôtellerie (Starwood) ou infrastructures (Macquarie).

Certains acteurs du *private equity* ne sont pas structurés comme des fonds d'investissement, ainsi Wendel, Eurazéo ou Sequana gèrent les intérêts patrimoniaux d'une famille. Notons enfin que les grandes banques d'affaires disposent souvent d'un bras armé dans le *private equity* afin de leur permettre de participer à certaines transactions.

Jusqu'en 2007, l'argent coulait à flots et les fonds d'investissement étaient devenus des acteurs incontournables du marché européen des fusions acquisitions avec environ 20 % de part de marché estimée à cette époque. Leur augmentation en taille et en nombre a eu pour effet d'accroître la liquidé du marché ainsi que le renforcement de la concurrence entre eux, le nombre de cibles étant souvent stable. Du coup, les multiples d'entrée, c'est-à-dire les multiples de l'excédent brut d'exploitation ou du résultat d'exploitation correspondant au prix payé par le fonds, ont eu une nette tendance à augmenter sur cette période.

Post crise financière de 2008, le tableau est nettement plus sombre : beaucoup de fonds sont empêtrés dans la restructuration de la dette de différents LBO frappés par le ralentissement économique, la dette bancaire s'est nettement raréfiée tant en valeur absolue qu'en proportion du financement disponible sur une transaction donnée, son coût est bien supérieur et les investisseurs se sont souvenus qu'étant engagés sur des durées longues, le risque de liquidité existe dans le *private equity* ! Les gros LBO ont disparu et le nombre de cibles de qualité sur le segment *midcap* est faible. Du coup, les levées de fonds sont devenues beaucoup plus longues et difficiles, et moins d'argent sera alloué au *private equity*, notamment au sein des banques, mutuelles et compagnies d'assurance dont la réglementation alourdit sans cesse les niveaux de capitaux propres à mettre en face de ce type d'investissement. Ainsi, le montant des levées de fonds en 2009 en France a baissé de plus de 70 % par rapport à 2008 atteignant son point le plus bas depuis 5 ans et le nombre de fonds levé également. En outre, certains investisseurs déjà engagés dans des fonds essaient de renégocier à la baisse ou de revendre leur *commitment*, malgré des décotes importantes. Le fonds d'investissement PAI Partners a ainsi réduit son fonds de 5 milliards d'euros à 1 milliard d'euros à l'issue d'une crise de gouvernance.

2.3. La ou les banque(s) de financement

Le financement d'une opération de LBO est lié au niveau de dette que le fonds d'investissement peut mettre sur la Newco. Plus l'actif est payé cher, plus la part de la dette sera importante et plus la structure du financement sera complexe. Le montage d'un LBO correspond généralement à un schéma à trois étages :

– une dette *senior* : une dette classique bénéficiant de garanties spécifiques et qui sera remboursée en premier ;
– une dette subordonnée : son remboursement interviendra après celui de la dette *senior* ;
– les capitaux propres, souvent sous forme de comptes courants complétant une mise de fonds initiale très faible.

Comme le montre le tableau 3, les différents types de dette correspondent à des niveaux de risque différents et donc à des exigences de rémunération différentes. La dette *senior* étant moins risquée que la dette subordonnée, sa rémunération est plus faible.

Tableau 3. – *Profil risque/rémunération des différents financements*

	Subordination	Sûretés	Accès au capital	Rémunération
Fonds propres	– Subordonnés à la dette mezzanine – Subordonnés à la dette *senior*	Non	Oui	TRI 18 à 30 %
Dette subordonnée	– Subordonnée à la dette *senior* – Prioritaire aux fonds propres	Oui, en second rang	Oui (BSA)	TRI 13 à 18 %
Dette senior	– Prioritaire aux fonds propres – Prioritaire à la dette mezzanine	Oui	Non	Euribor + 300 à 400 points de base

La plupart de la dette levée auprès des banques est consentie à la Newco pour financer l'acquisition de la cible. Cependant, une partie de cette dette peut être consentie directement à la société opérationnelle sous forme de crédits d'exploitation (dits *revolving*) pour pallier des besoins précis (découvert, mobilisation de créances...) et/ou refinancer la dette existante de la cible, mais les banques analysent leur risque dans une vision d'ensemble. Le financement senior peut également prévoir des lignes dites de *capex* pour les investissements industriels et de *build up* pour les acquisitions prévues au plan d'affaires.

Dans certains cas, le fonds d'investissement peut descendre une grande partie de la dette au niveau de la cible dans une opération dite de *debt push down*. La cible s'endette et verse un dividende important à ses actionnaires, dont Newco, pour refinancer une partie de l'acquisition. Une telle opération présente un double intérêt :
– fiscal, car la dette de la holding d'acquisition ne permet pas d'économie fiscale dans la mesure où la holding ne génère pas de produit taxable, notamment si la holding ne détient pas au moins 95 % de la cible ;

financier, car cette dette a souvent un coût inférieur à la dette levée sur Newco puisque les prêteurs peuvent bénéficier de sûretés sur certains actifs comme les créances commerciales ou les titres des filiales. En effet, plus un prêteur est proche des actifs et du cash flow, meilleures seront ses conditions de crédit.

Néanmoins, le *debt push down* pouvant être assimilé à un abus de droit, il est impératif de prouver que l'opération n'est pas contraire aux intérêts de la filiale ou des actionnaires minoritaires. Ce montage a notamment été utilisé pour des sociétés cotées ; par exemple, en 2006 lors du LBO sur Pages Jaunes, le fonds d'investissement KKR a logé dans la société environ 2 milliards d'euros de dette sur un total d'environ 3,9 milliards d'euros. La réalisation d'une fusion rapide entre la holding et la cible constitue une autre alternative, en permettant le remboursement de la dette de la holding directement sur les actifs de la cible. Mais un risque d'appauvrissement de la société opérationnelle ou la présence d'importants actionnaires minoritaires susceptibles de s'opposer à une telle opération rend cette solution peu fréquente en pratique.

Enfin, dans le cadre de la cession d'une de ses filiales, un grand groupe peut accorder un crédit vendeur qui vient financer la part de la valeur d'entreprise qui n'est prise en charge ni par les banquiers prêteurs ni par les fonds d'investissement, ce qui constitue également une source de financement pour la *holding* de reprise.

- *La dette senior*

On appelle cette dette *senior* car ses porteurs bénéficient de garanties (nantissement des titres ou de certains actifs) et d'une priorité sur les *cash flows* générés par la cible (remontés à la *holding* sous forme de dividendes) et bien sûr en cas de liquidation. Elle représente aujourd'hui environ 40 % de la valeur d'entreprise payée lors de la transaction contre 50 % au début des années 2000 et 60 % au plus haut de la bulle des LBO.

La dette *senior* est souvent structurée en trois tranches : une tranche A qui s'amortit linéairement sur une période de sept ans et le cas échéant deux tranches B et C, qui sont remboursées à l'échéance et ont une maturité de huit ou neuf années. Il est également possible de prévoir une ligne de crédit pour financer des investissements ou des acquisitions ultérieures.

La dette *senior* fait souvent l'objet d'une prise ferme (*underwriting* en franglais) par un ou plusieurs chefs de file qui, après avoir négocié le contrat de prêt, vont procéder à la syndication de la dette dans le marché, afin de diminuer leur exposition résiduelle au risque du LBO. Les banques chef de file bénéficient en général d'une commission de prise ferme et d'une commission d'arrangeur.

Outre un échéancier et les modalités de paiement des différentes tranches, le contrat de prêt prévoit en général des clauses (*covenants*) qui permettent au banquier de suivre l'évolution de l'entreprise. Ces clauses sont des engagements de faire ou de ne pas faire :

– clauses de limitation d'investissement,

– clauses de non versement de dividendes aux actionnaires de la *holding* tant que la dette *senior* n'est pas remboursée,

– clauses de respect de certains *ratios* financiers tels que dette nette consolidée/EBITDA, dette *senior* nette/EBITDA, EBITDA/frais financiers ou encore *free cash flow*/service annuel de la dette,

– clauses de modification de l'actionnariat de l'emprunteur : la banque a la possibilité de sortir ou non de l'opération en cas de changement d'actionnaire avant le complet remboursement de sa dette,

– clauses juridiques : interdiction de consentir à un tiers des sûretés sur les actifs.

La structure type pour une dette *senior* est présentée dans le tableau 4.

Tableau 4. – *Structure type d'une dette senior*

Nature	Part	Coût
Tranche A	50 %	Environ Euribor + 300 points de base
Tranche B	25 %	Environ Euribor + 350 points de base
Tranche C	25 %	Environ Euribor + 400 points de base
Total	100 %	

La dette *senior* dépasse rarement 3,5 fois l'EBE des douze derniers mois ou 4,5 fois l'EBIT de la même période, mais ce niveau dépend du secteur de la cible, de sa capacité à générer des flux et aussi de l'appétit existant chez les banques. Avant la crise, la bulle du crédit a fait que les montants de dette *senior* ont augmenté considérablement, obligeant les banques à inventer des tranches D qui rallongent la maturité maximale du financement *senior*. Ce niveau important de dette a induit des montages très tendus pour lesquels les flux de trésorerie disponibles couvrent simplement les intérêts ! Dans certains cas, la tranche A disparaît complètement et la dette est entièrement non amortissable. Bref on finissait par ne jamais rembourser la dette qui devait être refinancée éternellement !

• *Le financement subordonné et le cas de la mezzanine*

Il est parfois nécessaire de lever de la dette au-delà de la dette senior (par exemple jusqu'à quatre fois l'EBE) compte tenu de la volonté du fonds d'investissement de limiter les capitaux propres affectés à la transaction de façon à maximiser son taux de rentabilité. Dans ce cas, on a recours au financement mezzanine, qui est un financement subordonné s'interposant entre les capitaux propres et la dette senior. Il a des durées supérieures à la dette senior, donc typiquement dix ans.

La subordination d'un prêt à un autre signifie que les paiements dus au titre du prêt subordonné ne pourront avoir lieu que si certaines conditions, relatives au prêt auquel il est subordonné, sont remplies. La subordination la plus classique stipule que le principal du prêt mezzanine, subordonné au prêt senior, ne pourra être remboursé que lorsque le prêt senior aura été lui-même totalement remboursé.

La dette mezzanine se caractérise par le fait que, durant la période où la dette *senior* est remboursée, le « mezzaneur » perçoit uniquement les intérêts sur son prêt mais aucun remboursement du capital. Cela ressemble donc à des fonds propres, car c'est un financement où la sortie en capital est longue.

Le coût de la mezzanine est élevé (aux alentours d'une marge de 15 % sur l'Euribor) mais doit s'analyser comme intermédiaire entre le coût de la dette *senior* et le coût des capitaux propres. Historiquement, les intérêts d'une dette mezzanine étaient pour partie en cash et pour partie capitalisés et payés en une fois *in fine*, c'est-à-dire au terme de l'échéance. En complément de rémunération, le détenteur d'une dette mezzanine se voyait attribuer des bons de souscription d'actions de la Newco pour lui permettre de participer à la plus-value générée par le prix de sortie. Depuis quelques années, les bons sont devenus plus rares et la rémunération de la dette mezzanine se compose uniquement d'intérêts cash et d'intérêts capitalisés, et, beaucoup plus rarement, d'intérêts capitalisés uniquement.

Pendant la bulle du crédit, et jusqu'en 2007, on a vu fleurir de nouveaux instruments de dette de plus en plus risqués qui étaient cédés à des véhicules de titrisation ou des hedge funds, et notamment :

– une forme intermédiaire de dette, subordonnée à la dette senior mais senior à la dette mezzanine appelée *second lien*. Ce type d'instrument s'intercalait entre la dette *senior* et la mezzanine ;

– d'autres formes de mezzanine plus subordonnées, s'intercalant entre la mezzanine classique et les fonds propres. Ces « *junior mezzanines* » comportent beaucoup moins de *covenants* que les dettes mezzanines classiques et comportent un profil de risque proche de celui des capitaux propres. Leur coût global était légèrement inférieur à celui des capitaux propres, ce qui était cohérent avec leur priorité de paiement et souvent capitalisé (on parle d'instrument PIK ou *paid in kind* en franglais, ce qui signifie que le remboursement du principal et des intérêts se fera en une fois *in fine*). Ces joyeuses innovations ont péri avec la crise financière de 2008.

Pour des sociétés de plus grande taille, la mezzanine est parfois remplacée par des obligations dites à haut rendement, ou *high yield*, et dont la taille minimale d'émission est d'environ 150 millions d'euros. Ces titres financiers sont cotés et la taille de l'émission doit être suffisante pour assurer une liquidité correcte dans le marché secondaire. Ainsi Europcar a émis deux lignes d'obligations à haut rendement dont les spreads de crédit ont évolué en fonction de la perception par les investisseurs de l'impact de la crise économique sur la qualité de crédit du groupe.

Au total et comme le montre le schéma 2, une opération de LBO revient à segmenter le passif d'une entreprise en tranches différentes présentant un niveau de risque et de rentabilité différents.

Schéma 2. – *Aperçu des financements d'une entreprise sous LBO*

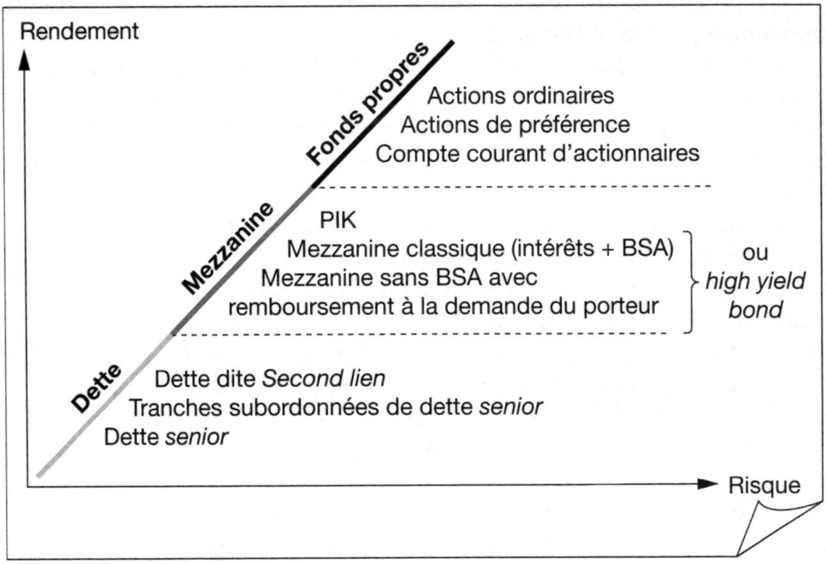

- *Le refinancement*

Dix-huit mois à deux ans après une transaction, et si le plan d'affaires est tenu voire dépassé, il n'est pas rare de voir un fonds d'investissement refinancer tout ou partie de la dette levée à l'occasion d'une opération de LBO. L'amélioration de la performance d'exploitation et une meilleure connaissance du risque par les banques permettent d'obtenir un *quantum* de dette plus élevé pour un coût équivalent, voire moindre si la liquidité du marché de la dette le permet. Le cas échéant, le fonds se sert au passage en se faisant rembourser la quote-part des capitaux propres investis en compte courant dans la Newco, dégageant ainsi une partie de son TRI. Le resserrement du crédit a rendu ce type d'opérations moins fréquents.

2.4. Le management

La taille des LBO ne permet pas en général au management d'avoir une participation de départ très substantielle au capital de la *holding* : généralement entre 5 % et 10 % selon la taille de la transaction. Les managers clés, appelés à s'engager dans le projet aux côtés du fonds d'investissement, se voient attribuer par ce dernier un mécanisme d'intéressement spécifique (*management package* en franglais) très incitatif dont l'ampleur dépend du niveau de la plus-value dégagée par le fonds d'investissement sur l'opération, lors de sa sortie totale ou partielle. Ce mécanisme appelé *ratchet* ou *sweet equity* en franglais calibre le niveau de participation du management dans la Newco en fonction des seuils de TRI (en général à partir de 15 % comme le montre le tableau 5) ou du nombre de fois la mise (en général à partir de 2 fois) atteints par le fonds d'investissement, grâce à l'attribution généreuse de bons de souscription d'actions ou d'obligations convertibles qui deviennent exerçables lors de la sortie de l'investissement. Ce dispositif permet de rétrocéder au management une partie de la plus-value faite par le fonds, en général jusqu'à 20 % si tout s'est bien passé. Ainsi un management peut réaliser plus de 15 ou 30 fois sa mise dans la Newco lors d'une opération de LBO réussie ! On parle d'*envy ratio* en franglais.

Tableau 5. – *Exemple de mécanisme de Ratchet*

TRI du fonds d'investissement	Part du capital de Newco attribuée au management
Entre 15 et 25 %	10,0 %
Entre 25 % et 30 %	12,5 %
Au-delà de 30 %	15,0 %

On comprend mieux pourquoi les LBO peuvent créer autant de valeur… pour leurs actionnaires et leurs managers, le tout en franchise d'impôt sur les plus-values si la *holding* groupant les intérêts du management est située dans une juridiction fiscale adaptée.

De tels mécanismes ont donné lieu à quelques extrêmes et on cite volontiers le cas d'un LBO dans lequel une petite dizaine de managers ont empoché plus de 200 millions d'euros à la sortie du fonds tandis que les effectifs du groupe avaient baissé sur la période et que la bonne progression des performances opérationnelles n'avait quasiment pas profité au reste des salariés ! Pour cette raison, un nombre de plus en plus important de salariés se voient proposer de participer financièrement à des opérations de LBO. Ainsi, en 2009, à l'occasion de son second LBO, la société de location de wagons Ermewa a offert un effet de levier à tous ses collaborateurs, en créant une structure d'investissement *ad hoc* dupliquant pour les salariés l'activité et la performance opérationnelle de l'entreprise. Deux tiers des salariés ont accepté l'offre, pour y investir entre 160 et 5 000 euros.

N'oublions pas les retournements de conjoncture sans perspectives objectives de reprise qui découragent les managers et le cercle vertueux peut devenir vicieux… Après la crise financière de 2008, les fonds d'investissement ont revu à la baisse la quote-part de création de valeur attribuée au management et l'ont étalé sur une période plus longue.

2.5. Un exemple chiffré

L'exemple suivant illustre la structure d'un montage de LBO. La cible, dont la valeur d'entreprise s'élève à 100 millions d'euros, fait l'objet d'un LBO, financé pour 45 % en fonds propres et pour 55 % par de la dette (senior et mezzanine). La transaction a lieu début 2011, avec une sortie du fonds d'investissement prévue à un horizon de cinq ans.

Les hypothèses suivantes sont retenues :

– le chiffre d'affaires est de 100 M€ en 2010 ;

– la croissance du chiffre d'affaires prévue dans le *business plan* s'établit à 20 % la première année, 15 % les deux années suivantes, 10 % l'année d'après et 5 % la dernière année ;

– le *business plan* prévoit une stabilité de la marge d'EBE à 15 % entre 2010 et 2015 ;

– les investissements ainsi que les amortissements sont de 2 M€ en 2010, et croissent ensuite avec le chiffre d'affaires ;

– le BFR est stable à 8 % du chiffre d'affaires, soit environ 29 jours de chiffre d'affaires ;

– le taux d'imposition est de 34 % ;

– le coût de la dette *senior* est de 6,5 % (marge de 3,5 % sur Euribor), et celui de la dette mezzanine est de 17 % (marge de 10 % sur Euribor) ;

– Newco lève 40 M€ de dette *senior* et 15 M€ de dette mezzanine, ce qui correspond au total à 4,4 fois l'EBE.

Le coût moyen de la dette ressort donc à 9,4 % avant impôt, et l'intégration fiscale est réalisée. En outre, on suppose que l'ensemble des *cash flow* disponibles servent à rembourser le principal de la dette. Le tableau 6 présente l'évolution de l'endettement de la société.

Tableau 6. – *Évolution de l'endettement avec une croissance soutenue*

En M€, au 31 décembre	2010	2011e	2012e	2013e	2014e	2015e
Chiffre d'affaires	100,0	120,0	138,0	158,7	174,6	183,3
Croissance		***20 %***	***15 %***	***15 %***	***10 %***	***5 %***
EBE	15,0	18,0	20,7	23,8	26,2	27,5
Marge	*15 %*	*15 %*	*15 %*	*15 %*	*15 %*	*15 %*
REX	13,7	16,4	18,8	21,7	23,8	25,0
Investissements	2,0	2,4	2,8	3,2	3,5	3,7
Amortissements	1,3	1,6	1,9	2,1	2,3	2,5
Frais financiers	0,0	5,2	4,7	4,0	3,2	2,2
Impôts	4,7	3,8	4,8	6,0	7,0	7,8
Variation du BFR	0,8	1,6	1,4	1,7	1,3	0,7
Remboursement de la dette		**5,0**	**7,0**	**8,9**	**11,2**	**13,1**
Free Cash Flow to Equity	**7,5**	**0,0**	**0,0**	**0,0**	**0,0**	**0,0**
Dette nette début d'année		55,0	50,0	43,0	34,1	22,9
Dette nette de fin d'année	55,0	50,0	43,0	34,1	22,9	**9,8**
EV/EBE	6,7	6,7	6,7	6,7	6,7	6,7
EV	100,0	120,6	138,7	159,5	175,4	184,2
Vcp	45,0	70,6	95,7	125,4	152,5	**174,4**
Nombre de fois la mise	**3,9**					
TRI	**31 %**					

Le TRI du fonds d'investissement se calcule à isomultiple c'est-à-dire en considérant que la société sera recédée par le fonds sur la base d'un multiple identique à celui auquel il a été acheté. Fin 2015, la valeur de l'entreprise est donc de 184,2 M€ ; la valeur des capitaux propres s'établit alors à 174,4 M€, car et il ne reste plus que 9,8 M€ de dette non remboursée. Si l'on raisonne avant impact du management package, le nombre de fois la mise de cet investissement est alors de 3,9x et le TRI sur la période d'environ 31 %. Bref, tout se passe bien !

Supposons qu'en 2011 le marché connaisse de sérieuses difficultés aboutissant à une baisse de l'EBE, avec une reprise lente à démarrer, comme le montre le tableau 7. Cette situation est semblable à ce qu'ont vécu de nombreuses entreprises sous LBO en 2008. Il est intéressant de comparer la sensibilité du TRI dégagé par l'opération dans ce contexte : le taux de rendement interne de l'investissement aurait été égal à seulement 11 %, pour un nombre de fois la mise de 1,7x.

Cette analyse conforte l'idée que la création de valeur dans un LBO passe avant tout par l'amélioration des performances opérationnelles, ce qui justifie les politiques d'intéressement du management très attractives pratiquées dans ce type d'opérations.

Tableau 7. – *Évolution de l'endettement avec une croissance réduite*

En M€, au 31 décembre	**2010**	**2011e**	**2012e**	**2013e**	**2014e**	**2015e**
Chiffre d'affaires	100,0	105,0	107,1	108,2	109,3	110,3
Croissance		***5 %***	***2 %***	***1 %***	***1 %***	***1 %***
EBE	14,9	9,0	16,1	16,2	16,4	16,5
Marge	*15 %*	*9 %*	*15 %*	*15 %*	*15 %*	*15 %*
REX	13,6	7,4	14,2	14,1	14,1	14,0
Investissements	2,0	2,4	2,8	3,2	3,5	3,7
Amortissements	1,3	1,6	1,9	2,1	2,3	2,5
Frais financiers	0,0	5,2	5,2	4,7	4,2	3,7
Impôts	4,6	0,8	3,1	3,2	3,4	3,5
Variation du BFR	0,8	0,4	0,2	0,1	0,1	0,1
Remboursement de la dette		**0,2**	**4,8**	**5,0**	**5,2**	**5,5**
Free Cash Flow to Equity	**7,5**	**0,0**	**0,0**	**0,0**	**0,0**	**0,0**
Dette nette début d'année		55,0	54,8	50,0	45,0	39,8
Dette nette de fin d'année	55	54,8	50,0	45,0	39,8	**34,3**
EV/EBE	6,7	6,7	6,7	6,7	6,7	6,7
EV	100,0	60,3	107,2	107,9	109,2	110,6
Vcp	45,0	5,5	57,2	62,9	69,4	**76,3**
Nombre de fois la mise	**1,7**					
TRI	**11 %**					

3. Les spécificités d'une opération de LBO

Une opération de LBO est avant tout une opération de fusion acquisition comme une autre ; mais une opération dont le financement est déterminant pour l'acheteur dans l'offre de prix qu'il pourra faire, et donc dans ses chances de gagner la transaction. Le vendeur peut également se retrouver otage de cette situation avec un deal bloqué pour cause d'hésitation de la banque de financement, trouvant l'effet de levier trop important. Pour cette raison, il est demandé aux banques de financement de délivrer le plus en amont possible un engagement ferme et au plus tard lors de la remise de l'offre par le fonds d'investissement. Ce financement se matérialise systématiquement par une lettre d'engagement de la banque comportant un *term-sheet* qui décrit les principales caractéristiques de la dette.

Pour remédier à cette situation, la pratique de la *vendor's due diligence* (*cf.* chapitre 13) permet de faciliter et d'accélérer le travail d'appréciation de l'acheteur potentiel et des banques de financement en leur offrant un rapport d'audit complet sur l'entreprise cible. En outre, certaines banques n'hésitent pas à mélanger les genres en offrant un financement agrafé à leur mandat de conseil du vendeur (*staple financing*) de façon à faire gagner du temps à la transaction et à contribuer à définir un prix minimum de cession de l'actif vendu, par ce financement offert à tous les acheteurs potentiels.

Le management de la cible est également dans une situation ambiguë : en tant que salarié du vendeur ou actionnaire de la holding aux côtés du fonds, il doit lui être loyal jusqu'au bout, mais en tant qu'acheteur potentiel, il peut avoir son propre intérêt et privilégier tel ou tel fonds lui permettant de développer sa stratégie et lui offrant un nouveau *management package* encore plus intéressant. Le processus d'enchères tel que nous l'avons vu au chapitre 11 est en général biaisé de fait. Pour cette raison, il est fréquent d'attribuer aux managers de la cible un bonus lié à la transaction, qui permet au vendeur de faire en sorte que l'équipe ne passera pas à « l'ennemi » au cours de la négociation.

Les fonds d'investissement, qui sont des acheteurs professionnels extrêmement pragmatiques, ont recours à de nombreux conseils pour analyser et quantifier de façon détaillée les différents risques de la cible, afin de pouvoir offrir au comité d'investissement un diagnostic complet sur l'entreprise qu'ils envisagent d'acheter. Par conséquent, ils n'apprécient guère les processus d'enchères organisées dans lesquels ils cumulent le risque de devoir dépenser beaucoup de ressources en *due diligence* pour étudier un dossier, avec celui de payer un prix élevé compte tenu de la concurrence pour acheter l'actif. Leur attitude est donc de mobiliser des ressources limitées jusqu'au moment où ils se sentent bien placés ou obtiennent l'exclusivité. Il est donc difficile d'entretenir le rythme d'une enchère organisée dans un processus de LBO où de nombreux fonds ont été invités.

1. Les restructurations financières

Quand un LBO ou plus généralement une entreprise endettée commence à rencontrer des difficultés, l'idée est d'adapter la structure financière au nouvel environnement économique de l'entreprise, sur la base d'un nouveau plan d'affaires crédible, bref de repartir des bases plus saines. Encore faut-il pouvoir y arriver car le management et les actionnaires peuvent avoir intérêt à ne pas traiter le sujet le plus en amont possible ou tout simplement à se trouver dans une situation de déni... Notre expérience est que l'ensemble des acteurs a intérêt à s'attaquer au sujet le plus tôt possible, pour éviter les procédures judiciaires, longues, coûteuses et néfastes à la création de valeur.

Une restructuration financière résulte de l'anticipation d'un défaut, c'est-à-dire par le non-respect d'une échéance contractuelle à venir : le non-respect d'un covenant portant sur le niveau de ratios financiers (Dette nette/EBITDA, EBITDA/intérêts financiers...) ou, plus grave, le défaut d'un paiement à l'occasion d'une échéance de remboursement en capital ou en intérêt d'une dette financière, l'un entraînant l'autre puisque le créancier est généralement en droit d'exiger un remboursement anticipé en cas de rupture de covenant.

Le degré d'importance de la restructuration financière dépend en premier lieu de l'importance du problème de liquidité anticipé (*liquidity gap* en franglais) : moins la société est en mesure de faire face à ses engagements financiers futurs, plus une réduction massive de l'endettement s'impose. En revanche, les problèmes éventuels liés au respect de covenants conduisent davantage à une renégociation du niveau de ces ratios financiers (*covenant reset* en franglais), sans nécessairement s'accompagner d'une réduction de la dette.

Dans tous les cas, l'entreprise doit établir de nouvelles prévisions de trésorerie, souvent revues par un auditeur[1] en vue de faire émerger un consensus aussi large que possible sur les éléments fondamentaux que sont (i) les projections financières résultant du plan de la société qui servent de base aux analyses de liquidité de l'entreprise pré et post restructuration, (ii) la capacité d'endettement de l'entité et (iii) la valeur d'entreprise post restructuration. Ces analyses permettent à l'ensemble des parties prenantes de définir une nouvelle structure capitalistique et d'allouer la valeur d'entreprise entre les différentes parties prenantes.

Pour que les discussions puissent se dérouler dans un contexte serein, les créanciers octroient généralement une main levée ou un moratoire (waiver ou standstill en franglais). La négociation s'engage alors avec les différents créanciers concernés pour adapter le profil de la dette. Plusieurs avenants aux contrats de crédit sont signés avec les créanciers pour adopter de nouvelles conditions financières (avec le cas échéant un report des

1. Sous la forme d'un *Independent Business Review* ou encore IBR.

échéances de remboursement, profil d'amortissement, maturité...) et ne pas constater immédiatement le défaut. Dans ces cas, la structure de la dette est relativement stable en valeur absolue, il n'y a peu ou pas d'abandon de créances, les créanciers perçoivent un waiver fee et bénéficient d'une augmentation des marges de crédit pour tenir compte de l'augmentation du risque encouru...

Dans le cas où l'entreprise n'est pas en cessation de paiement mais qu'elle ne parvient pas à trouver un accord avec les créanciers, il est fréquent qu'elle demande au Tribunal de commerce d'encadrer la négociation sous la forme d'un mandat *ad hoc* ou d'une procédure de conciliation afin de faire émerger une solution. Si les difficultés auxquelles la société doit faire face sont de nature « insurmontable », elle demande l'ouverture d'une procédure de sauvegarde au cours de laquelle l'ensemble des parties (en théorie) peuvent présenter des projets de plans de sauvegarde. Le projet de plan résulte de la combinaison de multiples modalités de réduction de la dette : abandon de créance, rééchelonnement de la dette par les créanciers (financiers ou d'exploitation, organisés en général en comités), augmentation de capital par compensation de créances, augmentation de capital en numéraire... Cette forme de restructuration requiert l'accord des créanciers, soumis à la majorité des deux tiers, pour la mise en place de nouvelles modalités financières, mais également l'accord de la majorité absolue des actionnaires (en assemblée générale) en cas d'augmentation de capital. Idéalement, le plan, qui doit faire l'objet d'un accord des parties, doit reposer sur un partage des efforts consentis : une réduction de l'encours des créanciers s'accompagne d'un nouvel apport d'argent de la part des actionnaires existants (*new money* en franglais), ou d'une augmentation de capital dilutive. À défaut d'accord sur un projet de plan, un plan de sauvegarde peut être imposé par le juge.

Enfin, en cas de cessation de paiement ou de l'échec d'un plan de sauvegarde, l'entreprise est placée en redressement judiciaire. L'administrateur judiciaire établit la situation de trésorerie à la date de cessation de paiement et étudie les différentes possibilités (plan de continuation après restructuration imposée du passif et/ou plan de cession de certaines activités) en général sans succès puisque la grande majorité des redressements judiciaires aboutissent à la liquidation pure et simple des actifs souvent par mise aux enchères, les créanciers étant remboursés sur le produit de la vente au regard de leur statut.

La restructuration financière d'un LBO est particulièrement complexe compte tenu du nombre important des différents créanciers bancaires ou financiers (senior, mezzanine, découvert) sans parler des créanciers d'exploitation (fournisseurs, sous-traitants) avec des rangs juridiques différents. Il arrive qu'une partie de la dette ait été vendue à des créanciers que l'entreprise ne connaît pas (notamment lorsqu'elle est portée par des véhicules de titrisations, ou lorsqu'elle est cédée à des hedge funds) ! Enfin, bien qu'étant devenus économiquement (et bientôt juridiquement) propriétaires de l'entreprise ou de ses actifs, les créanciers ne consentiront pas un effort significatif sans s'assurer au préalable d'un effort de l'actionnaire pour injecter de l'argent frais sous la forme de capitaux propres. Outre la faible visibilité, le fond d'investissement qui avait monté le LBO sera réticent à réinvestir dans l'entreprise en cours de restructuration, s'il estime que les perspectives de retournement sont limitées... S'il décide néanmoins de le faire, il dimensionnera son investissement complémentaire de façon la plus faible possible. La restructuration se concentre prioritairement sur la dette de la holding en essayant autant que faire se peut d'éviter d'affecter la cible qui doit conserver ses clients et fonctionner normalement dans l'intervalle. Il arrive que les banques refusent d'être « passées à la casserole » et se mettent d'accord entre elles pour prendre le contrôle de l'entreprise en transformant leurs créances en instruments de capital, comme ce fut le cas pour les 140 créanciers du groupe de matériaux de toiture Monier en 2009. Le fonds d'investissement PAI a ainsi perdu la totalité de sa mise initiale de 256 millions d'euros qui avait été faite en 2006.

Les restructurations sont également un moyen de prendre le contrôle d'une entreprise en difficulté et il existe des fonds d'investissement spécialisés dits de retournement (comme Butler, Perceva ou Vermeer Capital) qui conditionnent leur investissement à l'obtention d'un accord avec les créanciers de façon à ce qu'à l'issue de l'ensemble de la procédure, ils soient en situation de contrôle d'un groupe restructuré et à même de financer le redéploiement de l'activité. Le temps est un facteur essentiel dans ce type de transactions car les difficultés engendrent les difficultés, et l'entreprise peut passer d'un problème de passif à un problème d'image et voir son activité se réduire très rapidement.

Questions

1. Qu'est-ce qu'un fonds d'investissement ?
2. Pourquoi une enchère est-elle difficile à mener jusqu'à son terme avec des fonds d'investissement ?
3. Quel est le principal facteur de création de valeur dans un LBO ?
4. Un LBO est-il risqué ?
5. Quel est le profil d'une entreprise susceptible d'être rachetée par LBO ?
6. Quelles sont les options de sortie à l'issue d'un LBO ?
7. Qu'est-ce que la dette *senior* ?
8. Qu'est-ce que le management package d'un LBO ?
9. Qu'est-ce que le financement mezzanine ?
10. L'émission d'obligations *high yield* est-elle envisageable pour toutes les opérations de LBO ?
11. Quel est l'intérêt de restructurer la dette d'un LBO en difficulté le plus tôt possible ? Pourquoi les acteurs économiques sont-ils souvent réticents à entamer une telle démarche ?

12. Que signifie une rupture de convenant ? Quelles peuvent en être les conséquences ?

13. Pourquoi les créanciers acceptent-ils de restructurer leurs créances dans un LBO en difficulté ?

14. Qu'est-ce que le mandat *ad hoc* en matière de restructurations ?

Bibliographie

Dr. Achleitner Ann-Kristin, Dr Lichtner Katharina et Diller Christian, *Value Creation in Private Equity*, Center for Entrepreneurial and Financial Studies & Capital Dynamics, Munich, 2010.

Boschin Nicolas, *Le guide pratique du LBO : Racheter une entreprise grâce à l'effet de levier*, Eyrolles, Paris, 2009.

Cherif Mondher, *Leveraged Buy Out : aspects financiers*, Revue Banque Éditions, Paris, 2004.

Ernst & Young, *How do private equity investors create value ? A global study*, Étude réalisée par Ernst & Young, 2008.

Poitrinal François-Denis, *Le capital investissement : guide juridique et fiscal*, Revue Banque Éditions, Paris, 2010.

Schmidt Daniel, Moulin Florence et Novelli Hervé, *Les fonds de capital investissement : principes juridiques et fiscaux*, Éditions Gualino, Paris, 2009.

Association française des investisseurs en capital (AFIC) : www.afic.asso.fr
European Private Equity & Venture Capital Association (EVCA) : www.evca.com
Collectif LBO : www.collectif-lbo.org
Coller Capital Limited : www.collercapital.com

Chapitre 21

Aperçu des problèmes réglementaires

Ce chapitre traite…

- **Des autorisations préalables**

– Certains secteurs sensibles sont soumis à une autorisation préalable d'investissement.

– Les investisseurs communautaires et extracommunautaires sont soumis à des restrictions différentes.

– La lutte contre le blanchiment de capitaux s'étend aussi aux opérations de fusions et acquisitions.

- **Des aspects concurrentiels**

– Dans l'Union européenne, aussi bien au niveau communautaire que français, les fusions acquisitions sont soumises au contrôle des autorités en charge de la concurrence, dès lors qu'elles dépassent un certain seuil de notification.

– Les procédures communautaire et nationale sont exclusives et peuvent durer jusqu'à quatre mois lorsqu'un examen approfondi de la transaction est nécessaire.

– À l'issue de ce processus, l'opération peut être autorisée avec ou sans conditions, ou être interdite par les autorités compétentes.

- **Des aspects sociaux**

– Avant toute opération de rapprochement, les entreprises doivent informer et consulter le comité d'entreprise. L'important est d'obtenir un avis quel qu'il soit.

– La mise en œuvre de synergies de coûts liés à un rapprochement s'accompagne souvent d'une réduction d'effectifs et, le cas échéant, d'un plan social.

Il ne faut pas oublier les aspects concurrentiels et sociaux des opérations de fusions acquisitions : les uns comme les autres peuvent perturber, voire faire échouer une transaction s'ils ne sont pas pris suffisamment au sérieux.

1. Les autorisations préalables

Le concept de protection des intérêts nationaux est présent à l'esprit du régulateur français, notamment lorsqu'il s'agit de secteurs « sensibles » de l'économie, comme l'illustre l'acquisition controversée d'Aventis par Sanofi en 2004 ou en 2006 le cas de Gaz de France, pour lequel les pouvoirs publics se sont mobilisés afin de conserver l'opérateur gazier historique dans le giron national, en privilégiant un rapprochement avec Suez.

Dans cet esprit, et pour clarifier la législation française au regard de la Commission européenne, la loi a été modifiée en 2004, et définit les modalités des investissements étrangers dans certains secteurs de l'économie qui seront soumis à une autorisation préalable par le ministère de l'Économie et des Finances. Elle fait tout d'abord la distinction entre les investissements communautaires et non communautaires, ces derniers étant plus sévèrement contrôlés. Elle définit ensuite les modalités d'investissement concernées :

– la prise de contrôle d'une société ;
– l'acquisition de tout ou partie d'une branche d'activité ;
– la détention de plus du tiers du capital ou des droits de vote.

Le décret définit par ailleurs les secteurs réputés « sensibles » qui sont concernés. On en dénombre onze, qui peuvent être regroupés en cinq catégories :

– les jeux d'argent ;
– la sécurité et la surveillance : les activités de sécurité privée et celles portant sur des matériels conçus pour l'interprétation des correspondances et des écoutes à distance, ainsi que celles de sécurité privée ;
– la sécurité des systèmes d'information (certification, cryptologie et authentification) ;
– l'armement et les secrets-défense, incluant les technologies à double usage civil et militaire ;
– la santé avec les activités visant à lutter contre l'utilisation illicite dans le cadre d'activités terroristes d'agents pathogènes ou toxiques, et à en prévenir les conséquences.

Les investissements communautaires ne sont concernés que par une prise de contrôle, et la liste des secteurs concernés est plus restreinte, avec les activités de cryptologie, les activités étiquetées secret défense, le secteur de l'armement et les activités au profit du ministère de la Défense. Aux États-Unis, un an après la polémique née de l'acquisition en 2006 de ports américains par la société DP World contrôlée par Dubaï, Washington a adopté le Foreign Investment and National Security Act qui précise les conditions d'investissement de groupes étrangers aux États-Unis et renforce les pouvoirs du Comité pour l'investissement étranger aux États-Unis, chargé d'étudier les acquisitions de sociétés américaines par des entreprises étrangères.

2. Le contrôle de la concurrence

Quel que soit le type de rapprochement envisagé – acquisition de titres ou d'actifs, fusion ou alliance –, les firmes engagées dans le processus et en particulier la firme initiatrice doivent prendre en compte les réglementations concurrentielles en vigueur. Ces dernières ont pour objectif de déceler *a priori* et dans des délais limités les risques de position dominante induits par une opération, laquelle pourra être interdite ou acceptée sans condition.

Les États-Unis sont des précurseurs en la matière, et se sont dotés très tôt d'un droit de la concurrence, initié par le *Sherman act* de 1890. Une opération de concentration est passible d'interdiction en cas de réduction importante de la concurrence depuis le *Clayton act* de 1914, qui a depuis été renforcé par le *Hart-Scott-Rodino act* de 1976.

Les réglementations dans le domaine en Europe n'ont été que beaucoup plus tardives. Ainsi, la France s'est dotée d'une législation en 1977 (loi n° 77-806), avant tout pour entraver l'essor d'une proposition de règlement communautaire susceptible de gêner la politique industrielle nationale ; d'où un certain laxisme à l'époque… Les choses ont bien changé ! Non seulement, une réglementation européenne (Règlement CEE n° 4064/89) a été adoptée pour toutes les opérations d'envergure communautaire afin de compléter une législation nationale revue (en 1986, puis surtout en 2001 avec la loi dite NRE pour Nouvelle Réglementation Économique et la loi de modernisation de l'économie en 2008) et adaptée en conséquence ; mais surtout, les pratiques et les procédures sont devenues autrement plus strictes au fil du temps, aboutissant à un nombre croissant d'opérations bloquées.

Autant de raisons pour ne pas négliger ces contraintes et analyser les risques liés aux contraintes concurrentielles le plus en amont possible.

2.1. *Les seuils de notification*

Étant donné le nombre d'opérations et la capacité limitée des autorités en charge de la concurrence, tous les rapprochements ne sont pas soumis aux procédures de contrôle. De toute façon, toutes les opérations ne sont pas susceptibles d'affecter la concurrence, c'est pourquoi en guise de filtre des critères ont été institués aussi bien au niveau communautaire qu'au niveau des différents États-membres. Il est par ailleurs important de souligner que les procédures communautaires et nationales sont exclusives et qu'à ce titre une opération ne peut tomber sous le coup de deux procédures simultanément. La première étape pour les entreprises prenant part à une opération est donc de s'assurer qu'elles sont bien sujettes à une des procédures.

Au niveau communautaire, la procédure débute par la notification de l'opération à la direction de la concurrence de la Commission européenne (ou merger task force) *via* un formulaire de notification dénommé « formulaire CO ». Si l'opération répond aux conditions qui seront présentées plus loin, la notification est obligatoire et sujette à des délais contraignants : ainsi, l'opération doit être notifiée dans la semaine de la signature du contrat, le non-respect de ce délai pouvant entraîner des amendes allant de 1 000 à 50 000 euros. La transmission d'informations imprécises ou incorrectes est passible d'une amende n'excédant pas 1 % du chiffre d'affaires agrégé après opération. L'omission pure et simple de notifier est passible d'une amende beaucoup plus lourde pouvant aller jusqu'à 10 % du chiffre d'affaires de la firme en faute, la procédure étant de toute façon activée *a posteriori*.

Une opération de rapprochement est concernée par les règlements européens si elle est de dimension communautaire, c'est-à-dire si les conditions suivantes sont réunies :

– le chiffre d'affaires cumulé des entreprises impliquées dans l'opération dépasse 5 milliards d'euros au niveau mondial ;

– au moins deux des entreprises impliquées dans l'opération réalisent chacune 250 millions d'euros de chiffre d'affaires sur le territoire communautaire.

Lorsque ces conditions ne sont pas remplies, l'opération peut toutefois faire l'objet d'une procédure si elle dépasse les quatre seuils cumulatifs suivants :

– le chiffre d'affaires cumulé des entreprises impliquées dans l'opération dépasse 2,5 milliards d'euros au niveau mondial ;

– le chiffre d'affaires cumulé des entreprises impliquées dans l'opération dépasse 100 millions d'euros dans au moins trois États-membres ;

– le chiffre d'affaires réalisé individuellement par au moins deux des entreprises impliquées dans l'opération dépasse 25 millions d'euros dans chacun des trois États cités précédemment ;

– le chiffre d'affaires réalisé individuellement par au moins deux des entreprises impliquées dans l'opération dépasse 100 millions d'euros dans l'Union européenne.

Dans tous les cas, l'obligation de notifier l'opération aux instances européennes ne concerne pas les firmes réalisant plus de deux tiers de leur chiffre d'affaires dans un seul État-membre ; dans ce cas, seules les autorités nationales respectives sont compétentes et sont libres d'appliquer leur propre réglementation.

Ainsi, la plupart des réglementations nationales en la matière ont été harmonisées avec les règlements communautaires. Dans tous les États-membres, la notification aux autorités compétentes doit être effectuée dès lors que l'opération est irrévocable. En France, le dossier de notification doit être adressé à l'Autorité de la concurrence et comprend : une description de l'opération, une présentation des entreprises concernées, une description sommaire de chaque marché concerné, le cas échéant une description détaillée de chaque marché « affecté », ainsi qu'une déclaration d'exactitude ; la notification est obligatoire en France – au risque de s'exposer à des sanctions pécuniaires pouvant atteindre 5 % du chiffre d'affaires – lorsque les seuils suivants sont dépassés :

– le chiffre d'affaires cumulé des entreprises impliquées dans l'opération dépasse 150 millions d'euros au niveau mondial ;

– le chiffre d'affaires réalisé par deux au moins des entreprises impliquées dans l'opération dépasse 50 millions d'euros en France ;

– l'opération n'entre pas dans le champ du règlement CEE n° 4064/89.

Fin 2006, deux entreprises ont été sanctionnées pour des notifications tardives ou erronées. La société Vico s'était vue infliger une sanction de 10 000 euros pour avoir omis certaines informations relatives à l'acquisition de Lorenz France ; PanFish avait en outre écopé d'une amende de 57 700 euros suite à un calcul erroné du chiffre d'affaires de sa cible, Fjords Seafood. Ce signal rappelle aux entreprises souhaitant se lancer dans des acquisitions que les autorités de concurrence entendent jouer leur rôle à plein, même si le chiffre d'affaires national d'une société est difficile à calculer et sujet à interprétations…

Les activités des groupes étant de moins en moins circonscrites par les frontières nationales et les opérations transfrontalières étant appelées à devenir de plus en plus nombreuses, le dirigeant avisé devra aussi garder un œil sur la législation des autres pays de l'Union européenne. Les conditions à remplir pour qu'une opération fasse l'objet d'une notification auprès des autorités compétentes dans les principaux États membres sont présentées dans le tableau 1 ; pour chaque État, une seule des conditions indiquées est suffisante et justifie la tenue de la procédure.

Le *Hart-Scott-Rodino act* définit également des seuils de notification aux États-Unis. Une notification doit être adressée à l'autorité compétente lorsque l'investissement dépasse un certain seuil, notification assortie de frais d'examen du dossier qui dépendent de la taille de la transaction. Les seuils de notification dépendent de la nature de l'activité de la cible, industrielle ou non, et portent à la fois sur des critères de chiffre d'affaires et de valeur des actifs acquis. Les États-Unis possèdent à cet effet un système dual d'agences indépendantes qui se partagent les dossiers suivant leurs modalités : la *Federal Trade Commission* (FTC) et le *Department of Justice* (DoJ). La transaction ne peut être conclue pendant une période de trente jours suite à la notification, pendant laquelle les autorités de régulation examinent le dossier et peuvent réclamer des renseignements complémentaires.

Tableau 1. – *Seuils de notification dans les principaux pays de l'Union européenne*

	CA cumulé au niveau national	CA individuel d'une des deux entreprises au niveau national	Autres conditions
France	150 M€*	50 M€*	
Allemagne	500 M€	25 M€**	
Belgique	100 M€	40 M€	
Espagne	240 M€	60 M€	La nouvelle entité dispose de 30 % de son marché au niveau national ou régional
Italie	421 M€	42 M€	
Pays-Bas	113,5 M€	30 M€	
Royaume-Uni		70 M£***	La nouvelle entité dispose de 25 % de son marché au niveau national ou régional

* Chiffre d'affaires réalisé par deux au moins des entreprises.
** À condition que le chiffre d'affaires d'une autre entreprise impliquée dépasse 5 millions d'euros.
*** Chiffre d'affaires de la cible.

Source : sites Internet des autorités nationales respectives.

2.2. Les procédures

Si l'opération ne remplit pas les conditions justifiant l'intérêt des autorités en charge de la concurrence, aucune procédure n'est engagée. En revanche, si l'opération est concernée par les critères fixant l'obligation de notification, une procédure est mise en route. Qu'elle soit communautaire ou nationale, celle-ci dure rarement plus de quatre mois, durée pendant laquelle l'opération ne peut être officiellement conclue. Mais au-delà de l'aspect procédurier auquel est confrontée l'entreprise, il s'agit avant tout de laisser le temps aux autorités en charge de la concurrence de délimiter les contours des marchés pertinents, puis d'apprécier l'impact de l'opération sur la concurrence.

Au niveau communautaire, la procédure se déroule en deux phases après que la notification a été effectuée. La phase I, qui dure 35 jours, laisse le temps à la Commission de décider si l'opération relève du règlement ou non ; à l'issue de celle-ci, soit l'opération peut être autorisée avec ou sans conditions, soit une analyse plus poussée est nécessaire, d'où le passage à la phase II, dite d'« enquête approfondie » : pendant un maximum de 125 jours est entreprise une collecte d'informations destinée à mesurer plus précisément l'impact de l'opération. À l'issue de cet examen, trois types de décision peuvent être rendus :

l'interdiction de l'opération ;

– l'acceptation de l'opération sans conditions ;

– l'acceptation de l'opération sous conditions, autrement dit l'opération peut se faire à condition que les parties respectent les mesures structurelles (revente d'actifs ou d'actions par exemple) ou comportementales (résiliation de contrat d'exclusivité par exemple) préconisées par la commission.

L'interdiction de l'opération est rare puisque seules 20 opérations ont été prohibées depuis que la réglementation existe : on trouve quelques opérations d'envergure, telles que Schneider-Legrand, alors même que l'opération avait été conclue, le rapprochement des *tour operators* Airtours et First Choice et d'autres beaucoup plus modestes, tel le rapprochement entre les deux distributeurs finlandais Kesko et Tuko en 1997. En 2007, le projet de fusion entre les compagnies aériennes Ryanair et Air Lingus a également été interdit.

Si les interdictions pures et simples sont l'exception, les autorisations sous conditions ont eu tendance à croître fortement depuis 1996, non seulement en absolu du fait de l'accroissement du nombre d'opérations, mais aussi en termes relatifs puisque d'environ 5 % avant 1997, la part d'opérations autorisées sous conditions en phase I ou II dépasse 30 % depuis 2001. Ceci peut s'expliquer par le fait que les entreprises n'hésitent plus à user de la phase d'enquête pour négocier avec la commission dans le but de présenter un dossier acceptable. Pour les sociétés cotées, une offre publique volontaire peut être assortie d'une condition suspensive permettant à l'initiateur de renoncer à son offre s'il n'obtient pas un accord sur son projet de rapprochement à l'issue de la phase I. Récemment, la Commission a autorisé le rachat en 2008 du suédois Vin & Spirit (vodka Absolut) par Pernod Ricard, sous réserve que le groupe français vende certaines marques sur des marchés soulevant des problèmes de concurrence. Pernod Ricard a de lui-même proposé de céder entre autres ses marques Dry Anis en Finlande et Grömsteds Cognac en Suède, vendues au norvégien Arcus Gruppen AS.

Aussi bien en France que dans les autres États membres de l'Union, la procédure se base sur les mêmes principes qu'au niveau communautaire. Seuls les acteurs changent.

Depuis la loi de modernisation de l'économie du 4 août 2008, le contrôle des opérations de concentration relève de l'Autorité de la concurrence, autorité indépendante agissant au nom de l'État. Par cette réforme, le modèle français se rapproche des procédures en vigueur dans le reste de l'Europe. Toutefois, le ministre de l'Économie peut, après que l'Autorité a rendu sa décision, évoquer à titre exceptionnel une opération disposant d'un caractère stratégique pour le pays, au nom de considérations d'intérêt général telles que le développement industriel, la compétitivité des entreprises ou l'emploi.

Sont considérées comme des opérations de concentration les situations où deux entreprises précédemment indépendantes fusionnent, quand elles créent une entreprise commune ou quand une société prend le contrôle d'une ou plusieurs autres. Les opérations dépassant les seuils de notification et ne relevant pas d'une dimension communautaire ne sont pas examinées par l'Autorité de la concurrence. Des seuils spécifiques s'appliquent aux DOM-TOM et à certains secteurs comme la distribution de détail.

Après notification, l'Autorité de la concurrence examine l'opération en deux phases. Si l'opération ne menace pas la concurrence ou si les engagements des parties répondent de manière satisfaisante aux difficultés concurrentielles observées, l'opération peut être autorisée avec ou sans conditions après un rapide examen d'une durée maximale de 25 jours à partir de la réception du dossier.

La phase 2 débute en cas de doute sérieux d'atteinte à la concurrence. L'Autorité étudie alors si l'opération menace la concurrence par la création ou le renforcement d'une position dominante ou d'une puissance d'achat qui déstabiliseraient les fournisseurs. Les gains d'efficacité sont aussi étudiés et rapportés aux atteintes à la concurrence répertoriées. La décision, collégiale, est rendue par l'Autorité dans un délai de 65 jours, et peut soit autoriser l'opération sans conditions, soit l'autoriser sous réserve d'engagements, soit l'interdire. Si l'Autorité constate le non respect des engagements cités dans une décision, elle peut :

– annuler la décision autorisant la concentration ;

– enjoindre sous astreinte aux parties de mettre en application les engagements ;

– prononcer une sanction pécuniaire.

Ces astreintes sont limitées à 5 % du chiffre d'affaires journalier moyen par jour de retard. Les décisions de l'Autorité sont publiques. Les parties et tiers concernés disposent d'un délai de deux mois pour procéder à un recours en annulation ou en réformation devant le Conseil d'État.

L'ampleur du contrôle incite les acteurs :

– soit à mettre comme condition suspensive au rapprochement la levée des autorisations antitrust, que ce soit pour les sociétés cotées ou pas ;

– soit à ne pas matérialiser immédiatement la transaction mais à annoncer quand même l'intention de se rapprocher et débuter la prénotification pour tester les réactions initiales des autorités antitrust.

De façon générale, le critère de la position dominante est de plus en plus contesté au profit de celui de l'atteinte substantielle à la concurrence. De même, les fameux tests de marchés pratiqués par la Commission européenne sont souvent biaisés par la présence des concurrents qui tentent de ralentir ou de faire modifier la transaction. Enfin, l'intérêt du consommateur est-il le seul à privilégier ? L'emploi ou la recherche sont autant de facteurs essentiels à l'Union européenne et qui mériteraient d'être intégrés dans l'analyse.

3. Les aspects sociaux

Un rapprochement économique entre deux entités est soumis à de nombreuses contraintes sociales et notamment la consultation obligatoire du comité d'entreprise. Le rapprochement est souvent suivi de la mise en place d'un plan social, qui doit être soumis à l'administration du travail.

3.1. La consultation du comité d'entreprise

Lorsque l'opération met en jeu des sociétés de plus de 50 salariés, la consultation des comités d'entreprise de celles-ci est, selon l'article L432-1 du Code du travail, obligatoire ; quelles que soient les modalités du rapprochement ou les conséquences sociales attendues de l'opération, qui feront le cas échéant l'objet d'une consultation distincte. Le chef d'entreprise omettant de consulter son comité d'entreprise ou se contentant de l'informer tomberait sous le coup du délit d'entrave. Le délit d'entrave concerne aussi les dirigeants dont la consultation serait trop tardive pour permettre au comité d'entreprise de manifester une quelconque réaction, en l'occurrence six semaines après l'irrévocabilité de l'opération et, le cas échéant, trois jours avant l'assemblée générale extraordinaire des actionnaires.

Il est donc important de bien choisir le moment de la consultation, celui-ci ne devant ni intervenir trop tôt, pour des soucis de fuite et de disponibilité de l'information, ni trop tard pour laisser le temps à un véritable dialogue entre le comité et les dirigeants de s'établir et surtout… pour ne pas tomber sous le coup du délit d'entrave ! Ainsi, pour que la consultation fasse sens, il est recommandé de l'effectuer au cours de la phase de négociation, avant que tout accord soit trouvé entre les parties, la décision de principe primant sur l'acte juridique proprement dit.

Afin que la consultation du comité d'entreprise ne soit pas une simple formalité et pour qu'un dialogue fécond et une décision motivée intéressante puissent en accoucher, la loi française a prévu les différentes étapes de la consultation :

– remise au comité d'informations précises et écrites avec un délai d'examen suffisant ;

– convocation régulière du comité ;

– premières observations du comité et éventuelles propositions alternatives ;

– réponse motivée de l'employeur à ces observations ;

– avis officiel du comité après examen de cette réponse avec d'éventuelles propositions alternatives.

Dès lors que le comité d'entreprise est consulté, il peut aussi se prononcer sur le recours à un expert, comptable ou juridique, ayant accès aux « documents de toutes sociétés concernées par l'opération ». Le plus important pour l'entreprise est d'obtenir un avis, quel qu'il soit. Dans certains cas, le comité d'entreprise joue la montre pour rendre un avis, obligeant ainsi les dirigeants de l'entreprise à aller en justice pour l'obtenir. En cas d'offre publique non sollicitée, l'initiatrice doit présenter aux représentants du personnel de la cible ses intentions en matière d'emploi.

3.2. Le cas particulier des offres publiques

L'initiateur d'une offre publique devant communiquer ses intentions en matière d'emploi, les enjeux sociaux d'un rapprochement sont souvent un moyen pour la cible d'occuper le terrain médiatique en soulignant les risques de destruction massive d'emplois. En guise de riposte, l'initiateur doit transmettre à son comité d'entreprise et au comité d'entreprise de la cible la note d'information dans les 3 jours de sa publication. Le comité d'entreprise de la cible (ou à défaut les membres du personnel) peut décider de procéder à l'audition de l'initiateur et se prononcer sur le caractère hostile ou amical du projet de rapprochement. L'initiateur a l'obligation de participer à cette audition et de présenter au comité d'entreprise les « répercussions de la mise en œuvre de son offre sur l'ensemble des intérêts de la société visée et spécialement l'emploi ». Il n'est cependant pas tenu par l'avis du comité d'entreprise sur l'opération.

3.3. Le plan social

En France, un rapprochement entre deux entreprises n'est pas considéré par le droit comme une cause réelle et sérieuse pouvant justifier des licenciements, à moins que ce rapprochement n'ait été expressément entrepris pour faire face à des difficultés économiques. Cependant, la mise en œuvre de synergies de coût nécessite souvent des fermetures de sites entraînant des suppressions d'emplois et le cas échéant des licenciements. C'est pourquoi la communication avec le personnel est encore une étape importante et doit s'accompagner si nécessaire de la mise en place d'un plan social. Ce dernier est obligatoire dans les entreprises de plus de 50 salariés et si plus de neuf d'entre eux sont licenciés en 30 jours.

Il suppose aussi la consultation des représentants du personnel et le cas échéant du comité d'entreprise, voire de la délégation unique. Dans la convocation pour la première réunion, l'entreprise doit spécifier :

– le projet de licenciement collectif pour motif économique et les raisons invoquées, qu'elles soient économiques, financières ou techniques,
– le nombre de licenciements et les catégories concernées,
– la proposition des critères pour l'ordre des licenciements,
– le nombre de travailleurs permanents ou non de l'entreprise,
– le calendrier des licenciements,
– un dispositif de reclassement personnalisé, ainsi que le plan social.

Les représentants du personnel doivent en outre être informés de l'exécution du plan social tout au long de l'année suivant les licenciements.

Cette convocation sert aussi de première information à la direction départementale du travail et de la formation professionnelle (DDTEFP).

L'élaboration et la mise en place du plan social doivent ensuite être contrôlées et validées par la direction départementale du travail, laquelle est notifiée de la première réunion du comité d'entreprise le lendemain de la tenue de celle-ci. Le contrôle doit avoir lieu dans les huit jours suivant la notification et doit permettre à l'administration du travail de s'assurer que le plan social a bien été établi et que son contenu est en règle avec la législation en vigueur (article L 321-4 et suivants du code du travail). En cas de non-conformité, la direction départementale du travail adresse un constat de carence à l'entreprise (ainsi qu'une copie de celui-ci au comité d'entreprise), qui doit alors modifier son plan social et recommencer la procédure de licenciement en conséquence.

Bibliographie

Governmental Approvals and Third Party Consents in Corporate Transaction, Salans Corporate Group Editions, 2009.

Lefebvre Francis & Piquereau Thomas, *Concurrence consommation 2009-2010*, Éditions Francis Lefebvre, Paris, 2009.

Lefebvre Francis, *Social 2010*, Éditions Francis Lefebvre, Paris, 2010.

Site de la Merger Task Force de l'Union européenne : europa.eu.int/comm/competition.

Chapitre 22

Études de cas

Ce chapitre contient deux cas. Le cas Soulay permet de mettre en pratique tous les concepts analysés dans la première partie de cet ouvrage, depuis le diagnostic stratégique jusqu'à la phase d'évaluation. Le cas Turbo Vista est un exercice contenant aussi des questions relatives au diagnostic financier mais concerne essentiellement la phase de structuration d'une transaction.

I. LE CAS SOULAY

Questions

Vous êtes chargé d'affaires dans l'équipe du fonds d'investissement Shark, spécialisé dans la prise de participations majoritaires dans des entreprises alimentaires. Vous venez d'apprendre que le groupe britannique Solo plc., en difficulté financière, souhaite vendre sa filiale française Soulay SA. Après avoir signé un accord de confidentialité, vous recevez le mémorandum d'information ci-après à mi-2010. En vous fondant sur les éléments fournis par celui-ci, vous devez :

1. Effectuer une brève analyse stratégique de Soulay.
2. Vous étudierez tout particulièrement l'évolution des ventes, des marges et de la structure financière.
3. Analyser le plan d'affaires de Soulay pour la période 2010-2013. Que pensez-vous de la stratégie envisagée par Soulay ? L'amélioration des volumes et des marges vous semble-t-elle crédible ? Les investissements sont-ils suffisants pour soutenir la croissance ? Quel jugement portez-vous sur ce plan d'affaires ? Quel scénario alternatif pourriez-vous envisager ?
4. Établir la valeur d'entreprise du groupe Soulay avec la méthode des multiples en vous fondant sur l'échantillon d'entreprises cotées présentées en fin de cas. Que pensez-vous des entreprises comparables données ?
5. Établir la valeur d'entreprise du groupe Soulay avec la méthode des transactions comparables. Que pensez-vous des transactions comparables fournies en fin de cas ?
6. Établir la valeur d'entreprise du groupe Soulay avec la méthode des flux de trésorerie, sur la base du plan d'affaires pour la période 2010-2013. Quelle est la part de la valeur terminale dans votre évaluation ? Testez la sensibilité du résultat aux éléments suivants : taux d'actualisation, croissance à l'infini, marge d'EBE.
7. Quel est le contexte des négociations ?
8. D'après les réponses apportées aux questions précédentes, quelle fourchette de prix en valeur d'entreprise proposez-vous pour prendre le contrôle de Soulay ?

1. Présentation de la société

1.1. Activité

Soulay est une entreprise agroalimentaire française spécialisée dans la préparation de plats cuisinés surgelés et frais : plats préparés, pizzas, tartes, entrées… Les activités de la société peuvent être réparties en quatre segments :

• surgelés sous la marque Soulay,
• frais sous la marque Soulay,
• marques de distributeurs (MDD) :
– surgelés à marque de distributeur,
– frais à marque de distributeur,
• restauration hors foyer (surgelés et frais hors foyer ainsi que magasins spécialisés en produits surgelés).

La marque Soulay a été lancée en 1983 et initialement axée sur les produits préparés surgelés pour la distribution. Un an plus tard, en 1984, Soulay est entrée sur le marché des produits frais. La société fut ensuite vendue en 1999 à l'entreprise britannique Solo plc.

1.2. Éléments financiers clés

En 2009, le chiffre d'affaires global de la société a atteint 436,1 millions d'euros, qui se décomposaient ainsi : 248,9 millions d'euros pour les surgelés (environ 54 % du chiffre d'affaires global) et 214,2 millions d'euros pour les produits frais (environ 46 % du chiffre d'affaires global).

Au sein des surgelés, la répartition du chiffre d'affaires est la suivante : 41 % pour la marque propre, 35 % pour la marque de distributeur et 24 % pour le hors foyer.

Concernant les produits frais, 69 % de l'activité est vendue sous marque propre, le seuil étant vendu sous marque de distributeur.

1.3. Produits

1.3.1. Surgelés à marque

Avec 102 millions d'euros, le chiffre d'affaires de l'activité Surgelés à marque propre a représenté 23 % du chiffre d'affaires de Soulay en 2009. Soulay est en deuxième position avec 11,3 % de part de marché en valeur.

Les principales forces et opportunités de cette ligne de métiers sont :

• Forces :
– marque leader ;
– positionnement fort sur les plats préparés surgelés, spécialement sur le format individuel rapide ;
– positionnement solide sur les pizzas surgelées.

Graphique 1. – *Part de marché moyenne de Soulay sur le segment Surgelés à marque*

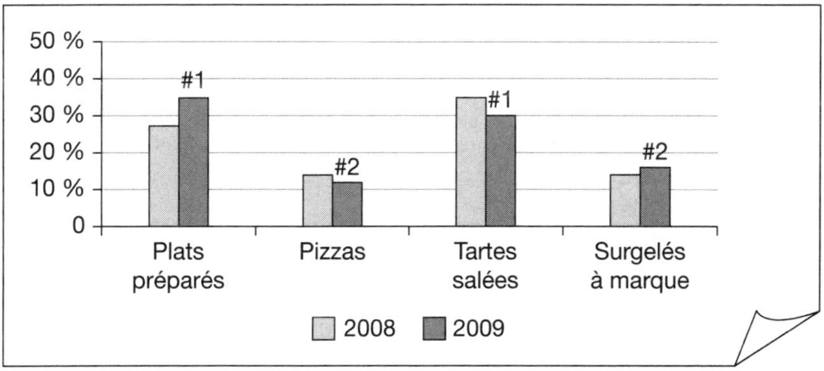

Source : Société.

• Opportunités :
– améliorer le rayonnage des produits surgelés ;
– développer le segment diététique/santé (plats préparés à base de poisson) ;
– la diminution du pouvoir d'achat des consommateurs encourage la consommation de surgelés.

1.3.2. Frais à marque

Avec 148 millions d'euros de ventes en 2009, l'activité Frais à marque a représenté 34 % du chiffre d'affaires de Soulay. La société se situe en deuxième position sur ce segment avec 4,9 % de part de marché.

Les principales forces et opportunités de cette ligne de métiers sont :
• Forces :
– marque leader ;
– large gamme de produits ;
– positionnement très fort sur les plats préparés individuels ;
– niveau de marge important grâce à un fort pouvoir de négociation avec les distributeurs.
• Opportunités :
– bonne tenue du segment des plats préparés ;
– entrée potentielle sur de nouveaux segments dynamiques (sandwiches, snacks, entrées exotiques, etc.) ;
– développement du segment diététique/santé (Slimo, plats préparés à base de poisson).

1.3.3. Marques de distributeurs (surgelés et frais)

En plus de ses propres marques, Soulay fournit aussi ses produits aux distributeurs pour que ces derniers les revendent ensuite sous leur propre nom. On appelle marque de distributeurs (MDD) ou private label l'ensemble des produits n'étant pas vendus sous la marque propre de l'entreprise mais sous la marque de distributeurs (détaillants, magasins spécialisés, discounteurs, exportateurs et autres acteurs industriels). Ces produits sont moins cher à produire (pas de coûts de marketing par exemple) mais se vendent aussi moins cher.

Les principales forces et opportunités de cette ligne de métiers sont :

• Forces :
– organisation basée sur de nouveaux systèmes de gestion ;
– outil industriel optimisé ;
– nouveaux contrats avec le hard discount ;
– partenariats industriels forts ;
– nouveaux contrats à venir sur le segment des produits frais.

• Opportunités :
– le dynamisme du segment des marques de distributeur ;
– la croissance du hard discount.

1.3.4. Restauration hors foyer

Soulay est aussi présent dans le secteur à très fort potentiel de la restauration hors foyer. Ce secteur recouvre :

– la restauration collective (entreprises, établissements scolaires, hôpitaux, maisons de retraite, centres de loisir) ;

– la restauration commerciale (restauration à table, self-service, snack-bars, hôtels et restaurants, transports, concession) ;

– les circuits alternatifs (stations-service, magasins d'alimentation et voyage).

Les principales forces et opportunités de cette ligne de métiers sont :

• Forces :

– marque leader (bénéfice de l'activité à marque, gage de qualité et de sérieux) ;
– marques présentes et reconnues dans la restauration collective ;
– présence chez tous les grossistes surgelés ;
– savoir-faire reconnu dans les tartes ;
– excellente connaissance du marché de la restauration commerciale.

• Opportunités :
– besoin de produits industriels de qualité avec des standards élevés ;
– croissance prévue des centres de surgelés ;
– croissance du marché des produits prêts à manger ;
– développement du fast food ;
– développement de la restauration pour transports, particulièrement en avion et train.

1.4. Opérationnel

1.4.1. Production

Les principales exigences du processus de production consistent à assurer un haut niveau de productivité, de rentabilité, de sécurité alimentaire, de flexibilité, de réactivité et de différenciation tout en répondant à des contraintes nutritives et environnementales spécifiques.

Le processus de production de Soulay repose sur :

– 6 usines de production en France : 3 pour les produits frais, 3 pour les produits surgelés ;
– 12 sous-catégories de produits ;
– 30 lignes de production ;
– 1 000 matières premières.

Les usines de production emploient 2 079 personnes à fin 2009, année durant laquelle elles ont produit 140 404 tonnes d'aliments. Le siège social de Soulay est situé à Toulouse, prêt de l'aéroport Blagnac.

1.4.2. Recherche & développement

La R&D est solidement ancrée dans l'organisation et les processus industriels de Soulay.

Schéma 1. – *R&D et processus d'amélioration continue de la qualité*

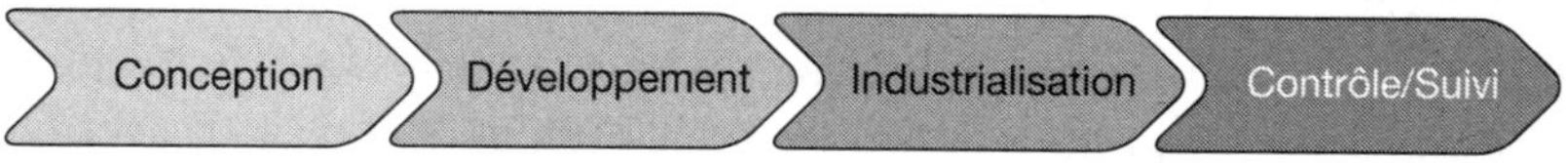

Le but est de développer des processus avec un solide savoir-faire scientifique et technique afin de mettre l'innovation et le savoir-faire technologique au centre du développement des nouveaux produits. L'organisation globale de la R&D est gérée par une équipe dédiée sur chaque site de production.

Les principaux objectifs poursuivis par l'équipe R&D sont la productivité, la fiabilité et le leadership technologique, afin de permettre la production de produits différenciés, d'améliorer le développement de nouveaux produits, de créer des barrières technologiques et de concevoir des produits proches des normes et de la qualité du « fait maison ». Soulay s'est engagée à améliorer la qualité nutritionnelle de ses produits, en lançant notamment un plan de réduction de la teneur en sel et en matières grasses de ses aliments, et a augmenté la quantité de légumes ainsi que les contrôles de la valeur calorique de ses produits.

1.4.3. Matières premières

Les achats et l'approvisionnement en matières premières constituent un élément clé de l'organisation de la supply chain de Soulay.

Différents facteurs influencent grandement le rendement des processus d'achat :

– les prix des matières premières ;
– les coûts de transport ;
– l'emplacement des sites de fabrication ;
– les besoins en énergie et en métal ;
– l'évolution de la réglementation commerciale.

Le processus d'achat comprend plus de 1 000 matières premières différentes et nécessite une véritable expertise dans l'approvisionnement.

1.4.4. Logistique et distribution

Les produits traiteurs et surgelés ont des organisations de logistique et de distributions séparées :

– les produits surgelés sont d'abord répartis vers les différents sites de production par canal de distribution (marque propre, MDD, restauration hors foyer, hard discount…) avant d'être distribués directement aux clients ;

– les marques Soulay et Slimo sont centralisées sur une plateforme logistique avant d'être distribuées aux clients. Les produits traiteurs, hard discount et de marque de distributeur sont distribués aux clients directement à partir des sites de production.

Le groupe a mis en œuvre un projet global afin de gagner en flexibilité et en réactivité. Ce projet a donné des résultats tangibles en 2009 avec une amélioration des indicateurs suivants :

– taux d'obsolescence (produits inutilisables à l'issue du processus de production) ;

– taux de réclamations des clients (produits livrés ne correspondant pas *in fine* aux besoins du client).

Entre 2007 et 2009, la quasi-totalité des sites ont diminué leur taux d'obsolescence et le groupe est parvenu à stabiliser le nombre total de réclamations de clients.

1.5. Marketing

1.5.1. Marques

La société opère essentiellement sous le nom de la célèbre marque Soulay, l'une des premières marques dans le domaine des produits préparés surgelés et frais. En outre, le groupe peut s'appuyer sur des marques spécifiques dans des segments comme l'alimentation équilibrée, les plats exotiques et les produits gourmets.

Le taux de pénétration[1] de Soulay a augmenté de 2006 à 2008 comme l'indique le graphique 2 :

Graphique 2. – *Taux de pénétration de la marque Soulay*

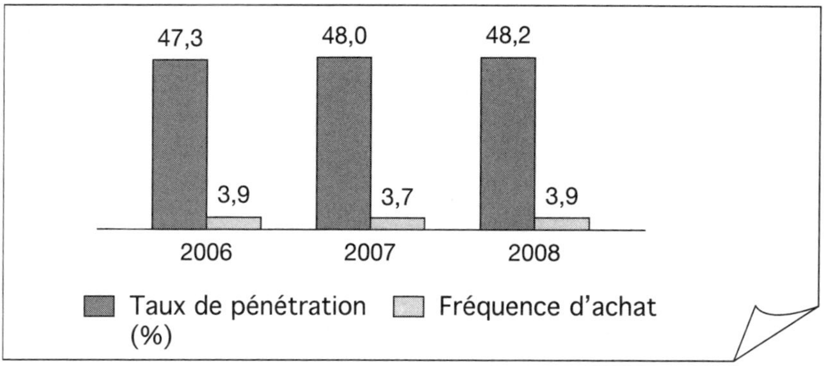

Source : Société.

1.5.2. Plateforme de marque

La nouvelle plateforme de marque de Soulay est au cœur de la stratégie de Soulay. Le but principal est de mettre l'accent sur la différenciation et d'offrir des produits que les clients perçoivent comme un savoureux plat quotidien plutôt que comme une solution temporaire.

Grâce à un message clair ciblé sur les clients, Soulay veut faire entrer ses produits dans leur vie quotidienne en tirant parti de sa proximité des femmes, de son image divertissante et de sa gamme très spécifique de produits.

Cette stratégie est soutenue par une approche média spécifique centrée sur la qualité, le goût et la diversité des produits.

1.5.3. Ventes

Pour les produits sous marque, une force de vente sur le terrain est dédiée aux hypermarchés pour tout ce qui concerne les produits frais et surgelés. Une équipe de négociation clients pour chaque technologie (frais et surgelé) vient compléter ce dispositif, notamment pour les produits sous marques de distributeurs. En ce qui concerne la restauration hors foyer (essentiellement les produits surgelés), une équipe est chargée de l'administration des ventes. Enfin, trois personnes sont dédiées aux marchés de l'exportation (essentiellement surgelés).

1. Taux de pénétration : taux mesurant la couverture du marché par un produit (rapport entre le nombre d'utilisateurs du produit et la population cible tout entière).

La fréquence d'achat représente le nombre d'achats réalisés sur une période donnée.

1.5.4. Clients

Les principaux clients de l'entreprise sont des groupes de distribution, des sociétés de restauration et des réseaux de distribution spécialisés. En moyenne, les cinq clients les plus importants représentent 62 % des ventes totales, le premier représentant 18 % des ventes.

La base de clients est moins concentrée dans les activités relatives aux produits surgelés que dans les activités relatives aux produits frais : les cinq clients les plus importants de chaque segment représentent respectivement 67 % et 76 % des ventes.

1.6. Organisation et ressources humaines

1.6.1. Organisation

Soulay a été récemment réorganisée en trois divisions dotées d'équipes opérationnelles dédiées aux produits surgelés, frais et à la restauration hors foyer.

En plus de ces divisions, trois divisions « support » ont été créées : finance, ressources humaines, R&D et Qualité.

Toutes les divisions sont autonomes. Les divisions produits surgelés et produits frais partagent deux ressources stratégiques :

– la force de vente ;
– le marketing et la plateforme de marque.

1.6.2. Culture d'entreprise

L'équipe de direction a décidé la mise en œuvre d'une culture d'entreprise forte et a décidé en 2008 de promouvoir 4 piliers et 4 standards :

– les 4 « piliers » sont : le client, l'innovation, la qualité, le résultat,
– les 4 standards sont : la simplicité, le respect, la confiance, l'enthousiasme.

1.6.3. Ressources humaines

Soulay emploie environ 2 500 salariés répartis entre le siège (17 %) et les usines (83 %). La plupart sont en CDI, à hauteur de 96 % dans les usines et de 92 % au siège, les autres salariés sont intérimaires.

La politique de gestion de Soulay est basée sur une amélioration constante du rendement des employés au sein d'une culture flexible, réactive et orientée clients.

Le climat social actuel au sein de la société est bon et stable. Il s'appuie sur une information régulière des salariés.

2. Plan d'affaires

2.1. Description du marché

Les plats préparés, surgelés, frais ou appertisés sont en général des aliments préparés ou des plats préparés commercialisés en portions individuelles et conçus pour être faciles à consommer. Ils exigent une préparation minimale, le plus souvent un simple réchauffage, et peu ou pas d'ingrédients complémentaires. Ils permettent donc aux consommateurs de gagner du temps. Ils sont faciles à acheter, à préparer et à jeter.

En outre, les plats préparés offrent l'expertise nutritionnelle des fabricants et répondent aux préoccupations croissantes des consommateurs en matière de santé. Les processus industriels et les compétences du fabricant garantissent aux consommateurs le respect de normes nutritionnelles élevées, particulièrement en ce qui concerne les apports nutritionnels recommandés et l'équilibre alimentaire.

Le marché français des plats préparés a bénéficié d'une forte croissance au cours des dernières années, les fabricants se concentrant toujours davantage sur la commodité et l'innovation afin de conserver leurs clients et d'en attirer de nouveaux. Le marché des plats préparés peut être divisé en trois segments correspondant à une technologie de conservation spécifique et comprenant de nombreuses catégories de produits.

Tableau 1. – *Le marché français des plats préparés*

	Surgelés	Frais	Appertisés
Produits	– Plats préparés – Pizzas – Tartes salées – Snacks – Crêpes	– Plats cuisinés – Pâtes – Pizzas – Entrées exotiques – Tartes salées	– Pâtes cuisinées – Plats exotiques – Boulettes – Haricots cuisinés
Taille	Volume (2009) : 300 000 t Valeur (2009) : 900 M€	Volume (2009) : 450 000 t Valeur (2009) : 3 000 M€	Volume (2009) : 450 000 t Valeur (2009) : 1 000 M€
Tendances	+ Tendance commodité + Prix attractifs + Vaste gamme de produits – Caractère attractif et visibilité en rayon	+ Tendance commodité + Innovations + Plats cuisinés individuels – Prix – Complexité	+ Tendance commodité + Emballages innovants + Prix attractifs individuels – Caractère attractif du produit

Source : Société.

2.2. Caractéristiques du marché

2.2.1. Un marché dynamique

Sur les cinq dernières années (2004-2009), la croissance du marché des plats préparés a été de 13,4 % en volume et de 30,3 % en valeur, ce qui donne des taux moyens de croissance annuelle, sur cette période, de 2,5 % et de 5,4 % respectivement.

La croissance du marché est portée par un besoin croissant de plats préparés, et par le rythme des innovations des fabricants et leur capacité de lancer de nouveaux produits sur le marché.

Les détaillants contribuent aussi largement à la croissance du marché, en particulier pour les produits préparés frais, en développant toujours plus les espaces destinés à ces produits avec des présentoirs spécifiques.

2.2.2. Les sources de croissance à long terme

La croissance du segment des plats préparés devrait rester forte, grâce au lancement soutenu de produits innovants répondant au désir croissant de consommer des aliments pratiques, sains et savoureux. Au cours des dix dernières années, le style de vie des Français a évolué et de nouvelles dynamiques familiales sont apparues. Le nombre de ménages individuels et de familles monoparentales a augmenté et crée une demande soutenue de plats préparés. Sur la période 2009-2014, les ventes de ce type de produits devraient augmenter de 12 % en volume et de 16 % en valeur, un rythme comparable à celui des années passées. Les taux de croissance en valeur, quant à eux, devraient rester élevés mais moins importants qu'au cours des années passées, puisqu'il est estimé que les marques de distributeurs devraient augmenter leur part de marché.

2.2.3. Un secteur fragmenté et concurrentiel

Le marché des plats préparés est extrêmement fragmenté avec quelques marques, un grand nombre de fabricants nationaux et une proportion significative de marques de distributeurs.

Pour le segment des produits surgelés, les marques de distributeurs représentent environ 45 % des ventes en supermarché et hypermarché et les grandes marques (Baresi et Soulay) un peu moins de 30 %, les autres fabricants constituant les 25 % restants. Les principaux fabricants de marques de distributeurs pour les produits préparés surgelés sont Soulay, Celtigel, Frial, Primel et Atlantique Alimentaire.

Pour le segment frais, les marques de distributeurs représentent environ 40 % des ventes en supermarchés et hypermarchés, les grandes marques 25 % et les autres fabricants 35 %.

La plupart des acteurs ne sont présents que sur un seul des trois segments du marché des plats préparés. En outre, aucun acteur n'est présent sur les trois segments. Seuls deux acteurs ont une solide position commerciale sur deux segments : Baresi et Soulay.

En raison du faible nombre de grandes marques, du dynamisme des marques de distributeurs et de la croissance attendue du secteur, le marché des plats préparés est extrêmement concurrentiel et les fabricants tentent de développer leur part de marché par d'importantes initiatives commerciales et marketing.

La part estimée du marché des magasins spécialisés en produits surgelés détenue par Soulay est restée relativement peu importante, avec une légère baisse de 1,8 % en 2008 à 1,6 % en 2009. Il n'y a pas de données disponibles sur les parts de marché des concurrents.

2.2.4. *Une distribution de masse concentrée*

La distribution alimentaire française est concentrée sur une poignée de grands distributeurs.

Les supermarchés et hypermarchés sont les principaux circuits de distribution avec 83 % des ventes du marché. Le reste des ventes est réalisé par le hard discount.

En raison de la pression sur le pouvoir d'achat des consommateurs et de l'absence de concurrence entre détaillants alimentaires dans certaines parties du pays, le gouvernement français a décidé de faire évoluer les relations entre la distribution et les fabricants et de remodeler les circuits de vente au détail des produits alimentaires. La nouvelle réglementation sur l'ouverture des supermarchés et des magasins discount (de plus de 300 mètres carrés) permettra la création de nouveaux magasins en centre-ville.

2.3. **Perspectives du marché**

2.3.1. *Produits surgelés*

Le marché des produits préparés surgelés a représenté 300 000 tonnes et 900 millions d'euros en 2009.

La consommation annuelle par habitant de produits surgelés, de 12 kg pour la France, est largement inférieure à la consommation du Royaume-Uni (23 kg), ce qui suggère un important potentiel de croissance de ce segment de marché. Les fabricants doivent exploiter les habitudes existantes et introduire de nouveaux produits offrant aux consommateurs des aliments et des repas pratiques et sains.

Une croissance soutenue en volume est prévue pour les années à venir. Le développement de nouveaux produits offrant valeur nutritionnelle élevée et commodité va attirer de nouveaux consommateurs tout en entretenant l'intérêt des consommateurs actuels. Le chiffre d'affaires en valeur devrait croître au même rythme ; les augmentations de prix de 2008 et 2009 devraient être suivies d'une stabilisation des prix unitaires moyens.

Il n'existe pas de facteur majeur susceptible de réduire le taux de croissance des produits surgelés au cours des années à venir : ils restent attractifs en termes de santé, de commodité et de saveur et répondent aux tendances actuelles de l'ensemble du marché des aliments emballés.

Les ventes en volume et en valeur des produits préparés surgelés ont été relativement stables au cours des deux dernières années, avec des taux de croissance annuelle moyenne de – 0,9 % et +1,1 % respectivement entre 2007 et 2009.

La crise économique a eu un impact significatif sur les résultats de 2009, qui doit être considéré comme un bas de cycle. Le pouvoir d'achat des consommateurs était en baisse et le marché a traversé une phase difficile. Toutefois, les facteurs structurels du marché restent positifs et favorables dans une tendance de croissance à long terme.

De fait, les perspectives fondamentales restent positives. Le taux de pénétration et la fréquence d'achat pourraient être sensiblement améliorés, et il existe une marge d'augmentation des prix, qui sont toujours abordables (par exemple, une barquette de paella surgelée pour 4 personnes coûte environ 4 €, soit 1 € par personne).

2.3.2. Produits frais

En 2009, le marché des produits traiteur frais a représenté un volume de 450 000 tonnes et un chiffre d'affaires de 3 000 millions d'euros. C'est le plus dynamique des segments du secteur des plats préparés, avec une forte croissance au cours des dernières années.

En dépit d'un environnement économique difficile en 2009, le taux de croissance moyen de 2007 à 2009 a été élevé en volume comme en valeur, en particulier pour les plats préparés, les entrées exotiques et les salades.

Au cours des prochaines années, les produits naturels et sains, tels que le poisson, devraient connaître un certain engouement, tandis que les produits habituellement associés au plaisir, tels que les pizzas fraîches, pourraient être repositionnés plus fortement en termes de santé et de bien-être.

Globalement, la caractéristique nutritionnelle devrait rester un axe de développement essentiel. Les fabricants vont développer de nouveaux conditionnements pratiques pour préserver la qualité des produits et améliorer le contenu nutritionnel. Le développement de niches devrait continuer de fournir de solides opportunités de croissance.

Le pouvoir d'achat des consommateurs va rester un facteur de croissance du marché. Les produits alimentaires frais sont commercialisés à un prix plus élevé en raison de leur fraîcheur, avantage majeur offert aux consommateurs, et de son corollaire, leur courte durée de conservation. Toutefois, la concurrence croissante des aliments surgelés et appertisés va contraindre les fabricants à être concurrentiels en termes de prix.

La marque leader de ce segment est Sabado avec une part de marché en valeur de 12,6 % en 2009, suivie par Soulay et Flori Bichon, qui représentent respectivement 4,5 % et 4,3 %.

3. États financiers résumés

3.1. Résultats financiers historiques

Les coûts variables correspondent à 74 % aux matières premières, tandis que les coûts directs sont pour moitié des frais de fonctionnement des usines et des coûts de marketing et de publicité pour 20 %.

En 2009, les principaux coûts administratifs se répartissaient de la façon suivante :

- informatique (27 %),
- financier et juridique (19 %),
- R&D et qualité (14 %),
- industriel & logistique (11 %),
- dirigeants (10 %),
- ressources humaines (10 %),
- autres (9 %).

Tableau 2. – *Historique du compte de résultat*

En M€, au 31 décembre	2007	2008	2009	07-09 TACM
Chiffre d'affaires	**442,9**	**468,5**	**463,1**	**2,3 %**
croissance en %		*5,8 %*	*(1,2 %)*	
Surgelés	240,1	246,1	248,9	1,8 %
Frais	202,8	222,4	214,2	2,8 %
Coûts variables	(285,9)	(308,0)	(305,8)	3,4 %
Marges sur les coûts variables	**157,0**	**160,5**	**157,3**	**0,1 %**
en % du chiffre d'affaires	*35,4 %*	*34,3 %*	*34,0 %*	
Surgelés	83,3	80,5	74,7	(5,3 %)
Frais	73,7	80,0	82,6	5,9 %
Coûts directs	(106,9)	(108,9)	(105,7)	(0,6 %)
Marge sur les coûts directs	**50,1**	**51,6**	**51,6**	**1,5 %**
en % du chiffre d'affaires	*11,3 %*	*11,0 %*	*11,1 %*	
Surgelés	17,3	16,8	14,3	– 9,1 %
Frais	32,8	34,8	37,3	6,6 %
Coûts administratifs	(62,4)	(50,6)	(45,8)	(14,3 %)
Résultat d'exploitation	**(12,3)**	**1,0**	**5,8**	**na**
en % du chiffre d'affaires	*(2,78 %)*	*0,21 %*	*1,25 %*	
Amortissements et provisions	16,8	17,7	16,6	(0,6 %)
EBITDA	**4,5**	**18,7**	**22,4**	**123,1 %**
% du chiffre d'affaires	*1,02 %*	*3,99 %*	*4,84 %*	

Source : Comptes audités.

Tableau 3. – *Ratios clés*

En M€, au 31 décembre	2007	2008	2009	07-09 TACM
Volume (tonnes) *croissance en %*	**104 404**	**145 413** *3,6 %*	**142 126** *(2,3 %)*	**0,6 %**
Surgelés Frais	93 874 46 530	95 365 50 048	95 251 46 875	0,7 % 0,4 %
Chiffre d'affaires (€/kg) *croissance en %*	3,15	3,22 *2,2 %*	3,26 *1,2 %*	1,7 %
Surgelés Frais	2,56 4,36	2,58 4,44	2,61 4,57	1,0 % 2,4 %
Marge sur les coûts variables (€/kg) *croissance en %*	**1,12**	**1,10** *(1,8 %)*	**1,11** *0,9 %*	**(0,4 %)**
Surgelés Frais	0,89 1,58	0,84 1,60	0,78 1,76	(6,4 %) 5,5 %
Marge directe *croissance en %* Surgelés	**0,36** 0,18	**0,35** *(2,8 %)* 0,18	**0,36** *2,9 %* 0,15	 (8,7 %)
Frais	0,70	0,70	0,80	6,9 %

Source : Comptes audités.

Tableau 4. – *Bilan consolidé simplifié*

En M€, au 31 décembre	2008	2009
Goodwill Autres actifs incorporels Immobilisations corporelles	9,8 6,2 133,4	9,8 5,6 137,2
Actifs de long terme Stocks Créances clients Remises arrières Dettes fournisseurs	**149,4** 65,6 93,0 (86,0) (83,8)	**152,6** 60,8 84,6 (85,4) (72,8)
Besoin en fonds de roulement Provisions Impôts différés	**(11,2)** (19,8) (6,8)	**(12,8)** (15,6) (9,6)
Autres postes Disponibilités Dettes financières	**(26,6)** 8,6 (2,6)	**(25,2)** 7,4 (0,8)
Endettement financier net **Capitaux propres**	**(6,0)** **117,6**	**(6,6)** **121,2**

Source : Comptes audités.

3.2. Plan d'affaires

Le plan d'affaires de Soulay a été développé par l'équipe dirigeante à partir du budget 2010 et des prévisions pour la période 2011-2013.

Le budget 2010 offre une bonne visibilité, dans la mesure où le référencement client des produits sous marque et les négociations de prix avec les détaillants ont été finalisés en février et sont applicables jusqu'à la fin de l'année. En outre, la plupart des contrats de marques de distributeurs sont d'ores et déjà signés.

Au premier semestre 2010, la législation aura un effet négatif sur le besoin en fonds de roulement, puis le BFR devrait diminuer progressivement grâce à un meilleur contrôle du niveau des stocks et à l'optimisation de la supply chain.

Les investissements sont principalement dédiés à l'amélioration de l'outil industriel.

Tableau 5. – *Plan d affaires*

En M€, au 31 décembre	2009	2010e	2011e	2012e	2013e	09-13e TACM
Chiffre d'affaires	**463,1**	**481,8**	**510,3**	**551,3**	**599,6**	**6,7 %**
croissance en %		*4,0 %*	*5,9 %*	*8,0 %*	*8,8 %*	
Surgelés	248,9	267,6	284,2	308,9	339,9	8,1 %
Frais	214,2	214,2	226,1	242,4	259,7	4,9 %
Coûts variables	(305,8)	(316,6)	(334,6)	(363,3)	(397,5)	6,8 %
Marge sur coûts variables	**157,3**	**165,2**	**175,7**	**188,0**	**202,1**	**6,5 %**
en % du chiffre d'affaires	*34,0 %*	*34,3 %*	*34,4 %*	*34,1 %*	*33,7 %*	
Surgelés	74,7	85,2	90,6	97,7	106,4	9,2 %
Frais	82,6	80,0	85,1	90,3	95,7	3,7 %
Coûts directs	(105,7)	(105,9)	(110,1)	(115,0)	(119,8)	3,2 %
Marge sur coûts directs	**51,6**	**59,3**	**65,6**	**73,0**	**82,3**	**12,4 %**
en % du chiffre d'affaires	*11,1 %*	*12,3 %*	*12,9 %*	*13,2 %*	*13,7 %*	
Surgelés	14,3	24,5	27,5	31,7	37,3	27,1 %
Frais	37,3	34,8	38,1	41,3	45,0	4,8 %
Coûts administratifs	(45,8)	(50,5)	(52,1)	(54,4)	(57,3)	5,8 %
Résultat d'exploitation	**5,8**	**8,8**	**13,5**	**18,6**	**25,0**	**44,1 %**
en % du chiffre d'affaires	*1,3 %*	*1,8 %*	*2,6 %*	*3,4 %*	*4,2 %*	
Amortissements et provisions	16,6	15,5	16,1	16,1	16,1	(0,8 %)
EBITDA	**22,4**	**24,3**	**29,6**	**34,7**	**41,1**	**16,4 %**
% du chiffre d'affaires	*4,8 %*	*5,0 %*	*5,8 %*	*6,3 %*	*6,9 %*	

Source : Société.

Tableau 6. – *Ratios clés prévisionnels*

En M€, au 31 décembre	2009	2010e	2011e	2012e	2013e	09-13e TACM
Volume (tonnes)	**142 126**	**151 935**	**156 506**	**164 474**	**173 572**	**5,1 %**
croissance en %		*6,9 %*	*3,0 %*	*5,1 %*	*5,5 %*	
Surgelés	95 251	102 071	104 858	109 555	115 197	4,9 %
Frais	46 875	49 864	51 648	54 919	58 375	5,6 %
Chiffre d'affaires (€/kg)	**3,26**	**3,17**	**3,26**	**3,35**	**3,45**	**1,4 %**
croissance en %		*(2,8 %)*	*2,8 %*	*2,8 %*	*3,0 %*	
Surgelés	2,61	2,62	2,71	2,82	2,95	3,1 %
Frais	4,57	4,30	4,38	4,41	4,45	(0,7 %)
Marge sur les coûts variables (€/kg)	**1,11**	**1,09**	**1,12**	**1,14**	**1,16**	**1,1 %**
croissance en %		*(1,8 %)*	*2,8 %*	*1,8 %*	*1,8 %*	
Surgelés	0,78	0,83	0,86	0,89	0,92	4,2 %
Frais	1,76	1,60	1,65	1,64	1,64	(1,7 %)
Marge sur coûts directs	**0,36**	**0,39**	**0,42**	**0,44**	**0,47**	**6,9 %**
croissance en %		*8,3 %*	*7,7 %*	*4,8 %*	*6,8 %*	
Surgelés	0,15	0,24	0,26	0,29	0,32	20,9 %
Frais	0,80	0,70	0,74	0,75	0,77	(1,0 %)

Source : Société.

Tableau 7. – *Flux de trésorerie*

En M€, au 31 décembre	2010e	2011e	2012e	2013e	10-13e TACM
Investissements	10,3	12,2	13,6	13,7	10,0 %
Usines	*9,0*	*11*	*12,4*	*12,5*	*11,6 %*
Siège	*1,3*	*1,2*	*1,2*	*1,2*	*(2,6 %)*
Amortissements	15,5	16,1	16,1	16,1	
Besoin en fonds de roulement	(16,9)	(17,9)	(19,3)	(21,0)	

Source : Société.

4. Information additionnelle

4.1. Comparables boursiers

4.1.1. Donadoni

L'entreprise française Donadoni est l'une des plus grandes sociétés alimentaires au monde. Elle est spécialisée sur les produits laitiers frais, les biscuits, les bouteilles d'eau, et développe des marques mondialement reconnues comme Ivian, Vilvoc ou LO.

Tableau 8. – *Donadoni, prévisions*

En M€, au 31 décembre	2009	2010e	2011e
Chiffre d'affaires	**15 220**	**15 000**	**15 850**
EBITDA	**2 780**	**2 760**	**2 970**
Amortissements et provisions	(510)	(450)	(490)
EBIT	**2 270**	**2 310**	**2 480**
Frais financiers	(440)	(310)	(250)
Résultat avant impôts	1 830	2 000	2 230
Impôts	(445)	(480)	(530)
Résultat exceptionnel	(70)	(90)	(100)
Résultat net	**1 315**	**1 430**	**1 600**

Source : Société, brokers.

Tableau 9. – *Donadoni, bilan simplifié*

	M€
Nombre d'actions en circulation (en milliers)	613
Cours de l'action à mars-10	40,0
Capitalisation boursière	**24 520**
Dette financière	8 283
Disponibilités	600

Source : Société, brokers.

4.1.2. Abro Tulevo

Abro Tulevo est la plus importante entreprise alimentaire d'Espagne. Devenue une véritable multinationale, elle ne génère plus que 27 % de ses revenus en Espagne, contre 43 % dans le reste de l'Europe et 27 % en Amérique du Nord. Après avoir vendu son département Sucre en 2010, ses principales activités sont le riz (38 % des ventes), les pâtes (42 % des ventes) et les produits laitiers (20 %).

4.1.3. Greenfield

Greenfield est une société alimentaire irlandaise d'abord spécialisée dans le sucre mais ayant aussi investi le segment des plats préparés, jusqu'à devenir un des leaders du marché (frais, surgelés, sandwiches, etc.). D'abord concentrée sur son marché domestique ainsi que sur le Royaume-Uni, la société s'est aussi développée en Europe et aux États-Unis.

Tableau 10. – *Abro Tulevo, prévisions*

En M€, au 31 décembre	2009	2010e	2011e
Chiffre d'affaires	**2 368**	**2 208**	**2 380**
EBITDA	**265**	**289**	**312**
Amortissements et provisions	(70)	(68)	(34)
EBIT	**195**	**221**	**248**
Frais financiers	(91)	(28)	(36)
Résultat avant impôts	104	193	212
Impôts	(30)	(56)	(59)
Minoritaires	(1)	(1)	(1)
Résultat exceptionnel	57	43	0
Résultat net	**130**	**179**	**152**

Source : Société, brokers.

Tableau 11. – *Abro Tulevo, capitalisation boursière*

	M€
Nombre d'actions en circulation (en milliers)	154
Cours de l'action à mars-10	15,0
Capitalisation boursière	**2 310**
Dette financière	760
Disponibilités	103
Intérêts minoritaires	24

Source : Société, brokers.

Tableau 12. – *Greenfield, prévisions*

En M€, au 31 décembre	2009	2010e	2011e
Chiffre d'affaires	**1 308**	**1 104**	**1 098**
EBITDA	**104**	**100**	**103**
Amortissements et provisions	(27)	(28)	(31)
EBIT	**77**	**72**	**72**
Frais financiers	(21)	(48)	(29)
Résultat avant impôts	56	24	43
Impôts	(5)	(7)	(8)
Minoritaires	(2)	(2)	(1)
Résultat exceptionnel	(14)	(27)	0
Résultat net	**35**	**(12)**	**34**

Source : Société, brokers.

Tableau 13. – *Greenfield, capitalisation boursière*

	M£
Nombre d'actions en circulation (en milliers)	203
Cours de l'action à mars-10	1,5
Capitalisation boursière	**305**
Dette financière	300
Disponibilités	20
Intérêts minoritaires	8

Source : Société, brokers.

4.1.4. Flory Bichon

Flory Bichon est une entreprise agroalimentaire française produisant principalement des plats préparés et de la viande traitée. Elle cible essentiellement son marché domestique mais vend aussi des plats préparés en Amérique du Nord, en Italie et en Espagne.

Tableau 14. – *Flory Bichon, prévisions*

En M€, au 31 décembre	**2009**	**2010e**	**2011e**
Chiffre d'affaires	**503**	**527**	**541**
EBITDA	**39**	**50**	**52**
Amortissements et provisions	(24)	(24)	(24)
EBIT	**15**	**26**	**28**
Frais financiers	(5)	(4)	(2)
Résultat avant impôts	10	22	26
Impôts	(5)	(7)	(9)
Résultat net	**5**	**15**	**17**

Source : Société, brokers.

Tableau 15. – *Flory Bichon, capitalisation boursière*

	M€
Nombre d'actions en circulation (en milliers)	5,1
Cours de l'action à mars-10	40,0
Capitalisation boursière	**204**
Dette financière	110
Disponibilités	50

Source : Société, brokers.

4.1.5. Fulham Foods

Fulham Foods est une société alimentaire britannique vendant des produits frais (50 %), des surgelés (30 %) et des snacks (20 %) au Royaume-Uni et en Irlande. Un tiers des produits sont vendus sous leur marque propre, le reste sous les marques de distributeurs (Tesco, M&S, Sainsbury's).

Tableau 16. – *Fulham Food, prévisions*

En M€, au 31 décembre	**2009**	**2010e**	**2011e**
Chiffre d'affaires	**975**	**982**	**1 020**
EBITDA	**92**	**93**	**97**
Amortissements et provisions	(39)	(39)	(39)
EBIT	**53**	**54**	**58**
Frais financiers	(5)	(19)	(25)
Résultat avant impôts	48	35	33
Impôts	(19)	(8)	(8)
Résultat exceptionnel	0	0	0
Résultat net	**29**	**27**	**25**

Source : Société, brokers.

Tableau 17. – *Fulham Food, capitalisation boursière*

	M€
Nombre d'actions en circulation (en milliers)	463
Cours de l'action à mars-10	0,7
Capitalisation boursière	**324**
Dette financière	287
Disponibilités	62

Source : Société, brokers.

4.2. Transactions comparables

Tableau 18. – *Transactions comparables récentes (chiffres en millions d'euros)*

Date	Acquéreur	Cible	Pays	Secteur	Ve	CA	EBITDA
2010	Weinstein Partners	First Eat (16 %)	RU	Boulangerie	4 770	3 355	354
2009	Tiger Capital	MealEast Corp.	RU	Surgelés	1 387	1 261	174
2009	Tiger Capital	Van Rembrandt	Pays-Bas	Surgelés	317	230	36
2009	RAR	Vito Spinach	RU	Salades	66	102	8
2008	FFC Equity	Deutsch Wurst	Allemagne	Produits frais	182	273	22
2007	Pemira Capital	Duck Eye	RU	Surgelés	1 725	1 237	174
2006	Food Factory	Fondus	Europe	Surgelés	550	445	66

Source : Société, brokers.

4.3. Éléments de marché en 2010

Taux sans risque : 4,0 %
Prime de risque : 6,5 %
β de l'actif économique dans le secteur alimentaire : 0,92

II. LE CAS TURBO VISTA

Paris, janvier 2011. Vous venez d'être nommé banquier-conseil du conseil d'administration de Turbo Vista, une société européenne cotée sur NYSE Euronext, spécialisée dans les services informatiques (avec un flottant important et pas d'actionnaire de référence). Les informations suivantes vous ont été transmises :

Tableau 1. – *Éléments financiers de Turbo Vista*

En M€, au 31 décembre	2010	2011e	2012e	2013e	2014e
Chiffre d'affaires	100,0	105,0	110,3	115,8	121,6
EBITDA	10,0	10,5	11,0	11,6	12,2
EBIT	5,0	5,1	5,2	5,3	5,4
Investissements	6,0	6,5	7,0	7,5	8,1
BFR	10,0	10,5	11,0	11,6	12,2
Actifs immobilisés	50,0				
Disponibilités	20,0				
Nombre d'actions en circulation (en milliers)			2 500		
Cours de l'action en janvier 2011			28,0		

Source : Société.

Question 1 : Calculez les principaux ratios financiers et réalisez une brève analyse financière de Turbo Vista.

Question 2 : La capitalisation boursière de Turbo Vista, relativement stable au cours des 6 derniers mois, atteignait 70 millions d'euros début 2011, avec une liquidité du titre réduite et sans couverture de recherche par un analyste financier. Calculez les multiples d'EBITDA et d'EBIT pour 2010 et 2011. Commentez si nécessaire. Calculez le Price To Book Ratio. Commentez si nécessaire.

Question 3 : Calculez les flux de trésoreries prévisionnels de Turbo Vista pour 2011-2014 ainsi que leur valeur actuelle au 1er janvier 2011, en retenant un coût des capitaux propres de 9 % et un coût de la dette avant impôt (ou un taux de rentabilité de la trésorerie avant impôt) de 5 %.

Question 4 : En retenant un taux de croissance à l'infini de 1,5 % et un flux de trésorerie normatif cohérent avec le plan d'affaires, calculez la valeur d'entreprise de Turbo Vista au 1er janvier 2011, puis la valeur des capitaux propres, en utilisant les mêmes hypothèses qu'à la question 3.

Question 5 : Quelle est votre appréciation de la valeur boursière de Turbo Vista ? Justifiez votre réponse, en sachant que les investisseurs n'ont pas accès au business plan mais disposent de leur propre expérience du secteur et du management de la société.

Question 6 : Plusieurs actionnaires de Turbo Vista ont écrit/demandé au management de Turbo Vista de verser un dividende exceptionnel, compte tenu du montant de la trésorerie disponible au bilan. Êtes-vous favorable à cette idée ? Pour quel montant ? Sous quelle forme ?

Question 7 : Lors de votre due diligence, vous avez découvert qu'une grande partie des résultats 2010 étaient dus à un important contrat signé avec Apple (15 % du chiffre d'affaires), lequel a expiré en décembre 2010 et ne sera pas renouvelé. Le management vous explique que de nouveaux clients vont remplacer rapidement le contrat avec Apple et permettre à la société de réaliser son business plan. Que recommandez-vous au conseil ? Reconsidérez-vous votre réponse à la question 6 ?

Question 8 : Le secteur de Turbo Vista est en phase de consolidation et la taille de ses concurrents s'est accrue lors des 18 derniers mois. La majorité des opérations de rapprochement dans le secteur se sont réalisées à 8 fois l'EBIT de l'année précédente. Vous pensez que certains acteurs américains ou asiatiques pourraient être intéressés par l'acquisition de Turbo Vista. Que recommandez-vous au conseil d'administration ? Pourquoi ?

Question 9 : Le conseil d'administration décide de vendre l'entreprise. Quel procédé recommandez-vous : une enchère très ciblée ou ouverte ? Pensez-vous que certains acteurs du private equity pourraient être intéressés par Turbo Vista ? Pourquoi ?

Question 10 : Le groupe américain Kaufmann Brothers est intéressé par l'acquisition de Turbo Vista en cash sur la base de 6 fois l'EBIT 2010, compte tenu de la récente perte du contrat avec Apple et de synergies limitées. À quel niveau cette offre valorise-t-elle les fonds propres du groupe ? Pensez-vous que l'acquéreur soit susceptible d'obtenir le retrait obligatoire de la société ? Pourquoi ?

III. ÉLÉMENTS DE CORRIGÉ DES CAS

CAS SOULAY

Le dossier remis au fonds d'investissement est un dossier vendeur dont il convient de décrypter les éléments importants, afin de se poser les bonnes questions.

Question 1. Analyse stratégique

• Pure player du marché français des plats préparés, Soulay dispose d'une couverture multi-technologie (frais/surgelés) et multiformat (marque propre, marque de distributeur, restauration hors foyer).

• Soulay possède de solides positions commerciales sur deux segments : les frais à marque et les surgelés à marque. Ce positionnement se matérialise par des parts de marché remarquables, puisque l'entreprise est le numéro 2 des segments frais à marque et surgelés à marque, et même numéro 1 sur certains sous-segments produits comme les tartes salées surgelées.

• La marque Soulay est de tout premier plan et bénéficie d'une très forte notoriété. Après quelques années difficiles, la nouvelle équipe de management mise en place compte investir dans ce précieux actif pour redresser la société.

• Le marché français des plats préparés est un marché en pleine expansion (plus de 30 % de croissance en valeur de 2004 à 2009) collant parfaitement aux tendances à venir (mode de vie célibataire, demande de produits préparés rapidement...). Mais les logiques de développement s'avèrent différentes selon le segment adressé :

– Le marché des produits frais se caractérise par des prix de vente unitaire élevés, en partie grâce au sentiment de fraîcheur inspiré par le produit. Ce marché devrait connaître davantage de croissance et de concurrence. L'emprise de la distribution y est moins forte (les marques de distributeurs peinent à percer).

– Le marché des surgelés, plus mature, dont les produits sont vendus moins cher par unité, notamment parce que la pénétration des marques de distributeurs est plus importante. Toutefois, le potentiel de croissance reste très élevé compte tenu du différentiel de maturité avec les autres pays (Royaume-Uni notamment). Par ailleurs, ce marché devrait bénéficier de la morosité de l'environnement économique, dans la mesure où les consommateurs pourraient alors davantage se tourner vers des produits plus abordables.

– Les activités de restauration hors foyer disposent de très belles perspectives, notamment sur le segment institutionnel et les circuits de distribution spécialisés dans les surgelés.

• Forte concentration de la GMS (Grande et Moyenne Distribution) ; 5 clients de Soulay représentent 62 % des ventes et un seul client 18 % des ventes.

• Le marché est fragmenté, mais se caractérise par la diversité de ses acteurs, de petits fabricants aux géants internationaux de l'alimentaire. La distribution est très concentrée, situation qui limite évidemment la capacité des fournisseurs à négocier les prix et les rend très dépendants des pratiques d'achat des clients, ce qui constitue un facteur de risque certain. D'autant plus que les distributeurs affichent leur volonté de se positionner de plus en plus comme marque de distributeur.

• *Les forces :*

– un double positionnement frais/surgelés avec une seule et même marque qui permet d'accroître le pouvoir de négociation du groupe vis-à-vis de ses clients (2nde marque sur les deux segments) ;

– une marque reconnue ;

– une stratégie focalisée sur l'innovation ainsi que d'importantes capacités industrielles.

• *Les faiblesses :*

– une taille modeste comparée aux géants du secteur dont le poids global offre davantage de marge de négociation vis-à-vis de la distribution (ex. : portefeuille de plusieurs marques leader) ;

– une forte dépendance vis-à-vis de la GMS ;

– même si le marché agroalimentaire est plutôt défensif, Soulay est sensible à une baisse de l'activité économique car la baisse du pouvoir d'achat détourne les consommateurs des produits frais aux prix relativement élevés.

• *Les opportunités :*

– le positionnement stratégique de la société, dans un secteur très fragmenté, où la consolidation est récente ;

– de nombreuses opportunités de croissance externe et de synergies associées ;

– le développement de l'activité de restauration hors foyer ;

– les perspectives de nouveaux marchés de niche (diététique, santé, végétarien, halal…) ;

– la marge d'augmentation des prix en cas d'amélioration de la conjoncture économique ;

– l'amélioration du taux de pénétration et de la fréquence d'achat ;

– le potentiel de croissance pour rattraper le marché britannique.

• *Les menaces :*

– la capacité du groupe à répercuter la volatilité des prix des matières premières sur ses prix de vente ;

– la relation avec la GMS et les perspectives de concentration ;

– l'impact des remises arrière sur les marges exigées par la grande distribution ;

– la dégradation du pouvoir d'achat des consommateurs qui affecterait les ventes de produits frais.

Question 2. Analyse financière

Les ventes ont fortement augmenté en 2008, en raison d'une augmentation des volumes de 1,6 % pour les surgelés et de 7,6 % pour le frais, et d'une augmentation des prix au kilo au cours de l'année de 0,8 % et de 1,8 % respectivement. Du fait d'un contexte économique difficile en 2009, particulièrement au deuxième semestre, les ventes ont légèrement baissé (– 1,2 %). Cette baisse résulte essentiellement d'une baisse des volumes en frais (– 6,3 %) et d'une relative stabilité en surgelés. Les prix moyens par kilogramme ont toutefois continué à augmenter en 2009, tant en surgelés (+ 1,2 %) qu'en frais (+ 2,9 %).

Les marges sur coûts variables ont connu un développement différent sur les deux segments. Alors qu'elles ont augmenté de 36,3 % en 2007 à 38,6 % en 2009 pour les produits frais, sur les surgelés elles ont baissé de 34,7 % à 30,0 % sur la même période. Cette baisse des marges sur coûts variables dans les surgelés peut s'expliquer pour l'activité à marque par une amélioration sensible de la qualité des produits vendus et par un impact négatif du mix produits. Pour les activités MDD, la baisse des marges peut s'expliquer par un retard dans l'ajustement des prix de vente suite à l'augmentation du prix des matières premières, et par des coûts additionnels ponctuels liés à la réorganisation industrielle implantée mi 2007. Au total, l'évolution de la marge d'exploitation sur les trois dernières années montre que la société est en cours de redressement, après avoir connu des difficultés en 2007. En effet, le résultat d'exploitation était négatif en 2007. Mais des efforts ont visiblement été mis en œuvre pour rendre la société de nouveau profitable. L'entreprise a notamment fortement diminué ses coûts administratifs (de 62,4 millions d'euros en 2007 à 45,8 millions d'euros en 2009), tandis qu'en parallèle elle continuait à investir dans le marketing et la publicité pour améliorer sa marge.

En termes bilanciels, les actifs sont principalement constitués d'immobilisations corporelles (outils de production) et d'un BFR négatif de 12 millions d'euros, ce dernier résultant du montant des remises arrière dues à la grande distribution, qui viennent contrebalancer le poids des créances clients. Ce BFR négatif est très attractif d'un point de vue financier, puisque le cycle d'exploitation est non pas consommateur mais générateur de cash. L'amélioration du BFR peut s'expliquer par une meilleure gestion de la logistique et notamment des stocks de marchandise, par l'optimisation du cycle opérationnel mais aussi en partie par la dégradation de la conjoncture économique.

La trésorerie financière se caractérise par une trésorerie nette positive de 6,6 millions d'euros en 2009, à mettre en parallèle au récent redressement de la société (accès plus limité à l'endettement), et à son BFR négatif générateur de cash.

Le tableau 1 présente la rentabilité économique (Return On Capital Employed) de Soulay pour la période 2008-2009.

Tableau 1. – *Rentabilité économique de Soulay (Roce)*

En M€, au 31 décembre	2007	2008	2009
Chiffre d'affaires	**442,9**	**468,5**	**463,1**
Résultat d'exploitation	(12,3)	1,0	5,8
IS (34 %)		(0,3)	(2,0)
Résultat d'exploitation après IS		0,7	3,8
Actif économique		111,6	114,6
ROCE		**0,63 %**	**3,32 %**
Marge d'exploitation (après impôts)		0,15 %	0,82 %
Rotation de l'actif économique		4,2 ×	4,0 ×

L'analyse de l'évolution de la rentabilité de Soulay nous révèle que la société, malgré son redressement sur les 3 dernières années, conserve un ROCE après impôt très faible (0,63 % en 2008 et 3,32 % en 2009), compte tenu du coût moyen pondéré des capitaux et des comparables industriels. Sur la base du plan d'affaires, ces derniers oscillent en effet entre 10 % et 15 %. Toutefois, la société dispose d'un fort levier d'amélioration de ses marges si elle parvient à remplir ses prévisions de croissance. Notons par ailleurs que si la rotation de l'actif économique est demeurée relativement stable, la faible marge d'exploitation de Soulay témoigne du peu de marge de manœuvre dont dispose la société dans ses négociations de prix vis-à-vis des distributeurs.

Question 3. Analyse du plan d'affaires

Le plan d'affaires se fonde sur des hypothèses volontaristes. En effet, le management est ambitieux en termes de volume, puisqu'il anticipe une hausse des volumes, pourtant en baisse les années précédentes. De plus, cette hausse des volumes est associée à une hausse des ventes par kilogramme. En réalité, le plan d'affaires part du principe que le marché va rebondir : 2009 a représenté un point bas à cause du ralentissement global, et la reprise de l'activité est sujette au retour de la croissance. Les prévisions de marges sur coût variable, relativement stables, paraissent crédibles.

Compte tenu de la baisse de l'activité en 2009, il semble logique d'anticiper une forte croissance en 2010. Toutefois, ce rebond est peut-être anticipé trop tôt dans le plan d'affaires de Soulay. Il est en effet possible que le pouvoir d'achat et la confiance des ménages mettent quelques années à repartir. Un plan d'affaires alternatif peut être élaboré sur la base des agrégats 2009 avec comme hypothèse un rebond de l'activité décalé de 3 ans. Ainsi, lors des 3 premières années, on aurait donc 1 % à 2 % de croissance par an et une marge d'EBE stable à 4,84 %, son niveau de 2009. Le niveau des amortissements en pourcentage du chiffre d'affaires diminue progressivement.

Le tableau 2 présente le scénario alternatif proposé sur l'horizon 2003-2007.

Tableau 2. – *Scénario alternatif du business plan de Soulay*

En M€, au 31 décembre	2009	2010e	2011e	2012e	2013e	09-13 TACM
Chiffre d'affaires	**463,1**	**467,7**	**472,4**	**481,8**	**501,1**	**2,0 %**
croissance en %	*(1,2 %)*	*1,0 %*	*1,0 %*	*2,0 %*	*4,0 %*	
EBITDA	**22,4**	**22,6**	**22,9**	**24,1**	**29,1**	**6,8 %**
en % du chiffre d'affaires	*4,84 %*	*4,84 %*	*4,84 %*	*5,00 %*	*5,80 %*	
Amortissements	**16,6**	**16,7**	**16,9**	**16,2**	**15,8**	**(1,2 %)**
en % du chiffre d'affaires	*3,58 %*	*3,58 %*	*3,58 %*	*3,37 %*	*3,15 %*	
Résultat opérationnel	**5,8**	**5,9**	**6,0**	**7,9**	**13,3**	**23,1 %**
en % du chiffre d'affaires	*1,25 %*	*1,26 %*	*1,27 %*	*1,64 %*	*2,65 %*	

Question 4. Évaluation avec la méthode des multiples

Cinq sociétés comparables à Soulay ont été présentées en annexe du cas.

Tableau 3. – *Données opérationnelles des sociétés comparables*

M€	VE*	CA* et croissance du CA			Marge d'EBITDA			Marge d'EBIT		
		2009	2010e	2011e	2009	2010e	2011e	2009	2010e	2011e
Donadoni	32 203	15 220	(1,4 %)	5,7 %	18,3 %	18,4 %	18,7 %	14,9 %	15,4 %	15,6 %
Abro Tuleva	2 991	2 368	(6,8 %)	7,8 %	11,2 %	13,1 %	13,1 %	8,2 %	10,0 %	10,4 %
Flory Bichon	264	503	4,8 %	2,7 %	7,8 %	9,5 %	9,6 %	3,0 %	4,9 %	5,2 %
Greenfield	593	1 308	(15,6 %)	(0,5 %)	8,0 %	9,1 %	9,4 %	5,9 %	6,5 %	6,6 %
Fulham Food	549	975	0,7 %	3,9 %	9,4 %	9,5 %	9,5 %	5,4 %	5,5 %	5,7 %

* en M€

Donadoni et Abro Tulevo sont des multinationales de l'agroalimentaire absentes du marché des surgelés. Leurs marges d'EBITDA et d'EBIT sont largement supérieures à celles de Soulay et témoignent d'une meilleure absorption des coûts fixes compte tenu d'une taille plus significative ou d'un positionnement métier plus ciblé. Leur présence dans le groupe des sociétés comparables n'est donc pas très pertinente. Fulham Food, Greendfield et Flory Bichon, de taille plus modeste, sont présentes dans le secteur des surgelés et leurs marges sont plus en ligne avec celles de Soulay, même si elles restent plus élevées. On retient donc les multiples suivants :

Tableau 4. – *Multiples des sociétés comparables*

En M€	VE*	Multiple VE/CA			Multiple VE/EBITDA			Multiple VE/EBIT		
		2009	2010e	2011e	2009	2010e	2011e	2009	2010e	2011e
Flory Bichon	264	0,52 ×	0,50 ×	0,49 ×	6,8 ×	5,3 ×	5,1 ×	17,6 ×	10,2 ×	9,4 ×
Green-field	593	0,45 ×	0,54 ×	0,54 ×	5,7 ×	5,9 ×	5,8 ×	7,7 ×	8,2 ×	8,2 ×
Fulham Food	549	0,56 ×	0,56 ×	0,54 ×	6,0 ×	5,9 ×	5,7 ×	10,4 ×	10,2 ×	9,5 ×
Moyenne		0,51 ×	0,53 ×	0,52 ×	6,2 ×	5,7 ×	5,5 ×	11,9 ×	9,5 ×	9,0 ×
VE de Soulay*		236,2	255,4	265,4	138,9	138,5	**162,8**	69,0	83,6	121,5

* en M€

Le multiple de chiffre d'affaires n'est pas pertinent, compte tenu de l'importance stratégique des marges dans le secteur. Le multiple d'EBIT ne reflète pas les différents stades de développement des sociétés, et est difficilement transposable à Soulay, du fait de ses niveaux d'investissement élevé pour réaliser son plan d'affaires ambitieux et atteindre un niveau de marge plus élevé. En revanche, les multiples d'EBITDA 2011 semblent plus pertinents, compte tenu du profil de rentabilité de Soulay et notamment du redressement de ses marges. Sur la base de ces multiples appliqués à l'EBITDA prévisionnel de Soulay en 2011 dans le cadre du plan d'affaires de la société et du plan d'affaires alternatif vu précédemment, on obtient une fourchette de valeur d'entreprise comprise entre **125 millions d'euros et 165 millions d'euros**.

Question 5. Évaluation avec la méthode des transactions comparables

Le tableau 5 présente les transactions comparables du marché de la production agroalimentaire.

Les multiples de transactions comparables doivent être considérés avec prudence. Chaque transaction est par nature différente et introduit une valorisation stratégique des sociétés. De plus, de nombreuses transactions ont été réalisées par des fonds d'investissement dans une période favorable aux LBO et certaines valorisations s'expliquent par l'important niveau d'effet de levier accepté par les banques de financement. Il faut enfin tenir compte du fait que les multiples de transactions comportent une prime de contrôle (avec un accès à 100 % des cash-flows), voire une prime stratégique dans le cadre des opérations avec des industriels.

En outre, nous ne disposons que du chiffre d'affaires et de l'EBITDA de ces sociétés. Et il s'avère que la transaction la plus récente fait apparaître des multiples élevés alors que la marge d'EBITDA de la cible est la plus faible ! Les autres transactions ont des multiples d'EBITDA largement inférieurs. En appliquant les multiples d'EBITDA médians aux agrégats de Soulay, la fourchette de valorisation obtenue est située aux alentours

Tableau 5. – *Transactions comparables*

Date	Acquéreur	Cible	VE de la cible*	Principaux agrégats*		Multiples induits	
				CA	EBITDA	CA	EBITDA
2010	Weinstein Partners	First Eat (16 %)	4 770	3 355	254	1,42 ×	18,8 ×
2009	Tiger Capital	MealEast Corp.	1 387	1 261	174	1,10 ×	8,0 ×
2009	Tiger Capital	Van Rembrandt	317	230	36	1,38 ×	8,8 ×
2009	RAR	Vito Spinach	66	102	8	0,65 ×	8,3 ×
2008	FFC Equity	Deutsch Wurst	182	273	22	0,67 ×	8,3 ×
2007	Pemira Capital	Duck Eye	1 725	1 237	174	1,39 ×	9,9 ×
2006	Food Factory	Fondus	550	445	66	1,24 ×	8,3 ×
			Médiane			1,24 ×	8,3 ×
			VE de Soulay induite*			574,2	185,9

* en M€

de 185 millions d'euros sur la base de l'EBITDA 2009 du plan d'affaires de la société, de 200 millions d'euros sur la base de l'EBITDA 2010 du plan d'affaires de la société, et de 188 millions d'euros sur la base de l'EBITDA 2010 du plan d'affaires alternatif. Malgré les limites de cette méthode, on retient une fourchette comprise entre **185 et 200 millions d'euros.**

Question 6. Évaluation avec la méthode des flux de trésorerie

Le tableau 6 présente les résultats de l'analyse DCF, à partir du plan d'affaires de la société. Pour établir le modèle DCF, les hypothèses suivantes ont été retenues : un impôt sur les sociétés de 34,0 %, un taux de croissance à l'infini (« g ») de 1,5 % et un Wacc de 9,98 %. La formule du MEDAF permet de déterminer le Wacc d'après les éléments de marché fournis.

Comme indiqué dans le bilan économique de Soulay, présenté dans le tableau 4 de l'étude de cas, l'endettement financier net à fin 2009 est positif. Dès lors, on peut considérer que le Wacc est égal au coût des capitaux propres.

Le taux sans risque du marché est de 4 %. La prime de risque de marché observée historiquement s'élève à 6,5 %. Le β de l'actif économique est égal à 0,92. On a alors :

$$\text{Wacc} = K_{CP} = 4\ \% + 6{,}5\ \%\ \text{x}\ 0{,}92$$
$$\text{Wacc} = K_{CP} = 9{,}98\ \%$$

Le coût des capitaux propres, et donc le Wacc, s'établit à 9,98 %.

Le flux normatif a été calculé sur la base d'un chiffre d'affaires de 650 millions d'euros et le taux de croissance perpétuelle atteint 1,5 %. La marge normative est égale à 6,5 %, et les investissements sont égaux aux amortissements, qui correspondent à 2,5 % du chiffre d'affaires par an. La variation de BFR est calculée en considérant que le BFR augmente avec le taux de croissance perpétuelle.

Tableau 6. – *Analyse des flux de trésorerie actualisés de Soulay*

En M€, au 31 décembre	2010e	2011e	2012e	2013e	Flux normatif	10e-13e TACM
Chiffre d'affaires	**481,8**	**510,3**	**551,3**	**599,6**	**650,0**	7,6 %
croissance en %		*5,9 %*	*8,0 %*	*8,8 %*	*1,5 %*	
EBITDA	**24,3**	**29,6**	**34,7**	**41,1**	**42,3**	19,1 %
en % du chiffre d'affaires	*5,0 %*	*5,8 %*	*6,3 %*	*6,9 %*	*6,5 %*	
Amortissements	**15,5**	**16,1**	**16,1**	**16,1**	**16,3**	1,3 %
en % du chiffre d'affaires	*3,2 %*	*3,2 %*	*2,9 %*	*2,7 %*	*2,5 %*	
Résultat opérationnel	**8,8**	**13,5**	**18,6**	**25,0**	**26,0**	41,6 %
en % du chiffre d'affaires	*1,8 %*	*2,6 %*	*3,4 %*	*4,2 %*	*4,0 %*	
IS (34 %)	**3,0**	**4,6**	**6,3**	**8,5**	**8,8**	
BFR	(16,9)	(17,9)	(19,3)	(21,0)	–	
en % du chiffre d'affaires	*(3,5 %)*	*(3,5 %)*	*(3,5 %)*	*(3,5 %)*	*(3,5 %)*	
Δ BFR	**(4,1)**	**(1,0)**	**(1,4)**	**(1,7)**	**(0,3)**	
Investissement	**10,3**	**12,2**	**13,6**	**13,7**	**16,3**	10,0 %
en % du chiffre d'affaires	*2,1 %*	*2,4 %*	*2,5 %*	*2,3 %*	*2,5 %*	
Flux de trésorerie disponible	**15,1**	**13,8**	**16,2**	**20,6**	**17,5**	11,0 %
FTD actualisés à 9,98 % au 1/01/2010	**13,7**	**11,4**	**12,2**	**14,1**	**143,2**	
Valeur des flux de trésorerie actualisés au 1/01/2010					**194,6**	

La valeur d'entreprise issue de la méthode des flux de trésorerie ressort à environ 195 millions d'euros dans les hypothèses du plan d'affaires du management mais repose principalement sur la valeur finale, c'est-à-dire sur la capacité de Soulay à atteindre une marge normative de 6,5 % d'EBITDA.

Le tableau suivant présente la sensibilité de la valorisation DCF à une variation du taux de croissance à l'infini (« g »), comprise entre 1 % et 2 % et une variation du Wacc, comprise entre 9,5 % et 10,5 %.

Tableau 7. – *Valorisation par les flux de trésorerie actualisés, analyse de sensibilité. Valeur d'entreprise en M€*

		Wacc		
		9,5 %	**10,0 %**	**10,5 %**
Taux de croissance à l'infini (g)	**1,0 %**	195,7	184,6	174,8
	1,5 %	206,4	194,1	183,2
	2,0 %	218,6	204,8	192,6

La fourchette de valorisation de Soulay induite d'après le plan d'affaires de la société par la méthode d'actualisation des flux de trésorerie disponible se situe alors entre 175 millions d'euros et 219 millions d'euros. Sur la base du plan d'affaires alternatif, la même fourchette s'établirait entre 153 millions d'euros et 196 millions d'euros. On retient donc une fourchette finale en valeur d'entreprise comprise entre **175 et 200 millions d'euros**.

Question 7. Le cadre des négociations

Solo plc. fait face à une situation financière difficile et doit par conséquent vendre rapidement sa filiale Soulay. Cette pression sur les actionnaires de Solo plc. constitue un contexte favorable pour les acquéreurs potentiels et pourrait leur permettre de réaliser un bon investissement, à condition de se positionner rapidement. Toutefois, le marché étant très fragmenté, la transaction pourrait intéresser de nombreux acteurs industriels prêts à payer une prime forte et à faire monter les enchères.

Au final, le prix de transaction dépendra pour beaucoup de l'appétit stratégique d'acteurs industriels de taille importante et aux moyens financiers conséquents, de la compétition que parviendra à instaurer la banque d'affaires conseil, et de l'importance de la part de la transaction payée directement en numéraire à Solo (pas d'earn-out, de crédit-vendeur ou de paiement par titres).

Question 8. Proposition de prix

Le Graphique 1 est le résultat des différentes valorisations mises en œuvre.

Pour un fonds d'investissement, le dossier semble compliqué, compte tenu de la réticence des banques de financement à financer en LBO une société en retournement. On peut imaginer que les banques de financement iront difficilement au-delà de 3,5 fois l'EBITDA 2009, soit environ 80 millions d'euros de crédit, ce qui obligerait le fonds à mettre un niveau de capitaux propres excessif au regard des attentes de rentabilité de ses investisseurs. En outre, on constate que les transactions récentes se font sur une base de valorisation qui intègre une grande partie de la valeur

Graphique 1. – *Valeur d'entreprise de Soulay par les différentes méthodes d'évaluation*

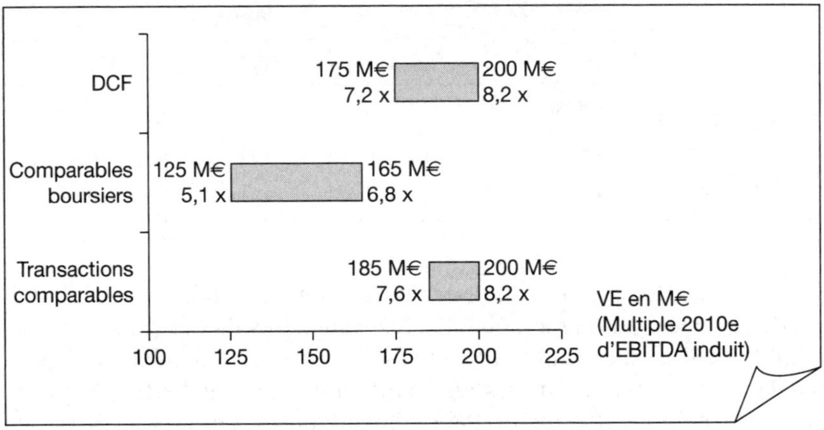

issue de la méthode DCF, mécaniquement corrélée à la réalisation du plan d'affaires ambitieux de la société, lui-même éminemment fonction d'une conjoncture économique favorable. Enfin, le fonds d'investissement ne dispose pas de l'upside associé aux synergies d'un actif qu'il aurait déjà en portefeuille.

Sur la base de ces éléments et de la probabilité forte qu'un acteur industriel sera capable de payer un prix élevé pour une entreprise comme Soulay du fait de son intérêt stratégique dans un marché fragmenté, la meilleure décision pour le fonds Shark serait probablement de ne pas faire d'offre pour ne pas perdre de temps et d'argent.

Le contexte de l'opération (morosité économique, difficultés de l'actionnaire) peut cependant constituer un atout favorable pour essayer de se positionner sur l'opération, au moins de façon préliminaire. Dans ce cadre, une valeur d'entreprise proche du bas de fourchette des comparables boursiers (sur la base du plan révisé), c'est-à-dire de l'ordre de 130 millions d'euros, paraît légitime pour tester les attentes du vendeur.

CAS TURBO VISTA

Question 1 :

Au cours de la période étudiée, la société présente une croissance modérée et constante, égale à 5 %. Les marges d'EBITDA sont stables à 10 % et les marges d'EBIT relativement stables, de 5 % en 2010 à 4,4 % en 2014e. Le BFR équivaut à 36,5 jours de chiffre d'affaires. En termes de structure financière, la société est en position de trésorerie nette positive. Le ROCE après IS est égal à 5,5 %, ce qui paraît faible, au regard du coût des capitaux propres.

En M€, au 31 décembre	2010	2011e	2012e	2013e	2014e	10-14e TACM
Chiffre d'affaires	100,0	105,0	110,3	115,8	121,6	5,0 %
Croissance		*5,0 %*	*5,0 %*	*5,0 %*	*5,0 %*	
EBITDA	10,0	10,5	11,0	11,6	12,2	5,1 %
Marge d'EBITDA	*10,0 %*	*10,0 %*	*10,0 %*	*10,0 %*	*10,0 %*	
EBIT	5,0	5,1	5,2	5,3	5,4	1,9 %
Marge d'EBIT	*5,0 %*	*4,9 %*	*4,7 %*	*4,6 %*	*4,4 %*	

En M€, au 31 décembre	2010
Chiffre d'affaires	100,0
Résultat d'exploitation	5,0
IS (34 %)	1,7
Résultat d'exploitation après IS	3,3
Actif économique	60,0
ROCE	**5,5 %**
Marge d'exploitation (après impôts)	3,30 %
Rotation de l'actif économique	1,7 ×

Question 2 :

En M€	VE	Multiple VE/EBITDA 2010	Multiple VE/EBITDA 2011e	Multiple VE/EBIT 2010	Multiple VE/EBIT 2011e
Turbo Vista	50	5,0	4,8	10,0	9,8

Turbo Vista présente des multiples facialement élevés pour une société en faible croissance. Ceci est probablement dû à la faible liquidité du titre et à l'absence de suivi par des analystes financiers permettant aux investisseurs de disposer de perspectives sur la société.

$$PBR = V_{CP}/CP = 70/80 = 0,9$$

Le Price to book ratio de Turbo Vista est de 0,9 x. Il s'avère donc que la société ne vaut pas ses capitaux propres comptables !

Question 3 :

Turbo Vista étant en position de trésorerie nette positive, on peut considérer que son coût moyen pondéré du capital est égal au coût de ses capitaux propres. On a donc :

$$Wacc = K_{CP} = 9\ \%$$

En M€, au 31 décembre	2011e	2012e	2013e	2014e	Flux normatif
Chiffre d'affaires	**105,0**	**110,3**	**115,8**	**121,6**	**130,0**
croissance en %		*5,0 %*	*5,0 %*	*5,0 %*	1,5 %
EBITDA	**10,5**	**11,0**	**11,6**	**12,2**	**13,0**
en % du chiffre d'affaires	*10,0 %*	*10,0 %*	*10,0 %*	*10,0 %*	*10,0 %*
Amortissements	**5,4**	**5,8**	**6,3**	**6,8**	**8,7**
en % du chiffre d'affaires	*5,1 %*	*5,3 %*	*5,4 %*	*5,6 %*	6,7 %
Résultat opérationnel	**5,1**	**5,2**	**5,3**	**5,4**	**4,4**
en % du chiffre d'affaires	*4,9 %*	*4,7 %*	*4,6 %*	*4,4 %*	3,4 %
IS (34 %)	**1,7**	**1,8**	**1,8**	**1,8**	**1,5**
BFR	10,5	11,0	11,6	12,2	–
en % du chiffre d'affaires	*10,0 %*	*10,0 %*	*10,0 %*	*10,0 %*	*10,0 %*
Δ BFR	**0,5**	**0,5**	**0,6**	**0,6**	**0,2**
Investissements	**6,5**	**7,0**	**7,5**	**8,1**	**8,7**
en % du chiffre d'affaires	*6,2 %*	*6,3 %*	*6,5 %*	*6,7 %*	6,7 %
Flux de trésorerie disponible	**1,8**	**1,7**	**1,7**	**1,7**	**2,6**
Flux actualisés à 9,98 % au 1/01/2010	**1,7**	**1,4**	**1,3**	**1,2**	**24,9**
Valeur des flux de trésorerie de 2011 à 2014 actualisés au 1/01/2011					**30,5**

Il ressort de la valorisation par la méthode DCF de Turbo Vista que la somme des flux de trésorerie disponible de 2011 à 2014 actualisés à un Wacc de 9,0 % est égale à 5,6 millions d'euros.

Question 4 :

Il ressort que la valeur d'entreprise de Turbo Vista actualisée au 1er janvier 2011 d'après la méthode DCF est égale à **30,5 millions d'euros**.

Question 5 :

D'après l'analyse DCF, la valeur d'entreprise de Turbo Vista est de **30,5 millions d'euros**, soit 6,1 fois l'EBIT 2010. Compte tenu d'une trésorerie nette positive de 20 millions d'euros, il apparaît que la valeur des capitaux propres de Turbo Vista est de 50,5 millions d'euros alors que le groupe capitalise en bourse 70 millions d'euros, soit un écart de 28 % ! Ceci conforte l'idée que le cours boursier de Turbo Vista n'est pas représentatif de sa valeur intrinsèque, compte tenu de la faible taille de l'entreprise et de sa faible liquidité. Toutefois, les anticipations des investisseurs peuvent être différentes de celles du management (prime spéculative ou mode sectorielle).

Question 6 :

Dans la mesure où Turbo Vista dispose d'une trésorerie nette positive de 20 millions d'euros et ne vaut pas ses capitaux propres comptables, l'entreprise pourrait éventuellement procéder à un rachat de titres ou à la distribution d'un dividende extraordinaire à hauteur de 10 millions d'euros. Vu le faible niveau des flux de trésorerie disponible les 3 prochaines années, distribuer plus ne semble pas raisonnable.

Question 7 :

Oui ! Nous recommandons au conseil la plus grande prudence. Il faut certainement revoir à la baisse les prévisions de génération de flux de trésorerie et donc remettre en cause le principe du dividende exceptionnel (ou du rachat de titres) car la société risque de ne pas dégager de flux de trésorerie disponible l'an prochain.

Question 8 :

Le conseil d'administration devrait probablement accepter une offre à 8 fois l'EBIT. Turbo Vista est valorisée à 10 fois son EBIT 2010 au cours de bourse d'aujourd'hui, mais ce cours est certainement surévalué au regard du potentiel de croissance du groupe et surtout la société présente un risque très important sur son activité (perte du contrat avec Apple), avec une création de valeur insuffisante. De plus, cette offre à 8 fois l'EBIT est bien supérieure à la valorisation obtenue par la méthode DCF, qui évaluait Turbo Vista à 6,1 fois son EBIT.

Question 9 :

Il est fort improbable que les acteurs du private equity s'intéressent à Turbo Vista, compte tenu du faible niveau de flux de trésorerie générés par l'entreprise et parce que la société capitalise davantage que sa valeur intrinsèque.

Étant donné le faible attrait de la société, les enchères ouvertes pourraient s'avérer une option judicieuse. Toutefois, les difficultés rencontrées par Turbo Vista avec Apple risquent de peser lourdement lors du processus.

Question 10 :

Cette offre de Kaufmann Brothers sur la base de 6 fois l'EBIT 2010, soit 30 millions d'euros, valorise les fonds propres de Turbo Vista à 50 millions d'euros (du fait des 20 millions d'euros de trésorerie nette positive) et reflète la perception du groupe par cet acheteur. Elle correspond à une décote d'environ 29 % par rapport à la capitalisation boursière actuelle. À ce niveau, il paraît difficile pour le groupe Kaufmann d'obtenir le seuil de 95 % du capital et des droits de vote de Turbo Vista permettant la sortie de bourse.

Glossaire français-anglais

Accord de confidentialité *(confidentiality agreement)*

Engagement contractuel entre deux parties à une transaction de fusion acquisition dans le but de protéger la confidentialité des informations échangées.

Actif économique *(capital employed)*

Somme des actifs immobilisés comptables (immobilisations corporelles, incorporelles et financières) et du besoin en fonds de roulement d'une entreprise.

Actif net réevalué (ANR)

Voir « méthode patrimoniale ».

Action de concert *(concert action)*

Notion typiquement française désignant un accord conclu entre deux actionnaires d'une société cotée, en vue de mettre en place d'une politique commune vis-à-vis de la société concernée.

Actionnaire majoritaire *(majority shareholder)*

Actionnaire disposant de plus de la moitié des titres et/ou des droits de vote d'une société et qui se trouve donc en situation d'en contrôler les organes de direction.

Actionnaire minoritaire *(minority shareholder)*

Par opposition à l'actionnaire majoritaire, l'actionnaire minoritaire dispose de moins de la moitié des titres et/ou des droits de vote d'une société et par conséquent n'a que des possibilités d'action limitées (*cf.* minorité de blocage).

Adossement

Expression désignant la cession d'une entreprise de taille moyenne à une entité de plus grande taille.

Alliance capitalistique

Mise en commun sélective d'intérêts économiques par deux ou plusieurs groupes industriels aboutissant à une prise de participation capitalistique.

Analogique (approche) *(comparable method)*

Méthode d'évaluation fondée sur l'application aux principaux soldes comptables historiques ou anticipés d'une entreprise, de multiples issus d'un échantillon d'entreprises cotées ou vendues comparables.

Anchoring (ancrage)

Lors d'une négociation, première offre pivot autour de laquelle s'ancreront les négociations ultérieures.

Appel public à l'épargne (APE)

Admission d'un instrument financier sur un marché réglementé ou placement de titres financiers en ayant recours à la publicité ou au démarchage.

Apport d'actifs *(asset contribution)*

Opération par laquelle une société A fait apport à une société B de tout ou partie de ses éléments d'actifs et de passifs et reçoit en échange des titres émis par B.

Apport de titres *(share contribution)*

Opération par laquelle un actionnaire d'une société A apporte tout ou partie de ses titres A à une société B et reçoit des titres B en échange. Pour les sociétés cotées, l'apport prend la forme d'une offre publique d'échange.

Assemblée Générale Extraordinaire (AGE) *(extraordinary general meeting)*

Réunion de l'ensemble des actionnaires d'une société ayant pour but de statuer un événement particulier de nature à affecter le capital social (augmentation de capital, réduction de capital, apport, fusion absorption…). En droit français, les décisions doivent être prises à la majorité des deux tiers.

Augmentation de capital *(rights issue)*

Vente d'actions dont le produit revient à l'entreprise. Elle peut se faire en numéraire ou en nature, sous forme d'augmentation de capital réservée en contrepartie d'une opération d'apport de titres ou d'actifs.

Autorité des marchés financiers (AMF)

Autorité publique indépendante, qui en France est chargée de veiller à la protection de l'épargne investie en produits financiers, à la bonne information des investisseurs et au bon fonctionnement des marchés financiers.

Banque conseil *(financial advisor)*
Conseil spécialisé qui apporte à l'acheteur ou au vendeur une aide sur le diagnostic financier, l'évaluation et la tactique de négociation, et coordonne en général les travaux des autres conseils. Elle peut également intervenir dans le cadre du financement d'une opération.

Batna (Best Alternative To a Negotiated Agreement)
Meilleure alternative crédible se présentant à une partie en cas d'échec des négociations.

Benchmarking (comparaison)
Méthode consistant à comparer les performances stratégiques et financières d'une entreprise à celles d'autres entreprises (du même secteur en particulier), dans le but d'identifier et de parvenir aux critères d'excellence.

Besoin en fonds de roulement (BFR) *(working capital)*
Différence entre les actifs circulants d'exploitation et les passifs circulants d'exploitation d'une entreprise. Le BFR d'exploitation correspond à l'argent gelé pour financer le cycle d'exploitation de l'entreprise.

Bêta (β)
Coefficient de volatilité ou mesure de la sensibilité d'une action au risque systémique reflétant la relation entre les fluctuations de la valeur de cette action et les fluctuations du marché. Le bêta est un indicateur du risque financier.

Bon d'offre
Outil de défense contre une offre non sollicitée, qui consiste à émettre des bons permettant de souscrire au capital de la cible à des conditions préférentielles pour les anciens actionnaires, et ainsi diluer l'initiateur à l'issue de l'offre. Cet outil peut considérablement renchérir le coût d'une acquisition.

Break-up fee (commission de dédit)
Montant des frais à la charge du vendeur s'il décide de renoncer à la transaction, notamment pour couvrir les frais engagés par l'acheteur potentiel dans la phase de *due diligence*.

Build up
Dans un LBO, développement de la cible par croissance externe pour lui permettre d'atteindre une taille critique dans son secteur d'activité.

Business plan
Voir « plan d'affaires ».

Call
Option d'achat, offrant à son détenteur le droit mais non l'obligation, d'acquérir un actif à un prix fixé à l'avance à une date donnée ou pendant une période donnée.

Carve out (scission boursière)

Introduction en bourse d'une filiale d'un groupe qui permet d'extérioriser pleinement la valeur de l'activité concernée.

Charte familiale

Document contractuel qui lie les actionnaires familiaux et qui formalise leurs droits et leurs devoirs dans le cadre de la gestion d'une entreprise familiale.

Cible *(target)*

Lors d'une acquisition, hostile ou non, la société objet de l'opération est communément désignée comme la cible, par opposition à l'initiateur.

Closing

Phase ultime d'une opération de fusion acquisition se traduisant par le transfert de propriété.

Conditions suspensives *(condition precedent)*

Conditions qui, si elles ne sont par remplies, permettent à l'initiateur de retirer son offre, dans le cas d'une offre volontaire.

Consolidation *(consolidation)*

Technique comptable destinée à présenter la situation financière d'un groupe de sociétés comme si celles-ci n'en formaient qu'une seule. Selon le niveau de la participation de la société mère dans sa filiale, différentes méthodes peuvent être utilisées : l'intégration globale, la mise en équivalence et l'intégration proportionnelle.

Contrat d'acquisition *(share purchase agreement)*

Contrat qui recense l'ensemble des modalités juridiques et financières d'une acquisition.

Cotation *(listing)*

Voir « introduction en bourse ».

Coût moyen pondéré du capital *(weighted average cost of capital)*

Il s'agit du taux de rentabilité minimal exigé par les pourvoyeurs de fonds d'une entreprise, aussi bien actionnaires que créanciers. Il représente donc le coût du financement global de l'entreprise. On le calcule selon la formule suivante :

$$\text{Wacc} = K_{CP} \times V_{CP}/(V_{CP} + V_D) + K_D \times (1 - IS) \times V_D/(V_{CP} + V_D).$$

Création de valeur *(value creation)*

Elle correspond à la différence entre la valeur de marché de l'actif économique et l'actif économique comptable (VE > AE). Elle trouve son origine dans l'existence d'une rente, c'est-à-dire lorsque les investissements de l'entreprise dégagent une rentabilité supérieure au coût moyen pondéré du capital.

Croissance externe *(external growth)*

Opération par laquelle une entreprise choisit d'augmenter sa taille *via* l'acquisition de capacités déjà existantes, généralement de sociétés concurrentes.

Croissance organique *(organic growth)*

Il s'agit de la croissance naturelle de l'entreprise par développement de son activité, sans tenir compte des achats éventuels d'autres entités. On l'oppose donc à la croissance externe.

Dataroom

Espace d'information réel ou virtuel dont l'accès est contrôlé, contenant les différentes informations sur une cible mises à la disposition des acheteurs potentiels lors de la phase de *due diligence*.

DCF (méthode) *(discounted cash flow valuation)*

Méthode de valorisation basée sur l'actualisation des flux de trésorerie prévisionnels à un taux d'intérêt reflétant l'exigence moyenne de rémunération des pourvoyeurs de fonds de l'entreprise, compte tenu du risque.

Deal *(voir M&A)*

Debt push down

Dans le cadre d'une opération de LBO, pratique qui consiste à faire porter une partie significative de la dette d'acquisition par la société opérationnelle, et pas uniquement par la *holding* d'acquisition.

Décote de minoritaire *(minority discount)*

Écart entre le prix et la valeur intrinsèque d'un actif imputable à sa détention minoritaire qui se traduit pour cet actionnaire par un moindre accès à la liquidité et un rôle passif dans la gestion de l'actif.

Dette mezzanine (*mezzanine debt*)

Type de dette utilisé principalement dans les opérations de LBO, qui est subordonnée à la dette *senior*, donc plus risquée, mais qui donne en général accès au capital.

Dette *senior* (*senior debt*)

Dans un LBO, partie de la dette bénéficiant de la priorité de remboursement. Elle peut être divisée en plusieurs tranches, amortissables ou remboursables *in fine*.

Dette subordonnée *(subordinated debt)*

Dans un LBO, partie de la dette dont le remboursement intervient après le remboursement des autres créanciers, et notamment de la dette *senior*.

Dilution (ou relution) *(dilution)*

On parle de dilution (ou de relution) d'un actionnaire lors d'une opération financière (augmentation de capital ou opération de M&A), lorsque le pourcentage du capital détenu par les actionnaires initiaux est réduit. On parle de dilution (ou de relution) du Bénéfice Par Action d'une société lorsque celui-ci est mécaniquement réduit (ou augmenté) lors d'une opération financière.

Drag along (droit de sortie conjointe)

Disposition s'apparentant à un droit de sortie conjointe pour ses bénéficiaires et contraignant l'actionnaire majoritaire souhaitant céder sa participation de proposer aux minoritaires une sortie en totalité aux mêmes conditions.

Droit de préemption *(preemption right)*

Droit pour certains actionnaires d'acquérir prioritairement les actions de la société en vente.

Droit de vote *(voting right)*

Faculté de voter, attachée le cas échéant à une action, en assemblée générale des actionnaires pour participer à la vie de l'entreprise. Selon les statuts de l'entreprise, les droits de vote peuvent être simples ou doubles.

Dual track

Processus au cours duquel le vendeur d'une société mène en parallèle la préparation de son introduction en bourse et une mise aux enchères auprès d'investisseurs industriels et financiers. Cette technique est surtout utilisée par les fonds d'investissement.

Due diligence (audit d'acquisition)

Au cours d'une opération de fusion acquisition, il s'agit d'un audit complet permettant de confirmer ou d'infirmer l'analyse des risques et opportunités de l'entreprise cible.

Earn out

Complément de prix, qui est payé par l'acheteur à l'issue d'une période de deux ou trois ans en fonction des performances de la cible.

Enchères privées *(auction)*

Processus de vente formel où les différents acheteurs sont mis en concurrence par le vendeur.

Évaluation *(valuation)*

Méthode consistant à déterminer la valeur de l'actif économique d'une entreprise (ou VE). Plusieurs méthodes existent : la méthode patrimoniale, la méthode des multiples et la méthode des DCF.

Exclusivité *(exclusivity)*
Période limitée pendant laquelle le vendeur s'engage à ne négocier qu'avec un seul acheteur potentiel.

Fairness Opinion (expertise indépendante)
Avis d'expert donné par un tiers sur l'équité d'une transaction pour conforter la décision des organes sociaux de l'entreprise.

Fee (commision)
Voir « *success fee* ».

Filiale *(subsidiary)*
Entité contrôlée par une autre société (de droit ou de fait).

Fonds d'investissement (ou fonds de *private equity*)
Investisseur financier spécialisé dans la prise de participations majoritaires ou minoritaires au capital d'entreprises.

Fusion *(merger)*
Terme générique généralement synonyme de rapprochement entre deux entités économiques.

Fusion absorption
Opération au cours de laquelle la cible est absorbée par la société initiatrice, à laquelle elle transmet l'intégralité de son patrimoine avant de disparaître.

Fusion horizontale *(horizontal merger)*
Rapprochement d'entreprises concurrentes ou potentiellement concurrentes. Son but est d'augmenter le pouvoir de marché du nouvel ensemble et de réaliser des économies d'échelle.

Fusion verticale *(vertical merger)*
Rapprochement d'entreprises d'une même filière mais qui n'étaient pas directement concurrentes. Ces opérations s'accompagnent fréquemment de l'internalisation d'une activité qui pouvait se situer en aval ou en amont de la chaîne de valeur d'une entreprise donnée.

Garantie de passif, d'actif et/ou de passif ou d'actif net *(representation and warranties)*
Lors d'une transaction, garantie offerte par le vendeur à l'acheteur sur l'exactitude et la substance des différents éléments d'actifs et le caractère limitatif des passifs.

Gearing (levier)
Ratio qui mesure l'endettement net sur les capitaux propres d'une société.

Going private (Public to Private) (retrait de la cote)

Réaliser une opération de LBO à partir d'une société cotée sous-valorisée et la sortir de la cote.

Goodwill (écart d'acquisition)

Lors d'une acquisition (sociétés, actifs ou titres), il s'agit du solde entre le prix payé et la juste valeur des actifs et passifs acquis. Cet écart d'acquisition apparaît au bilan en tant qu'immobilisation incorporelle et fait l'objet de tests de validité annuels.

Gouvernance *(governance)*

Ensemble de principes régissant les relations entre actionnaires, créanciers et salariés.

Holding

Entité ayant pour vocation de détenir des participations financières dans d'autres sociétés.

Hors bilan *(out of balance sheet commitment)*

Ensemble des engagements donnés et reçus par une entreprise mais qui ne figurent pas à son bilan. Leur estimation est souvent fondamentale dans une analyse financière.

Information Memorandum

Lors d'un processus d'enchères, opuscule envoyé aux acquéreurs potentiels, qui dépasse rarement 150 pages et présente les grandes caractéristiques de l'entreprise mise en vente.

Information privilégiée *(restricted information)*

Information précise qui n'a pas été rendue publique, et qui pourrait avoir un impact significatif sur les cours de bourse des instruments financiers émis par la société si elle était révélée.

Initiateur *(bidder)*

Société à l'origine d'une opération de fusion acquisition. Dans le cas d'une offre publique, entité ayant déposé l'offre publique.

Intrinsèque (approche)

Voir « DCF (méthode) »

Introduction en bourse (IPO) *(initial public offering)*

Cession sur le marché boursier d'une partie du capital d'une société en vue de la faire coter.

Joint-venture

Société résultant d'une alliance technologique ou industrielle et dont le capital est la plupart du temps réparti à 50/50 entre deux actionnaires, généralement suite à un apport d'actifs de chacun des partenaires.

Lettre d'intention *(letter of intent)*

Offre préliminaire rédigée par un acheteur potentiel, qui décrit dans les grandes lignes la manière dont il envisage une opération de fusion acquisition.

Leveraged Buy Out (LBO)

Rachat d'une entreprise cible par une société *holding* qui s'endette fortement pour ce faire. La société *holding* paie les intérêts de la dette et rembourse le capital grâce aux dividendes dégagés par la société rachetée, le LBO primaire correspondant au montage d'un premier LBO sur une entreprise.

M&A (opération de) *(M&A deal)*

Mise en commun d'actifs ou d'intérêts économiques entre deux ou plusieurs entités.

***Memorandum of Understanding* (MOU)** (protocole d'accord)

Accord préalable à la signature d'un contrat d'acquisition dans lequel l'acheteur et le vendeur conviennent d'un prix et des modalités de l'opération.

Minorité de blocage *(blocking minority)*

Seuil de détention du capital à partir duquel un actionnaire minoritaire a la possibilité de bloquer toute décision prise en assemblée générale extraordinaire. Elle correspond en France à un tiers du capital et/ou des droits de vote de la société.

Multiple *(price multiple)*

Rapport entre la valeur boursière (ou de transaction) d'une entreprise et un solde comptable historique ou anticipé utilisé comme méthode d'évaluation.

Négociation *(negotiation)*

Processus par lequel acheteur et vendeur parviennent à identifier leurs différends puis à concilier leurs intérêts, le but étant de trouver un accord afin de conclure une transaction.

Normes IFRS (*International Financial Reporting Standards*)

Normes comptables internationales établies par l'*International Accounting Standards Board* (IASB) auxquelles doivent se soumettre toutes les sociétés cotées dans l'Union européenne.

Offre amicale *(friendly bid)*

Offre préalablement approuvée par les organes de direction de la société cible.

Offre hostile *(unsollicited bid)*

Offre qui n'a pas été préalablement approuvée par les organes de direction de la société cible.

Offre publique d'achat (OPA) *(cash bid)*

Opération boursière consistant à proposer aux actionnaires d'une société cotée l'acquisition de la totalité de leurs titres en cash.

Offre publique d'échange (OPE) *(share for share bid)*

Opération boursière consistant à proposer aux actionnaires d'une société cotée l'acquisition de la totalité de leurs titres en échange de titres de la société initiatrice. Contrairement à l'OPA, elle ne provoque pas de sortie de trésorerie. Toutefois, elle suppose la tenue d'une augmentation de capital réservée, d'où une recomposition de l'actionnariat de l'initiatrice.

Option réelle *(real option)*

Concept financier destiné à mesurer la valeur de la flexibilité attachée aux décisions managériales.

***Owner Buy Out* (OBO)**

Type d'opération de LBO dans laquelle un dirigeant actionnaire rachète sa propre société aux côtés d'un fonds d'investissement.

Pacte d'actionnaires *(shareholder agreement)*

Pacte liant différents actionnaires d'une société et prévoyant certaines dispositions pour le contrôle, la cession de titres et un certain nombre d'éléments portant sur le capital d'une entreprise.

Parité d'échange (d'apport ou de fusion) *(exchange ratio)*

Lors d'une opération rétribuée en titres, la parité d'échange détermine le rapport d'échange des actions découlant de la valeur de celles-ci, afin de rémunérer les actionnaires de la société cible. Cette parité est cristallisée au moment de l'annonce et résulte directement du poids relatif des deux sociétés ; celui-ci est déterminé à l'issue des négociations.

Passif éventuel *(contingent liability)*

Il s'agit d'une obligation potentielle de l'entreprise vis-à-vis d'un tiers, résultant de la survenance ou non d'événements futurs incertains et n'étant pas totalement sous le contrôle de l'entreprise.

Patrimoniale (méthode) *(restated net worth)*

Souvent appelée méthode de l'actif net réévalué (ANR), elle consiste à réévaluer à leur valeur de marché les actifs et passifs de la société et donc à corriger les capitaux propres comptables des plus et moins-values identifiées.

Pilule empoisonnée (*poison pill*)

Dispositif préventif mis en place par une société afin de dissuader et faire échouer les prises de contrôle inamicales. Elle confère généralement aux actionnaires la possibilité d'acheter des titres supplémentaires à un prix inférieur à celui du marché ou au management la possibilité de céder des actifs essentiels à la vie de l'entreprise. Voir « bon d'offre ».

Plan d'affaires *(business plan)*

Plus communément appelé *business plan*, il s'agit de la traduction financière d'un certain nombre de choix stratégiques et de leurs conséquences sur les prochaines années.

***Price Earning Ratio* (PER)**

Multiple permettant de calculer la valeur des capitaux propres d'une société. Il est égal au rapport cours sur Bénéfice Par Action. Simple mais dangereux puisqu'il normalise la structure financière de la société à évaluer sur la moyenne de celle des sociétés de l'échantillon.

Prime de contrôle *(control premium)*

Elle correspond à ce qu'un investisseur est prêt à payer en plus de la valeur de marché d'une entreprise pour détenir le contrôle de cette dernière. Elle se justifie aussi bien par la valeur stratégique de l'entreprise visée liée à la mise en œuvre de synergies que par la volonté de convaincre les actionnaires de céder leurs titres. Statistiquement, elle représente 25 à 35 % par rapport à la valeur dite *stand alone*, c'est-à-dire sans tenir compte du rapprochement.

***Private Investment in Public Equity* (PIPE)**

Participation minoritaire d'un fonds d'investissement au capital d'une société cotée.

Prix de réserve

Dans une négociation, prix en deçà duquel une des parties considère que le deal ne vaut plus la peine d'être conclu.

Pro forma *(pro forma consolidated statements)*

Les états financiers *pro forma* permettent de comparer les performances d'une entreprise d'un exercice sur l'autre, en retraitant le périmètre de consolidation de la société ou l'évaluation de certaines devises.

Provision pour risques et charges *(provision for liabilities and charges)*

Passif dont l'échéance ou le montant n'est pas fixé de façon précise.

Put

Option de vente, offrant à son détenteur le droit mais non l'obligation, de céder un actif à un prix fixé à l'avance à une date donnée ou pendant une période donnée.

Rapprochement cross-border *(cross-border deal)*

Rapprochement entre deux entités économiques situées dans des juridictions différentes.

Rapprochement domestique *(domestic deal)*

Rapprochement entre deux entités économiques situées dans la même juridiction.

Relution *(relution)*

Voir « dilution ».

Rentabilité économique *(return on capital employed)*

La rentabilité économique se calcule en rapportant le résultat d'exploitation après impôt d'une entreprise à son actif économique comptable, soit Rex (1 – IS)/ AE.

Rerating (revalorisation)

Il peut y avoir effet de *rerating* lorsqu'une société fait l'acquisition d'un concurrent de taille significative au PER inférieur au sien. Dans ce cas, on applique au nouveau groupe le PER de l'initiateur, ce qui crée mécaniquement une création de valeur pour les actionnaires de la cible.

Restructuration

Processus de recapitalisation ou/et de renégociation de créances mis en place pour éviter la faillite d'une entreprise en difficulté.

Reverse takeover bid (fusion à l'envers)

Apport de titres d'une société non cotée à une société cotée par un actionnaire de contrôle qui devient un actionnaire de référence du nouvel ensemble. Il peut obtenir une dérogation de l'AMF au lancement obligatoire d'une offre publique sur l'ensemble du capital.

Spin off

Distribution égalitaire à l'ensemble des actionnaires d'une société cotée des titres d'une filiale, qui est alors introduite en bourse.

Split off

Distribution inégalitaire aux actionnaires d'une société cotée des titres d'une filiale, qui est alors introduite en bourse. Les actionnaires peuvent choisir de recevoir des titres de la filiale en échange de l'apport de leurs titres de la société mère à l'opération.

Split up (scission)

Scission d'une société en plusieurs entités.

Squeeze out (retrait obligataire)

Expropriation forcée des actions d'une entreprise cotée par un actionnaire majoritaire qui détient plus de 95 % du capital et des droits de vote de la société.

Stand alone (en l'état)

Approche consistant à valoriser une entreprise sans tenir compte des synergies éventuelles liées à un rapprochement.

Staple financing (financement agrafé)

Pratique qui consiste, pour une banque, à être simultanément le conseil financier du vendeur et à proposer aux acheteurs un financement pour l'opération.

Stock-option

Option d'achat attribuée à un salarié pour acheter des actions de son entreprise. Ces options sont caractérisées par leur prix d'exercice et leur échéance. Elles permettent d'intéresser directement certains salariés aux performances de l'entreprise.

Structure financière

Choix de répartition entre capitaux propres et endettement dans le financement de l'actif économique.

Success fee (commission de succès)

Commission de succès versée à un conseil financier lorsqu'une transaction de fusion acquisition est conclue. Il s'agit souvent d'un pourcentage de la valeur de l'entreprise échangée ou acquise lors de l'opération, qui résulte d'une négociation entre l'entreprise et son conseil.

Sum of the parts (somme des parties)

Méthode d'évaluation utilisée dans une approche patrimoniale : la valeur d'une entreprise vaut la somme des valeurs de ses différentes branches d'activité, minorée de la valeur actuelle des frais de siège et de la valeur de la dette.

Survaleur

Voir « *goodwill* ».

Synergie *(synergy)*

Création de valeur attendue ou résultant d'un rapprochement entre deux entreprises. Ces synergies peuvent être de coûts (économies d'échelle) ou de revenus (complémentarités commerciales).

Tag along

Disposition contraignant un actionnaire majoritaire souhaitant céder une partie de sa participation de proposer aux minoritaires la cession d'une partie de leurs titres dans les mêmes conditions proportionnellement à leur participation au capital de la société.

Teaser

Document de quelques pages qui présente l'objet d'une transaction de manière anonyme aux acquéreurs potentiels.

Test de validité *(impariment test)*

Test annuel consistant à mesurer la valeur des actifs incorporels non amortissables d'une entreprise, en comparant la valeur recouvrable d'une Unité Génératrice de Trésorerie (définie comme la valeur actuelle de ses flux de trésorerie disponibles ou sa valeur de revente lors d'une transaction) et la valeur comptable de ces actifs, tels qu'ils figurent au bilan.

Transmission Universelle de Patrimoine (TUP)

Mécanisme juridique s'appliquant lors d'une fusion absorption et consistant à transférer l'intégralité du patrimoine de la société absorbée vers la société absorbante (y compris les litiges, les risques, l'ensemble des contrats de travail, etc).

Valeur d'entreprise (VE) *(firm value* ou *enterprise value)*

Elle correspond à la valeur de marché de l'actif économique d'une entreprise. On la calcule en additionnant la valeur des capitaux propres (V_{CP}), soit la capitalisation boursière pour les entreprises cotées, et la valeur la dette nette (V_D).

Valeur de contrôle *(value of control)*

Représente le prix qu'un investisseur est prêt à payer pour acquérir le contrôle d'une entreprise (majorité ou plus de deux tiers des droits de vote). Ce prix peut impliquer une prime de contrôle par rapport à la valeur de l'entreprise (valeur de marché ou valeur intrinsèque).

Valeur finale *(terminal value)*

Dans la méthode DCF, valeur des flux postérieurs à l'horizon explicite. Elle se calcule soit à partir d'un multiple ou de l'actif économique en fin de période, soit de façon implicite à partir de l'actualisation d'un flux normatif.

Valeur stratégique *(strategic value)*

Il s'agit de la valeur qu'un industriel est prêt à payer pour une entreprise. Elle dépend des synergies industrielles, commerciales ou administratives, dont il peut espérer tirer profit. Contrairement à la valeur de marché, la valeur stratégique est propre à chaque investisseur.

ZOPA (*Zone of Possible Agreement*)

Au cours d'une négociation, zone de prix dans laquelle un accord entre les parties est possible.

Index

D

E

F

N

O

P

R

Table des matières

Chapitre 9 – L'approche intrinsèque ou méthode des DCF

Chapitre 10 – Comprendre les écarts de valorisation : décotes et options réelles

DEUXIÈME PARTIE
DE LA VALEUR AU PRIX

Chapitre 11 – Les grandes étapes d'une transaction

TROISIÈME PARTIE
INGÉNIERIE ET MODALITÉS DU RAPPROCHEMENT

Chapitre 17 – Les offres publiques et les techniques d'ingénierie boursière

Chapitre 18 – Gouvernance, fonds activistes et offres non sollicitées

Chapitre 19 – Le dilemme contrôle/croissance : le cas des groupes familiaux

Chapitre 20 – LBO et restructurations

Chapitre 21 – Aperçu des problèmes réglementaires

Chapitre 22 – Études de cas

Dans la même collection

AFTALION F., *La nouvelle finance et la gestion des portefeuilles*, 3e éd.

AFTALION F. et PONCET P., *Les techniques de mesure de performance*.

ALBOUY M., *Finance immobilière et gestion de patrimoine*.

ALBOUY M., *Décisions financières et création de valeur,* 2e éd.

ALBOUY M. et BONNET C., *OPA, OPE et LBO*.

ALIOUAT B., *Les stratégies de coopération industrielle*.

AMADIEU P. et BESSIÈRE V., *Analyse de l'information financière*, 2e éd.

AMENC N. *et alii*, *La gestion alternative*.

AMENC N. et LE SOURD V., *Théorie du portefeuille et analyse de sa performance,* 2e éd.

ARRÈGLE J.L., CAUVIN E., GHERTMAN M., GRAND B., ROUSSEAU P., *Les nouvelles approches de la gestion des organisations*.

ASSOCIATION FINANCE FUTURES, *Les marchés à terme d'instruments financiers*.

AUGROS J.C., *Finance : options et obligations convertibles,* 2e éd.

AUGROS J.C. et MORENO M., *Les dérivés financiers et d'assurance – Evaluation et techniques de gestion*.

BAGLIN G., BRUEL O., GARREAU A., GREIF M. et VAN DELFT Ch., *Management industriel et logistique,* 5e éd.

BANCEL F. et RICHARD A., *Les choix d'investissement*.

BARTOLI J.A. et LE MOIGNE J.L., *Organisation intelligente et système d'information stratégique*.

BASSO O., *L'intrapreneuriat*.

BÉCHU T., BERTRAND E. et NEBENZAHL J., *L'analyse technique,* 6e éd.

BÉCOUR J.C. et BOUQUIN H., *Audit opérationnel,* 3e éd.

BELLALAH M. et SIMON Y., *Options, contrats à terme et gestion des risques*, 2e éd.

BENOUN M. et HÉLIÈS-HASSID M.-L., *Distribution – Acteurs et stratégie*, 3e éd.

BENNANI K. et BERTRAND J.C., *Les obligations à taux variable*.

BERNARD Ph., JOULIA V., JULIEN-LAFERRIÈRE B. et TARDITS J., *Mesure et contrôle des risques de marché*.

BERTRAND P. et PRIGENT J.-L., *Gestion de portefeuille*.

BERTRAND-KERVERN F. *et alii*, *Gestion de patrimoine*.

BIDAULT F., *Le champ stratégique de l'entreprise*.

BLANCHET J., *Gestion du bénévolat*.

BOSSARD P., CHANCHEVRIER C. et LECLAIR P. (sous la direction de), *Ingénierie concourante*.

BOUINOT J., *La ville compétitive – Les clefs de la nouvelle gestion urbaine*.

BOULIER J.F. et DUPRÉ D., *Gestion financière des fonds de retraite*, 2e éd.

BOUQUIN H., *Comptabilité de gestion,* 5e éd.

BOURBONNAIS R. et USUNIER J.C., *Prévision des ventes – Théorie et pratique,* 4e éd.

BOURDIN J., *Les finances communales,* 4e éd.

BOURNOIS F. et LECLAIR P (sous la direction de), *Gestion des ressources humaines : regards croisés en l'honneur de Bernard Galambaud*.

BRABET J. (coordonné par), *Repenser la gestion des ressources humaines*.

BROIHANNE M.H., MERLI M. et ROGER P., *Finance comportementale*.

BRUEL O., *Management des achats*.

CABY J. et HIRIGOYEN G. (éd.), *La gestion des entreprises familiales*.

CAPET M., CAUSSE G. et MEUNIER J., *Diagnostic. Organisation. Planification d'entreprise,* 3e éd.

CAPOCCI D., *Introduction aux hedge funds*, 2e éd.

CASSON M., *L'entrepreneur*.

CHASSANG G., MOULLET M. et REITTER R., *Stratégie et esprit de finesse*.

CHAZOT Ch. et CLAUDE P., *Les SWAPS – Concepts et applications*, 2e éd.

CHEVALIER F., *Cercles de qualité et changement organisationnel*.

CHEVALIER M. et LANGLOIS D., *Private Equity et management des entreprises*.

CLARK E., MAROIS B., et CERNÈS J., *Le management des risques internationaux*.

CLERMONT-TONNERRE A. (de) et LÉVY M.A., *Les obligations à coupon zéro*.

COHEN E., *Analyse financière,* 6e éd.

COHENDET P., CRÉPLET F. et DUPOUËT O., *La gestion des connaissances par les communautés*.

COLASSE B., *Introduction à la comptabilité,* 11e éd.

COLASSE B. et CASTA J.F. (études coordonnées par), *Juste valeur*.

COLLIGNON E. et WISSLER M., *Qualité et compétitivité des entreprises,* 2e éd.

CORMIER D., *Comptabilité anglo-saxonne et internationale,* 2e éd.

CRANE D. *et alii*, *La finance sans frontière*.

DAGUET P. et PLANCHE J.M., *Les émissions d'actions et d'obligations*.

DAIGNE J.F., *Ré-ingénierie et reprise d'entreprise*.

DARMON R.Y., *Management des ressources humaines des forces de vente*.

DAVYDOFF D., *Les indices boursiers*.

DECAUDIN J.-M., *La communication marketing*, 3e éd.

DELANDE M., *Marchés à terme : incertitude, information, équilibre.*

DEMEY P., FRACHOT A. et RIBOULET G., *Introduction à la gestion actif-passif bancaire.*

DENIS H., *Stratégies d'entreprise et incertitudes environnementales.*

DERBAIX Ch. et BRÉE J., *Comportement du consommateur – Présentation de textes choisis.*

DERBAIX Ch. et GRÉGORY P., *Persuasion – La théorie de l'irrationalité restreinte.*

DESBORDES M., OHL F. et TRIBOU G., *Marketing du sport,* 3e éd.

DESBRIÈRES Ph., *Participation financière, stock-options et rachats d'entreprise par les salariés.*

DESMET P. et ZOLLINGER M., *Le prix.*

DORDAIN J.N. et SINGH N., *Finance quantitative.*

DUBOIS P.L. et JOLIBERT A., *Le marketing,* 4e éd.

DUBOIS P.L. et JOLIBERT A. (éd.), *Le marketing – Questions, exercices et cas.*

DUPUIS J.C. et LE BAS Ch. (éd.), *Le management responsable.*

DURAND R. (éd.), *Développement de l'organisation – Nouveaux re-gards.*

DUTRÉNIT J.M., *Gestion et évaluation des services sociaux.*

ECOSIP, *Cohérence, pertinence et évaluation.*

EIGLIER P., *Marketing et stratégie des services.*

EIGLIER P., *La logique services – Marketing et stratégies.*

ESQUIROL P. et LOPEZ P., *L'ordonnancement.*

EVERAERE Ch., *Management de la flexibilité.*

EVRARD Y. *et alii*, *Le management des entreprises artistiques et culturelles,* 2e éd.

FAVIER M. (éd.), *Le travail en groupe à l'âge des réseaux.*

FERRANDIER R. et KOEN V., *Marchés de capitaux et techniques financières,* 4e éd.

FERRARY M. et PESQUEUX Y., *Management de la connaissance.*

FLORY A. et LAFOREST D., *Les bases de données relationnelles*, 3e éd.

FONTAINE P., *Arbitrage et évaluation internationale des actifs financiers.*

FRIGGIT J., *Prix des logements, produits financiers immobiliers et gestion des risques.*

GABRIÉ H. et JACQUIER J.L., *La théorie moderne de l'entreprise.*

GAUTHIER G. et THIBAULT M. (sous la direction de), *L'analyse coûts – avantages – défis et controverses.*

GAUTIER F., *Pilotage économique des projets de conception et développement de produits nouveaux.*

GAVANOU J.F. et VALIN G., *Gouvernance sociale et fonds de pension.*

GENSSE P. et TOPSACALIAN P., *Ingénierie financière,* 3e éd.

GERVAIS M., *Contrôle de gestion*, 9e éd.

GERVAIS M., *Stratégie de l'entreprise*, 5e éd.

GHERTMAN M., *Stratégie de l'entreprise – Théories et actions*.

GIARD V., *Gestion de la production et des flux*, 3e éd.

GIARD V., *Statistique appliquée à la gestion,* 8e éd.

GIARD V., *Gestion de projet*.

GILBERT P., *L'instrumentation de gestion-La technologie de gestion, science humaine ?*

GOBRY P., *La Bourse aux indices*.

GOFFIN R., *Principes de finance moderne*, 5e éd.

GOUILLART F., *Stratégie pour une entreprise compétitive,* 2e éd.

GRANIER Th. et JAFFEUX C., *La titrisation,* 2e éd.

HAMON J., *Bourse et gestion de portefeuille,* 3e éd.

HATEM F., *Investissement international et politiques d'attractivité*.

HEC (Professeurs du Groupe), *L'école des managers de demain*.

HERMEL Ph. (sous la direction de), *Management européen et international*.

HERMET G. et JOLIBERT A., *La part de marché*.

HERVÉ P. et TAZÉ-BERNARD É., *La multigestion*.

HESS Ch., *Méthodes actuarielles de l'assurance vie*.

HOESLI M., *Investissement immobilier*.

HUYNH H.T., LAI V.S. et SOUMARÉ I., *Simulations stochastiques et applications en finance avec programmes Matlab*.

JABES J. (sous la direction de), *Gestion stratégique internationale*.

JACQUEMOT P., *La firme multinationale : une introduction économique*.

JOFFRE P. (sous la direction de), *L'exportation dans la turbulence mondiale*.

JOFFRE P. *et al.*, *Le management stratégique par le projet*.

JOFFRE P. et KŒNIG G. (coordonné par), *L'euro-entreprise*.

JOFFRE P. et KŒNIG G., *Stratégie d'entreprise. Antimanuel*.

KALIKA M., *Structures d'entreprises*.

KAST R., *Rationalité et marchés financiers*.

KAST R. et LAPIED A., *Fondements microéconomiques de la théorie des marchés financiers*.

KAST R. et LAPIED A., *Analyse économique et financière des nouveaux risques*.

KEFI H. et KALIKA M., *Evaluation des systèmes d'information*.

KLEIN J. et MAROIS B., *Gestion financière multinationale*.

KŒNIG G. *et alii*, *De nouvelles théories pour gérer l'entreprise du XXIe siècle.*

LA BRUSLERIE H. (de), *Gestion obligataire*, tome 1 et tome 2, 2e éd.

LA BRUSLERIE H. (de) *et alii*, *Ethique, déontologie et gestion de l'entreprise.*

LA BRUSLERIE H. (de), *L'entreprise et le contrat : jeu et enjeux.*

LADWEIN R., *Le comportement du consommateur et de l'acheteur*, 2e éd.

LEBAN R., *Politique de l'emploi dans l'entreprise en termes de contrôle optimal.*

LEFEBVRE L.-A., LEFEBVRE E. et MOHNEN P., *La conduite des affaires dans l'économie du savoir.*

LEVASSEUR M. et QUINTART A., *Finance,* 3e éd.

LEVITT Th., *L'imagination au service du marketing.*

LILIEN G.L., *Analyse des décisions marketing.*

McCARTHY E.J. et PERREAULT W.D., Jr., *Le marketing. Une approche managériale,* 8e éd.

MANSFIELD E., *Economie appliquée à la gestion.*

MARIET F., *La télévision américaine*, 2e éd.

MARION A. (sous la direction de), *Le diagnostic d'entreprise.*

MARMUSE C., *Politique générale,* 2e éd.

MARQUET Y., *Les marchés d'options négociables sur contrats à terme.*

MARTEAU D. *et alii*, *La gestion du risque climatique.*

MARTEAU D., *Monnaie, banque et marchés financiers.*

MARTELLINI L. et PRIAULET P., *Produits de taux d'intérêt,* 2e éd.

MARTINET A.C. et REYNAUD E., *Stratégies d'entreprise et écologie.*

MAYRHOFER U., *Marketing international.*

MÉRIC J., PESQUEUX Y. et SOLÉ A., *La "société du risque" : analyse et critique.*

MICHEL D., SALLE R. et VALLA J.P., *Marketing industriel – Stratégies et mise en œuvre,* 2e éd.

MINGUET A., *Le nouveau statut européen de l'intermédiaire financier.*

MONTEBELLO M., *Stratégie de création de valeur pour le client.*

MONTEBELLO M., *Création d'entreprise : connaissances et analyses stratégiques.*

MONTMORILLON B. (de), *Les groupes industriels.*

MORVAN Y., *Fondements d'économie industrielle,* 2e éd.

MOURGUES N., *Financement et coût du capital de l'entreprise.*

NAVATTE P., *Finance d'entreprise et théorie des options.*

NOËL A. (sous la direction de), *Perspectives en management stratégique*, 4 tomes.

OCHS P., *Le marketing de l'offre.*

PEAUCELLE J.L., *Systèmes d'information – Le point de vue des gestionnaires.*

PÉRON M. (sous la direction de), *Transdisciplinarité – Fondement de la pensée managériale anglo-saxonne ?*

PESQUEUX Y., *Qualité et management – Une analyse critique.*

PHELIZON J.F., *Méthodes et modèles de la recherche opérationnelle.*

PHELIZON J.F., *Stratégies de croissance pour l'entreprise.*

PIERMAY M., LAZIMI A., HEREIL O., *Mathématiques financières*, 2e éd.

PRAS B. et BOUTIN A. (éd), *Les Euro-PMI.*

QUÉLIN B., *Les frontières de la firme.*

QUITTARD-PINON F., *Marchés des capitaux et théorie financière,* 3e éd.

QUITTARD-PINON F. et ROLANDO T., *La gestion du risque de taux d'intérêt.*

RAFFOURNIER B., *Les normes comptables internationales (IFRS),* 4e éd.

RAIMBOURG Ph., *Les agences de rating.*

RICHARD J., BECOM SIMONS et associés, SECAFI ALPHA et associés, *Analyse financière et gestion des groupes.*

ROBERTS J., *Organisation de l'entreprise moderne, performance et croissance.*

RONCALLI T., *La gestion des risques financiers*, 2e éd.

ROURE F., *Stratégies financières sur le MATIF et le MONEP*, 2e éd.

ROY B., *Méthodologie multicritère d'aide à la décision.*

RUFFAT J., *Le pari du hors-marché.*

SAVALL H., *Enrichir le travail humain : l'évaluation économique.*

SAVALL H. et ZARDET V., *Maîtriser les coûts et les performances cachés,* 5e éd.

SENTIS P., *Introduction en bourse – Une approche internationale.*

SIMON H.A., *Administration et processus de décision.*

SIMON Y., LAUTIER D. et MOREL Ch., *Finance internationale,* 10e éd.

SPIESER Ph., *Information économique et marchés financiers.*

TEYSSONNIER F., KHEIRAT K. et SMETTE C., *Conseil et gestion de fortune.*

THIRIEZ H., *La modélisation du risque.*

TRÉSARRIEU J.P. (sous la direction de), *Réflexions sur la comptabilité – Hommage à Bertrand d'Illiers.*

VAN LOYE G., *Finance et théorie des organisations.*

VATTEVILLE E., *Mesure des ressources humaines et gestion de l'entreprise.*

VERNADAT F., *Techniques de modélisation en entreprise – Applications aux processus opérationnels.*

WOOT Ph. (de), *Les entreprises de haute technologie et l'Europe*.

WOOT Ph. (de) et DESCLÉE de MAREDSOUS X., *Le management stratégique des groupes industriels*.

ZAJDENWEBER D., *Économie et gestion de l'assurance*.

Cet ouvrage a été achevé d'imprimer en août 2010
dans les ateliers de Normandie Roto Impression s.a.s.
61250 Lonrai
N° d'impression : 10-2647
Dépôt légal : août 2010

Imprimé en France